J'INTÈGRE LA FONCTION PUBLIQUE

Catégories A et B

2022
2023

LES POLITIQUES PUBLIQUES

Enjeux, acteurs et dispositifs

5e édition

Patrick Horusitzky

DUNOD

Patrick Horusitzky

Administrateur civil hors classe, diplômé de l'ESCP-EAP et ancien élève de l'ENA, il enseigne à l'IPAG de l'université Paris X, à l'IRA de Lille et à l'IGPDE (Institut de la gestion publique et du développement économique).

Maquette intérieure : Caroline Joubert © Atelier du livre

Mise en page : Belle Page

11 rue Paul Bert, 92240 Malakoff

www.dunod.com

ISBN : 978-2-10-083451-8

Sommaire

Introduction

L'objet de cet ouvrage est, sur un plan général, de fournir à tout lecteur intéressé des connaissances à jour sur les politiques publiques menées par l'État en France.

Ces connaissances peuvent se révéler utiles, voire indispensables, pour de multiples raisons : la préparation d'une réflexion ou d'un exposé en entreprise sur l'environnement institutionnel de celle-ci ; le besoin de nourrir un point de vue ou une position dans un cadre associatif ou de vie politique locale ; ou tout simplement la culture désintéressée de thèmes qui structurent fortement notre existence collective.

Mais, plus spécifiquement, le présent ouvrage répond à deux séries d'objectifs se rapportant aux concours administratifs :

1 À l'écrit

a. Concours de catégorie A

L'objet est, dans ces pages, de préparer les candidats aux concours administratifs comportant une **note sur dossier ou une note de synthèse** où la culture publique joue un rôle essentiel. La quasi-disparition, au programme de ces concours, de l'épreuve de dissertation, réputée selon la doctrine en vigueur à la fois datée et trop difficile, ne devrait pas être accueillie avec une satisfaction naïve par les candidats.

En effet la contrainte, propre à la dissertation, d'avoir à organiser une pensée est remplacée par une lutte sans merci contre le temps, tout aussi redoutable et sélective. Il est donc impératif pour le candidat de pouvoir entrer aisément dans les dossiers à résumer ou à exploiter et d'en interpréter correctement le sens pour, au final, parvenir à aborder la phase de rédaction de la copie en étant sûr de soi et en se laissant le temps nécessaire à la production d'un résultat impeccable.

Plus sont nombreuses en effet les informations pertinentes déjà contenues dans les dossiers remis aux candidats en début d'épreuve, moins les intéressés peuvent se différencier les uns des autres par des connaissances qu'ils auraient fait l'effort d'acquérir. **Maîtriser au préalable ces connaissances n'en demeure pas moins essentiel**, car elles ne constituent plus alors un obstacle ou un sujet de perplexité et libèrent au contraire le candidat pour qu'il ou elle puisse consacrer le meilleur de son temps à une présentation efficace, convaincante, bien rédigée (et suffisamment relue) de son travail.

Pleinement conçu dans la perspective du concours actuel des IRA[1], ce livre apportera aussi ces connaissances et ces éléments de réflexion et de compréhension aux futurs lauréats des concours IASS[2], EN3S[3], Directeur d'Hôpital, Inspecteur des finances publiques, Attaché de la ville de Paris…

1. Instituts régionaux d'administration.
2. Inspecteur des affaires sanitaires et sociales.
3. École nationale supérieure de la sécurité sociale.

b. Concours de catégorie B

Le concours de **secrétaire administratif** comporte des références explicites aux politiques publiques, notamment dans l'intitulé de l'épreuve (dite « épreuve n° 2 ») constituée de réponses courtes, visant notamment à évaluer chez le candidat « l'intérêt porté aux politiques publiques », mais également dans la première épreuve pour laquelle le dossier remis comporte une « problématique relative aux politiques publiques ».

Le présent ouvrage est donc particulièrement indiqué pour la préparation de ce concours ainsi que des autres concours de la catégorie B qui s'en rapprochent.

2 À l'oral

Les différentes épreuves d'entretien avec un jury (« le grand oral ») présentes dans la plupart (sinon dans tous) les concours de catégorie A (et parfois B[1]) pénalisent très fortement les candidats qui arriveraient insuffisamment préparés aux questions que soulèvent les politiques publiques. La lecture du présent ouvrage garantira ces candidats contre le risque d'être surpris en flagrant délit d'inculture publique. Il leur sera aussi un allié précieux dans l'organisation de leurs révisions, en leur évitant la dispersion de leurs efforts entre de multiples ouvrages et sources hétérogènes quant au degré de détail des problématiques abordées et quant à la fiabilité des informations.

À cet égard, pour l'oral comme pour l'écrit, **cet ouvrage propose des argumentations entièrement construites**, réutilisables en l'état, et ne laisse pas le lecteur « se débrouiller » au milieu d'une somme d'éclairages, de « focus » et de « zoom » qui valorisent la capacité de mémorisation du candidat, alors que c'est sa capacité de réflexion, de synthèse, de recul et d'assimilation en profondeur des problématiques qui est sollicitée par les épreuves.

Dans cet objectif, chaque politique publique abordée dans ces pages se présente comme un récit intelligible, à l'opposé d'une compilation d'informations brutes peut-être rassurantes mais en réalité inutiles. Le ton est celui qui convient à une copie de concours administratif, si bien qu'en s'appropriant les pages qui suivent, le lecteur intériorisera les méthodes d'exposition et de raisonnement attendues par le jury, les procédés rhétoriques et les conventions de forme, en même temps que le contenu des politiques publiques.

Placer le candidat dans les meilleures conditions pour pouvoir donner du sens à ses copies de concours, telle est finalement l'ambition de cet ouvrage.

3 Plan de l'ouvrage

Les deux premiers chapitres sont consacrés à un **cadrage général** qui permet de situer les missions de l'État par rapport aux compétences détenues par d'autres acteurs essentiels que sont l'Union européenne et les collectivités locales. Ce cadrage met également en perspective la manière dont les politiques publiques sont conçues (en insistant sur leurs origines parfois proactives et parfois simplement réactives), et dont elles sont ensuite mises en œuvre à travers les rouages de la déconcentration.

1. Ainsi le concours de secrétaire administratif prévoit une épreuve orale d'admission durant laquelle le jury interroge le candidat à propos d'un « texte court relatif à un sujet de société en rapport avec **le rôle des administrations ou portant sur une politique publique** ».

Les 12 chapitres suivants abordent les principaux domaines d'intervention de l'État, principalement sur la base de la grille d'analyse suivante :

- Enjeux et objectifs de la politique publique considérée ;
- Contenus et évolutions ;
- Moyens financiers et organisationnels ;
- Bilan et perspectives.

Cette approche permet de **cerner l'ensemble des points qui peuvent légitimement rencontrer la préoccupation et l'intérêt du jury**. La dimension la plus importante est sans doute constituée par les enjeux et les objectifs des politiques. Un candidat capable de formuler clairement, avec ou sans l'aide du dossier fourni en début d'épreuve, la raison d'être d'un programme d'actions arrêté par l'État a toutes les chances de séduire des correcteurs exigeants. En effet, dans un contexte parfois marqué par un certain empilement des mesures gouvernementales et, toujours, par la surabondance de l'information disponible, cet effort de synthèse ne va certainement pas de soi.

Les autres dimensions (contenus, moyens), relatives aux aspects plus circonstanciels ou techniques, n'en demeurent pas moins stratégiques pour le candidat qui souhaite également véhiculer l'image d'une compétence passant souvent par la maîtrise d'un certain nombre de détails – ce dont sera faite, le plus vraisemblablement, sa future carrière de cadre administratif.

Quant au dernier volet de ces chapitres, le bilan et les perspectives, il offre au candidat l'occasion de démontrer sa familiarité avec l'actualité des dossiers, ainsi qu'une éventuelle faculté de discernement face aux choix à opérer entre tendances de fond et simples épiphénomènes.

Au sein de chacun de ces 12 chapitres consacrés à des politiques publiques spécifiques, le lecteur trouvera, en plus des données et des thèmes de réflexion, **un matériau d'entraînement** :

- les trois ou quatre idées essentielles à ne surtout pas oublier le jour de l'épreuve ;
- les mots-clés à retenir concernant chacune des politiques publiques étudiées ;
- des sujets de concours possibles, qui fourniront l'intitulé ou la thématique du dossier remis au candidat au début de l'épreuve ;
- des questions (accompagnées des réponses) susceptibles d'être posées à l'oral par le jury. Les réponses sont véritablement fournies *verbatim* : elles informent tant sur le fond des questions de politiques publiques que sur la manière adéquate d'y répondre dans le cadre réaliste d'un grand oral – une manière à la fois nuancée et tranchée, dépourvue de provocation mais non d'esprit critique ;
- enfin, le dernier chapitre de l'ouvrage permet de compléter l'entraînement aux épreuves des concours, grâce à de nombreuses questions supplémentaires de grand oral.

En somme, cet ouvrage se veut un outil opérationnel au service du candidat.

1 Les attributions de l'État en France

Ce chapitre se propose d'aller à la rencontre des racines historiques de la pente centralisatrice qui a souvent expliqué les orientations prises par les gouvernants jusqu'à la constitution d'un État fort, État qui a su ensuite mettre en œuvre une décentralisation et un partage de ses attributions avec l'Union européenne.

1 La constitution d'un État fort et centralisé

L'État central en France est devenu fort en raison des obstacles considérables qui se sont élevés contre son unité et qu'il a dû vaincre, acquérant ainsi un puissant élan centralisateur.

a. La naissance de l'élan centralisateur

Avec l'accroissement des pouvoirs des collectivités territoriales au terme des deux premières vagues contemporaines de décentralisation (« acte I » en 1981-1983 et « acte II » en 2003), on pourrait être tenté de minorer la place de l'État parmi les multiples décideurs susceptibles de proposer et de mettre en œuvre les politiques publiques en France.

S'il est vrai que l'État central tend, depuis une quinzaine d'années, à se repositionner sur les éléments les plus stratégiques[1] de ses attributions, il continue néanmoins d'occuper la place la plus éminente pour peser en amont (conception) comme en aval (détails de la mise en œuvre) sur les choix présidant aux politiques publiques.

Le poids de l'histoire

Cette place privilégiée du pouvoir central résulte d'une histoire qui, de longue date, a constitué l'État en force motrice et centralisatrice affectant le Royaume puis la Nation. L'État, au travers d'un millénaire d'affirmation de soi, a en effet acquis un élan centralisateur d'autant plus fort qu'il a dû surmonter des tentations centrifuges tout aussi vives et résolues, manifestées par les puissances féodales, ecclésiastiques… Mais il les a surmontées et, sur la vitesse acquise, a gardé de ces épreuves une composante « jacobine » encore active, tout en encourageant des orientations « girondines » favorables à la décentralisation, et tout en acceptant de bonne grâce que l'Union européenne lui ôte une fraction substantielle de ses pouvoirs.

Le système féodal est le mode d'organisation qui apparaît en Europe après l'effacement de l'Empire romain d'Occident, à la fin du ve siècle de notre ère. À chaque maillon de la chaîne vassalique, il se caractérise par un équilibre de droits et de devoirs. L'hommage vassalique a été souvent considéré, par le grand historien Marc Bloch par exemple, comme un quasi-contrat. L'idée de souveraineté est absente de ce modèle, le suzerain ne bénéficiant pas d'une position lui permettant d'imposer inconditionnellement au vassal toute décision qu'il prendrait. Lorsqu'il existe, comme dans le royaume des Francs (qui n'est pas encore la France), le roi n'est qu'un *primus inter pares*, le premier gentilhomme du Royaume, le plus important suzerain. Il est tenu, tout comme ses pairs, par les règles de la féodalité : à tous

1. *Cf.* chapitre suivant.

ses vassaux, il doit une protection et l'attribution d'un fief ; en échange, ceux-ci mettent à sa disposition leurs armées lorsqu'une situation de conflit l'impose et s'acquittent d'un certain nombre de services d'amitié mais non, en principe, d'obligations financières en sa faveur.

Le rôle des qualités personnelles des monarques

L'énergie de certains rois du Moyen Âge et l'habileté d'autres vont modifier cet équilibre féodal à leur profit exclusif et transformer le réseau acentrique ou polycentrique de la féodalité en une pyramide traversée par la seule autorité absolue du monarque. Le modèle contractuel fait place au système hiérarchique, qui conduit la France d'une entité faite d'une juxtaposition de provinces à un État unitaire.

Ce processus connaît ses moments clés, que l'on peut regrouper sous l'égide des deux qualités dont les plus grands des Capétiens ont fait preuve : l'énergie et l'habileté.

L'énergie nécessaire pour fédérer l'ancien royaume des Francs, à la cohérence largement fictive dès l'origine[1], voire inexistante sous l'absence d'autorité des « rois fainéants[2] » puis des Carolingiens – qui, après l'éclatement en trois royaumes de l'empire constitué par Charlemagne, lors du traité de Verdun de 843, sont retombés dans la logique du morcellement féodal antérieur – est illustrée notamment par l'action de Philippe Auguste. La victoire qu'il remporte à Bouvines en 1214, à la tête d'une armée composite mais nombreuse[3], est décisive – la plus décisive même pour l'unité nationale, selon l'historien Pierre Chaunu – en ce qu'elle révèle un attachement à une certaine entité française en cours d'émergence, au moment où elle risque sur le champ de bataille d'être annexée par l'empereur d'Allemagne, chef du Saint-Empire romain germanique.

Sur la base de l'acquis de Bouvines, la guerre de Cent Ans renforce paradoxalement l'autorité du roi de France, la crainte de la conquête anglaise poussant finalement la plupart des grands féodaux, après l'élimination du duc de Bourgogne Jean sans Peur, à affirmer (non sans encore quelque ambiguïté de la part du parti bourguignon) leur allégeance à Charles VII.

Une des origines de ce conflit séculaire, la querelle dynastique provoquée par le principe nouveau, imposé par la France, d'hérédité par les descendants mâles en ligne masculine (jusqu'au XIIIe siècle, il s'agissait, en théorie du moins, d'une monarchie élective), consacre d'ailleurs aussi la suprématie d'un personnage – le roi – qui transcende de plus en plus l'aristocratie féodale formée par ses pairs, pour devenir un être semi-divin sécrétant ses propres règles de succession.

Si Philippe Auguste et Charles VII firent preuve d'énergie pour amener vers l'unité les Grands du Royaume, l'œuvre de Louis XI à cet égard se caractérise avant tout par l'habileté et la ruse.

Les seigneurs féodaux relégués au second plan

L'intelligence des situations manifestée par Louis XI se révèle sur deux plans principaux – outre une politique de promotion de la bourgeoisie à travers l'affranchissement[4] de

1. Clovis, fait roi en 481.
2. Entre 631 et 751.
3. 14 000 hommes, chiffre important pour l'époque.
4. Ces villes franches, ou bonnes villes, s'autoadministrent sur tous les plans y compris fiscal. Le roi peut exiger d'elles des contributions ponctuelles mais elles ne versent pas les impôts réguliers.

nombreuses villes et un accès accru des roturiers aux fonctions de la Cour (mentionnons pour mémoire que cette alliance entre la royauté et la bourgeoisie est une constante de l'histoire du pouvoir en France et distingue celle-ci de l'Angleterre où la bourgeoisie a tendu à faire alliance avec l'aristocratie contre le roi) :

- **La mise au pas des grands seigneurs** : ceux-ci, alliés au sein d'une « Ligue du Bien public » animée notamment par les Ducs de Bourgogne (Charles le Téméraire) et de Bretagne qui revendiquent la décentralisation de l'État, se montrent menaçants mais ne parviennent pas à triompher des armées de Louis XI à la bataille de Montlhéry en 1465. Ce dernier reprend alors la main et cause indirectement la mort de Charles le Téméraire au siège de Nancy en 1477. Auparavant, les États Généraux, réunis en 1468, avaient affirmé l'inaliénabilité de la Normandie (qui voulait s'ériger en royaume autonome), renouvelant le principe de l'unité de la Couronne contre les aspirations centrifuges.
- **L'éloignement pour deux siècles de la menace anglaise** : lors de son entretien avec Édouard IV à Picquigny[1] en 1475, Louis XI réussit à le détourner de ses visées conquérantes sur la France[2]. Cette réussite se paie néanmoins par des dons financiers à l'Angleterre, qui vont accentuer la pression fiscale de la monarchie sur le royaume de France.

L'ascendant de la royauté sur la papauté

En même temps qu'elle s'émancipe, comme on vient de le voir, des pouvoirs féodaux, **la monarchie réalise une scission d'aussi grande ampleur avec l'autorité du pape**.

La papauté, depuis le XIe siècle et notamment Grégoire VII, est engagée dans une joute sans merci avec les puissances terrestres pour assurer son autorité sur la hiérarchie ecclésiale que l'empereur d'Allemagne, d'une part, et le roi de France, de l'autre, cherchent à diriger, en s'arrogeant sur elle des pouvoirs de nomination et de taxation.

Le pape sortira bien souvent défait de ces luttes d'influence, l'épisode célèbre de Canossa[3], constituant à cet égard plutôt un contre-exemple qu'une confirmation de la majesté papale. Cet abaissement de l'Église par rapport aux pouvoirs séculiers se manifeste notamment par l'installation forcée des papes à Avignon entre 1309 et 1418, qui, il est vrai, révélait aussi la situation d'une papauté déchirée de l'intérieur par la montée du mouvement conciliaire au début du XVe siècle.

La Pragmatique Sanction de Bourges (en 1438) inscrit ce rapport de force favorable au roi dans un texte juridique qui prévoit : la supériorité du concile des cardinaux sur le pape, la suppression du droit absolu de ce dernier sur la nomination des évêques et l'interdiction pour le pape de lever les annates (un des principaux impôts perçus directement par l'Église).

À travers ces épisodes, le roi affirme, comme à l'encontre des seigneurs féodaux, sa position suprême à l'intérieur du Royaume. La continuation de l'Empire romain qui était le sens

1. Dans ce qui est aujourd'hui le département de la Somme.
2. Grand politique mais aussi fin manœuvrier, Louis XI s'assure de son succès en faisant enivrer l'armée anglaise au cours d'une beuverie où elle se ridiculise.
3. Le pape Grégoire VII ayant excommunié l'empereur allemand Henri IV, celui-ci se décide finalement à demander l'absolution. Il se rend, en hiver 1077, au palais de Grégoire VII, situé à Canossa dans le nord de l'Italie. Le pape le fait patienter trois jours, pieds nus dans la neige, avant de le recevoir et lui accorder le pardon. Henri IV essaiera de se venger du pape en 1084 en entrant à Rome pour y imposer un antipape…

donné par la papauté aux institutions du Moyen Âge européen, reposant sur un roi de France suzerain de l'empereur germanique, devient au début du XIVe siècle une réalité dépassée et plus encore une ambition chimérique qui ne se relèvera plus de sa condamnation par l'histoire. « Le roi est empereur en son royaume » dit l'adage familier du début du XIVe siècle.

La redécouverte du droit romain centralisateur

Un autre élément contribuant à l'émergence d'un État central et fort est **la redécouverte du droit romain**, supplanté dans la plus grande partie (septentrionale) du Royaume par le droit coutumier des tribus germaniques (Francs, Burgondes, Lombards...), puis par la justice seigneuriale, elle-même tout aussi coutumière. Grâce aux efforts des romanistes (Jacques de Revigny entre autres) puis des légistes, entre les XIIIe et XVIe siècles, l'exhumation du droit romain replacera sur le devant de la scène l'image de l'empire rationnel et centralisé qui l'avait conçu dans l'Antiquité.

Reparaît également à cette occasion la distinction entre *auctoritas* (légitimité de droit) et *potestas* (puissance de fait). L'*auctoritas* ne tire sa force que d'elle-même. Elle se prête dès lors à la notion de souveraineté. Le roi est souverain non plus en ce qu'il reçoit son pouvoir d'une autorité supérieure à la sienne – Dieu et le droit divin qui légitimaient et consacraient jusqu'alors la monarchie – mais en vertu du fait qu'une puissance supérieure au souverain ne saurait, par définition, exister sans contredire le concept même de souveraineté.

La monarchie absolue, à travers les œuvres de légistes comme Jean Bodin ou Claude de Seyssel, est ainsi conceptualisée et se prête naturellement par excellence à la centralisation de toutes les décisions de l'État.

Les adages qui se succèdent illustrent cette progression vers l'idée de monarchie absolue, omnipotente en vertu de sa seule souveraineté, sans nécessaire recours à une théorie du droit divin. « Le roi ne tient son royaume de nului fors (= de nul autre que) de Dieu et de lui », adage formulé vers 1270, devient « Le roi ne tient son royaume de nului fors de lui et de son épée ». La légitimation du pouvoir par le droit divin apparaît bien là comme superflue.

Après cette présentation de l'élan centralisateur originel qui l'enracine dans l'histoire du Moyen Âge européen, il convient d'aborder les **deux facteurs d'accélération** imprimés à cet élan, qui interviennent entre la Renaissance et les lendemains de la seconde guerre mondiale. Ces deux impulsions au processus de développement de l'État sont :

- la constitution progressive de services publics ;
- l'avènement de l'État providence.

b. La constitution progressive de services publics

Jusqu'au XVIe siècle, l'État central, tout comme les administrations locales, se signale par sa modestie. Le roi et son administration assurent simplement les services publics découlant d'une des formules prononcées lors du sacre qu'il reçoit à Reims : « interdire toutes violences et iniquités, garder en tout jugement équité et miséricorde ».

Des services publics embryonnaires : la protection du peuple et la justice

Autrement dit, **deux grandes missions de service public, la protection des sujets et la justice**, sont en droit comme en fait mises en œuvre à travers le Royaume. Encore faut-il préciser que la police de droit commun est assurée sur le plan municipal par les bourgeois en armes[1] autodésignés et que la justice est rendue à la plupart des échelons par des cours féodales fonctionnant indépendamment du roi. Seules les juridictions d'appel – les Parlements d'Ancien Régime – incarnent l'unité de la justice royale, et encore de façon très imparfaite car les Parlements sont marqués par un très fort esprit d'indépendance et se placent fréquemment dans une épreuve de force avec le roi.

Au-delà de cette sphère régalienne (ainsi nommée car elle découle des missions mêmes du roi), on parvient à identifier quelques services publics : dès 1320, rattachés directement à l'administration centrale mais implantés au niveau local, apparaissent les services des eaux et forêts, la voirie, la certification de la monnaie. Le bailli, principal représentant local du roi, chargé d'attributions essentiellement fiscales et juridictionnelles, ne supervise pas ces administrations qui sont gérées directement depuis Paris[2].

Une administration essentiellement fiscale

L'administration centrale est d'abord une administration essentiellement fiscale. Comment s'en étonner lorsque sous Louis XI un très petit nombre de fonctions, l'armée, le train de vie de la Cour, l'achat de blé pour les nécessiteux, se partagent les deniers de l'État et que, sous Louis XIV, la moitié du budget est consacrée aux dépenses militaires. Sous la Révolution française encore, le nombre des ministères était très limité : l'Intérieur (N.B. les Affaires économiques sont une division du ministère de l'Intérieur au début de l'ère napoléonienne), les Affaires étrangères, la Justice, les Contributions, la Guerre, la Marine.

À l'époque de Louis XI, le monarque nomme, parmi son Conseil, une personnalité commissaire ou commis, personnage qui, entouré de quelques aides que l'on pourrait éventuellement qualifier collectivement – au prix d'un anachronisme – d'administration, reçoit la mission de gérer un ministère.

Cela n'est d'ailleurs pas si surprenant car les besoins de la population paraissent limités. La seule possession du chanvre permet à la plupart des Français de bénéficier de linge, de voiles si nécessaire, et d'un linceul pour leur enterrement. Emmanuel Le Roy Ladurie relève dans les communes essentiellement trois services publics au début du XVIe siècle : les remparts, l'horloge et la maison close…

Les débuts de l'interventionnisme économique par une administration légère

Cependant, sous le règne d'Henri IV, **l'État commence à intervenir dans l'économie**. Les premières industries, créées par l'État, apparaissent : manufactures de soie, de tapisseries, de cuir, de verreries, de toiles, de tapis, de draps… Colbert, influencé par la théorie du mercantilisme[3], favorise la création de compagnies et invente des placements obligataires dans l'industrie. Entre 1715 et 1750, on assiste à un essor spectaculaire des papeteries, de la faïence, de la métallurgie…

1. En appelant au « haro » contre quelqu'un, ils peuvent l'appréhender sans autorisation particulière d'une institution « officielle ».

2. Avec les intendants (ancêtres lointains des préfets), au nombre de 15 à 30, dont Richelieu puis Colbert assurent l'implantation durable, les administrations locales gagneront toutefois en importance.

3. Selon laquelle la quantité d'or détenue par un pays constitue une richesse réelle. Il convient donc d'empêcher l'or de sortir, donc d'exporter plutôt que d'importer des biens.

Malgré ces développements, l'administration reste légère. Au début du XVIe siècle, la France compte 12 000 fonctionnaires (dont environ 5 000 officiers, détenteurs de charges vénales qui deviennent héréditaires à partir de 1604) pour 15 millions d'habitants. En 1665, on dénombre certes 45 000 officiers mais cette progression ne modifie pas le constat d'une administration peu nombreuse, mobilisée par l'appareil d'État plus que par la gestion de services publics. Il faudra d'ailleurs attendre Napoléon pour que l'on passe des officiers ou fonctionnaires appointés à un personnel sous statut, comparable à celui que nous connaissons aujourd'hui.

Il est vrai que la question financière reste au centre des préoccupations de l'État royal. Si le premier véritable impôt royal apparaît en 1439[1], le premier tour de vis fiscal est l'œuvre de Louis XI qui double les recettes du budget de l'État sous son règne. La recherche d'une unité de caisse, problématique en raison de la multiplicité de taxations hétérogènes, n'aboutit qu'en 1523, lorsque l'État dispose enfin d'une caisse centrale unique. Le roi tente d'organiser l'administration des finances autour de personnages de plus en plus puissants (surintendant, contrôleurs des finances) aux attributions toujours plus générales, jusqu'à ce que l'on parvienne à la bonne formule avec la fonction de contrôleur général des finances inaugurée par Colbert.

Au total, cette administration fiscale, la plus visible parmi les services publics, renforce et accélère l'emprise d'un pouvoir central fort. Doté d'une capacité permanente de financement, l'État va ainsi pouvoir élargir son intervention au-delà du cercle régalien.

c. L'avènement de l'État providence et sa crise

Avec la transformation, au lendemain de la seconde guerre mondiale, de « l'État gendarme » voué essentiellement aux fonctions de maintien de l'ordre, en un « État providence » doté de larges attributions distributrices (à travers notamment la Sécurité sociale), ainsi que d'une mission d'organisation de l'économie (à travers la planification quinquennale[2]), la détermination d'un espace de légitimité intrinsèquement lié à la nature du pouvoir central devient impossible.

Le champ de compétence de l'État n'est plus borné a priori

La sphère de préoccupation légitime de l'État s'ouvre à des services publics variés, qui vont bien au-delà de l'ordre public antérieur, limité à des objectifs de sécurité, de tranquillité et de salubrité. Ainsi, le domaine des loisirs et de la culture[3] s'ouvre aux services publics (un festival de bandes dessinées, un feu d'artifice…) bien au-delà des « activités régaliennes », définies jusqu'en 2008 par le programme 631 issu de la LOLF (loi organique relative aux lois de finances) comme « les activités réalisées pour le compte de l'État français, en situation de monopole ».

Par ailleurs, les définitions juridiques du service public montrent bien qu'on penche vers une **notion purement nominale** car sont services publics ce que l'autorité légitime définit comme tels :

1. Avec l'instauration de la taille permanente votée pour l'entretien de l'armée royale : du coup, sous Louis XI, les revenus du domaine ne constitueront plus que 2 % des recettes de la monarchie.
2. Qui tombera en désuétude avec le XIe plan en 1992.
3. *Cf.* le chapitre 7.

- Pour **Léon Duguit**, une activité de service public est « toute activité dont l'accompagnement doit être assuré, réglé et contrôlé par les gouvernants parce que l'accomplissement de cette activité est indispensable à la réalisation et au développement de l'interdépendance sociale et qu'elle est de telle nature qu'elle ne peut être réalisée que par l'intervention de la force gouvernante ».
- Pour **Gaston Jèze** « sont uniquement services publics les besoins d'intérêt général que les gouvernants d'un pays donné, à une époque donnée, ont décidé de satisfaire par le procédé du service public ».
- Enfin pour **René Chapus**, allant encore plus avant dans le formalisme, une activité de service public est « une activité assurée ou assumée par une personne publique en vue de l'intérêt public ».

Des typologies utiles

Au-delà de cette tentative de définir le service public, une théorisation des fonctions de l'État providence, née dans les années 1960, est due à l'économiste **Richard Musgrave**[1]. **L'État providence a vocation à** :

- modifier l'allocation des ressources pour corriger les imperfections du marché ;
- favoriser une répartition équitable des ressources (redistribution) ;
- stabiliser l'activité en réduisant l'amplitude des cycles économiques.

Ces objectifs sont partagés par l'ensemble du monde occidental. Néanmoins on peut distinguer, ainsi que l'a fait le sociologue danois Gosta Esping-Andersen[2], plusieurs familles par-delà les objectifs généraux identifiés par Musgrave. Pour Esping-Andersen, il existe trois variantes de l'État providence :

- Le **modèle libéral**, héritier de Lord Beveridge, correspond à la situation du Royaume-Uni où l'État fournit des assurances sociales minimales et forfaitaires, mais universelles, financées par l'impôt.
- Le **modèle social-démocrate** (ou modèle nordique) qui, dans les pays de l'Europe du Nord, reprend les caractéristiques étatiques du modèle libéral, mais en y associant des prestations relativement généreuses.
- Le **modèle corporatiste/conservateur** (on modèle bismarckien) décrit les systèmes allemands et français de protection sociale, caractérisés par des prestations d'un montant variable, assises sur les cotisations sociales professionnelles, l'État n'intervenant que pour garantir, à travers des minima sociaux non contributifs, l'existence d'un « filet de sécurité » destiné aux personnes, le plus souvent sans emploi, qui n'ont pas pu acquérir de droits au travers de leurs cotisations.

Si le système de l'État providence a été théorisé, sa critique l'a été également. On en doit notamment l'exposé à Pierre Rosanvallon[3]. Selon ses thèses, l'État providence serait miné par trois facteurs :

- les **difficultés de financement**, qui se manifestent dès le milieu des années 1970, avec l'apparition des déficits récurrents de la Sécurité sociale ;

---

1. *Cf. La théorie des finances publiques*, Mac Graw Hill, 1959.
2. *Cf. Les trois mondes de l'État providence*, PUF, 1990 (traduction révisée en 2007).
3. Pierre Rosanvallon, *La crise de l'État-providence*, Le Seuil, 1981.

- l'**efficacité insuffisante** : si l'État providence offre des garanties de protection sociale élevée aux salariés intégrés au monde du travail, elle ne constitue pas un rempart suffisant à la « nouvelle pauvreté », découlant du chômage de longue durée ;
- la **légitimité critiquable** : le haut niveau de protection pénalise l'initiative et peut même favoriser l'oisiveté.

Indépendamment de ce type d'analyses, le modèle français d'État providence se heurte à des taux de prélèvements obligatoires parmi les plus élevés d'Europe. D'après l'étude comparative réalisée par le Conseil des prélèvements obligatoires (présidé alors par Philippe Séguin) sur la base des données de 2005, la France, avec des taux entre 43 et 45 % du PNB selon les années, se situait juste derrière la Suède (qui dépassait 50 %), et loin devant l'Allemagne et le Royaume-Uni (tous deux autour de 35-37 %) et, bien sûr, devant les États-Unis (25 %). Pour l'année 2010, selon des définitions statistiques légèrement différentes et limitées à l'Europe, l'INSEE[1] classait la France en quatrième position derrière le Danemark, la Belgique et la Suède, et à plus de 4 points au-dessus de la moyenne des 17 pays de la « zone euro » (44,5 % contre 40,2 %).

Plus récemment, en 2017 selon l'OCDE, la France (46,2 %) affichait le taux le plus élevé parmi les pays développés, devant le Danemark (46 %) et, bien sûr, loin devant les États-Unis (24,3 %). Enfin, pour EUROSTAT, la France occupait en 2015, 2016 et 2017 le 1er rang au sein de l'Union européenne avec un taux de 48,4 % cette dernière année.

2 Un pouvoir aujourd'hui partagé avec l'échelon supranational (Union européenne) et infranational (collectivités locales)

On a vu qu'aucune activité n'était – au zénith de l'État providence – a priori en dehors du champ d'intervention légitime de l'État, dans le cadre et les limites d'un État de droit dont la Constitution est une des plus protectrices des libertés individuelles.

À la suite des transferts de souveraineté opérés au profit de l'Union européenne, on peut encore maintenir qu'il n'existe nul secteur ou activité où l'État soit empêché par principe de chercher à faire prévaloir un intérêt public. Simplement les moyens et l'ampleur de son action varient selon la place occupée par l'Europe.

a. Des transferts de souveraineté de plus en plus larges

Le basculement dans le champ communautaire du commerce (naissance d'un marché commun des biens et des services) et de la politique agricole est prévu par le traité de Rome en 1957. Cette communautarisation signifie que la Communauté économique européenne (CEE) – aujourd'hui l'Union européenne – substitue ses propres mécanismes de décision à ceux des États qui perdent du coup leur liberté d'agir, c'est-à-dire leur souveraineté, même s'ils peuvent bien entendu infléchir les décisions communautaires en fonction de leur poids électoral au sein du Conseil et du Parlement. (En fonction aussi, officieusement, de leur capacité à défendre une position au sein de la Commission européenne, qui est cependant censée n'œuvrer qu'à l'intérêt européen commun et au respect des traités, et non à la réalisation de compromis entre les États dont les commissaires ne sont pas les porte-parole).

---

1. Institut national de la statistique et des études économiques.

Les traités succédant au traité de Rome approfondissent et étendent cette communautarisation

L'Acte unique (1986), outre qu'il valide le projet d'Union économique et monétaire[1] (UEM), fait entrer dans le champ communautaire la recherche, l'environnement, le développement technologique, les politiques régionales dans leur dimension de cohésion économique et sociale.

Le traité de Maastricht (1993) institue une Union européenne dotée de la personnalité morale et définit les « trois piliers » : le pilier communautaire où s'applique la procédure de codécision entre le Conseil et le Parlement, le pilier relatif à la politique étrangère et de sécurité commune (PESC) et le pilier relatif à la justice et aux affaires intérieures (JAI), ces deux derniers piliers constituant des cadres intergouvernementaux et non communautaires. Le traité institue également une citoyenneté européenne et communautarise les champs suivants : la politique sociale, la culture, la santé, la protection des consommateurs, les réseaux.

Le traité d'Amsterdam (1999) opère une consolidation du traité sur l'Union européenne (TUE) et de celui sur la communauté européenne (TCE), instaure la possibilité de coopérations renforcées entre un petit nombre de pays et communautarise la JAI, sauf en matière de coopération pénale.

Les traités de Nice (2001) et de Lisbonne (2007) apportent des perfectionnements institutionnels mais n'ouvrent pas de nouveaux champs aux prérogatives communautaires.

L'effectivité de ces transferts est garantie par une jurisprudence bien établie

C'est le droit de l'Union européenne qui permet d'assurer que les partages de souveraineté entre les États membres et l'Europe sont effectivement réalisés et respectés.

La jurisprudence de la Cour de justice des communautés européenne (CJCE, future CJUE[2]) a permis de dégager deux principes fondamentaux :

- Le principe de **l'effet direct** du droit de l'Union européenne sur les ordres juridiques nationaux : le traité de Rome « constitue plus qu'un accord qui ne créerait que des obligations mutuelles entre les États contractants. [...] La communauté constitue un nouvel ordre juridique de droit international, au profit duquel les États ont limité, bien que dans des domaines restreints, leurs droits souverains, et dont les sujets sont non seulement les États membres, mais également leurs ressortissants » (arrêt Van Gend En Loos de 1963).
- Le principe de la **primauté** du droit de l'Union européenne sur les droits nationaux : le traité de Rome « a institué un ordre juridique propre, intégré au système juridique des États membres lors de l'entrée en vigueur du Traité et qui s'impose à leurs juridictions » (arrêt Costa c/Enel de 1964).

Remarquons incidemment le chemin parcouru entre 1963 et l'époque actuelle : l'arrêt Van Gend en Loos évoque la limite consentie par les États à leur souveraineté « **dans des domaines restreints** » alors que l'avis 1/91 émis par la Commission européenne, « gardienne des traités », le 14 décembre 1991, mentionne dans le même contexte « **des domaines de plus en plus étendus** ». Le dynamisme de la construction européenne se lit dans cette

1. Dont la première annonce solennelle eut lieu lors de la conférence de Paris des 19 au 21 octobre 1972, entre les chefs d'État ou de gouvernement de la Communauté économique européenne (CEE).
2. Cour de justice de l'Union européenne.

logique d'extension des compétences communautaires par rapport à celles des États. Le Conseil d'État a reconnu, du reste, la supériorité du droit de l'Union européenne sur une loi française postérieure (fin du système de la « loi écran ») dans les célèbres arrêts Nicolo, Rothmans et Boisdet (*cf.* les manuels de droit administratif).

b. La répartition des compétences entre la France et l'Union européenne

La France, dans l'action de ses institutions et de son administration, doit tenir compte de l'acquis communautaire. On a vu que cette condition limitait sa souveraineté. Il convient immédiatement de préciser qu'aucun « coup de force » de l'Europe ne conduit au recul de la souveraineté française. En effet, l'Union européenne, malgré le poids grandissant de l'acquis communautaire, reste sous le contrôle des États. Cela en vertu du principe de la « compétence d'attribution » selon laquelle, aux termes de l'article 5.2 du TUE : « l'Union n'agit que dans les limites des compétences que les États membres lui ont attribuées dans les traités pour atteindre les objectifs que ces traités établissent ». N'est donc transféré à l'Union européenne que ce que les États entendent transférer, sur la base d'un acte souverain de leur part.

Par ailleurs, les États membres peuvent garder des marges de manœuvre plus ou moins importantes selon les modalités exactes de la répartition des compétences avec l'Union européenne. Il existe en effet quatre champs à cet égard :

- **Les compétences exclusives de l'Union** (article 3 du TFUE) recouvrent l'union douanière, la politique de la concurrence, la politique monétaire, la conservation des ressources biologiques de la mer et la politique commerciale commune.
- **Les compétences partagées** concernent onze domaines énumérés à l'article 4 du TFUE, parmi lesquels : le marché intérieur, la politique sociale, l'environnement, l'énergie, la coopération judiciaire civile, la recherche, le développement technologique et de l'espace, l'agriculture (depuis 2009, date avant laquelle elle relevait de la compétence exclusive de l'Union), la coopération au développement et l'aide humanitaire. Deux principes importants s'appliquent à ce champ. Le principe de **préemption** signifie que dès lors que l'Union européenne investit un des domaines ci-dessus, il n'appartient plus aux États d'y intervenir ; le principe de **subsidiarité** (article 5.3 du TUE) pose que : « dans les domaines qui ne relèvent pas de sa compétence exclusive, l'Union intervient seulement si, et dans la mesure où les objectifs de l'action envisagée ne peuvent pas être atteints de manière suffisante par les États membres, tant au niveau central qu'au niveau régional et local, mais peuvent l'être mieux, en raison des dimensions ou des effets de l'action envisagée, au niveau de l'Union ». Enfin on peut considérer le champ des compétences partagées comme celui du « droit commun » de l'intervention communautaire. S'y applique la procédure de décision la plus courante, à savoir la codécision (« procédure législative ordinaire » selon la terminologie actuelle), ainsi que les règles de la coopération renforcée qui pour l'instant demeure marginale.
- **Les compétences de l'Union au titre « des actions d'appui et de coordination »**, de portée plus modeste, visent les domaines suivants : la santé humaine, l'industrie, le tourisme, l'éducation, la jeunesse et le sport, la protection civile, la coopération administrative et la culture.
- **Les compétences réservées aux États membres** sont potentiellement les plus extensives (contrairement à l'idée véhiculée par ceux critiquant « l'impérialisme de l'Europe ») puisqu'elles ne sont pas énumérées limitativement, mais relèvent d'une formulation de

type « tout sauf », indiquant bien que les compétences des États demeurent la règle. Certains exemples sont toutefois donnés par les traités : la détermination du régime de propriété, la sécurité nationale et le commerce des armes et matériels de guerre, la réglementation du droit de grève…

Quelques exemples de l'influence de l'Union européenne sur les politiques publiques

- **Dans le domaine social**, on relève à ce jour plus de 200 directives et règlements communautaires concernant la sécurité et la santé au travail, la durée maximale du travail, le comité d'entreprise européen dans les groupes communautaires, l'égalité entre l'homme et la femme.
- **Dans le domaine de la protection des consommateurs**, notamment en matière de règles d'étiquetage (qui doit proposer une information honnête) et de passation des contrats (en particulier sur les aspects relatifs au crédit à la consommation et à la période de rétractation).
- **Dans le domaine de l'environnement**, il faut mentionner la directive déchets (1991), la directive pesticides, le règlement REACH (encadrant les tests de diverses substances chimiques), la directive OGM (qui prévoit leur utilisation confinée), la législation relative à la pollution des microparticules et aux moteurs diesels et la directive Seveso relative aux risques industriels majeurs (*cf.* aussi le chapitre 14).
- **Dans les domaines dits « d'appui »**, mentionnons le programme Galileo (système européen de géo-positionnement) susceptible d'être pleinement opérationnel en 2022, avec plus de 28 satellites (sur 30) déjà lancés, et le programme culturel Média 2007-2013 qui prévoyait un soutien communautaire de 750 millions d'euros aux programmes nationaux, lui-même précédant le programme « Europe créative » doté entre 2014 et 2020 de 1,4 milliard d'euros.

Le service public « à la française »

La France conserve donc des compétences exclusives et garde sa faculté de conduire des politiques publiques dans le champ des compétences partagées, notamment lorsque, en vertu du principe de subsidiarité, elle parviendrait à de meilleurs résultats que l'Union européenne.

La France peut encore intervenir comme elle l'entend dans le cadre de ses services publics[1]. En effet, il n'existe pas l'opposition radicale que dépeignent certains entre « les services publics à la française » et la conception européenne des « **services d'intérêt général** » (SIG). Ces derniers correspondent à des « services marchands et non marchands que les autorités publiques considèrent comme étant d'intérêt général et soumettent à des obligations de service public ».

---

1. *Cf.* les extraits suivants du protocole n° 9 du traité de Lisbonne. « Les valeurs communes de l'Union concernant les services d'intérêt économique général au sens de l'article 16 du traité sur le fonctionnement de l'Union comprennent notamment : – le rôle essentiel et la grande marge de manœuvre des autorités nationales, régionales et locales pour fournir, faire exécuter et organiser les services d'intérêt économique général d'une manière qui réponde autant que possible aux besoins des utilisateurs ; – la diversité des services d'intérêt économique général et les disparités qui peuvent exister au niveau des besoins et des préférences des utilisateurs en raison de situations géographiques, sociales ou culturelles différentes… » « Les dispositions des traités ne portent en aucune manière atteinte à la compétence des États membres pour fournir, faire exécuter et organiser des services non économiques d'intérêt général ».

La différence majeure entre cette approche et la conception française réside dans **l'absence de prise en compte par l'Union européenne du caractère public ou privé** de l'entité qui rend le service. Seule compte la nature de ce service lui-même (qui doit être d'intérêt général), alors que la conception française du service public présume dans une large mesure une gestion publique de ce service.

Les SIG peuvent exister sous la forme de services économiques (SIEG) ou sociaux (SSIG). L'intérêt de ces dénominations pour l'État et ses services publics est d'ouvrir la voie d'une application moins exigeante des règles de la concurrence défendues par ailleurs par les traités européens.

Les SIEG, par exemple, doivent être caractérisés (pour échapper partiellement aux règles de la concurrence) par :

- l'accomplissement par l'entreprise d'une mission d'intérêt général ;
- l'investiture publique ;
- le caractère nécessaire et proportionné de l'atteinte aux règles du marché et le fait que le développement des échanges ne soit pas affecté dans une mesure contraire à l'intérêt de la communauté.

Ces conditions sont assouplies pour les SSIG. Schématiquement, on peut dire que les SIEG doivent se plier aux règles de la concurrence sous réserve des exigences découlant du respect de l'intérêt général, alors que les SSIG ont vocation à se conformer à l'intérêt général, sous réserve des exigences nées du respect du droit de la concurrence.

La voix de la France mieux portée par la Constitution, mais à la marge

Précisons enfin que l'avant-dernière **révision de la Constitution** de la Ve République (4 février 2008), si elle a abouti à donner des moyens au Parlement d'exprimer une opposition à des législations communautaires ne remplissant pas certaines conditions, ne modifie pas substantiellement la position de l'État français vis-à-vis des prérogatives de l'Union européenne. On retient en effet principalement de cette révision constitutionnelle :

- la possibilité pour les deux chambres du Parlement d'adopter des « résolutions européennes » sur « tout document émanant d'une institution de l'Union européenne » (article 88-4). Dans les faits, depuis dix ans, de telles résolutions, qui sont également susceptibles d'être prises par les institutions parlementaires des autres États de l'Union européenne, n'aboutissent presque jamais à modifier l'orientation prise par les institutions européennes[1] ;
- la possibilité, à la demande de 60 députés ou de 60 sénateurs, de former un recours devant la CJUE contre « un acte législatif européen pour violation du principe de subsidiarité » (article 88-6).

c. La décentralisation

Le partage des missions de l'État avec les collectivités d'échelon infranational obéit à un processus très différent de celui que l'on vient de voir au niveau supranational. L'État, à tout moment, à travers notamment la législation, est maître de ce qu'il délègue aux collectivités locales. En un sens, la décentralisation ne constitue qu'un moyen particulier pour l'État

1. *Cf.* un cas en 2012 de mise en œuvre de cette procédure en opposition à un texte communautaire sur l'action syndicale dans le contexte de la liberté d'établissement et la libre prestation de service.

d'administrer aux mieux le territoire national. L'État se borne à s'appuyer sur des personnes morales variées, qu'il s'agisse de communes, de départements, de régions ou d'établissement publics nationaux, pour accomplir ses fins. Il ne saurait être question dans ce contexte d'un abandon de souveraineté du pouvoir central.

Une volonté croissante de décentraliser

La tendance à la décentralisation qui apparaît à la fin des années 1960, semble à première vue contradictoire avec l'élan centralisateur dont on a vu qu'il a été pris dès le Moyen Âge. Pourquoi le pouvoir paraît-il s'orienter ainsi dans une voie susceptible d'amoindrir son influence ?

Si, en ce qui concerne l'Europe, l'idéal supérieur représenté par l'avènement d'un espace de paix après les atrocités de la seconde guerre mondiale, compensait, et au-delà, le sacrifice d'une part de souveraineté, une dépossession de compétences au profit de structures infraétatiques ne s'imposait pas avec la même évidence. En fait, les gouvernements ont pris conscience pragmatiquement, à travers l'histoire, des écueils d'une centralisation excessive. Ce sont ces travers que l'on entend corriger à partir de 1970.

Du reste, dès le XIXe siècle des penseurs et des politiques éminents stigmatisent les dérives de la centralisation :

- pour Lamennais, la « centralisation, c'est l'apoplexie au centre, la paralysie aux extrémités »[1] ;
- selon Tocqueville[2], « la centralisation avait déjà le même naturel, les mêmes procédés, les mêmes visées que de nos jours, mais non encore le même pouvoir » ;
- Jean-François Gravier évoque lui aussi une situation anormale à travers le titre même de son ouvrage paru en 1947 : *Paris et le désert français*. Et le général de Gaulle en convient à Lyon, le 24 mars 1968 : « L'effort séculaire de centralisation, qui fut longtemps nécessaire pour réaliser et maintenir l'unité de notre pays ne s'impose plus désormais ».

Les décisions de 1982-1983

Quelques tentatives de décentralisation apparaissent avant 1982, avec notamment l'attribution d'une personnalité juridique à la région en 1972, dans le cadre de « l'établissement public régional » (administré cependant par le préfet de région, relais souvent efficace de la centralisation) ainsi que, en 1979, l'affectation aux collectivités locales d'une « dotation globale de fonctionnement » financée sur le budget de l'État. Mais **ce sont les lois de 1982 et 1983 qui consacrent véritablement les collectivités territoriales** de plein exercice. Cette réforme audacieuse, puisqu'elle suppose et provoque en même temps une inversion du tropisme centralisateur antérieur, comporte, via les lois « Defferre »[3], les principales innovations suivantes :

- La loi du 2 mars 1982 prévoit **la libre administration des collectivités** territoriales (sous réserve d'un contrôle de légalité *a posteriori*, et non plus a priori, les actes devenant exécutoires dès leur transmission au préfet) ; le transfert de l'exécutif départemental, du préfet à un président élu ; la transformation de la région en collectivité territoriale à part

1. Phrase prononcée lors d'une séance de l'Assemblée élue en 1848.
2. Dans l'Ancien Régime et la Révolution.
3. Gaston Defferre (1910-1986), longtemps maire socialiste de Marseille, fut le Premier ministre de l'Intérieur du Président Mitterrand.

entière (se concrétisant en 1986 avec l'élection au suffrage universel direct du conseil régional) ; l'interdiction de l'exercice d'une tutelle par une collectivité sur une autre.

- La loi du 7 janvier 1983 organise **la répartition des compétences** entre collectivités territoriales. La commune hérite entre autres de la maîtrise des sols et de la gestion des équipements de proximité ; le département, des services d'aide et de redistribution ainsi que des questions de ruralité ; la région, du développement économique et de la formation professionnelle.

Cette répartition, en raison du choix de procéder à la constitution de « **blocs de compétences** » visant à rendre chaque niveau de collectivité autonome sur un pan complet d'activité, va d'ailleurs se révéler insatisfaisante, ce qui motivera l'adoption vingt ans plus tard d'un « acte II » de la décentralisation.

La décentralisation relancée par un second acte

Il est apparu qu'il importait de privilégier la coopération et la synergie entre les collectivités territoriales plutôt que la logique intransigeante de « pré carré » qui tendait à prévaloir dans le cadre des « blocs de compétences ». L'exemple de la formation professionnelle illustre ces risques de cloisonnement : la région était, du moins jusqu'à l'entrée en vigueur de la loi du 5 septembre 2018[1], responsable exclusive de l'offre de formation mais c'est l'État qui valide la plupart des titres délivrés, tandis que la commune et le département détiennent la clé des emplois locaux et donc des besoins de formation. (À noter toutefois que pour favoriser les synergies nécessaires, les programmes régionaux de formation étaient accompagnés de l'avis du comité régional paritaire qui associe l'État, la région, les organisations syndicales, les chambres consulaires, les associations et organismes de formation).

Avec cet « Acte II de la décentralisation » (loi constitutionnelle du 28 mars 2003 et loi du 13 août 2004 notamment) sont instaurés entre autres le **principe de subsidiarité**[2] entre collectivités locales, la notion de **collectivité chef de file**[3], la consécration de l'autonomie financière des collectivités territoriales à travers le droit de disposer de ressources propres, le droit à l'expérimentation, la possibilité d'organiser des référendums locaux…

Au total, entre 1983 et nos jours, l'État s'est séparé au profit des collectivités locales d'une partie importante de ses attributions. Quelques exemples l'illustrent :

- parmi les attributions étatiques décentralisées vers les communes : l'attribution des permis de construire, l'adoption des plans d'occupation des sols, la gestion des ports de plaisance, la construction des écoles primaires ;
- parmi les attributions étatiques décentralisées vers les départements : les ports maritimes, de commerce et de pêche, la protection sanitaire de la famille et de l'enfance, la

1. Relative à la liberté de choisir son avenir professionnel.
2. Aux termes de l'article 72 de la Constitution : « Les collectivités territoriales ont vocation à prendre les décisions pour l'ensemble des compétences qui peuvent le mieux être mises en œuvre à leur échelon ».
3. *Idem* : « Aucune collectivité territoriale ne peut exercer une tutelle sur une autre. Cependant, lorsque l'exercice d'une compétence nécessite le concours de plusieurs collectivités territoriales, la loi peut autoriser l'une d'entre elles ou un de leurs groupements à organiser les modalités de leur action commune ».

vaccination, le dépistage des cancers, 2/3 du réseau routier[1], la gestion du RMI puis du RSA, la construction des collèges ;

- parmi les attributions étatiques décentralisées aux régions : la gestion des ports fluviaux, des canaux et des voies, la construction des lycées.

Dans un rapport d'octobre 2008, la Cour des comptes se montre néanmoins très critique dans le cadre d'un premier bilan de cette nouvelle étape de la décentralisation. Le nouveau schéma conçu par les lois de 2003 ne semblerait pas, selon elle, introduire davantage de clarté ni d'efficacité dans la coopération entre les collectivités locales. Pour le député Jean-Luc Warsmann, « l'expérience de chef de file n'a pas été concluante ». Cette virtualité de la Constitution a été en effet inexploitée sauf en matière d'action sociale et d'organisation du RMI. Le député prône par exemple « la solution d'accorder au département une compétence exclusive en matière d'action sociale », soit au fond un retour à certaines modalités antérieures à « l'acte II ».

Le nouveau cadre institué en 2014 et 2015 par les lois MAPTAM[2], NOTRE[3] et de délimitation des régions[4] vise globalement à maîtriser les effets pervers de la répartition rigide des compétences à travers, d'une part, l'organisation de synergies obligatoires et, d'autre part, la valorisation du niveau régional, lui-même renforcé par le doublement de la taille de la majorité des régions, qui sont désormais au nombre de 13 par regroupement des collectivités régionales existantes.

C'est ainsi que la région est qualifiée de « **chef de file** » pour l'exercice notamment des compétences[5] relatives au développement économique et à l'organisation des transports. Le département est, quant à lui, investi de responsabilités similaires notamment en matière d'action sociale, d'autonomie des personnes et de solidarité des territoires. Enfin, la commune est chargée d'organiser les modalités de l'action commune des collectivités territoriales en matière de mobilité durable, de services publics de proximité, d'aménagement de l'espace et développement local.

Par rapport à la législation antérieure, ces responsabilités de chef de file sont **obligatoires**, il ne s'agit plus d'une modalité libre de coopération entre collectivités.

---

1. Que le gouvernement a renoncé, à mi-parcours de l'examen parlementaire du projet de loi NOTRe, a réaffecter aux régions, malgré les remarques très nettes de la Cour des comptes. Celle-ci constatait en effet dans son rapport public annuel de 2012, que la décentralisation routière n'avait pas dégagé d'économies et que la majorité des départements faisaient preuve d'un déficit de réflexion stratégique dans leur politique routière. Ainsi la décentralisation n'a pas conduit dans l'ensemble les départements à construire des stratégies routières novatrices, mais plutôt à privilégier l'entretien du réseau et la simple remise à niveau des routes transférées.
2. Loi du 27 janvier 2014 de modernisation de l'action publique territoriale et d'affirmation des métropoles.
3. Loi du 7 août 2015 relative à la nouvelle organisation territoriale de la République.
4. Loi du 16 janvier 2015 relative à la délimitation des régions, aux élections régionales et départementales et modifiant le calendrier électoral.
5. La liste exhaustive en est la suivante : aménagement et au développement durable du territoire : la protection de la biodiversité : climat, à la qualité de l'air et à l'énergie ; développement économique ; soutien de l'innovation ; l'internationalisation des entreprises ; l'intermodalité et à la complémentarité entre les modes de transports ; soutien à l'enseignement supérieur et à la recherche.

Une souplesse continue cependant d'exister : il est prévu que les modalités de l'action commune des collectivités territoriales et de leurs groupements pour l'exercice de ces compétences soient discutées dans un cadre nouveau constitué par la **conférence territoriale de l'action publique**.

Pour conforter leur capacité de pilotage des actions et programmes locaux, les régions élaborent deux schémas : l'un pour le développement économique[1], l'autre en faveur de l'aménagement durable des territoires (énergie, mobilités, déchets…)[2]. Ces schémas sont opposables et ont une valeur prescriptive et non plus seulement incitative.

Pour autant, dans le nouveau dispositif territorial, chaque échelon reste investi de certaines compétences exclusives : au département les solidarités et la cohésion territoriale, à la région la promotion des développements économique, social, sanitaire, culturel et scientifique, et l'aménagement du territoire, sans oublier la gestion des fonds structurels européens (FEDER, FSE) jusqu'alors assurée par les secrétariats généraux aux affaires régionales des préfectures de région ; quant à la commune elle garde ses anciennes prérogatives.

Par ailleurs, les métropoles de la loi de 2014 (*cf. infra*) sont dotées de compétences élargies, par des négociations avec les départements obligatoirement intervenues avant 2017 – l'alternative étant le transfert automatique vers les métropoles de huit groupes de compétences[3] retirées aux départements au lieu du minimum de trois dans le cas d'un délai de négociation respecté – et ayant débouché dans la grande majorité des situations par l'attribution aux métropoles des prérogatives en matière d'aide aux jeunes en difficulté et de gestion des aides du fonds de solidarité pour le logement. À noter que sur tout le territoire de la métropole de Lyon, celle-ci se substitue entièrement aux compétences du département, et qu'un régime dérogatoire complexe, lui aussi favorable à l'influence de la métropole, vaut pour le Grand Paris.

L'acte III parvient ainsi à dessiner un paysage territorial d'une complexité inégalée à ce jour. Coexistent en effet :

- Les solutions particulières de répartition fine des compétences dégagées lors des CTAP, entre régions, départements et métropoles.
- L'application du droit commun (article L1111 du code général des collectivités territoriales[4]) de la délégation de compétence d'une collectivité territoriale à une autre, qui a permis, contrairement à l'esprit de l'acte III, de maintenir le *statu quo*, comme par exemple pour les transports scolaires normalement confiés par l'acte III aux régions (dans l'objectif d'unifier les pratiques tarifaires d'un département à l'autre au sein d'une même région[5])

1. C'est le schéma régional de développement économique, d'innovation et d'internationalisation.
2. C'est schéma régional d'aménagement, de développement durable et d'égalité des territoires.
3. Ces huit groupes sont : le fonds de solidarité pour le logement ; le service public départemental d'action sociale ; le programme départemental d'insertion ; le fonds d'aide aux jeunes en difficulté ; la prévention spécialisée auprès des jeunes et des familles ; les centres locaux d'information et de coordination pour les personnes âgées (CLIC) et l'action sociale (sauf les prestations légales d'aide sociale) ; le tourisme, la culture et les équipements sportifs ; la construction et la gestion matérielle des collèges.
4. Cet article dispose qu'« une collectivité territoriale peut déléguer à une collectivité territoriale relevant d'une autre catégorie ou à un établissement public de coopération intercommunale à fiscalité propre tout ou partie d'une compétence dont elle est attributaire ».
5. Pratiques qui peuvent varier grandement entre des formules de gratuité intégrale, de modulation selon les revenus de la famille et de tarification unique.

mais qui par un jeu de rétro-délégations se sont souvent retrouvés à être de nouveau gérés au niveau départemental.

- L'entrée en vigueur du régime des collectivités territoriales chefs de file pour une série de compétences.
- Le maintien néanmoins de compétences exclusives pour des thématiques parfois voisines des précédentes (ainsi la « solidarité des territoires », c'est-à-dire l'harmonisation de financements entre secteurs dynamiques et zones défavorisées est une compétence exclusive du département, mais présente un fort risque d'interférence avec la compétence régionale de chef de file en matière d'« aménagement du territoire »).
- Le maintien de découpages appelant davantage de cohérence (*cf.* par exemple les critiques[1] du sénateur puis membre du Conseil constitutionnel Jean-Jacques Hyest au sujet de l'emploi, principalement de responsabilité départementale et infra-départementale, alors que le développement économique est confié aux régions ; et de la formation professionnelle globalement administrée par les régions, sauf pour la part hautement sensible concernant les personnes sans emploi qui, elle, relève principalement du département).

Répondre à la question « qui fait quoi » (c'est-à-dire quelle collectivité est concrètement responsable de quelle action) dans ce contexte opaque et fragmenté suppose donc de longues analyses et se heurte à des difficultés qui peuvent paraître anormales s'agissant avant tout de l'environnement territorial et de l'administration quotidienne des Français.

Au fond, à partir d'un acte I qui conjuguait lisibilité (c'est-à-dire la clarté au moins apparente de la répartition territoriale par bloc étanche de compétences, autrement dit : pour tel échelon territorial, tel bloc de compétences) et inefficacité (à cause de l'absence de synergie et d'interaction entre des blocs captifs de chaque échelon territorial), on est parvenu, avec l'acte III, à créer de l'illisibilité – non seulement pour le citoyen mais pour les acteurs territoriaux eux-mêmes –, sans garantie d'efficacité, c'est-à-dire à **associer les pires dérives des deux systèmes** :

- le système du bloc de compétences qui devient fracturé en un puzzle indéchiffrable ;
- tandis que le système de la libre coopération entre échelons territoriaux, garante de la motivation des acteurs et, partant, de l'efficacité de l'action, ne bénéficie que de peu de marges de manœuvre réelles sous le poids de procédures de coopération demeurant très lourdes.

Vers un acte IV ?

Le caractère insatisfaisant de la concrétisation de l'acte III a été décrit par la Cour des comptes[2] en ces termes : « En dépit de la volonté initiale de clarification, la loi NOTRe prévoit le maintien de compétences partagées dans plusieurs domaines (égalité hommes-femmes, culture, sports, tourisme, langues régionales, éducation populaire). Au total, l'objectif de rationalisation des interventions des collectivités et de moindres enchevêtrements de leurs compétences n'est que partiellement atteint ».

Par ailleurs, **un nouveau besoin de proximité** identifié par le Gouvernement, à la suite des manifestations des « Gilets jaunes » et du déroulement du « Grand débat » (série de rencontres organisées par l'exécutif avec les acteurs de terrain et, via internet, avec tous les

1. La lettre du cadre territorial, 28/9/2015.
2. *Cf.* le rapport d'octobre 2017 sur « Les finances publiques locales ».

citoyens), comme constituant une demande prioritaire des Français, est apparu pour justifier la mise en route d'un nouveau chantier territorial.

Cet acte IV, inabouti à ce jour, comporte quelques attendus inscrits dans le projet de révision constitutionnelle d'août 2019 et dans plusieurs déclarations de l'exécutif.

Le projet de révision évoque le fait de permettre que « certaines collectivités territoriales exercent des compétences – en nombre limité – dont ne disposent pas l'ensemble des collectivités de la même catégorie » selon un principe nouveau de « différenciation des compétences » alignant la réalité des compétences sur les caractéristiques de territoires aux profils socio-économiques souvent très contrastés (le PIB régional par habitant varie du simple au double dans la France métropolitaine).

Quant au président de la République et au Premier ministre, ils ont indiqué souhaiter « un nouvel acte de décentralisation, une simplification du mille-feuille de notre organisation selon un modèle adapté à chaque région », être « prêt à rouvrir la loi NOTRe » pour le premier, « présenter un projet de loi décentralisation et différenciation à la fin du premier semestre 2020 » pour le second.

Ce projet de loi, dit « 3DS » (pour simplification, décentralisation, déconcentration et différenciation) a finalement été introduit au Parlement en mai 2021. Avec la loi organique du 19 avril 2021, le projet 3DS formera un ensemble devant permettre (si la loi 3DS est adoptée dans modifications substantielles de la rédaction initiale) d'une part, de maintenir, sans limitation de durée, dans le périmètre d'une collectivité des dispositifs expérimentaux d'ajustement des compétences qui, avant le nouveaux texte, auraient dû soit devenir caduques, soit être étendues à l'ensemble des collectivités de même niveau territorial ; d'autre part, de neutraliser ou d'ajuster, pour les collectivités qui le souhaiteraient et sous réserve de l'accord de l'État, certaines compétences ayant vocation à être exercées par l'ensemble des collectivités du niveau territorial concerné.

L'influence de l'État, assurée par la modestie de la taille de la plupart des communes

Cette nouvelle répartition des rôles ne signifie cependant pas que toutes les collectivités locales accèdent à une autonomie réelle. Auprès des petites communes notamment, l'État, à travers le corps préfectoral (le sous-préfet d'arrondissement en particulier), continue à jouer un rôle de conseil qui peut se révéler aussi utile qu'insistant, si bien que l'État conserve à travers le territoire un moyen-clé d'influence.

Ces petites communes sont en effet très nombreuses. Comparée à la situation de l'Allemagne qui ne compte que 13 000 communes pour 80 millions d'habitants, de la Belgique et ses 500 communes pour 11 millions d'habitants, la France reste le pays de la ruralité. Sur ses 35 000 communes, seules 900 rassemblent plus de 10 000 habitants et 12 000 comptent en revanche moins de 250 âmes. Or l'intercommunalité, encouragée depuis 1959 (avec les syndicats de communes, SIVOM[1] et SIVU[2]), et surtout à partir de 1992[3] avec les tentatives

1. Syndicat intercommunal à vocation multiple.
2. Syndicat intercommunal à vocation unique. Début 2019, on dénombrait selon la direction générale des collectivités locales (DGCL), 10 000 syndicats dont 5 900 SIVU (en fort recul depuis plus de dix ans), 1 200 SIVOM, le reste étant composé de syndicats mixtes.
3. Loi Joxe du 6 février 1992 et loi Chevènement du 12 juillet 1999.

pour faire émerger une « intercommunalité de projet » fondée sur la mise en œuvre, au niveau intercommunal, de compétences obligatoires[1] et d'une fiscalité propre à L'EPCI[2], connaît un bilan mitigé.

Nombre dérisoire de fusions de communes, échec des communautés de ville et des districts, succès en revanche des communautés de communes et des communautés d'agglomération, au total plus de **90 % des Français vivent au sein d'une intercommunalité**, mais le problème de la surreprésentation de très petites communes dépourvues de moyens significatifs était resté sans solution, hormis le soutien de proximité apporté par les services de l'État, jusqu'à la **relance de l'intercommunalité de droit commun effectuée dans le prolongement de l'acte III**.

Cette relance s'est accomplie principalement :

- d'une part, à travers le triplement du seuil[3] de constitution des communautés de communes inscrit dans la loi NOTRe, rendu effectif par une disposition préfectorale provisoire (expirant le 15 juin 2016) mais volontariste, sinon autoritaire, dite du « passer outre », contenue dans la même loi et permettant à l'État, via son représentant dans le département, d'obliger des communes à rejoindre une intercommunalité, sauf dérogations dont les conditions étaient difficiles à réunir, puisqu'elles exigeaient à la fois un avis négatif de plus de la moitié des conseils municipaux concernés, la non inscription préalable du projet, par le préfet, dans le schéma de coopération intercommunale et le rejet par la commission départementale de coopération intercommunale, instance composée de représentants des collectivités locales. Ainsi au 1er janvier 2017, la France comptait sous cette impulsion environ 1 300 intercommunalités à fiscalité propre, de taille accrue, contre 2 000 un an auparavant ;
- d'autre part par l'extension progressive des compétences des communautés de communes, depuis les deux compétences obligatoires (développement économique et aménagement de l'espace) complétées de quatre facultatives (dont une au moins devait être choisie), issues du dispositif de la loi Joxe de 1992, jusqu'à, graduellement, à travers plusieurs réformes législatives, une formule reposant en 2018 sur l'exercice de cinq compétences obligatoires attribuées d'office plus trois à choisir obligatoirement parmi neuf possibles.

La possibilité juridique de constituer des « métropoles » (intercommunalités de plus de 500 000 habitants autorisées par la loi du 16 décembre 2010 et généralisées – avec un seuil descendu à 400 000 – par loi MAPTAM) complète bien évidemment ce renforcement des logiques intercommunales, d'autant plus que la loi « Grand Paris » de 2017[4], grâce à des critères de regroupement considérablement assouplis (il n'est plus toujours nécessaire de compter 500 000, ni 400 000, mais seulement 250 000 habitants au cœur du périmètre métropolitain) a permis une **véritable prolifération des métropoles** qui sont aujourd'hui au nombre de 22.

1. Par exemple, l'aménagement de l'espace et le développement économique.
2. Établissement public de coopération intercommunale.
3. Désormais à 15 000 habitants.
4. Loi du 28 février 2017 relative au statut de Paris et à l'aménagement métropolitain.

Les contrats de projet État-région donnent une assise financière à l'influence de l'État

L'État influence également fortement les politiques régionales à travers les **contrats de plan, puis de projet[1], État-région** (CPER). Apparus en 1984 et conclus pour six ou sept ans, ces contrats ont prévu à leurs débuts des dispositions relativement précises et ciblées sur des secteurs de développement prioritaires : transport (première source de dépenses des deux premiers CPER), autres infrastructures, industrie, emploi. Puis cette politique contractuelle est devenue moins structurante, constituant un support principalement financier[2], et a permis essentiellement des péréquations financières de fait entre régions riches et pauvres, l'effort par habitant consenti par ces contrats ayant varié en pratique de 1 à 3. Apparaissent par ailleurs fortement, à partir de 2000, les thèmes du développement durable, de l'éducation et de la cohésion sociale. Le cadre de la contractualisation devient à cette date particulièrement complexe, les CPER pouvant comporter un volet interrégional.

La génération de contrats de plan État-région pour la période 2014-2020 (qui reprennent la dénomination antérieure à 2007) comporte cinq orientations prioritaires[3], faisant la part belle à l'économie de la connaissance et de l'immatériel. La vague actuelle (2021-2027) se caractérise par des objectifs très diversifiés et par l'accent mis sur les natures d'investissements déjà identifiées dans le cadre du plan France relance 2030 – l'idée étant de faire contribuer les territoires au repositionnement du pays sur sa trajectoire économique d'avant-pandémie.

Au total, l'État conserve donc, malgré la fuite de ses compétences vers les niveaux tant supra- qu'infranationaux, une dimension primordiale d'acteur territorial.

Le volontarisme de la course à la taille, par le renforcement des échelons régionaux et intercommunaux (en vue d'assurer une visibilité et une attractivité européennes, notamment auprès des milieux économiques et des investisseurs), est handicapé par des insuffisances et des effets pervers

Plusieurs éléments entrent dans ce constat :

- Cette taille « européenne » de nos nouvelles grandes régions n'est qu'apparente. En raison de la modestie réelle (opposée à l'ampleur théorique) des transferts de compétence dont ont hérité les régions (la Cour des comptes dans un rapport de 2017 sur les finances publiques locales indique que le volume financier de ces transferts ne correspond qu'à 3,9 % des dépenses de fonctionnement des départements et 10 % de celles des régions),

1. À partir de 2007.

2. La part de l'abondement de l'État (12,5 milliards d'euros pour les sept ans, montant stable par rapport à la précédente génération des CPER 2007-2013) près de la moitié du financement représenté par les CPER, les fonds d'origine européenne ayant pu totaliser jusqu'à 8 milliards d'euros. Depuis 2007, l'enveloppe globale consacrée aux CPER est en léger déclin mais elle pourra être revue à la hausse pour la vague actuelle en cours de finalisation, un minimum de 40 milliards d'euros ayant été arrêté, tous financeurs confondus.

3. L'enseignement supérieur et la recherche ; l'innovation, les filières d'avenir et l'usine du futur ; la couverture du territoire en très haut débit et le développement des usages du numérique ; la transition écologique et énergétique ; les mobilités multimodales.

la somme des budgets régionaux français ne dépasse pas la moitié du seul budget du Land de Bavière.

- Les métropoles, aujourd'hui trop nombreuses tendent à cannibaliser leurs sphères d'influence mutuelles, ce qui ne leur assure pas véritablement le rayonnement recherché au profit notamment de l'activité économique. Il n'y a que 55 kilomètres entre Metz et Nancy, que 63 kilomètres entre Lyon et Saint-Étienne remarque en 2017 le rapport Darnaud[1]. Ces métropoles de la loi de 2017 manquent d'espace pour se déployer avec le dynamisme conforme à leur vocation.
- Les communautés de communes agrandies ont, du fait de leur taille, davantage de difficultés pour mettre en œuvre une gouvernance réellement démocratique. En effet le code général des collectivités impose à la fois qu'aucune commune de l'intercommunalité, aussi importante soit-elle, ne peut détenir plus de la moitié des votes et que chaque commune, même très petite, dispose d'au moins une voix. Cette conjugaison des contraintes aboutit à ce que les petites communes aient individuellement un pouvoir très dilué, par rapport à la situation d'avant l'acte III, et tendent à dénoncer l'intercommunalité comme anti-démocratique, alors même que la commune dominante ne contrôle pas non plus une majorité des votes.
- Les effets néfastes (faible lisibilité, complexité) du « mille-feuille territorial » demeurent, voire se renforcent. Les grosses communautés de communes ne constituent-elles pas de fait **un 4e échelon supplémentaire** (région-département-communauté de communes XXL-commune) ? En réalité l'acte III n'aurait été pleinement cohérent qu'à la lumière de ce paragraphe figurant dans l'exposé des motifs de la loi NOTRe : « Dans une France organisée autour d'un État conforté dans ses prérogatives républicaines de garantie des grands équilibres territoriaux et de l'égalité entre les citoyens, de régions renforcées et d'intercommunalités puissantes et adaptées à l'exercice des compétences de proximité, le débat pourra s'engager sereinement sur les modalités de suppression des conseils départementaux à l'horizon 2020, pour aboutir à une révision constitutionnelle avant cette date ». Or cette suppression de l'échelon départemental ne paraît pas aujourd'hui d'actualité.

1. Rapport d'information du Sénat « Laisser respirer les territoires », du 29 mars 2017.

2 Les modes d'élaboration, d'adoption et d'évaluation des politiques publiques nationales

Les politiques publiques peuvent être analysées en termes de cycle de vie : elles sont d'abord élaborées, puis doivent être adoptées selon des procédures légitimes, pour enfin donner des résultats susceptibles d'évaluation. Ce chapitre décrit ces étapes fondamentales de la vie démocratique en France.

1 La phase d'élaboration

L'origine des politiques publiques réside en France, comme dans tous les pays démocratiques, dans le mandat confié par les électeurs à une équipe au pouvoir. Le plus souvent ce mandat est structuré par les engagements électoraux. Or la réalité montre que ces derniers sont diversement honorés, selon les époques et les circonstances. Il serait facile de donner une liste de ces promesses non tenues. Rappelons plutôt que quelques-unes des principales réformes accomplies par la France depuis trente ans résultent de programmes électoraux : suppression de la peine de mort (programme électoral de François Mitterrand), extension du champ du référendum aux choix de société (programme de Jacques Chirac), alignement des durées de cotisations des régimes spéciaux sur le régime général de retraite (programme de Nicolas Sarkozy).

Cependant, parfois, les politiques publiques peuvent être qualifiées d'accidentelles, ce qui est de nature à affaiblir la continuité de l'action de l'État.

Sous l'influence d'un certain nombre de facteurs extérieurs, l'État est conduit à faire volte-face, à tourner le dos à ce qui a été entrepris et parfois à rompre les engagements électoraux fixant le cap pour les Français, au nom d'ailleurs d'une adaptation souvent nécessaire aux circonstances. Quels sont ces facteurs ?

a. Les recommandations des corps d'inspection et de contrôle

Ces corps prestigieux et pour deux d'entre eux – la Cour des comptes et l'Inspection générale des finances – plus que séculaires disposent de l'autorité nécessaire pour effectuer leurs constats et formuler leurs préconisations dans un esprit d'indépendance qui assure leur influence.

Exemples

- Le rapport de l'IGAS (Inspection générale des affaires sociales) sur la canicule de 2003 a conduit à l'adoption du plan Canicule (4 niveaux d'alertes : de la veille à la mobilisation d'un comité interministériel de crise et à l'intervention de l'armée et la réquisition des médias).
- Un rapport de la Cour des comptes (2009) a conduit à alourdir la fiscalité des stock-options.

b. Les recommandations des autorités administratives indépendantes

Les autorités administratives indépendantes dont, outre les plus connues (la CNIL[1], le CSA[2], le Défenseur des droits…), il existe une quarantaine de représentants, peuvent, en dehors de leurs compétences régulatrices, émettre des recommandations qui sont parfois suivies par les pouvoirs publics.

Exemple

Le Médiateur de la République (aujourd'hui Défenseur des droits) a inspiré la loi du 2 janvier 2010 relative à la reconnaissance et à l'indemnisation des victimes des essais nucléaires français, ainsi qu'un des articles (n° 57) de loi de financement de la Sécurité sociale pour 2008 (coordination entre le RSI[3] et le régime général de la Sécurité sociale).

c. Les recommandations des rapports d'experts

Chaque année, les pouvoirs publics prennent acte de plusieurs dizaines de rapports rédigés par des comités d'experts. S'il arrive que ceux-ci soient parfois instrumentalisés au service d'une décision déjà prise, certains travaux ont incontestablement joué un rôle pionnier.

Exemples

- Le célèbre rapport Nora-Minc (1978) sur l'informatisation de la société française, conduisant à la mise en place du Minitel.
- Le rapport de la commission Attali (2008), conduisant à une importante série de mesures : réforme de la représentativité syndicale (fin de la référence au comportement sous l'Occupation), rupture conventionnelle du contrat de travail, assouplissement des règles sur le cumul emploi-retraite.
- Le rapport de l'ancien dirigeant de la SNCF et d'Air France, Louis Gallois (2012) introduisant l'idée de remplacer une partie des cotisations professionnelles par un prélèvement général (TVA ou CSG), proposition qui inspirera fortement la législation de la présidence Hollande sur le pacte de responsabilité et de solidarité visant à alléger le coût du travail.

d. Les conclusions de missions d'audit

Le gouvernement a la faculté d'ordonner une mission d'audit sur une situation donnée. Ce choix donne à l'exécutif une maîtrise supplémentaire du calendrier politique ; il fait aussi émerger, sur le fond, des idées, solutions et projets nouveaux.

1. Commission nationale de l'informatique et des libertés.
2. Conseil supérieur de l'audiovisuel.
3. Régime social des indépendants.

Exemples

- La RGPP (*cf.* second encadré ci-dessous).
- L'audit des comptes de la France effectué par Jean Raynaud (1993) à l'arrivée d'Édouard Balladur au poste de Premier ministre, prévoyant un déficit budgétaire record de 341 milliards de francs pour 1993 et inspirant le programme de redressement économique du gouvernement (notamment à travers la réduction des déficits et en particulier le passage du taux de la CSG de 1,1 à 2,4 %).

e. Les événements intérieurs

Parfois, des événements imprévus dominent et bousculent les projets gouvernementaux.

Exemples

- La canicule (*cf. supra*).
- L'« affaire Vincent Humbert », entraînant l'adoption de la loi Léonetti (2005) : interdiction de l'euthanasie active et encadrement de l'euthanasie passive avec recueil des avis d'une équipe médicale et non plus du seul médecin de famille ; l'« affaire Vincent Lambert », dix ans plus tard, entraînant la réforme de cette même loi pour permettre la « sédation terminale ».

f. Les changements extérieurs

Lorsque des changements naissent hors de nos frontières, l'État peut choisir de les accompagner, plutôt que de s'y opposer. Parfois aussi l'État est dépourvu de ce choix et ne peut que se ranger aux conséquences, notamment de catastrophes sanitaires mondiales (*cf.* à propos de la crise de la Covid-19, en particulier les chapitres relatifs à l'économie et à la santé).

Exemple

En matière d'enseignement supérieur, le processus de Bologne à partir de 1998 (entre notamment la France, l'Allemagne, l'Italie et le Royaume-Uni), aboutit en France à la « réforme LMD », alignant les niveaux de diplômes universitaires sur une norme européenne.

g. Les scandales

Les scandales invitent de façon souvent impérieuse le pouvoir à agir. Le vocable de « démocratie d'opinion », introduit dans la science politique depuis les années 1990, trouve ici toute sa pertinence.

Exemples

- L'affaire Urba (début des années 1990), entraînant par étapes successives la réforme du financement des partis politiques (plafonnement des contributions individuelles et interdiction des dons effectués par des personnes morales).
- L'affaire du sang contaminé (1991-1999 s'agissant de la révélation des faits et de leurs conséquences judiciaires), entraînant le chauffage systématique des poches de sang collectées et ayant joué un rôle significatif dans l'instauration d'une Cour de justice de la République par la révision constitutionnelle du 27 juillet 1993.

- La condamnation en 2016 (confirmée en appel deux ans plus tard) pour fraude fiscale de l'ancien ministre du Budget Jérôme Cahuzac, puis l'« affaire Fillon » sont directement à l'origine de la loi du 15 septembre 2017 pour la confiance dans la vie politique, renforçant les exigences de transparence vis-à-vis du patrimoine et des intérêts privés du personnel politique et luttant contre les conflits d'intérêts.

h. Les évolutions sociales

L'État est rarement déconnecté des évolutions sociales. C'est un des rares avantages du cumul des mandats dont peut bénéficier une part non négligeable du personnel politique. L'État n'a en pratique souvent d'autre choix que d'accompagner ces évolutions sociales.

Exemples

- La loi Veil (1975) libéralisant l'IVG, précédée par le « Tour de France » du MLAC (Mouvement pour la liberté de l'avortement et de la contraception).
- Le PACS : plusieurs tentatives (CUC[1], CVS[2], CUS[3]...) avaient été effectuées dans les dix années précédant l'adoption de la mesure en 1999, qui sera elle-même suivie en avril 2013 par l'adoption d'une loi légalisant la conjugalité et la parentalité homosexuelles, puis en 2019 par le projet d'extension de la procréation médicalement assistée aux couples féminins.
- La loi Kouchner relative aux droits des malades (2002) : meilleure information et souci prioritaire de la dignité du malade à l'hôpital.

i. La rue

Enfin, les débordements de la rue sont presque toujours significatifs d'un message que le pouvoir ne peut totalement ignorer, sous peine de jouer un « durcissement » risqué.

Exemples

- Le retrait du projet de mesures « Juppé » relatives aux régimes spéciaux de retraite (1995).
- Le retrait du CPE (contrat première embauche, 2006).
- Le retrait d'un projet d'augmentation d'une éco-taxe à la suite des manifestations à la fin de 2019 des « Gilets jaunes ».

2 La phase d'adoption

L'opération qui consiste à convertir les projets de politiques publiques, inspirées par les différentes sources que l'on vient de passer en revue, en mesures applicables et opposables aux catégories concernées de citoyens ou d'agents économiques – à leur donner en somme une force obligatoire – combine des techniques, notamment juridiques, très variées et dont

1. Contrat d'union civile.
2. Contrat de vie civile.
3. Contrat d'union sociale.

l'étude est l'objet même des ouvrages de droit constitutionnel et de droit administratif. Mentionnons simplement à cet égard un certain nombre de considérations générales (ou au contraire très spécifiques) qui permettent d'éclairer les conditions de la prise de décision publique.

a. Quelques paramètres de la décision gouvernementale

Le **choix entre le projet de loi, la proposition de loi et le décret** : outre les contraintes de l'article 34 de la Constitution qui réserve un champ spécifique à la loi, la proposition de loi permet, par rapport au projet de loi, d'économiser du temps en évitant l'examen du texte projeté par le Conseil d'État. Un parlementaire de la majorité présidentielle porte alors ce qui est en fait un projet du gouvernement.

Au contraire, la rédaction de nombreux **décrets d'application** accompagnant le texte de loi, permet de temporiser, si cela se révèle nécessaire, en fonction du climat politique ou social dans lequel le programme de mesures doit intervenir.

Ce calendrier peut être aussi influencé par la **lourdeur des obligations de consultation** : plus de 1 000 organismes consultatifs existent à cette fin. Six mois sont souvent nécessaires entre l'idée d'une politique publique et son adoption sous forme de loi ou de décret.

La consultation du Conseil d'État sur les projets de loi ou de décret obéit à une procédure particulière. Le projet du gouvernement est soumis au Conseil d'État qui y répond par un projet amendé, en fait un véritable texte alternatif complet. Le gouvernement dispose alors de deux possibilités : soit il fait sien le projet du Conseil d'État et le texte peut s'acheminer vers son adoption ; soit il ne suit pas l'avis du Conseil d'État et garde alors purement et simplement son projet originel. Mais s'il modifie celui-ci, en incorporant par exemple une partie des modifications suggérées par le Conseil d'État, le gouvernement doit recommencer toute la procédure de consultation dudit Conseil. Ce qui, bien entendu, est un facteur de délai, qui pèse sur la gestion de l'activité normative du gouvernement.

Face à ces contraintes de calendrier, le gouvernement peut **choisir la voie de la loi de finances**, qui est enfermée dans des délais constitutionnels[1] ; mais il ne peut agir ainsi que si l'objet du projet a un impact direct sur les finances publiques : le Conseil constitutionnel censure en effet les « cavaliers budgétaires »[2].

Dans cette planification de l'action gouvernementale, Matignon dispose d'une structure particulièrement adaptée et efficace : le **Secrétariat général du gouvernement** (SGG), qui prépare et coordonne le travail gouvernemental, met au point l'ordre du jour du Conseil des ministres, assure le lien avec les bureaux des assemblées parlementaires, organise et rend compte des réunions interministérielles, assure le lien avec le Conseil d'État et avec les organes consultatifs et publie le *Journal officiel*.

Une fois la mesure dotée (à travers la loi, le décret, ou un règlement de niveau inférieur) d'une valeur contraignante, encore faut-il organiser sa mise en œuvre sur le territoire.

C'est là le rôle de l'administration déconcentrée.

1. Le Parlement dispose de 70 jours pour se prononcer.
2. Ainsi dénommés car, sous la forme d'amendements non financiers, ils profitent d'une mesure de nature financière, et donc conforme au cadre des lois de finances, pour l'« enfourcher » à la manière d'un cavalier qui emprunterait une monture qui n'est pas la sienne.

b. L'administration déconcentrée

Cette dernière a subi, depuis les années 1960, de profonds changements l'ayant conduite à assumer une part toujours plus large de responsabilités – évolutions qu'il convient de résumer comme suit :

Le préfet reçoit en vertu du décret du 14 mars 1964, le rôle d'« animateur et coordonnateur des services extérieurs civils dans le département », puis, en 1982[1], devient le **véritable chef des services déconcentrés** – certains réseaux (ceux de l'équipement et de l'agriculture, constitués dès la fin du XIXe siècle) étant très anciens et gardant en pratique une relation forte avec l'administration centrale, alors que les réseaux des ministères sociaux (constitués vers le milieu du XXe siècle) et les réseaux encore plus récents (début des années 1980 et 1990) de l'environnement et de l'industrie se sont placés sans rupture de tradition sous l'autorité directe du préfet (de région).

Une **Conférence administrative régionale** (CAR) est instituée en 1982[2] et constitue alors une « instance de consultation, de prospective et d'évaluation » dont le « noyau dur » est composé principalement du préfet de région et de chaque préfet. En 2004, la CAR devient le **Comité de l'administration régionale** et son statut se voit promu d'une fonction consultative à des attributions décisionnelles. Le décret du 29 avril 2004 indique en effet que « le préfet de région dispose du Comité de l'administration régionale ». Y siègent désormais le recteur et le directeur régional des finances publiques ainsi que les six autres chefs de pôles (*cf.* encadré *infra*) et, bien entendu, les préfets de département.

En 1992, **l'administration territoriale de la France devient, de droit commun, déconcentrée**. La loi d'orientation du 6 février 1992 relative à l'administration territoriale de la République précise en effet que cette administration « est assurée par les collectivités territoriales et par les services déconcentrés de l'État », et le décret du 1er juillet 1992 portant « charte de la déconcentration » dispose que « la déconcentration est la règle générale de répartition des attributions et des moyens entre les différents échelons des administrations civiles de l'État ».

En vertu de ces textes, la circonscription administrative régionale (à distinguer de la région personne morale et collectivité territoriale) reçoit un rôle particulier dans la mise en œuvre du développement économique et social et de l'aménagement du territoire, dans l'animation et la coordination en matière de culture, d'environnement et de politique de la ville. À la circonscription administrative départementale échoit tout le reste. Elle est définie comme l'échelon de référence de la politique nationale et communautaire.

Cependant, **les compétences régionales seront renforcées considérablement** par la loi du 13 août 2004. En vertu de celle-ci la région/circonscription dispose désormais d'une compétence d'orientation (et non plus de simple mise en œuvre ou de coordination) dans les domaines de l'aménagement du territoire et du développement économique, du développement rural, de l'environnement, du développement durable, de la culture, de l'emploi, du logement, de la rénovation urbaine, de la santé publique (jusqu'en 2010 où cette fonction devient assumée par les agences régionales de santé) et des politiques communautaires.

1. Décret du 10 mai 1982.
2. Décret du 10 mai 1982.

Les pôles régionaux de l'État à l'époque de leur mise en place

Les pôles régionaux associent des établissements publics, des groupements d'intérêt public (GIP) et des associations (par exemple des structures telles que l'Anvar[1], l'Ademe[2], VNF[3], Météo France, l'ONF[4]), aux grandes fonctions de l'État en région. Le tableau suivant en donne la composition.

Pôles	Chefs de pôle
Éducation et formation	Le recteur d'académie
Économie agricole et mode rural	Le directeur régional de l'agriculture et de la forêt
Gestion publique et développement économique	Le directeur régional des finances publiques
Environnement et développement durable	Le directeur régional de l'environnement
Cohésion sociale	Le directeur régional de la cohésion sociale
Développement de l'emploi et insertion professionnelle	Le directeur régional du travail et de l'emploi
Santé publique	Le directeur général de l'Agence régionale de santé (ARS)
Culture	Le directeur régional des affaires culturelles

[1] Agence nationale pour la valorisation de la recherche. [2] Agence de l'environnement et de la maîtrise de l'énergie. [3] Voies navigables de France. [4] Office national des forêts.

La circonscription régionale reçoit par la suite encore **une promotion supplémentaire** à travers la **réforme de l'administration territoriale de l'État** (REATE), menée à partir de 2008, qui fait du préfet de région le supérieur hiérarchique des préfets de département, sauf dans les domaines du droit des étrangers, de la police administrative et du contrôle de légalité sur les collectivités territoriales.

À cette occasion, les services déconcentrés départementaux sont regroupés dans deux ou trois grandes directions interministérielles (placées directement sous l'autorité du Premier ministre[1]) : les directions de la protection des populations (DPP) et/ou[2] les directions départementales de la cohésion sociale (DCS), et les directions départementales des territoires (DDT). Les directions régionales sont également simplifiées et regroupées en matière d'équipement, d'environnement, de logement, de concurrence et d'emploi notamment.

Cette volonté de déconcentration signifie en particulier (*cf.* décret du 15 janvier 1997) que les décisions sur des dossiers individuels (demandes de logement, demandes d'agrément pour un centre de formation…) deviennent du ressort des préfets, et cessent d'être prises par les administrations centrales. La Cour des comptes constatait en 2003 dans un rapport

1. Et gérées par le SGG à Matignon.
2. Selon, en gros, la taille de la population du département.

intitulé « La déconcentration des administrations et la réforme de l'État », que cette déconcentration des décisions individuelles pouvait être considérée comme satisfaisante.

Cependant, le paysage d'ensemble de la déconcentration a logiquement été modifié par la mise en cohérence des circonscriptions administratives de l'État déconcentré avec la nouvelle carte de la décentralisation à 13 régions (*cf.* chapitre 1), plus faiblement, toutefois, qu'on n'aurait pu s'y attendre. La combinaison des propositions des sept préfets préfigurateurs nommés afin de mettre en place une nouvelle organisation territoriale de l'État et d'un important « rapport inter-inspections »[1] a abouti en effet à un mélange d'ambition et de prudence, ambition certaine sur le plan des intentions, prudence en matière de réalisations :

- La vision de départ d'une administration locale de l'État cohérente avec les 13 grandes régions issues de l'acte III de la décentralisation était certainement ambitieuse, fondée sur la publication d'une « nouvelle charte de la déconcentration »[2] permettant ponctuellement une organisation dérogatoire et reconfigurée des services de l'État si un préfet le propose ; le transfert de 2/3 des directions régionales des services déconcentrés vers les chefs-lieux des nouvelles régions ; la redéfinition du rôle du préfet de région, repositionné exclusivement sur l'animation locale des politiques interministérielles, dans une position managériale affirmée, avec corrélativement un SGAR recentré sur les objectifs internes de modernisation et de mutualisation des moyens (numérique...) et surtout la nomination dans le département chef-lieu de la région d'un préfet de département doté de la mission de maintien de l'ordre public et distinct du préfet de région, qui, en vertu d'un dédoublement fonctionnel, assumait jusqu'à présent les deux rôles au sein du département chef-lieu ; suppression du comité de l'administration régionale (*cf. supra*), au profit d'un management plus direct et quotidien par le préfet de région.
- Les réalisations en revanche sont beaucoup plus modestes et prudentes : maintien du dédoublement fonctionnel du préfet de région (à la fois animateur des politiques publiques et responsable de l'ordre public) dans le ressort du département chef-lieu ; maintien du CAR ; réforme du SGAR, dont les services (chargés de missions) avaient tendance à s'étoffer et à se superposer, voire à se substituer aux diverses directions déconcentrées et qui est désormais scindé en deux pôles (le pôle, traditionnel, « des politiques publiques interministérielles », allégé, et un pôle, nouveau, « de la mutualisation et de la modernisation » des moyens de fonctionnement) ; rapatriement non pas de 2/3 mais d'1/3 seulement des directions déconcentrées vers le chef-lieu de la nouvelle région.

Un courant de réformes, qui obéit à sa logique propre, s'est néanmoins poursuivi :

- Maintien de l'actualité d'une réforme – mais sans pour l'instant d'initiatives concrètes en dehors d'un rapport de l'IGA dû au préfet Sappin, de remarques de la Cour des comptes (rapports de 2011 et de 2018 sur l'organisation territoriale et de prises de parole du ministre de l'Intérieur[3]) – de la carte des 240 sous-préfectures, dans la perspective de supprimer la cinquantaine de ces administrations comptant moins de 11 agents.
- Mise en œuvre du plan pour les préfectures d'une nouvelle génération (**PPNG**) fondé sur l'extension des solutions numériques notamment en ce qui concerne les relations avec le

1. L'évolution de l'organisation régionale de l'État consécutive à la nouvelle délimitation des régions, avril 2015
2. Décret du 7 mai 2015 portant charte de la déconcentration
3. Davantage de Bernard Cazeneuve que de Christophe Castaner.

public, à travers notamment la mise en place des 58 CERT (centres de ressources et d'expertise pour les titres) se substituant à l'accueil physique au guichet pour le traitement des demandes de délivrance de passeports, cartes d'identité, permis de conduire...

- Professionnalisation du contrôle de légalité[1] qui se voit désormais exercer uniquement au sein des préfectures (renforcées toutefois par huit pôles juridiques spécialisés répartis sur le territoire français), les sous-préfectures ayant été considérées comme trop faiblement dotées en moyens juridiques face à un cadre légal et réglementaire de plus en plus complexe, mais qui voit symétriquement aussi, sauf pour les actes les plus importants[2], un allègement des contrôles (introduction du contrôle par sondage, à hauteur de 20 % des dossiers) nécessité notamment par la baisse des effectifs préfectoraux de 5,5 % entre 2011 et 2015.

Il est manifeste que ces développements ne bouleversent pas l'organisation des services déconcentrés. On aurait peut-être pu aller plus loin et généraliser, à l'instar des réseaux des ministères sociaux (création des DRDJSCS – directions régionales et départementales de la jeunesse, des sports et de la cohésion sociale) la solution consistant à fusionner les services départementaux et régionaux sur le territoire du département-chef lieu.

On aurait pu également aligner le devenir des recteurs des régions supprimées sur celui des préfets des régions supprimées, mais, pour l'instant[3], ces recteurs, ainsi que le découpage administratif sur la base des anciennes académies sont maintenus, un « recteur de région » recevant néanmoins un rôle (non hiérarchique) de coordination sur l'ensemble des nouvelles régions, ainsi que, depuis la création au cours de 2020 et 2021, des « Services régionaux académiques » (compétents au sein de chaque rectorat pour les questions relatives, d'une part, notamment à l'enseignement supérieur, à la lutte contre le décrochage scolaire et à l'innovation, et d'autre part, au numérique et à l'immobilier), la pleine responsabilité juridique sur ces questions, qui est donc retirée aux recteurs « ordinaires ».

Pour autant, la **circulaire signée par Édouard Philippe à l'été 2018** apparaît de grande portée et pave la voie à une modification très substantielle du paysage déconcentré. Elle laisse entrevoir :

- un **retour de l'échelon départemental comme fer de lance de l'action de l'État** (« l'importance du niveau départemental doit être clairement réaffirmée »), entamant ainsi un processus opposé à celui enclenché depuis les années 1990 en faveur de la circonscription régionale ;
- parallèlement, une organisation plus modulaire de la présence de l'État dans le département avec des possibilités de fusion entre certains services des DDI et ceux des préfectures (en matière de protection des populations par exemple) ;
- un encouragement à **l'inter-départementalité**, le même service de lutte contre l'exclusion pouvant par exemple être amené à couvrir deux départements ;

1. Fonction essentielle du dispositif préfectoral qui consiste à vérifier la régularité des délibérations des collectivités locales et des actes auxquels ces délibérations conduisent. Le préfet peut les remettre en cause devant le tribunal administratif par un « déféré préfectoral ».
2. Se rapportant à l'intercommunalité, la commande publique, l'urbanisme et l'environnement.
3. Le projet de loi sur l'École de confiance (*cf.* chapitre 13) prévoyait la possibilité de procéder à cette suppression par ordonnances mais l'état final de la loi n'en fait plus mention.

- mais aussi, sur le plan régional, un dessaisissement du secteur « 3 E » des DIRECCTE (économie, emploi, entreprises) au profit des Régions-collectivités territoriales et de Pôle emploi (pilotage des contrats aidés) ;
- le transfert des fonctions jeunesse et sport des DRJSCS vers l'éducation nationale.

Une nouvelle circulaire du Premier ministre, parue en juin 2019, confirme globalement ces orientations et conduit à la série de restructurations suivantes :

- fusion des secrétariats généraux des DDI (fonctions support : RH, immobilier, informatique, etc.) avec les fonctions équivalentes au sein des préfectures (de département) pour constituer les secrétariats généraux communs ;
- fusion des DIREECTE et des DRDJSCS (ces dernières devenues entre-temps DRAJETS) pour créer les DREETS, qui gardent finalement le pôle 3E au sein de l'État.
- au niveau départemental, création des DDETS (PP) qui regroupent les DDCS (PP) et les délégations départementales des DIREECTE.

c. L'État stratège

Corrélativement à la déconcentration, l'État se recentre sur la stratégie, la régulation et le contrôle. Cette orientation est explicite dès le décret du 1er juillet 1992 qui prévoit pour l'administration centrale un quadruple rôle de conception, d'animation, d'orientation et de contrôle.

En 2005, le Commissariat au plan[1] envisage trois rôles pour cet État stratège :

- il doit anticiper et traiter les problèmes ;
- apercevoir et saisir les opportunités ;
- résorber les tensions et les conflits.

Face aux défis de plus en plus complexes dans un monde en mutation, l'État doit donner les moyens aux acteurs de trouver des équilibres, moyens financiers certes, mais aussi de modernisation institutionnelle. Il a tenté d'y parvenir dans le cadre des projets territoriaux de l'État (PTE) jusqu'en 2004, puis à travers les **PASER** (plans de l'action stratégique de l'État en région) qui, contrairement aux PTE, ont valeur réglementaire et constituent à ce titre un outil indispensable de connaissance du pilotage régional de l'État et de ses actions prioritaires pour les acteurs économiques, les collectivités locales et les services déconcentrés de l'État eux-mêmes. Les PASER – remplacés par un classique rapport d'activité des services de l'État en région – ont été mis en sommeil en attendant la fin des redéploiements des services au sein des nouvelles régions.

Enfin, dans cette relation aux réseaux déconcentrés, l'État central voit son rôle parfaitement décrit par le rapport Rebière-Weiss[2] de 2012, à travers l'organisation des fonctions locales :

- **de garantie républicaine**, les services de l'État restant les dépositaires du pouvoir régalien ;
- **d'expression stratégique**, suscitée et organisée par l'État local ;

1. Qui deviendra à cette date le Centre d'analyse stratégique pour redevenir, en avril 2013, le Commissariat général à la stratégie et à la prospective.
2. « La stratégie d'organisation à 5 ans de l'administration territoriale de l'État ».

- d'**ingénierie territoriale**, les services techniques et juridiques de l'État déconcentré proposant et orientant les modalités de la coopération entre les entités de terrain (collectivités locales, agences publiques locales, milieu associatif…).

3 L'évaluation des politiques publiques

L'évaluation des politiques publiques, pour être d'actualité, voire à la mode, n'en recouvre pas moins des problématiques fondamentales qui n'ont pas toujours réussi à se frayer un chemin pour faire de cette évaluation une réussite incontestable.

a. Définition

La définition de l'évaluation proposée par l'ex-Conseil national de l'évaluation (« l'évaluation d'une politique publique a pour objet d'apprécier l'efficacité de cette politique en comparant ses résultats aux objectifs assignés et aux moyens mis en œuvre ») peut être complétée par les conceptions suivantes, développées par deux experts, à la fin des années 1980 :

- « Évaluer une politique c'est reconnaître et mesurer ses effets propres » pour Michel Deleau (ingénieur général des Ponts et Chaussées) ;
- « Évaluer une politique, c'est former un jugement sur sa valeur » d'après Patrick Viveret (conseiller-maître à la Cour des Comptes).

b. Les difficultés anciennes d'une politique

L'évaluation des politiques publiques a connu des difficultés pour une série de raisons :

- Le démarrage de l'évaluation dans les années 1970 s'effectue à travers une approche quantitative, la « RCB » (rationalisation des choix budgétaires), proche de la conception anglo-saxonne développée depuis les années 1920 par le General Accounting Office (GAO) américain. Il s'agit d'une stricte confrontation entre une évaluation *a priori* (ou « étude d'impact ») des politiques envisagées et leur évaluation *a posteriori*, confrontation permettant de mettre en évidence des dérives et éventuellement de sanctionner les responsables. Or la RCB, trop lourde à mettre en œuvre (il s'agit d'une démarche itérative de programmation budgétaire, reposant sur de nombreux allers-retours entre l'échelon de proposition et l'échelon de consolidation et de décision finale) est abandonnée en 1984. On jette alors le « bébé avec l'eau du bain » et on renonce à une conception quantitative et rigoureuse de l'évaluation au profit d'un exercice plus vague et plus littéraire, ne visant pas la sanction des manquements mais la compréhension des phénomènes.
- La culture française du management ne promeut guère le conflit direct et, d'une manière générale, les relations face-à-face, inévitables quand il s'agit de rendre compte des résultats d'une action. Michel Crozier remarque, dans les années 1960, ce défaut français au sein de l'administration, dans *Le Phénomène bureaucratique*, un de ses ouvrages classiques.
- Une autre caractéristique française a également pu jouer : la culture des grandes écoles, qui a formé les décideurs publics et qui, selon certains, favoriserait une certaine arrogance. On prétendrait pouvoir renoncer à l'évaluation *a posteriori*, puisqu'il est postulé que les politiques sont bien conçues, avec diligence et compétence. En poussant à la caricature cette logique, les décisions seraient bonnes par principe, c'est la réalité qui serait fautive, le cas échéant.

- Sur le plan opérationnel, les tentatives, au sein de l'État, qui ont débouché sur l'éphémère Conseil national de l'évaluation (CNE) dans les années 1990, ont été assez vite avortées, car les structures et procédures en jeu étaient probablement trop complexes. Le CNE comportait en effet trois collèges, administratif, politique et scientifique, devant fonctionner à l'unisson pour concevoir et mener à bien les actions d'évaluation. Au début des années 2000, ce mécanisme s'use et le Conseil est dissous.
- Au sein de l'Assemblée nationale, quelques tentatives apparurent également en 1996 sous la présidence de Philippe Seguin, vite abandonnées. À noter toutefois, sous la présidence de Laurent Fabius, la création en 1999 d'une mission d'évaluation et de contrôle des lois (MEC) qui a connu un fonctionnement aboutissant à des rapports très variés sur le crédit d'impôt recherche, l'enseignement français à l'étranger, le Musée du Louvre...

c. Une évolution récente qui paraît plus prometteuse

L'évolution récente au sein de l'État, avec la création du secrétariat d'État à la Prospective et l'évaluation occupé par Éric Besson entre 2007 et 2009, témoigne de travaux davantage axés sur la prospective (un rapport très complet sur la compétitivité française par exemple), que sur l'évaluation proprement dite.

Au sein du Parlement en revanche, la réforme de la Constitution de 2008 assure une **promotion du concept d'évaluation** : ce terme apparaît dans quatre articles. Par ailleurs, une nouvelle commission est créée, directement rattachée à la présidence de l'Assemblée nationale (le comité d'évaluation et de contrôle – CEC) : elle a un rôle transversal, ce qui en fait un complément utile aux RAP (rapports annuels de performance définis par la LOLF, qui sont confinés à l'échelle plus limitée des programmes).

Le **bilan** de cette politique en fait ressortir les principaux défauts :

- **L'absence de méthodologie spécifique** de l'évaluation : peu de choses distinguent en pratique les rapports effectués par les traditionnelles missions d'information des commissions des assemblées parlementaires, des rapports d'évaluations rédigés dans le cadre du nouveau CEC, qui se révèle par ailleurs dynamique avec une trentaine de politiques passées en revue (hébergement d'urgence, aide médicale d'État, aménagement des territoires ruraux, politiques sociales en Europe, autorités administratives indépendantes...).
- **L'absence confirmée de choix en faveur d'une évaluation quantitative,** perçue comme stigmatisante et démotivante pour les administrations qui en feraient l'objet. À l'occasion de la création du CEC, la présidence de l'Assemblée nationale a bien rappelé que l'évaluation ne doit ni être un audit ni un contrôle.
- Les risques également de **redondances** entre les missions d'information liées aux commissions des assemblées, la MEC (théoriquement confinée au champ financier mais en pratique beaucoup plus large), les missions d'information ad hoc (souvent intercommissions) et du CEC.

La constance – qualité principale de la politique volontariste de l'évaluation menée par les pouvoirs publics – reste cependant un atout précieux : cette politique progresse en effet petit à petit pour faire entrer la notion même d'évaluation dans les esprits, en s'appuyant désormais sur la Constitution. L'obligation, depuis une loi organique de 2009, de réaliser une étude d'impact pour toute nouvelle loi – obligation scrupuleusement observée jusqu'à présent – devrait en l'occurrence stimuler les évaluations.

L'État et son organisation territoriale vus par la Cour des comptes dans des rapports récents (juillet 2013 « L'organisation territoriale de l'État », et décembre 2017 « Les services déconcentrés de l'État »)

A. Du point de vue de l'organisation territoriale interne de l'État

1. Les limites d'une organisation uniforme, face aux mutations économiques et sociales accompagnant la mondialisation sur les territoires

Rappelons à titre liminaire que les services déconcentrés de l'État emploient 500 000 agents (dont 185 000 au sein des forces de sécurité, 180 000 dans les services économiques, financiers et fiscaux).

L'organisation en général départementalisée de l'implantation territoriale de l'État est mal adaptée à la complexité des phénomènes économiques du monde contemporain :

- **Du point de vue fiscal**, les entreprises multi-localisées et leurs activités internationales ne peuvent être avantageusement suivies par les services fiscaux du département où elles sont immatriculées. Ceci *a fortiori*, lorsque ce niveau départemental est lui-même sectionné en de multiples subdivisions qui ne sont pas à l'échelle de l'extension actuelle des activités économiques. Ainsi la DGFIP comporte plus de 4 000 implantations de niveau infra-départemental.
- **Du point de vue de la lutte contre la grande délinquance économique**, on constate que les réseaux criminels organisent leurs activités (stupéfiants, contrefaçon, trafics humains, cyber-piratage, blanchiment d'argent...) selon une logique qui elle aussi ignore les frontières départementales. Pour combattre ces réseaux, les services douaniers doivent pouvoir reconstituer une information globale qui ne gagne pas à être cloisonnée par département.
- **Du point de vue comptable**, l'organisation de l'État n'a guère épousé le développement de l'intercommunalité : la carte des postes comptables coïncide encore largement avec celle des communes.
- **Du point de vue social**, la question se pose de savoir si les services de l'État doivent être structurés à l'identique dans les départements riches et dans ceux qui connaissent de graves difficultés sociales (hypothèse de création par exemple dans une vingtaine de départements de grandes missions ad hoc pour l'emploi, regroupant sur un même site tous les agents de l'État et de ses opérateurs, par-delà les séparations entre les cinq ou six entités de référence actuelles : Pôle emploi, DDCS, DIREECTE, commissaire au redressement productif...).

2. Le niveau supra régional insuffisamment utilisé

L'échelon supra-régional ne répond pas encore pleinement à sa vocation consistant à permettre la mutualisation des fonctions support (achats et logistique communs) et surtout une meilleure organisation des fonctions de sécurité et de contrôle, notamment en matière économique ; même si des inter-régions existent déjà, avec des périmètres divers : zones de défense (gendarmerie), PJ, AP, DIRM, DIR, DGDDI, JIRS, DGFiP.

3. Des canaux de transmission hiérarchiques parfois trop sophistiqués ou évanescents

Le schéma général d'organisation territoriale de l'État, avant comme après la REATE, est celui d'une dissociation entre les responsabilités régionales et les responsabilités départementales. L'échelon régional n'assure pas la direction de l'échelon départemental, car :

- L'un et l'autre sont rattachés à des autorités locales différentes : les services départementaux sont placés en général sous l'autorité du préfet ; les services régionaux relèvent du préfet de région qui ne dispose de l'autorité hiérarchique sur les préfets que depuis 2010. En tout état de cause, il n'y a pas, en général, de relation de commandement direct entre l'échelon régional et l'échelon départemental d'un service donné de l'État.
- Les compétences régionales sont en général déconnectées des compétences départementales. Ainsi, par exemple, le pilotage de la politique du logement relève de la DREAL pour l'immobilier privé, le logement social et les différentes structures d'hébergement d'urgence : cependant, les DREAL n'ayant pas de services départementaux, la mise en œuvre de leurs orientations s'effectue par l'intermédiaire des DDT. Par ailleurs le suivi des associations implantées dans le milieu urbain, a été confié pour sa part aux DDCS. Elles prennent en charge les missions de suivi social des personnes en situation de mal-logement.
- Autre exemple : les services de sécurité alimentaire et de la protection des consommateurs, les services vétérinaires et les agents de la concurrence, de la consommation et de la répression des fraudes sont réunis au niveau départemental dans une même direction, la DDPP alors qu'au plan régional ces attributions se trouvent réparties entre DRAAF et DIRECCTE.
- Enfin, ces **discontinuités** entre échelons régionaux et départementaux s'alimentent aussi au fait que les directions régionales sont gérées, du point de vue des effectifs et des pratiques professionnelles, par les ministères, et les directions départementales interministérielles (les DPP et les DDT par exemple) par les services du Premier ministre.

Par ailleurs, la REATE n'a pas toujours conduit à constituer des ensembles suffisamment homogènes du point de vue de leurs missions. Ainsi les DIRECCTE, d'une part, les DRJSCS et DDCSPP, d'autre part, ont des compétences mêlant l'économique (lutte contre les monopoles, stimulation de l'emploi, accueil des entreprises) et le social (droit du travail, sécurité alimentaire, protection des consommateurs, éducation populaire). De plus, le contrôle du respect des règles de concurrence, autrefois effectué par les agents de la concurrence, de la consommation et de la répression des fraudes est désormais sous la responsabilité d'agents répartis entre les DIRECCTE et les DDCSPP.

Cette **hétérogénéité des structures** n'élimine pas pour autant les « doublons ». C'est en particulier le cas en matière de développement économique (en faveur duquel interviennent les DIRECCTE, DRFiP, commissaires au redressement productif, services de médiation du crédit, BPI récemment créée).

B. Du point de vue des rapports entre déconcentration et décentralisation (ou délégation à des opérateurs extérieurs)

1. Positionnement des services déconcentrés parfois hésitant face aux collectivités territoriales

Il existe une situation insatisfaisante de chevauchement des compétences entre l'État déconcentré et les collectivités territoriales dans de trop nombreux secteurs : développement économique, aide à la création d'entreprise, commerce extérieur, action culturelle, sport, tourisme, enfance, personnes âgées dépendantes, handicap, formation professionnelle, cohésion sociale.

Sans que l'on assiste à de pures situations de « doublons », l'État peine à trouver dans ces quelques domaines un positionnement qui soit à la fois utile et parfaitement complémentaire de celui des collectivités locales.

2. Certaines unités locales de l'État ont trop peu de moyens pour s'inscrire véritablement dans la réalité de l'administration territoriale

Notons à cet égard que 50 des 240 sous-préfectures ont moins de 11 ETP et la moitié des sous-préfectures dispose de moins de 15 ETP. En outre ces effectifs (en tout de l'ordre de 5 000 ETP pour l'ensemble des sous-préfectures) n'ont pas bénéficié d'un réel alignement sur la taille de la population de chaque département.

Plus généralement l'évolution contrastée des effectifs, en baisse dans les services déconcentrés et en hausse dans les collectivités territoriales*1 finit par créer pour l'État une forte disparité des moyens dont il dispose par rapport à ceux des collectivités territoriales, disparité préjudiciable à l'efficacité de son action et de son influence locale.

Dans certains domaines (tourisme et commerce extérieur notamment) le caractère désormais marginal de l'intervention des services territoriaux de l'État au regard de celle des collectivités fait naître un doute sur la pertinence même de la présence de l'État dans sa forme actuelle. Pourraient être alors privilégiées d'autres modalités de son action, telles que la contractualisation, le contrôle, l'évaluation.

Quant au contrôle de légalité, composante essentielle de l'État régalien, les moyens permettant de l'assurer sont mesurés au plus juste. Ainsi l'effectif (soit 2 700 agents) consacré au contrôle de la légalité (et au conseil aux collectivités) dans les préfectures a baissé de 30 % entre 2008 et 2013.

3. L'articulation des services déconcentrés avec les opérateurs extérieurs de l'État

Dans un rapport de mars 2012, l'inspection générale des finances dénombrait 1 244 de ces opérateurs en 2010, dont la plupart dotés de la personnalité morale. Leurs effectifs en augmentation atteignent 443 000 agents.

Entre 2007 à 2012, leurs budgets ont augmenté de 15 %, soit quatre fois plus que les moyens de l'État. Celui-ci n'a pas étendu aux opérateurs les mutualisations engagées dans les services déconcentrés.

Par ailleurs la gouvernance conjointe des services déconcentrés et des opérateurs n'est pas organisée de façon systématique. En matière d'emploi par exemple, l'articulation actuelle des compétences entre Pôle emploi et les DIRECCTE est source de difficultés dans la mise en place et le suivi des contrats aidés. De même, en ce qui concerne la protection de l'environnement, la délimitation des compétences entre les DREAL et les directions régionales de l'ADEME nourrit certaines critiques. Les DREAL sont en effet généralement organisées par grand domaine d'activité (air, déchets, bruit, eau, etc.) décalquant les compétences de l'ADEME, mais dotées de moins de moyens humains que cette dernière. Or leurs rôles respectifs d'expertise et de conseil auprès des entreprises et des collectivités locales tendent en pratique à se superposer, sans que l'État puisse, faute de moyens y faire prévaloir son leadership naturel.

* Ainsi de 2004 à 2009, l'augmentation de l'emploi dans les collectivités locales a été de près de 300 000 agents dont un peu plus de la moitié résultant de l'initiative de ces collectivités et non des transferts de personnels de l'État dus à la décentralisation.

La réforme de l'État

I. Généralités

a. Originalité des démarches récentes de réforme de l'État par rapport aux vagues précédentes

La notion de réforme de l'État accompagne l'histoire des régimes politiques de notre pays depuis Charlemagne et sa décision de rendre l'administration plus directe et plus efficace par l'envoi dans les provinces de l'Empire carolingien des *missi dominici*. Dans la France contemporaine cette notion resurgit à la fin des années 1980, dans le cadre par exemple de la **circulaire Rocard** du 23 février 1989[1] et d'un ministère « de la fonction publique et des réformes administratives », mais elle correspond aussi souvent à de grands « chantiers », notamment la décentralisation ou la réforme des retraites… Aujourd'hui une consolidation sémantique tend à s'opérer pour donner à la notion le sens restreint d'une rationalisation de l'organisation et des méthodes de travail de l'administration.

Dans ce sens précis, les démarches antérieures à 2007 étaient d'ampleur et de finalités limitées : une application limitée à certains services de l'État (et, a fortiori, laissant de côté les fonctions publiques territoriale et hospitalière) et des finalités réduites aux économies financières, qui ne touchaient pas nécessairement à l'organisation en profondeur de l'État.

1. Intitulée « Renouveau du service public ».

Les modes d'élaboration, d'adoption et d'évaluation ...

Ainsi, un audit des administrations publiques est lancé sous l'impulsion de Jean-François Copé, alors ministre du Budget, en octobre 2005. Ces 150 « audits de modernisation », ciblaient surtout les situations susceptibles de générer des dysfonctionnements dans les circuits financiers de l'État (par exemple la collecte de la taxe pour le développement de l'apprentissage ou la modernisation du paiement des amendes). Cependant ces audits, limités en pratique, étaient accompagnés d'une doctrine très générale qui allait être reconduite à l'identique jusqu'à nos jours. En effet **dès 2005 il s'agit d'accomplir le triptyque suivant** :

– rendre un meilleur service public ;

– mieux soutenir l'action des agents de l'administration ;

– réaliser les économies nécessaires, compte tenu de l'endettement public.

La RGPP[1] (2017-2011), la MAP[2] (2012-2017) et AP 2022[3] (2017-) ont repris à leur compte ces objectifs. Par ailleurs elles comptent un second point commun : le bénéficie d'un soutien politique au plus haut niveau de l'État :

- La RGPP était pilotée par le Conseil de modernisation des politiques publiques (CMPP)[4], présidé par le président de la République et recevait la contribution régulière d'un Comité de suivi, coprésidé par le secrétaire général de la présidence de la République et le directeur de cabinet du Premier ministre.
- La MAP était portée par le premier ministre et le Comité interministériel pour la modernisation de l'action publique (CIMP).
- Quant à AP 2022, ce dispositif de réforme comporte une instance de décision, le **CITP** (Comité interministériel de la transformation publique dont les décisions sont mises en œuvre par la DITP[5]), se réunissant tous les six mois et présidé par le premier ministre, ainsi qu'une instance, **CAP22**[6], voulue comme **indépendante**, d'identification, de sélection et de mise en forme des propositions émanant des ministères et dont l'originalité consiste en sa composition, assez largement constituée de personnalités de la société civile[7] (CAP22 est d'ailleurs coprésidé à sa création par un industriel franco-australien, Ross Mclness[8]). Un

1. Révision générale des politiques publiques.
2. Modernisation de l'action publique.
3. Action publique 2022.
4. Composé de l'ensemble du gouvernement et des membres permanents du comité de suivi.
5. Direction interministérielle de la transformation publique.
6. Comité d'action publique 2022.
7. Composé de 34 personnalités qualifiées françaises ou étrangères, dont près de la moitié de représentants de la société civile (chefs d'entreprise, économistes...) que complètent parlementaires, élus locaux et hauts fonctionnaires.
8. Président de Safran.

Forum de l'action publique, comme c'est presque systématiquement l'usage en France depuis le milieu des années 2010 (mais dès le début des années 2000 au Royaume-Uni), permet aux citoyens et aux agents de l'administration de participer à la réflexion et de faire connaître leurs idées et propositions.

Sur le plan des moyens et des techniques d'intervention, de grandes nuances séparent néanmoins ces initiatives, mises en place, rappelons-le, par trois présidents de la République successifs.

b. Différences entre RGPP, MAP et AP22

Outre des résultats différents (*cf. infra*), les trois démarches reposent en effet sur des fondements méthodologiques bien distincs :

- **L'audit** (qui sous-entend des dysfonctionnements auprès des administrations qui en font l'objet) pour la RGPP, par le biais de questionnements rigoureux et préétablis[1] et l'appui opérationnel (jugé abusif par certains[2]) de cabinets d'audits anglo-saxons.
- **L'évaluation** (démarche bienveillante qui suppose la coopération des secteurs évalués et un partage des constats avec l'équipe d'évaluation) pour la MAP, grâce à des équipes[3] constituées en partie de membres d'inspections générales et de corps de contrôle (inspection générale des finances, cour des comptes...) mais dont sont exclus les consultants privés.
- **L'auto-diagnostic** par les administrations elles-mêmes qui procèdent ensuite à l'élaboration de propositions, pour AP 2022.

II. Résultats de la RGPP et de la MAP

a. La RGPP

Au total, 500 mesures ont été adoptées dans le cadre de la RGPP. Il n'est pas question de les citer toutes, mais on peut en présenter rapidement certaines, notamment celles qui n'ont pas été abordées dans les chapitres correspondants du présent ouvrage.

- **Création du service des retraites de l'État (2009),** grâce au « compte individuel de retraite », alimenté par les administrations et organismes employeurs

1. Ces axes sont les suivants : une politique politique contribue-t-elle à : Améliorer les services pour les citoyens et les entreprises ? Moderniser et simplifier l'État dans son organisation et ses processus ? Adapter les missions de l'État aux défis du XXIe siècle (N.B. cette formulation assez sibylline signifie en réalité certaines réorganisations particulières, notamment au sein des ministères de la Défense, de l'Écologie et de la Culture) ? Valoriser le travail et le parcours des agents ? Rétablir l'équilibre des comptes publics et garantir le bon usage de chaque euro ? Développer la culture du résultat ?
2. *Cf.* l'article de Philippe Bezès, « Morphologie de la RGPP », *Revue française d'administration publique*, n° 136, 2011. Il évoque « l'irrésistible ascension des inspections et des cabinets de conseils ».
3. Qui en réaliseront 80.

de fonctionnaires de l'État, et qui permet de recueillir les informations sur les droits à pension, de calculer et de liquider les pensions, les allocations de retraite et d'invalidité.

- **Mise en place de 387 services des impôts** issus de la fusion des centres des impôts et des trésoreries sur tout le territoire, aboutissant à des guichets fiscaux uniques.
- **Réduction des délais d'attente aux urgences,** dans une fourchette de 20 à 30 % grâce à une réorganisation de ces services.
- **Réduction des délais (à 10 jours en moyenne) de délivrance des passeports,** ce qui a concerné plusieurs millions de passeports biométriques depuis le lancement du programme en juin 2009.
- **Déploiement de la demande d'inscription en ligne sur les listes électorales** dans toutes les communes volontaires, mesure qui concerne 700 000 Français chaque année.
- **Amélioration de la qualité de l'accueil dans les services de l'État,** avec pour effet le respect d'objectifs tels que le traitement des courriers en moins de quinze jours ou la prise en charge des appels téléphoniques en moins de cinq sonneries.
- **« Reconquête du mois de juin » à l'école :** grâce au changement du calendrier des examens, les élèves ont gagné entre quinze jours et trois semaines de cours effectifs.
- **Mutualisation du parc immobilier de l'État,** grâce à la création de France Domaine (aujourd'hui remplacée par la Direction de l'immobilier de l'État), chargé de la gestion unifiée du parc, avec pour conséquence une pratique plus économe : un programme de cessions de 1 700 biens de l'État était fixe et le ratio d'occupation devait passer progressivement de 18 m par agent en moyenne à 12 m .
- **Réduction des autres coûts de fonctionnement de l'État :** en matière d'achats, le regroupement des commandes une fois par an et pour plusieurs ministères, permet à l'État d'obtenir des réductions de l'ordre de 30 à 40 %.
- **Non-remplacement** de 100 000 départs de fonctionnaires (un sur deux) à la retraite entre 2007 et 2012.
- **Fusion** de la direction générale des impôts et de la direction générale des finances publiques.
- **Réduction générale du nombre de structures d'administration centrale** : par exemple, au ministère de la Culture, la réorganisation de l'administration centrale s'est concrétisée en janvier 2010 par une réduction du nombre de directions d'administration centrale de dix à quatre ; au ministère de l'Écologie, le nombre de postes de directeurs a été réduit du tiers.
- **Mobilité accrue des fonctionnaires** permise par la loi du 3 août 2009 qui supprime, par exemple, toute condition d'âge pour le recrutement sur

concours et permet à chaque fonctionnaire dont le poste est supprimé de bénéficier d'un accompagnement personnalisé.

- **Diminution du nombre des corps de la fonction publique,** qui passent de 685 à 380[1] ; 90 % des effectifs de la fonction publique de l'État étant, depuis le 1er janvier 2010, regroupés dans 140 corps.

Sur le plan stratégique, au-delà des nombreuses restructurations internes à chaque administration, les réformes les plus significatives auront été l'instauration des ARS (Agences régionales de santé, *cf.* chapitre 6) et la réforme de l'administration territoriale de l'État (*cf.* chapitre 2). Ces innovations relèvent de la réforme de l'État en un sens large et extensif, qui n'est pas la conception défendue dans ces pages, mais elles ont été considérées par les promoteurs de la RGPP comme parties intégrantes de celle-ci[2].

Sur le plan financier, le dernier conseil de modernisation des politiques publiques, en décembre 2011, a évalué à 15 milliards d'euros le bilan des économies réalisées grâce à la RGPP, dont un peu plus de la moitié constituées de frais de fonctionnement et de personnel.

b. La MAP

La MAP qui ambitionnait de rénover les politiques publiques principalement selon **une logique de simplification**. Parmi les premières mesures[3] adoptées en ce sens, on relèvera la suppression de 101 commissions consultatives, par exemple la commission relative à la réception des betteraves dans les sucreries, le haut conseil de la comptabilité des organismes de Sécurité sociale, l'Observatoire national des emplois des sapeurs-pompiers, le groupe d'experts sur les oiseaux et leur chasse…

La MAP est donc un des leviers du « choc de simplification » voulu par le Président Hollande dès son entrée en fonction et illustré par des orientations comme le « Silence vaut accord » (applicable à l'administration), le « Dites-le-nous une seule fois » (applicable aux obligations et démarches[4] des entreprises

1. Tendance qui se poursuit ; le rapport du conseiller d'État Bernard Pêcheur recensait en 2013 330 corps dont plus de cent qui comptent moins de 150 fonctionnaires.

2. Le même choix discutable est d'ailleurs opéré dans le cadre de la MAP puis d'AP 2022. Ainsi la première affiche dans son périmètre, entre autres, le « développement de la chirurgie ambulatoire », « l'objectif de construire 500 000 logements par an », la « lutte contre le décrochage scolaire » ; la seconde, entre autres, le « déploiement de la police de sécurité du quotidien », le « dédoublement des classes de CP et CE1 »….

3. Un programme de 200 mesures avait été annoncé lors du conseil interministériel à la modernisation de l'action publique du 17 juillet 2013.

4. Par exemple 250 000 entreprises bénéficient d'un pré-remplissage du formulaire relatif à la CSSS (contribution sociale de solidarité des sociétés). Les entreprises sont par ailleurs recevables à répondre aux marchés publics sur la base de leur seul identifiant SIREN.

vis-à-vis des pouvoirs publics), la dématérialisation des timbres fiscaux ou la prolongation de la durée de validité de la carte nationale d'identité de 10 à 15 ans

Mais la MAP représentait aussi la continuation des efforts de rationalisation de la gestion publique. La modernisation des achats publics devait notamment être achevée (grâce à l'action du SAE[1]) et dégager tous les ans 2 milliards d'euros d'économies. Au total la MAP devait permettre de réaliser directement entre 8 et 10 milliards d'euros d'économies annuelles (cf. CIMAP du 18 décembre 2013) sur les deniers publics.

III. La réforme de l'État en cours

a. Ambitions

Lancée en octobre 2017, **AP 2022 ne s'écarte pas de la formulation traditionnelle des politiques de réforme de l'État**. Adossée à un fonds spécifique de 700 millions d'euros, elle propose en effet d'« améliorer la qualité de service en développant la relation de confiance entre les usagers et l'administration ; d'offrir un environnement de travail modernisé aux agents publics en les impliquant pleinement dans la définition et le suivi des transformations, d'accompagner la baisse de la dépense publique ».

Il faut relever cependant l'utilisation du terme **« transformation »** à la place de celui de « modernisation » plus habituel. On peut penser ce choix (qui revient plusieurs fois par page tout au long de la documentation produite[2] par le Gouvernement sur ce projet, non seulement à l'attention de la presse, mais aussi, sous forme de notes d'instructions ou de comptes rendus, à l'attention des services de l'État), est significatif **d'objectifs de rupture** ou tout au moins d'intentions très ambitieuses (car la continuité avec les phases précédentes de réforme domine tout de même AP 2022), qui supposent en effet rien de moins qu'une transformation majeure de l'administration existante :

- Économies à hauteur de **3 % du PIB** (c'est-à-dire quatre fois plus que le résultat obtenu par la RGPP).
- **Non-remplacement de 120 000 agents publics** (dont 55 000 au sein de l'État). Le président de la République a néanmoins annoncé en avril 2019 la suspension (temporaire ? définitive ? À l'heure où s'impriment ces lignes, la pensée du pouvoir ne paraît pas complètement stabilisée sur ce point, mais la suspension sera très probablement définitive) de cet objectif, ce que la loi de finances pour 2020 et le PLF pour 2022 ont confirmé.
- **100 % des services publics accessibles en ligne** grâce à un effort sans précédent de dématérialisation des documents, formulaires, certificats et procé-

1. Service des achats de l'État.
2. Et qui se retrouve dans le choix de l'intitulé de la loi du 6 août 2019 de « transformation de la fonction publique ».

dures. Le site **France Connect** ouvert en avril 2018 et permettant aux Français d'enregistrer leurs coordonnées une fois pour toutes pour l'ensemble des démarches dématérialisées, dispose déjà de plus de 10 millions d'usagers.

Dans le détail, cette transformation s'effectue à travers, d'une part, 21 politiques sectorielles dont beaucoup ont été décrites dans les différents chapitres du présent ouvrage, d'autre part, **cinq chantiers transversaux,** intitulés respectivement : « simplification administrative et amélioration de la qualité de service » (par l'allègement des normes[1], entre autres), « transformation numérique » (notamment grâce à la dématérialisation des actes, cf. infra), « rénovation du cadre des ressources humaines » (notamment par une plus grande ouverture des recrutements aux personnels contractuels[2]), « organisation territoriale des services publics », « modernisation de la gestion budgétaire et comptable » (par une responsabilisation plus grande des acteurs au moyen notamment d'une réforme de la responsabilité pécuniaire de ceux qui manient des fonds).

b. Premières réalisations

Le mouvement des « gilets jaunes », puis les conclusions du Grand débat national sont venus accentuer en 2019 le processus engagé de **rapprochement de l'administration avec les citoyens**, précipitant le rythme de certaines réalisations.

On relève à ce titre :

- La constitution des Réseaux d'espaces France service permettant (dans chaque canton d'ici 2022) aux usagers de procéder à leurs **démarches administratives quotidiennes à un guichet unique**, situé en principe à moins de 30 minutes de leur domicile. Six départements pilotes ont été désignés (Ardennes, Calvados, Hautes-Pyrénées, Ille-et-Vilaine, Vaucluse et Vendée) et six opérateurs (La Poste, Pôle emploi, Caisse Nationale d'Assurance Maladie, Caisse Nationale d'Assurance Vieillesse, Caisse Nationale d'Allocations Familiales, Mutualité Sociale Agricole) animent ces espaces. Trois ministères (intérieur, impôts et justice) fournissent les services et prestations de l'État dans ces structures.
- La possibilité pour les services déconcentrés de développer des **administrations itinérantes** grâce à des agents polyvalents rassemblés sur des points de contacts mobiles, déployés en cas de besoin.
- Un plan de localisations ou de relocations de plusieurs dizaines administrations hors de Paris et, ce qui est encore plus significatif, **hors des grandes métropoles régionales**. Ainsi L'ANRU (*cf.* chapitre 11) et l'INED

1. Notamment par la mise en place du dispositif dit du « 2 pour 1 » (deux simplifications pour une contrainte administrative nouvelle). Le stock de circulaires gouvernementales a par exemple été divisé par trois, passant de 30 000 à 10 500 entre 2017 et 2018.
2. 3 000 emplois de direction ont été nouvellement ouverts aux contractuels au 1er janvier 2020.

(Institut national des études démographiques) s'installeront en principe en Seine Saint-Denis.

Enfin **une gamme de mesures les plus diverses** ont été engagées et parfois achevées. Elles témoignent toutes de la volonté de simplifier les organisations et les modes d'action publics, d'augmenter les marges de décision des responsables pour en faire de véritables managers, d'humaniser, de « débureaucratiser », de fluidifier l'administration et le travail de ses agents. Il s'agit en particulier de :

- La suppression et du regroupement de commissions consultatives et d'entités rattachées aux administrations centrales. Ces interventions concernent près d'une centaine de ces commissions (commission du volontariat de solidarité internationale, commission de conciliation du télépéage, commission d'admission des sportifs de haut niveau, comité pour l'histoire préfectorale...) et une trentaine de ces entités (chambre nationale de la batellerie artisanale, agence du numérique...).
- La possibilité de réorganiser les administrations centrales sur la seule initiative de leur ministre de tutelle, sans contrôle préalable par le Premier ministre, ainsi que la suppression de la nécessité d'un texte réglementaire pour modifier l'organisation d'une unité (par exemple un bureau) de niveau inférieur à une sous-direction.
- La création d'un nouvel environnement de travail numérique pour les agents publics, à travers notamment le déploiement de la messagerie instantanée sécurisée TCHAP et du système de visioconférence WEBCONF.
- La loi du 18 août 2018 « pour un État au service d'une société de confiance » qui exonère l'erreur commise de bonne foi par un citoyen redevable à l'administration.
- La fusion des comités techniques (CT) et des comités d'hygiène, de sécurité et des conditions de travail (CHSCT) dans les administrations publiques (et la fusion des instances correspondantes dans les entreprises).
- La généralisation de « l'administration proactive », décidée en juillet 2021 par le sixième CITP et qui dispensera, pour l'accès à une multitude de droits et prestations, le citoyen de prendre l'initiative des démarches, celles-ci pouvant être déclenchées par l'administration sur la base d'informations qu'elle détient déjà sur lui.

Reste à savoir si ces mesures rénoveront durablement l'action administrative. Il est encore trop tôt pour évaluer leur degré d'appropriation réel par les agents publics et la perception qu'ont les Français de leur impact et de leur efficacité.

3 La régulation de l'économie par l'État

Ce chapitre montre la complexité et la difficulté de la régulation de l'économie moderne par les États nationaux et par la France en particulier. L'instrument monétaire est passé aux mains des banquiers centraux, ce qui implique, dans les lignes qui suivent, de consacrer une attention particulière au système bancaire.

1 Enjeux et objectifs

La régulation générale de l'économie est assumée par l'État contemporain dans tous les pays occidentaux, sur la base à la fois :

- d'un **paradigme libéral** : les règles de la compétition économique doivent être telles qu'elles assurent l'égalité des chances, pour chaque concurrent, d'accéder loyalement à des échanges profitables ;
- d'un **paradigme étatiste** : la correction des cycles économiques ne se réalise pas, spontanément, aussi efficacement que par une intervention de l'État qui ambitionne après chaque ralentissement ou récession le retour rapide à la croissance du revenu national.

En ce qui concerne le respect des principes libéraux, la France s'est dotée de plusieurs dispositifs limitant les entraves à la concurrence, qui prolongent en général la réglementation européenne. Les organismes de régulation des marchés tels que l'Autorité de la concurrence, l'Autorité de contrôle prudentiel (ACP) et l'Autorité des marchés financiers (AMF) se sont renforcés ces vingt dernières années[1], dans le cadre d'un environnement normatif au sein duquel on peut relever :

- au niveau national : l'article 420-1 (interdiction des ententes, des accords de fixation de prix…) du code du commerce ;
- au niveau communautaire : les articles 106 du traité sur le Fonctionnement de l'UE (liberté de la concurrence) et 107 TFUE (aides d'État, c'est-à-dire une attribution sélective de deniers publics à des entreprises, susceptible de fausser la concurrence) ; les articles 49 TFUE et 56 TFUE (liberté d'établissement et libre prestation de services), la directive services (ex-Bolkestein) de 2006 et la jurisprudence « Altmark »[2] consolidées par les

1. Soit par regroupement et mise en cohérence d'institutions préexistantes (l'ACP fusionnant en 2010 la Commission bancaire et l'Autorité de contrôle des assurances ; l'AMF fusionnant en 2003 la Commission des opérations de Bourse et le Conseil des marchés financiers), soit par transformation en autorité administrative indépendante, dotée de compétences d'auto-saisine (cas de la Commission de la concurrence, devenant Autorité en 2009).
2. L'arrêt Altmark du 24 juillet 2003 (CJCE) fixe quatre conditions, requises pour qu'une compensation, en l'absence de désignation du bénéficiaire par une procédure de marchés publics, ne soit pas considérée comme une aide d'État : une définition claire des obligations de service public ; une définition des modalités de calcul de la compensation ; une adéquation entre le montant de la compensation et les coûts inhérents aux obligations de service public, compte tenu d'un bénéfice raisonnable ; un niveau de compensation fondé sur l'analyse des coûts d'une entreprise moyenne.

« paquets[1] » Monti-Kroes de 2005 et Almunia de 2011 (du nom des commissaires européens compétents).

Ces mécanismes connaissent naturellement des imperfections, chacun ayant pu observer par exemple que des ententes plus ou moins avouées venaient modérer, ces dernières années, le libre jeu de la concurrence dans le secteur de la téléphonie mobile[2] – sans que cela ait empêché, du reste, l'implantation réussie de nouveaux entrants (l'opérateur Free Mobile…), dans les services interbancaires[3], ou dans l'électroménager[4]

Mais **ces mécanismes atteignent en général leurs objectifs**. Les compagnies aériennes européennes ne peuvent en principe privilégier Airbus au détriment de Boeing, y compris lorsqu'il s'agit de sociétés contrôlées par des capitaux publics[5]. Jusqu'au cœur des fonctions régaliennes, le respect de l'égalité de la concurrence parvient à s'imposer, ainsi que le démontre le choix en faveur des véhicules Ford, effectué par la police nationale en 1999 et par l'armée en 2015.

En revanche, les enjeux que représente la régulation du cycle économique par l'État sont bien plus problématiques. La volonté politique d'assurer cette régulation s'est imposée au fil des crises économiques majeures des XXe et XXIe siècles.

a. La crise de 1929

Résumée de façon synthétique, la « grande dépression » s'amorce par une crise boursière, suivie d'une désorganisation du système bancaire, puis d'une désagrégation de l'économie mondiale par le canal du commerce extérieur, des dévaluations compétitives et de la montée du protectionnisme. Les effets en termes de production industrielle et d'emplois sont dramatiques et durables. Aux États-Unis, la production chute de 30 % et ne reviendra à son niveau de 1929 qu'en 1936. Le taux de chômage atteint 25 % en Allemagne en 1932 et ce sous-emploi frappe également un quart des actifs aux États-Unis en 1933.

Des causes multiples

Cet enchaînement pointe vers des causes multiples selon l'angle d'observation adopté et surtout les étapes de la chronologie de la crise auxquelles on s'arrête. On assiste tout d'abord, en octobre 1929, au dégonflement brutal d'une bulle spéculative qui a pu être engendrée par la facilité du crédit (politique d'émission généreuse de la FED[6], devenue brusquement restrictive en 1928 ; c'est la thèse de Milton Friedman entre autres), mais aussi par ce que J.K. Galbraith baptisait « l'orgie spéculative », le goût immodéré de la spéculation pour elle-même, sorte de jeu déconnecté de l'économie industrielle.

1. C'est-à-dire un ensemble de directives et de règlements européens.
2. Ainsi une amende de 92 millions d'euros a été infligée en 2005 aux trois protagonistes du secteur et une nouvelle condamnation financière de 180 millions d'euros au total a été prononcée en décembre 2012 par l'Autorité de la concurrence à l'encontre de France Telecom et de SFR pour un abus de position dominante constaté entre 2005 et 2008.
3. . *Cf.* le « scandale du Libor » qui s'est soldé en 2013 par une amende record de plusieurs milliards d'euros, partagée entre les grandes banques.
4. L'Autorité de la concurrence ayant infligé une amende de 189 millions d'euros à six fabricants en 2018.
5. La controverse ayant affecté Air France au printemps de 2011 illustre ce point.
6. Federal reserve bank : banque centrale des États-Unis.

Puis apparaît la fragilité du système bancaire, insuffisamment soutenu financièrement par la FED (de création alors récente [1920] et qui n'assumait pas encore pleinement le statut de prêteur de dernier ressort) et confondant par ailleurs les activités de dépôts et d'affaires, favorisant ainsi les retraits massifs motivés par la panique des particuliers confrontés au risque de perte de leurs dépôts. 9 000 banques, représentant 15 % des dépôts du système bancaire américain, disparaissent. Des faillites retentissantes se produisent également en Europe, telle celle du Kredit Anstalt, la plus importante banque autrichienne, en mai 1931.

Le système du Gold Exchange Standard (autrement dit le système monétaire à parités fixes alignées sur l'or, né en 1918) a joué également un rôle négatif en contraignant les pays soit à utiliser leurs ressources pour défendre la parité de la devise au détriment de la consommation et en renforçant la déflation, soit à provoquer des dévaluations dramatiques (livre sterling en 1931 et, dans la foulée, couronne suédoise, shilling et yen notamment) qui bouleversaient les échanges commerciaux internationaux et privaient de débouchés les industries des pays concurrents. Ceux-ci se voyaient alors dans l'obligation de suivre le mouvement des dévaluations (ainsi, le dollar en 1933) et de relever les barrières douanières et tarifaires (à la suite des États-Unis et de la loi Hawley Smoot de 1929), jusqu'à la paralysie presque complète du commerce international.

b. La crise de 1974

Comme en 1929, la crise de 1974 démarre par un événement brutal, mais d'une nature différente de celle d'un krach boursier. Les prix sont certes là aussi en cause, mais il s'agit des prix du pétrole brut, qui connaissent un quadruplement en 1974. D'une certaine façon cette crise (contrairement à celle de 1929) demeure une crise sectorielle dont la traduction marcro-économique est certes visible, en termes tout d'abord d'inflation et de croissance, mais à propos de laquelle on ne saurait parler pour autant d'effondrement du système économique. Les dates exactes des récessions consécutives à la crise pétrolière de 1974 sont variables d'un pays à l'autre (1974 pour la majorité des grands pays sauf la France qui connaîtra la récession un an plus tard, en 1975), mais leurs durées resteront limitées à une période de douze mois de croissance négative.

La nouveauté de la stagflation

Cependant la crise pétrolière déclenche un épisode durable et inédit dans l'histoire économique moderne, la « stagflation », qui interdit de la traiter comme une crise superficielle et tend à la ranger, à l'instar de la crise de 1929, parmi les bouleversements économiques de grande ampleur.

On explique en général la stagflation comme l'effet conjugué d'une part des prélèvements de ressources exercés sur les économies occidentales par les puissances pétrolières de l'OPEP, qui diminuent mécaniquement la richesse nationale (et donc le PIB) ; et d'autre part de la nécessité d'entreprendre une lutte contre l'inflation (qui atteint, en France par exemple, 14 %, et qui est alimentée de façon structurelle au niveau mondial par la considérable dette extérieure américaine, financée en dollars[1]) à travers une politique de relative rigueur budgétaire (qui prendra fin aux États-Unis avec l'élection de R. Reagan en 1980 et en France avec celle de F. Mitterrand en 1981) qui tend à pénaliser la croissance en limitant les possibilités pour les agents économiques de consommer et d'investir.

1. Puisque cette devise était acceptée en remboursement par tous les États créanciers des États-Unis, en raison de la position prééminente de l'économie américaine et de la confiance qu'elle suscitait.

La conséquence la plus visible des années de stagflation est l'installation dans la plupart des économies européennes d'un haut niveau de chômage, pour 30 ans ou plus.

c. La crise de 2008 et des années 2010

La fragilisation des banques et des institutions financières (parmi les cas de faillites ou de difficultés graves, signalons : Lehman Brothers, Wachovia, Dexia, AIG…) et la contraction violente de l'économie « réelle », constituent les parallèles les plus frappants avec la crise de 1929. En 2008, parmi les sept principales puissances économiques mondiales, seules la France et la Chine échappaient à la récession. Celle-ci entraînait, sur la même période, une chute de la production industrielle de 31 % au Japon, de 16 % en Russie, de 15 % au Brésil, de 14 % en Italie et en Allemagne… À la fin de 2012, l'OIT (l'organisation internationale du travail) attribuait à la crise la destruction de 28 millions d'emplois dans le monde.

Si la chute des Bourses mondiales succède aux faillites bancaires en 2008, contrairement au scénario de 1929, des proximités indéniables existent également dans les causes et non seulement dans les conséquences des deux crises :

- phénomène de bulles irrationnelles (bulle immobilière notamment, qui frappera de plein fouet la valeur des produits financiers complexes constitués sur la base des crédits subprimes) alimentées par l'excès de crédit (politique « laxiste » de la FED mise en œuvre notamment en 2003 et 2004 pour relancer une économie américaine victime de l'éclatement de la « bulle internet » puis des attentats du 11 septembre 2001) ;
- origine états-unienne avec contagion très rapide à l'économie « réelle » mondiale.

Le système économique mondial n'est pas détruit

Cependant, contrairement au précédent de 1929, le système économique mondial ne connaît pas de désagrégation, pas plus que le commerce international ne paraît significativement menacé par la montée du protectionnisme.

Une autre différence avec la « grande dépression » réside dans la rapidité de la réaction des dirigeants politiques et économiques. Les solutions de financement nécessaires sont intervenues presque immédiatement, qu'il s'agisse du plan Paulson permettant l'injection de 800 milliards de dollars dans l'économie américaine, du plan français[1] (d'un montant de 33 milliards d'euros), des deux plans allemands (environ 80 milliards d'euros) ou de la constitution, dans le cadre de l'Union européenne, du Fonds européen de stabilité financière (FESF) doté d'une capacité de prêts de 440 milliards d'euros au service des États (Irlande, Espagne, Grèce, Portugal…) en grande difficulté financière. Ce fonds a d'ailleurs été pérennisé au sein du Mécanisme européen de stabilité (MES), adopté en juillet 2011 par un traité entre les États de l'Union européenne, qui l'ont pourvu d'un capital d'un montant élevé de 700 milliards d'euros.

1. Comportant des mesures de stimulation du pouvoir d'achat des ménages (par exemple la suppression du deuxième tiers provisionnel pour les Français les plus modestes) et de l'activité des entreprises (à travers les dépenses publiques de grands chantiers d'infrastructures et d'équipements civils), ainsi que de stabilisation de la santé financière de ces dernières (à travers par exemple le remboursement de reports et de crédits d'impôts), et enfin, de promotion de l'emploi (grâce à l'abondement du FISO – fonds d'investissement social et aux plans emplois jeunes).

d. Le postulat interventionniste

En définitive, **la crise de 1929 va asseoir le postulat interventionniste**, marqué par la reconnaissance et la revendication d'un rôle et d'une responsabilité de l'État dans le rétablissement de la conjoncture économique.

Cependant, la mise en œuvre de cet interventionnisme va donner des résultats mitigés. La régulation keynésienne a sans doute permis de maintenir la consommation et de prévenir de nouveaux épisodes de déflation grave, mais non de mettre fin à la crise, pas plus en 1929 qu'en 1974. Les critiques principales portent sur :

- **des mesures à contretemps** : trop tardives car victimes de l'illusion du Président Hoover selon lequel « la reprise est au coin de la rue », ou à contresens, amplifiant la crise plutôt que la limitant (politique de déflation menée par exemple par les gouvernements Tardieu et Laval sous la troisième République française)[1] ;
- **et surtout, des mesures intrinsèquement inadaptées** : au-delà des impasses déjà mentionnées et constituées par le recours au protectionnisme et la concurrence des dévaluations, l'efficacité réelle du New deal et plus généralement du recours keynésien au déficit budgétaire a sans doute été surestimée s'agissant de la période des années trente, et même contre-productive en ce qui concerne les années 1974-1980. Pour beaucoup d'observateurs, c'est en réalité le second conflit mondial et les nécessités de l'effort de guerre qui ont mis fin à la grande dépression. Quant à la crise de stagflation issue du choc pétrolier de 1973, les mesures de relance keynésiennes se sont révélées finalement inefficaces car elles ont probablement buté sur les comportements théorisés par les économistes de l'école des « anticipations rationnelles ».

Selon cette théorie (développée à partir du début des années soixante par John Muth, Robert Lucas et Thomas Sargent) qui dénie toute efficacité, même à court terme, à la politique économique discrétionnaire, l'effet de relance de la consommation attendu ne se produit pas, les consommateurs prenant conscience de la nécessité d'épargner afin de faire face à la hausse future, perçue comme inévitable, des prélèvements obligatoires, nécessaire à terme pour combler le déficit. La technique du découvert budgétaire n'aboutit alors qu'à entretenir la stagflation, étant donné la manifestation d'un comportement d'épargne à la place de la relance attendue de la consommation qui aurait augmenté la demande adressée à l'appareil de production et aurait ainsi favorisé la croissance du PIB.

L'ambition de réguler le cycle économique constitue cependant aujourd'hui un objectif particulièrement vivace malgré ou à cause des difficultés et des échecs qui viennent d'être brossés. Toutefois, la France dispose, sur le plan intérieur, de moyens moins variés que durant la crise de 1974.

2 Contenus et évolutions

Depuis l'annonce opérationnelle de l'Union économique et monétaire par le traité de Maastricht, les États membres de l'Union européenne ont confié leurs instruments de politique monétaire (entre autres la détermination des taux d'intérêt directeurs et la gestion du taux de change de l'euro) aux autorités communautaires.

1. Nicolas Baverez, dans *La France qui tombe : un constat clinique du déclin français*, Perrin, 2003, estime que les gouvernements français postérieurs à 1974 sont tombés dans le même travers.

Ainsi la Banque de France est chargée de fonctions telles que la gestion d'une centrale de bilans et d'un fichier des incidents de paiement, les décisions relatives à l'adjudication des titres publics, la tenue du compte du Trésor, l'élaboration de la balance de paiements, mais n'assume plus la mission stratégique de maintien de la stabilité des prix. Cette dernière est dévolue depuis 1998 à la Banque centrale européenne.

Parallèlement, ces États n'ont nullement abdiqué leurs prérogatives en matière de conduite de la politique économique. Cette responsabilité se renforce même aux yeux de l'opinion publique qui exige des gouvernants des solutions et des mesures pour améliorer la situation économique et, ces deux dernières années, pour sortir de la crise financière et économique aiguë déclenchée en 2008 par l'explosion des bulles spéculatives américaines et bientôt mondiales.

Placés devant toujours davantage d'obligations de résultats et privés d'une partie de leurs moyens d'intervention, les États de la zone euro mettent en œuvre des politiques qui tentent de combiner des inspirations keynésiennes, une volonté de rigueur budgétaire et des incitations fiscales.

a. C'est sur l'instrument fiscal que l'État dispose aujourd'hui en France de la plus grande marge de manœuvre

La perte de portée du *policy mix* néoclassique

La synthèse du courant classique et de celui des économistes néokeynésiens a pendant plusieurs décennies trouvé une expression opérationnelle dans le modèle ISLM[1], permettant aux gouvernants de mettre en œuvre un *policy mix* consistant à rechercher un équilibre satisfaisant entre le niveau de création et circulation monétaire (politique monétaire) et les dépenses discrétionnaires de l'État (politique budgétaire).

Dès avant la préfiguration de l'Union économique et monétaire, **l'État a rencontré des difficultés pour faire fonctionner harmonieusement ce modèle** de régulation de la conjoncture. Ainsi en 1987, on a reproché au ministre de l'économie (Édouard Balladur) de ne pas avoir mobilisé davantage l'instrument monétaire pour relancer l'activité et faire baisser un taux de chômage situé à 10 %. En réalité, dès l'adoption par la France de la stratégie de désinflation compétitive en 1984, puis de défense du franc fort à partir de 1987, la politique monétaire s'est figée sur une orientation restrictive, alors même que le recours keynésien au déficit budgétaire, contesté en théorie par l'école des anticipations rationnelle (*cf. supra*), tendait à perdre en pratique toute efficacité.

Cette stérilité de la relance keynésienne s'était d'ailleurs vérifiée au-delà de nos frontières. Dès les années 1950, **la régulation conjoncturelle marque le pas**, comme en témoigne le bilan décevant de la politique de *stop and go* britannique, contribuant à faire pour deux décennies de la Grande-Bretagne l'« homme malade » de l'Europe. Les épisodes budgétaires

1. Ce modèle mis au point par les économistes John Hicks et Alvin Hansen dans les années 1950 repose sur la représentation de deux courbes, l'une matérialisant les situations d'équilibre sur le marché des titres contre de la monnaie, l'autre les situations d'équilibre sur le marché des biens ; les deux courbes dépendent des taux d'intérêt et du revenu national et leur intersection désigne le taux d'intérêt et le revenu d'équilibre. Le *policy mix* consiste à maximiser ce dernier, en jouant sur la masse monétaire et le niveau du déficit budgétaire.

danois, entre 1983 et 1986, irlandais, entre 1986 et 1989, ou américain, entre 1994 et 1996, ont illustré un comportement non keynésien des agents, dans la mesure où un ajustement budgétaire important a pu se dérouler dans ces pays sans sacrifice de la croissance économique, alors que si les agents s'étaient conduits de manière conforme à la théorie keynésienne, ils auraient réduit leur consommation et donc affaibli la croissance du PIB. Le discrédit d'une certaine vision keynésienne a également été particulièrement emblématique des États-Unis entre 1980 et 1984, avec l'apparition des « déficits jumeaux » : un quadruplement du déficit commercial découlait du gonflement des importations entraîné par l'effet sur la consommation du surcroît de dépenses publiques nettes.

En France, plusieurs **plans de relance** budgétaire (celui de 1966, faisant passer le solde du budget d'une situation équilibrée à un déficit de 1,9 % du PIB en 1968 ; celui de 1975, à la suite duquel l'excédent de 0,5 % se transforme en déficit de 2,6 % ; celui de 1981-1982, creusant le déficit de 0,9 % à 2,6 % du PIB) n'ont pas suffi à administrer la preuve décisive de leur efficacité en termes de retour ou d'accélération de la croissance économique. Les mesures de relance prises par le gouvernement Mauroy (augmentation des prestations familiales de 25 % et du minimum vieillesse de 40 % notamment), sans infléchir substantiellement ni le taux de croissance ni le niveau du chômage, n'aboutiront qu'à dégrader la balance extérieure et la parité du franc.

En vertu de l'équivalence ricardienne[1] et des anticipations rationnelles des agents économiques, l'utilisation d'un **déficit discrétionnaire**[2] par l'État précipite les comportements d'épargne et de thésaurisation (destinés à provisionner le remboursement futur de l'impasse budgétaire) au lieu de déclencher les vagues successives de consommation et de production prévues par le modèle keynésien[3]. Cette situation de trappe monétaire, envisagée par Keynes lui-même[4], tend à se réaliser, limitant la portée du *policy mix* académique.

Il n'en reste pas moins que l'État dispose d'un outil d'orientation de l'économie, à travers la fiscalité.

La fiscalité comme instrument d'orientation de l'économie, particulièrement depuis la crise de 2008

Sur le plan macro-économique, l'effet de la fiscalité peut être compris dans le même cadre théorique que l'est le multiplicateur de consommation keynésien (appelé aussi multiplicateur budgétaire), à travers la formule habituellement baptisée « multiplicateur fiscal » ($c / (1 - c)$, où le coefficient c représente la propension à consommer). Cependant il est reconnu, si l'on suit les équations de Haavelmo, qu'une baisse des impôts est moins porteuse de relance qu'une hausse des dépenses publiques (La valeur du multiplicateur fiscal, $c / (1 - c)$, est inférieure, pour c plus petit que l'unité, à celle du multiplicateur budgétaire $1 / (1 - c)$).

1. Équivalence entre impôts et emprunts de l'État. *Cf.* les manuels d'économie politique.
2. C'est-à-dire la part du déficit ne dépendant pas des engagements à honorer obligatoirement, tels que par exemple le service de la dette.
3. On ne peut que renvoyer le lecteur aux manuels d'économie pour l'exposé des autres inconvénients classiquement reconnus au déficit keynésien : la fuite de la consommation vers les importations et l'éviction de l'investissement privé.
4. Mais contre laquelle, pour l'économiste anglais, la dépense publique était le seul remède, alors que vraisemblablement elle aggravait paradoxalement la frénésie d'épargne.

Il faut donc souligner également, au titre de l'efficacité économique du levier fiscal, qu'en dehors de la logique keynésienne, **la technique fiscale se prête particulièrement à des orientations différenciées par champ d'activité économique**.

L'exonération de la fiscalité sur les bas salaires et les contrats particuliers (alternance, apprentissage, contrats initiative emploi notamment) est un des fers de lance de la politique de l'emploi depuis plus de 30 ans. La préférence pour un impôt direct (IRPP[1]...) plutôt qu'indirect (TVA...) peut être interprétée également comme un choix public en faveur de la consommation, les agents détenteurs de faibles revenus exonérés d'IRPP étant réputés disposer de la propension à consommer la plus forte.

L'investissement dans les hautes technologies manifeste également un choix national mis en œuvre au travers d'une **fiscalité sélective** (tel le crédit impôt recherche, rénové et renforcé en 2008, puis en 2012, et représentant désormais environ 5 milliards d'euros par an d'avantages fiscaux) évitant de peser sur certaines dépenses (les dotations aux amortissements des biens affectés à des opérations de R&D, les dépenses de personnel concernant les chercheurs et techniciens, les frais de dépôt et de maintenance des brevets, les dépenses de veille technologique...) considérées à la fois comme stratégiques et comme gages de croissance économique future. L'investissement des entreprises en général devrait également se voir stimuler par le remplacement, intervenu en 2010, de la taxe professionnelle par la Contribution économique territoriale, assise sur une base excluant désormais les investissements mobiliers (ordinateurs, équipements divers).

À long terme, la **politique de l'emploi** a été la plus consommatrice d'incitations fiscales ; à court terme, **les dépenses fiscales** (c'est-à-dire les divers remboursements et exonérations) figurant par exemple au plan de relance de 33 milliards d'euros (*cf. supra* pour le détail de ce plan) décidé en 2008 pour compenser les effets de la crise des subprimes ont également été significatives. **Or, dans les deux cas, les effets incitatifs de ces mesures coûteuses pour le budget de l'État n'ont pu être établis** avec suffisamment d'éclat pour être considérés comme démontrés.

Typiques de l'inefficacité qui caractérise parfois ces mesures censées être incitatives, on peut relever le faible nombre d'« exilés fiscaux » ayant opté pour le retour en France à la suite de l'adoption provisoire d'un bouclier fiscal limitant à 50 % le taux total d'imposition dans notre pays, et, surtout, les faibles conséquences[2] sur le secteur de la restauration (en termes d'emplois – 6 500 créés au lieu des 40 000 escomptés -, de baisse des prix pour le consommateur et de hausse des investissements) de la division par plus de deux, à partir de 2009, du taux de TVA qui s'y applique.

De même, si les résultats de la politique française en faveur d'emplois aidés apparaissent avec une relative netteté s'agissant de l'emploi en alternance, le bilan des mesures d'incitation en faveur des publics les plus éloignés de l'emploi, à travers notamment les contrats initiative emploi, est habituellement caractérisé par sa modestie (*cf.* chapitre 12).

Quant à l'influx massif de « retranchements fiscaux » caractérisant le **plan de relance français de 2008**, on peut leur attribuer le mérite partiel d'avoir renforcé l'impact des « stabilisateurs automatiques » traditionnellement efficaces en France (en raison du niveau élevé de la protection sociale pour la majorité de la population) et d'avoir ainsi contribué à limiter

1. Impôt sur le revenu des personnes physiques.
2. *Cf.* notamment le rapport du député Thomas Thévenoud daté du 30 octobre 2012.

l'ampleur de la récession en 2009 (3,1 % de recul du PIB tout de même[1]), mais ils n'ont pas permis à la France de retrouver le chemin d'une croissance suffisante (+1,7 % d'augmentation du PIB en 2010 et 2011 – trois ans plus tard la croissance n'était du reste toujours pas au rendez-vous : 1,1 % en 2014), qui a bénéficié pourtant à son principal partenaire commercial, l'Allemagne, dont l'économie a crû de plus de 3 % par an durant ces deux années.

Le « **pacte de responsabilité et de solidarité** » décidé par le président de la République en 2014 correspond quant à lui à une tentative purement fiscalo-sociale de relance, très majoritairement par l'offre et la réduction des charges des entreprises. Outre le CICE[2] déjà connu (mettant en œuvre 20 milliards d'euros de baisse de charges), ce pacte correspondant au total à 40 milliards d'euros de renoncement à des prélèvements obligatoires, porte notamment sur l'exonération des charges patronales sur les très bas salaires (9 milliards d'euros) et la suppression de la Contribution sociale de solidarité des sociétés (C3S). À l'intention des ménages modestes 5 milliards d'euros de réductions de cotisations salariales et d'impôts sur le revenu sont également prévus.

Or ce plan s'est finalement révélé lui aussi inopérant pour relancer substantiellement de la croissance, tant l'évolution du PIB français entre 2014 et 2016 (+1,1 % en 2014, +1,2 % en 2015, +2,2% en 2016, obtenus essentiellement au second semestre) ne fait que suivre la reprise de l'économie mondiale qui se dessine à partir de la mi-2016.

b. Depuis 2017, la stimulation fiscalo-sociale de la croissance se poursuit, mais en se doublant d'un volontarisme plus marqué à l'égard de la maitrise de l'endettement

La poursuite de la stimulation fiscalo-sociale de la croissance

Cette poursuite s'est effectuée à travers les mesures suivantes :

- Transfert de 20 milliards d'euros de charges sociales pesant sur le coût du travail, vers la CSG à l'assiette beaucoup plus large (remplacement de certains prélèvements sociaux – part salariale des cotisations maladie et chômage – par 1,7 points supplémentaires de CSG)…
- Transformation du CICE[3] (qui n'était versé aux entreprises qu'avec un décalage d'un à trois ans) en allègement du taux de certains prélèvements sociaux (allègement uniforme de 6 points des cotisations sociales d'assurance maladie applicable sur les salaires dans la limite de 2,5 SMIC, suppression – au moyen d'allègements de cotisations sociales de 4 points sur les assurances maladie et chômage et sur les cotisations de retraite complémentaire) – des dernières cotisations pesant d'un allègement sur la partie du salaire strictement supérieure au SMIC et inférieure à 1,6 SMIC.

1. Mais l'Allemagne enregistrait –5 %.
2. *Cf.* chapitre 12.
3. Le Crédit d'impôt pour la compétitivité et l'emploi (CICE) était égal à 4 % au titre de 2013 et à 6 % au titre des années suivantes. Il s'imputait sur la masse salariale brute correspondant aux rémunérations inférieures ou égales à 2,5 SMIC. Il différait des allégements de charges évoqués dans ce chapitre, en ce qu'il n'opérait une réduction rapide de charges qu'à l'égard des entreprises bénéficiaires, redevables à l'État de l'impôt sur les sociétés. Les autres entreprises pouvaient reporter ce crédit d'impôts sur une période de trois années et pouvaient finalement le percevoir au terme de celle-ci, en cas de maintien d'un compte d'exploitation déficitaire.

Au total un effort de plus de 10 points de réduction des charges sur les salaires modestes et moyens est donc réalisé dans l'objectif de la croissance économique et de la création d'emplois, et prolonge à cet égard le cycle de réduction générale des charges sur l'emploi commencé dès 1993.

Des actions de maîtrise de l'endettement souvent irrésolues et éphémères, mais devenues ces dernières années plus déterminées

Lorsque l'on observe l'évolution de la dette publique française depuis plusieurs décennies, on est frappé de l'impuissance des autorités à contenir une progression qui semble inexorable. Le déficit cumulé des finances publiques progresse en effet selon une logique de « boule de neige » (puisque – au-delà des déficits annuels du budget de l'État et des finances publiques – les intérêts de la dette, qu'il faut eux-mêmes financer, sont de plus en plus importants) et passe de 36 % du PIB en 1991 à 57 % en 1997, 63 % en 2004 puis 86 % en 2011, 95 % en 2014 et 98,5 en 2017, le ralentissement de cet emballement n'intervenant que sur deux courtes périodes, entre 1997 et 2001 et 2005/2007.

Certes cet effet cumulatif est partiellement est auto-entretenu (*cf. infra*) et, par ailleurs, une crise économique et financière internationale majeure, soustraite à l'influence de la France, a pesé voici douze ans dans le sens l'expansion de la dette. Rappelons en effet la nécessité de financer un déficit des finances publiques dépassant 7 % du PIB entre 2009 et 2011 et de contracter en 2010 un grand emprunt de 35 milliards d'euros pour tenter de stimuler la croissance du PIB par l'investissement.

Néanmoins, la réponse de la France à son endettement comporte également des particularités dont elle ne peut pas aussi facilement s'exonérer sur le compte d'une conjoncture économique mondiale défavorable.

L'effort structurel nécessaire pour maîtriser les causes des déficits et de l'endettement est en effet souvent repoussé en France à un horizon toujours plus lointain. On peut constater cette réalité en examinant les calendriers d'ajustement structurels soumis chaque année en avril avec le pacte de stabilité à la Commission de l'Union européenne. Il apparaît que, particulièrement ces dernières années (programmes de stabilité 2018-2022 et 2019-2022), le gros de l'ajustement structurel (variation d'une année à l'autre du solde structurel des finances publiques, c'est-à-dire du solde total corrigé des effets conjoncturels imprévus échappant à la responsabilité du Gouvernement) s'effectue plutôt dans les dernières années de l'horizon de prévision (à N+4 ou N+5, par exemple) plutôt qu'en début de processus. Tout se passe comme si l'effort fiscal nécessaire pour atteindre une valeur proche du zéro du solde structurel, imposée par le TSCG[1] (signé par la France en mars 2012 et comportant des sanctions pécuniaires pouvant s'élever[2] à 0,1 % du PIB, en cas de dépassement par le budget de la France d'un déficit structurel supérieur à 0,5 % du PIB), était trop rigoureux pour être affronté immédiatement par les Français et que, à défaut de courage, le bon sens et la prudence politiques conduisaient à en repousser indéfiniment l'échéance.

D'ailleurs à ce jour aucune mesure comparable à celles employées dans les pays ayant durablement assaini leurs finances publiques n'est intervenue. Ainsi la dette publique

1. TSCG – traité sur la stabilité, la coordination et la gouvernance.
2. Si la Cour de justice de l'Union européenne décide de les prononcer en cas d'échec d'une mise en demeure prononcée par elle et qui succède à une demi-douzaine d'étapes relevant des autorités politiques (commission, conseil) de l'Union européenne.

diminue en Allemagne depuis 2012 sous l'effet de la stricte observation depuis cette date de la « **règle d'or** » inscrite dans la constitution fédérale qui oblige le parlement à voter un budget en excédent. De même, Les Pays-Bas ont ramené depuis longtemps (1997) leur dette publique sous la barre des 70 % du PIB grâce à des mesures ponctuelles (réforme des pensions d'invalidité) ou structurelles (rôle central du CPB « Centraal Planbureau » qui mène systématiquement des études d'impact révélatrices de dépenses injustifiées et sur les prévisions et évaluations duquel le gouvernement néerlandais depuis 2013 doit obligatoirement fonder son budget). Il est à noter que malgré l'obligation en France depuis 2010 d'accompagner tout projet de loi d'une étude d'impact, celui-ci joue davantage un rôle illustratif que contraignant. Il en va de même de la pseudo-règle d'or budgétaire introduite par la révision constitutionnelle de 23 juillet 2008 qui n'impose en réalité aux finances publiques que de « s'inscrire dans l'objectif d'équilibre des comptes des administrations publiques » et non la réalisation inconditionnelle et immédiate de cet équilibre.

La politique conduite depuis l'été 2017 s'affiche cependant à tous égards comme une rupture. Cela est vrai aussi en matière de finances publiques. Certes les prélèvements obligatoires avaient été effectivement accentués en septembre 2011 dans le cadre du second plan d'austérité « Fillon »[1], devant rapporter 11 milliards d'euros au trésor public (et comportant notamment la suppression de certains abattements sur les plus-values, une taxe exceptionnelle de 3 % sur les revenus des ménages les plus aisés, une hausse de la CSG sur les revenus du capital…), puis à travers les mesures adoptées par le gouvernement Ayrault à la fin de 2012 (20 milliards de recettes supplémentaires réparties par moitié entre les ménages les plus aisés – tranche d'imposition supplémentaire de 45 %… – et les entreprises – imposition de certaines charges d'intérêt…).

Cependant, **pour la première fois dans l'histoire contemporaine de la France les dépenses publiques en 2018 ont été comprimées** en volume de –0,3 % (après neutralisation du décalage de trésorerie lié à la transformation du CICE en allègement du taux de certains prélèvements sociaux) et le Gouvernement entend les augmenter sur la durée du quinquennat de seulement 0,2 % par an, contre 1,2 % de 2008 à 2017. Le taux d'endettement devrait quant à lui reculer de 2 points.

Cette stratégie s'appuie sur une **politique de l'offre** qui a commencé à produire des effets sur la création d'emplois marchands (+200 000 en 2018) et sur une transformation de la fonction publique qui, après optimisation des organigrammes et de l'allocation des missions et des compétences, et recrutement accru de contractuels réputés plus performants pour certains types d'activités, devait permettre un allègement global des effectifs à hauteur de 120 000 agents, le premier ministre ayant toutefois laissé entendre au lendemain du « Grand débat » qu'il renonçait à ce dernier objectif…

Quoi qu'il en soit, on ne peut dénier au pouvoir issu des élections du printemps 2017 un volontarisme très marqué tourné vers la maîtrise des finances publiques. On ne peut pas non plus manquer de constater l'existence de réformes objectives, fondant cette ambition, au-delà de la posture et du langage du réformisme : modernisation du code du travail (les ordonnances « Pénicaud » complétant et accentuant la loi « El Khomri ») pour en assouplir les règles dans un sens favorable à l'emploi et la croissance et donc, par ricochet

1. Le premier plan d'austérité sous l'autorité de François Fillon ayant consisté, à la mi-2010, dans le gel des dépenses de l'État.

à l'augmentation des recettes fiscalo-sociales, adoption de la loi PACTE et ses diverses mesures de simplification de la vie des entreprises (*cf.* chapitre 12).

Il reste cependant des interrogations sur les chances d'aboutir à un assainissement durable et profond de nos finances publiques (*cf.* 4 plus bas).

3 Moyens financiers et organisationnels

L'intervention des autorités publiques dans la régulation macro-économique se fait essentiellement par l'intermédiaire du secteur bancaire, en ce qui concerne la politique monétaire. Cette dernière, ainsi qu'on l'a souligné plus haut, n'est plus entre les mains des autorités françaises. Néanmoins son importance est telle qu'il convient d'en comprendre le mécanisme.

Les moyens d'action de la politique budgétaire ne présentent pas de caractère spécifique. Le déficit budgétaire provient en effet de l'ensemble des dépenses publiques ; par conséquent chaque politique publique, en fonction de ses canaux de dépense (qui sont abordés chapitre par chapitre dans la suite de l'ouvrage), peut servir, et sert en effet, à la mise en œuvre de la politique budgétaire.

a. Les caractéristiques du secteur bancaire

Le système bancaire et financier français est marqué, outre une forte tendance à la concentration[1] depuis 30 ans par deux phénomènes : la désintermédiation, la déspécialisation.

La désintermédiation

L'activité traditionnelle d'intermédiation n'assure plus au secteur bancaire les revenus substantiels qu'elle lui procurait il y a une vingtaine d'années. En effet le taux d'intermédiation, qui mesure la somme des crédits accordés durant l'année par les établissements financiers aux agents non financiers sur la somme des financements externes des agents non financiers durant l'année (c'est-à-dire la part des crédits dans le total des financements externes) connaît depuis plus de 25 ans une forte baisse, passant de 58 % en 1990 à moins de 20 % aujourd'hui. Les grands établissements tendent aujourd'hui à se considérer de plus en plus comme des groupes multiservices intervenant dans tous les domaines de l'économie où la culture financière est susceptible d'assurer un avantage concurrentiel.

La déspécialisation

Alors que le secteur bancaire avait fait l'objet d'une réglementation cloisonnant les métiers (de banquier d'affaires et de prestataire pour le grand public, notamment) et restreignant la liberté d'entreprendre des établissements jusqu'au milieu des années quatre-vingt, la loi

1. On comptait en 2018 332 établissements de crédit contre 468 en 2014 et 925 en 2003 et le secteur bancaire emploie au début de 2020 360 000 salariés, effectif en érosion lente par rapport au pic de 1986 (432 000 salariés).

bancaire de 1984[1], la suppression de l'encadrement du crédit (1985), la fin du contrôle des changes (1990), la mise en place du marché unique européen en matière bancaire (1993) puis de services d'investissement (1996), la structuration des métiers du titre (loi MAF[2] de 1996) et la mise en place de la monnaie unique (1999) ont conduit à une importante recomposition du secteur. Ainsi, par exemple, les spécificités et les restrictions d'activité des banques mutualistes ou coopératives ont disparu.

Malgré la crise internationale des subprimes le système bancaire français a été préservé. À la fin de 2008 il a bénéficié, de la part de l'État, d'un **plan de sauvetage** d'un montant de 400 milliards d'euros, correspondant à des prêts remboursables et des garanties d'actifs. La plupart de ces prêts ayant été remboursés en 2011, on estime aujourd'hui que le secteur bancaire français se trouve dans une situation de profitabilité acceptable, réserve faite de ce que pourrait révéler le dénouement de toutes les opérations engagées pendant la crise du coronavirus.

b. Les banques, acteurs spécifiques des régulations économiques décidées par les autorités publiques

Au-delà de la définition donnée par la loi bancaire de 1984 (article premier : « les opérations des banques comprennent la réception de fonds du public, les opérations de crédit, ainsi que la mise à disposition de la clientèle ou la gestion des moyens de paiement »), les économistes identifient classiquement trois fonctions fondamentales remplies par les banques et les établissements financiers au service de l'économie.

On distingue ainsi une fonction de **création de monnaie**, une fonction **d'ajustement de l'horizon des crédits aux besoins de l'économie** et enfin une fonction de **réduction des coûts de transaction**, notamment à travers la diminution des coûts de recherche d'information pour les agents individuels.

Financer l'économie

La première fonction consiste à financer l'économie par l'introduction de liquidités constituées par les prêts effectués par le système bancaire. Or, ces prêts ne correspondent pas simplement à un changement de mains des liquidités déjà en circulation mais reviennent à effectuer une création nette de monnaie. En effet les banques ne sont tenues de conserver à leur bilan sous forme d'encaisses que les dépôts correspondant à une fraction (définie par le taux de réserve et déposée sur le compte que chaque banque est tenue d'ouvrir auprès de la banque centrale) des prêts qu'elles consentent. Ainsi, par exemple, si le taux de réserves est de 10 %[3] une banque recevant 100 euros de dépôts peut en prêter 1 000. Ce qui est vrai pour une banque l'est pour le système bancaire en général. On comprend dès lors quel levier considérable le secteur est susceptible d'exercer sur l'économie réelle.

---

1. Permettant la constitution de banques universelles cumulant les activités de banque d'affaires et de banque de dépôt. En 2013, une loi « de séparation et de régulation des activités bancaires » revenait en partie sur cette juxtaposition d'activités différentes. Une compartimentation des activités « spéculatives » est assurée par leur filialisation, dans le but de sécuriser encore davantage les dépôts des épargnants ordinaires.
2. « Modernisation des activités financières » correspondant aux entreprises proposant des services d'investissement.
3. Le taux exigé par la BCE est actuellement de 1 %.

Collecter l'épargne

La seconde fonction essentielle concerne le mécanisme de collecte de l'épargne et la transformation de son horizon temporel. Ainsi des dépôts à court terme en provenance d'épargnants individuels sont transformés par le secteur bancaire en prêts à long terme aux entreprises qui peuvent ainsi disposer des fonds nécessaires aux investissements qui leur paraissent rentables. La banque exerce ainsi sa mission d'intermédiation financière, mission essentielle, même si elle a été rendue moins centrale depuis le développement, à partir du milieu des années quatre-vingt, de l'accès direct des particuliers et des entreprises aux marchés des titres (obligations, actions) permettant aux agents économiques de lever les capitaux qui leur sont nécessaires.

Réduire les coûts de transaction

À ces fonctions essentielles situées au cœur même du circuit de création de richesses, on peut ajouter, en raison de l'économie de coût de transactions qu'elle permet, la mission d'information et de conseil et, à travers les réseaux bancaires, de distribution de produits financiers (OPCVM : SICAV, FCP...) et d'assurances. Le taux d'épargne élevé des ménages (entre 14 % et 16 % depuis 1992) montre en France la séduction que peut entraîner une offre de services bancaires facilement accessibles alors même que le nombre de guichets par habitant n'est pas supérieur à la moyenne européenne.

c. Le rôle des banques dans la politique monétaire de la Banque centrale européenne

Ce rôle apparaît dans les principales fonctions de la Banque centrale européenne (BCE).

Les réserves obligatoires

Le secteur bancaire, à travers le mécanisme des réserves obligatoires notamment, est l'instrument privilégié des autorités monétaires, et de la BCE en particulier. Comme on l'a vu plus haut, ce mécanisme a la faculté de freiner ou de stimuler la création monétaire au gré des besoins du *policy mix*. Sous réserve de l'indépendance des banques centrales, il peut en théorie servir par exemple à atténuer l'effet déflationniste d'une politique d'équilibre budgétaire, ou encore à favoriser une reprise économique en période de faible marge de manœuvre budgétaire.

Cet **accompagnement souple de la création monétaire** au fur et à mesure des besoins de l'économie est essentiel, comme l'indiquent par exemple les travaux de Milton Friedman[1] qui montrent qu'une croissance fluide de la masse monétaire est un facteur décisif de stabilité des prix en période d'expansion économique.

La fixation du taux d'escompte (« facilités permanentes » dans le vocabulaire courant de la BCE)

Un autre instrument de régulation monétaire faisant intervenir le secteur bancaire est également utilisé : la fixation du taux d'escompte (ou autres taux directeurs équivalents), rémunération versée par les banques à la BCE en échange de l'escompte de leurs créances à court terme. Plus cette rémunération est élevée, moins la banque pourra se procurer des liquidités,

1. Résumés notamment dans *Inflation et systèmes monétaires*, Calmann-Lévy, 1976.

et moins elle pourra prêter à des taux bas, ce qui aboutit à freiner son activité de création monétaire. La BCE a considérablement détendu ses taux directeurs à la suite de la crise de 2008 : entre décembre de cette même année et avril 2009, ces taux chutent de 3 points et le taux emprunteur au jour le jour de la BCE s'établit aujourd'hui à moins de 1 %, voire, pour certaines échéances, affiche un taux négatif[1].

L'*open market*

Quant à l'achat ou la vente directe de titres sur le marché monétaire (open market), troisième et dernier pilier de la mise en œuvre de la politique monétaire, il concerne la fluidité des échanges bancaires dans leur ensemble puisque la BCE intervient (via la Banque de France et son opérateur, l'Agence française du trésor [AFT]) comme acheteur ou vendeur, afin d'injecter, en échange de titres, ou d'éponger un surplus de liquidités, en fonction des objectifs de contrôle de la masse monétaire (ou directement de l'inflation) qu'elle se donne (en principe 4,5 % de croissance annuelle de l'agrégat monétaire M3[2] et un niveau d'inflation juste en dessous de 2 %). Pour éviter tout risque d'illiquidité lié à la crise économico-financière actuelle, la BCE a depuis 2008 réduit ses exigences quant à la qualité des titres qu'elle acquiert en contrepartie de ses émissions de monnaie[3]. De fait les achats d'actifs nets (y compris, à partir de 2012, d'obligations d'État[4]) par la BCE sont passés de 60 milliards d'euros par mois à 80 milliards entre mars 2015 et mars 2017, pour baisser nettement ensuite, avant de reprendre de façon massive en 2020 dans le cadre de la lutte contre l'effet récessif de la crise du coronavirus. En effet, c'est à une addition de plus de 750 milliards d'euros à la masse monétaire que procède la BCE à partir de mars 2020.

d. L'union bancaire pour prévenir les crises systémiques

L'union bancaire est probablement la principale entreprise de l'Union européenne pour tirer les leçons de la crise économico-financière de 2008 et éviter qu'un risque de fragilisation de l'ensemble du système bancaire ne se réalise. Cette union, établie en 2012, correspond en réalité à la création et la mise en œuvre de plusieurs mécanismes d'intégration tendant à « garantir la sauvegarde et la solidité du système bancaire européen ».

Le MSU (mécanisme de surveillance unique), entré en fonction à en novembre 2014, a pour finalité le respect des normes prudentielles par les banques de la zone euro. Concrètement la vigilance dans l'application de celles-ci est exercée par la BCE en collaboration avec les autorités bancaires nationales[5] et en liaison avec l'Autorité bancaire européenne (ABE) et le Comité européen du risque systémique (CERS) qui doivent assurer le progrès des normes et des bonnes pratiques et dont les prérogatives ont été encore renforcées en 2019.

1. Les créanciers sont en effet prêts à verser une rémunération à la BCE pour que celle-ci conserve à court terme leurs excédents de trésorerie dans des conditions de sécurité financière totale.
2. Cet agrégat très usuel exprime la masse monétaire dans une acception relativement large puisqu'incluant des obligations d'une échéance de 2 ans qui ne représentent pas une liquidité immédiate.
3. Mesures dites « non standard » relatives à un soutien amélioré au crédit (« *enhanced credit support* »).
4. Les « dettes souveraines » dans le langage souvent utilisé pour le grand public.
5. Ainsi La BCE surveille directement les groupes bancaires les plus importants (environ 120 groupes représentant approximativement 1 200 entités). Les autorités nationales continuent à exercer la surveillance directe des établissements moins importants, environ 3 500 entités, sous la supervision de la BCE.

Le MRU (mécanisme de résolution unique) est l'instrument d'intervention de l'union bancaire. Opérationnel depuis 2016, il peut secourir financièrement les banques fragilisées par une crise, à condition qu'elles aient respecté les normes prudentielles et se soient prêtées à l'application du MSU (ces banques peuvent alors également bénéficier de prêts du MES). Un fonds préfinancé par des contributions du secteur bancaire alimente le MRU qui a joué dès juin 2017 à l'égard de la Banco Popular puis, un an plus tard, à l'égard d'ABLV Bank.

Les banques ne respectant pas les conditions de l'union bancaire, outre le refus de secours financier de sa part auquel elles s'exposent, encourent des sanctions pécuniaires, le refus ou le retrait de l'agrément nécessaire à l'ouverture ou à la poursuite d'opérations bancaires.

Dans le cadre de la prévention des risques et pour asseoir son nouveau rôle renforcé de surveillance, la BCE avait réalisé en 2014 un « bilan de santé financière » (les « stress tests » largement évoqués dans les médias), qui a révélé une insuffisance de fonds propres chez 25 des 130 banques examinées, d'où la justification a posteriori de l'union bancaire. Depuis, les campagnes de stress test les plus importantes se déroulent tous les deux ans ; celle intervenue en 2021 a révélé, sur 38 banques représentant 70 % des actifs bancaires de la zone euro, que « la situation des banques était meilleure » qu'en 2018, malgré une diminution de leurs fonds propres, liée à des pertes sur les prêts consentis, et au total ces établissements sont jugés présenter « une capacité à faire face à un scénario macro-économique dégradé ».

4 Bilan et perspectives

a. Un contexte international menaçant.

À la confiance retissée par les initiatives du G20 succède la crainte de la montée du protectionnisme.

Le rétablissement de la confiance par le G20 qui tente d'instaurer une gouvernance économique mondiale

Alors que dans les années trente, les gouvernements cherchent des voies solitaires de sortie de crise, la **solidarité mondiale face aux récessions** s'impose après la guerre, lorsque se mettent en place les instruments collectifs de gestion de changes dans le cadre du système à « parités fixes mais ajustables » de Bretton Woods, ainsi que le FMI (Fonds monétaire international), organe ultime de solvabilisation en cas de crise de liquidités.

Enjeu majeur de la crise, depuis la répudiation du système de Bretton Woods par les États-Unis et l'arrangement du Smithonian Institute en 1971 consacrant le flottement de la devise américaine, la stabilisation du cours du dollar a fait l'objet d'une concertation mondiale (« Accords du Plaza » de 1985), régulièrement suivie (quoique pas toujours efficacement) dans le cadre du G7 (à partir de 1976) puis du G8 (1998), regroupant les pays les plus économiquement développés.

Plus récemment, face à l'impuissance bien souvent décriée des États devant les pouvoirs économiques et financiers qui se sont révélés à l'occasion de la crise économique de 2008, les dirigeants politiques des principaux pays ont souhaité reprendre l'initiative en **relançant, avec une certaine solennité, le dialogue international dans le cadre des sommets du G20**, cette fois-ci non plus au niveau des ministres de l'économie, comme cela existait depuis 1999, mais au niveau plus emblématique des chefs d'État et de gouvernement.

Les orientations décidées au **sommet de Pittsburgh** en septembre 2009 : l'augmentation du poids des pays émergents au sein du FMI, à travers une réallocation des quotes-parts ; le renforcement de la supervision du secteur bancaire à l'échelle internationale et des règles prudentielles et comptables ; l'étalement dans le temps du versement des bonus aux traders et la sanction possible par un malus et au **sommet de Londres** en avril 2009 : le triplement des ressources du FMI (qui sera effectif quelques mois plus tard) ; la publication d'une liste de paradis fiscaux ; de nouvelles préconisations pour l'évaluation des actifs et les systèmes de rémunération des dirigeants d'entreprises, dessinaient un programme très ambitieux qui a été accompli, du moins dans les grandes lignes.

On relève en effet dans ce cadre quelques réalisations concrètes marquantes.

Celles-ci sont décidées principalement lors du G20 de Séoul en novembre 2010 et concernent le transfert effectif de 6 % des droits de vote au FMI des pays développés vers les pays émergents et l'adoption d'un calendrier en vue d'une régulation bancaire renforcée (transposition dans les divers droits nationaux **des règles dites « Bâle III[1] »** entre 2013 et 2019, la cinquième directive et le deuxième règlement sur les exigences de fonds propres ayant été publiés cette dernière année).

D'autres mesures révèlent l'influence du G20 au début des années 2010.

Ainsi, en matière de **paradis fiscaux**, une liste de ces localisations a été publiée par l'OCDE à la demande du G20 afin de décourager l'évasion fiscale. Un groupe placé en « liste noire » comptait à l'origine le Costa Rica, la Malaisie, les Philippines et l'Uruguay, pays qui ne se sont jamais engagés à respecter les standards internationaux. Un second groupe en « liste grise » comprenait 38 pays dont Monaco, le Liechtenstein, la Suisse, le Luxembourg et la Belgique, États qui se sont engagés à respecter les règles de transparence fiscale mais ne les ont pas « substantiellement » appliquées. L'information sur les paradis fiscaux devient donc moins opaque, grâce au G20, mais cela ne met pas fin pour autant à leur existence.

Quant à une modification des conditions de **rémunération des traders**, la France doit appliquer désormais un « code éthique », issu de discussions entre la direction du Trésor, l'Autorité des marchés financiers et la Fédération bancaire française, aux bonus versés depuis le début de 2010. Il semble toutefois que cette mesure issue des orientations du G20 n'ait entraîné qu'une modération insignifiante du montant des bonus versés aux traders. Au sein de la plupart des États composant le G20, ce point semble d'ailleurs rencontrer une résistance particulière, le prix à payer pour s'attacher les services des meilleurs professionnels continuant à être fondamentalement déterminé par l'offre et la demande sur le marché du recrutement.

Les G20 organisés[2] en 2011 et 2012 (respectivement à Cannes et Los Cabos), ils ont eu pour objet et pour résultat essentiel d'ajuster le rôle du FMI face à la crise grecque et de conduire le gouvernement de ce pays à prendre des mesures d'assainissement financier.

Le G20 de Brisbane en novembre 2014 marque une inflexion au sens où la gestion de la crise n'apparaît plus comme le thème dominant et où la lutte contre le réchauffement climatique vient s'inscrire à l'agenda sous forme de priorité majeure, toujours confirmée depuis.

1. Le comité de Bâle sur le contrôle bancaire (autrefois appelé « comité Cooke ») est constitué par le groupe des banquiers centraux et des autorités financières de 13 pays se réunissant quatre fois par an à Bâle, à la Banque des règlements internationaux (BRI).
2. Au niveau des chefs d'État et de gouvernements.

Ainsi, malgré la priorité donnée aux moyens de lutte contre la crise sanitaire (en particulier l'engagement contracté en la matière d'aider les pays pauvres), le G20 d'octobre 2021 à Rome se donne pour intitulé : « Personnes, Planète et Prospérité ».

Cependant, le tout premier sommet du G20 se déroulant au niveau des chefs d'État, le **sommet de Washington (15 novembre 2008) est longtemps resté décisif**. En septembre 2008, en effet, devant l'Assemblée générale des Nations unies, le Président français demande que les principales économies du monde se réunissent pour apporter une réponse coordonnée à la crise économique. Le G20 de Washington posera les quatre principes qui doivent guider cette réponse : la nécessité d'une relance coordonnée et concertée, le refus du protectionnisme, une meilleure régulation des marchés financiers et une nouvelle gouvernance mondiale. Si les résultats concrets sont encore incertains, on ne peut nier que les quatre principes de Washington, notamment l'insistance sur le **refus du protectionnisme**, se hissent au niveau des ambitions placées dans le G20. Ce refus, une décennie plus tard, ne fait hélas plus l'objet du même consensus.

Une montée significative du protectionnisme ?

Le monde développé a connu entre l'après-guerre et le milieu des années 70 une forte croissance économique qui s'est accomplie concomitamment à une expansion sans précédent des échanges économiques internationaux, encore plus rapide que celle du PIB mondial. Entre 1990 et 2008 le commerce mondial a crû exactement deux fois plus vite que l'ensemble des économies de la planète. Depuis, le commerce international tend à un certain ralentissement (déjà observé entre 1983 et 1996) mais son effet d'entraînement sur la croissance mondiale reste caractéristique.

Pour autant, **l'échange sans entrave des marchandises et des services à travers les pays et les continents fait l'objet d'une remise en cause**, qui est en passe d'acquérir une durabilité, une permanence et une profondeur dépassant le cadre d'une simple oscillation conjoncturelle de l'opinion publique et invitant à s'interroger sur un remplacement possible du modèle libre-échangiste par une vision protectionniste des relations économiques internationales.

Rappelons qu'à travers de continuelles évolutions, le système international du libre- échange s'est très profondément ancré dans les relations commerciales mondiales. Les entraves au commerce ont été considérablement diminuées en une soixantaine d'années, à la fois par un effacement des droits de douane, une réduction des contingentements et un élargissement du champ des marchandises et services concernés.

Les étapes principales de ces évolutions et leur enchaînement indiquent bien à la fois le dynamisme de ce processus et son caractère très profondément structurant pour tous les acteurs concernés, c'est-à-dire les agents économiques de la quasi-totalité des États de la planète.

On assiste en effet, dès avant la signature en 1947 des accords du GATT engageant 23 pays à accomplir l'objectif de libre-échange, à 45 000 mesures de concessions tarifaires portant sur 20 % du commerce mondial, puis, dès 1960 et le Dillon Round, à une réduction systématique des tarifs douaniers, poursuivie en 1964 par le Kennedy Round qui y ajoute des mesures antidumping, auxquelles s'agrègent le démantèlement d'obstacles non tarifaires dans le cadre du Tokyo Round (1973-1986), ainsi que l'élaboration des « codes » (arrangements plurilatéraux d'abaissements tarifaires particuliers[1]). Sur la durée de ce round-ci, les

1. Par exemple relativement à la viande bovine ou au commerce des aéronefs civils.

droits de douane ont été abaissés de 33 % en moyenne à travers neuf principaux marchés industriels pour aboutir à un taux moyen de 4,7 %. Aujourd'hui, malgré la renaissance d'un certain protectionnisme (*cf. infra*), ce taux est modéré, légèrement supérieur à 4 %.

L'Uruguay Round (1986-1994) parvient à renforcer encore l'élan acquis par les ambitions libre-échangistes, à travers une nouvelle série d'objectifs : démarrage des négociations en matière de services, de produits agricoles, de propriété intellectuelle, de textile et vêtements, transformation des codes plurilatéraux en multilatéraux, et se conclut par la signature par plus de 120 pays des accords de Marrakech instituant l'Organisation mondiale du commerce (rejointe depuis par plus de 40 autres États, dont la Chine à partir de 2001) le 1er janvier 1995, qui pilote une nouvelle réduction des barrières douanières et affiche des ambitions de portée plus générale que celles du GATT, incluant notamment les champs de la de propriété intellectuelle et des services.

Parallèlement, des accords régionaux de libre échange poursuivaient ce même objectif : la construction européenne à partir de 1957 et l'avancée décisive de l'acte unique de 1986 pour la généralisation du marché unique à la plupart des produits et services ; la création notamment de l'ALENA en 1994, du MERCOSUR en 1991, de l'ASEAN en 1967. Ces zones que le GATT puis l'OMC autorisent à s'affranchir de la clause de la nation la plus favorisée (*cf. infra*) pratiquent entre leurs participants des transactions encore plus libres d'entraves que cela n'est le cas au sein de l'OMC.

Des conditions aussi progressivement et durablement transformées par rapport à ce qu'était le protectionnisme des années 1930 ne peuvent pas disparaître en quelques années (d'autant moins que le taux d'ouverture des économies est, précisément en raison de ces évolutions, en général élevé, de 46 %, par exemple, pour l'Allemagne, 26 % pour la France et 12 % pour les États-Unis), si bien qu'elles restent, certes dans une mesure peut-être fragilisée (*cf. infra*), au fondement des relations économiques internationales.

Des signes de fragilisation, si ce n'est du modèle du libre-échange lui-même, du moins de sa capacité d'entraînement lors de négociations internationales, commencent néanmoins à apparaître dans la décennie suivante. Le cycle de Doha, lancé en 2001, est suspendu en 2006 et, ayant repris son cours deux ans plus tard à un rythme hésitant (quelques engagements cependant, tels que le « paquet de Bali » en 2013[1]), n'est jamais parvenu à des avancées comparables à celles des périodes antérieures. Les trois principaux sujets en discussion, l'agriculture, la propriété intellectuelle et un meilleur accès des pays en développement aux marchés occidentaux, étaient il est vrai déjà reconnus comme des pierres d'achoppement, renvoyant à des sujets délicats tels que le niveau de vie des agriculteurs européens et américains, la protection des brevets des médicaments, et les prix de vente artificiellement bas offerts par des États pauvres ou émergents dont les salariés sont presque dépourvus de protection sociale.

Ces limites que paraît rencontrer le dynamisme propre du modèle libre-échangiste coïncident avec la montée d'un mouvement altermondialiste illustré par la fondation de l'association ATTAC en 1998 et la perturbation du sommet de l'OMC à Seattle un an plus tard. L'altermondialisme soutient (en contradiction avec la théorie des coûts comparés de

1. Organisant notamment des progrès dans le domaine du PDD (programme de Doha pour le développement), du commerce électronique ou encore instaurant l'AFE (accord de facilitation des échanges consistant en des mesures techniques d'accélération des formalités douanières).

l'économiste anglais du XIXe siècle David Ricardo) que le commerce international effectué dans des conditions de liberté des échanges ruine les économies les plus pauvres.

Ce préjugé anti-libéral est un des crédos qui traverse depuis le début des années 2000 les partis et courants populistes dans l'ensemble du monde occidental. Il se traduit en paroles par un appel au retour du protectionnisme et en actes notamment par la série de décisions prises ces deux dernières années par le président Trump Désengagement étatsunien en janvier 2017 (et maintenu pour l'instant par le président Biden) du **traité trans-pacifique** (représentant environ 25 % du commerce mondial et signé par B. Obama en 2016), taxes supplémentaires sur les importations chinoises d'acier et d'aluminium, augmentation de la protection des droits d'auteur et de certains brevets, augmentation du « contenu nord-américain » des véhicules automobiles, dans le cadre de l'AEUMC[1] succédant à l'ALENA, refus de condamner le protectionnisme lors du **sommet du G20 de mars 2017 à Baden-Baden** et modification en ce sens du communiqué final, en contradiction avec les positions de toutes les réunions du G20 depuis 2008… Symptômes inquiétants car il s'agit parallèlement d'un refus du multilatéralisme et de la culture du compromis qui le présuppose et en découle, mais symptômes pour l'instant instables et paraissant fortement liés aux volte-face quelque peu erratiques d'un président imprévisible et de son successeur hésitant…

Toutes sortes de protections sont d'ailleurs licites dans le cadre du libre-échange (une fraction significative des 500 affaires que l'ORD[2] a connues à ce jour concernent précisément la mise en œuvre d'une protection), sans nécessité d'abandonner ce dernier pour se référer à un modèle protectionniste. La protection contre la concurrence déloyale (en raison de prix de dumping ou du bénéfice de subventions publiques accordées à une industrie ou une entreprise exportatrice) est naturellement prévue par l'OMC, sauf exceptions visant justement à assurer le devenir d'industries encore balbutiantes au sein des pays pauvres (*cf.* la « clause d'habilitation » de l'OMC) et qu'illustre par exemple l'accord multifibres sur le textile au début des années 1970.

Plus généralement, tous les accords de l'OMC comprennent **des dispositions spéciales en faveur des pays en développement,** prévoyant notamment un aménagement des délais de mise en œuvre des engagements, une assistance à l'application des normes techniques et diverses exonérations ; certaines clauses particulières autorisent l'attribution de subventions publiques normalement interdites par les principes du libre-échange et les règles générales de l'OMC. Ces mêmes règles n'ont pas non plus empêché qu'aient été prises, en réponse à un besoin de protection particulier né de la déstabilisation des économies consécutive à la crise des « subprimes », plus de 3 000 mesures de restriction du commerce international depuis novembre 2008, dont environ 2 000 sont encore en vigueur à ce jour.

De même une dérogation par rapport à la **clause de la nation la plus favorisée**, prévue elle aussi par le traité instituant l'OMC et reprenant l'article 24 du GATT, aboutit, en permettant la création de zones régionales de libre-échange, protégées par des barrières plus élevées à l'extérieur qu'à l'intérieur de la zone, à renforcer globalement le libre-échange, puisque plus de 240 accords régionaux ont été ainsi conclus depuis le début des années 1990.

Le climat pessimiste qui domine les réflexions sur l'avenir du commerce international libre-échangiste, lié au piétinement (malgré les intentions proclamées du président Biden)

1. Qui cependant libéralise le commerce de quelques productions agricoles dont le lait.
2. L'organe de règlement des différends de l'OMC.

des négociations sur le **traité de libre-échange transatlantique (TTIP)** démarrées il y a plus de cinq ans et au caractère provisoire et réversible du CETA (accord économique et commercial global entre l'Union européenne et le Canada) ne saurait masquer la place éminente que continuent d'occuper la théorie et la pratique du libre-échange. **Aucune négociation internationale opérant une remontée générale coordonnée et concertée des barrières douanières n'est à l'ordre du jour**, ni envisagée d'aucune façon même dans un futur plus moins lointain.

Si l'on excepte le cycle de provocations et de rétorsions qui semble s'être renforcé entre la Chine et les États-Unis depuis l'accession de D. Trump au pouvoir (le président Biden n'ayant guère confirmé jusqu'à présent par ses actions l'attitude pro-chinoise qui lui avait été parfois prêtée), les mesures de protections atypiques sur quelques secteurs (automobile, acier, aluminium, textile, habillement, chaussure…) et les faibles progrès enregistrés sur le plan du commerce agricole, le monde continue de s'inscrire dans une logique internationale de libre-échange, dont les aspects déloyaux eux-mêmes ont vocation à trouver des remèdes dans une pratique plus rigoureusement encadrée des règles du libre-échange plutôt que dans un cadre alternatif protectionniste. **Le risque relatif à l'avènement d'un tel cadre pèse cependant sur les perspectives de l'économie mondiales et donc également françaises**.

b. Des équilibres macro-économiques internes fragiles.

Un retour de la croissance problématique

En 2019 le PIB de la France n'a atteint qu'une croissance de 1,3 %, soit un niveau légèrement supérieur à la moyenne de la zone euro (1,2 %) mais assez nettement inférieur à la moyenne des pays avancés (1,7 %)[1]. Notre pays avait cependant bénéficié au début de la présidence d'Emmanuel Macron d'une nette amélioration de la croissance mondiale, qui était passée d'un rythme de 2,2 % en 2016 (plus faible taux depuis la récession de 2009) à 4 % en 2017. D'autre part les mesures incitatives (*cf.* chapitre 12) se multipliaient pour libérer l'initiative économique. En termes de comparaison avec l'Allemagne, certes, le rythme moyen de la croissance annuelle était plus rapide en France sur la période 2000-2010 (1,5 % en France, 1,1 % en Allemagne), mais ensuite le phénomène s'inversait et la croissance allemande a dominé la française jusqu'en 2016.

Il semble donc que l'économie française ait été au rendez-vous de la croissance mondiale en 2017, mais sur des **bases fragiles qui ne lui ont pas permis de démarrer un cycle durablement expansionniste**. Ainsi le rythme de croissance mondiale ne perdait entre 2017 et 2019 que moins de 28 % (de 4 % à 2,9 %) de son intensité tandis que durant la même période il s'agissait d'une perte de 40 % pour cette valeur en France (de 2,2 % à 1,3 %). Le retournement de la conjoncture mondiale en 2018 frappait donc la France 42 % plus fort que l'ensemble des économies dans le monde.

On peut donc conjecturer que la France des années 2020 n'a pas encore retrouvé le chemin d'une croissance forte et durable et subit encore trop les chocs de croissance mondiale, malgré les réformes structurelles engagées et malgré l'assainissement financier en cours. Il est difficile de trancher entre l'hypothèse d'une insuffisance de réformes structurelles (seuls l'abaissement du coût du travail et la simplification du code du travail répondraient

1. La source de ces chiffres est la publication du FMI « Perspectives de l'économie mondiale » de janvier 2020.

véritablement à ce critère après plus de quatre ans de présidence Macron) et l'insuffisance du rythme de désendettement du pays, le financement de la dette continuant de prélever trop de ressources sur l'économie (avant même de prendre en compte le besoin de financement causé par crise sanitaire) et pénalisant l'investissement.

Un redressement des finances publiques à peine amorcé

- Une inertie importante à cause des composantes structurelles de la dette

Il a déjà été fait allusion plus haut, au titre des paramètres structurels pesant défavorablement sur l'endettement, au phénomène d'auto-entretien de ce dernier en raison du fait que les intérêts eux-mêmes, en l'absence ou l'insuffisance d'un excédent primaire du solde des finances publiques, ont besoin d'être financés par l'emprunt. Selon les toutes dernières simulations présentées par la Cour de comptes dans son rapport de janvier 2019 sur la dette des entités publiques, une augmentation de 1 % des taux d'intérêt entraîne aujourd'hui un renchérissement du service de la dette d'environ 20 milliards d'euros à un horizon de dix ans. En raison notamment de ce phénomène, la Cour des comptes peut affirmer que « la dette publique française devrait rester élevée », s'agissant d'« une dette publique qui s'est autoalimentée depuis 2010 ». Ce mécanisme devrait en effet se faire sentir encore dans les prochaines années, d'autant plus la politique monétaire de la BCE ne pourra sans doute beaucoup plus longtemps rester déconnectée du **mouvement de remontée des taux directeurs** engagé en 2016 par la FED américaine (fin du « quantitative easing »). Le 4 septembre 2019, Christine Lagarde, à peine nommée à la présidence de la BCE[1], avait du reste annoncé un réexamen de la stratégie monétaire de la BCE, peu de temps il est vrai, avant que, finalement, la FED ne renoue d'elle-même, dans le cadre de gestion de la crise du coronavirus, avec le « quantitative easing » à travers notamment l'abaissement des taux directeurs américains à zéro en mars 2020.

Autre élément structurel : une forme spécifiquement française de culture de la dette et de dépendance à la dépense publique de l'ensemble des acteurs économiques et sociaux.

Compte tenu du poids très élevé en France de la dépense publique dans le PIB (1er rang au sein de l'Union européenne pour le niveau des prélèvements obligatoires, *cf.* aussi chapitre 1), **les réorientations ne peuvent en effet s'effectuer que très lentement**, avec peu de chances de briser des habitudes solidement installées en matière d'aide, de subvention et d'intervention publique de toute nature. Tout au plus a-t-on pu envisager un gel, comme celui décidé en 2017 par le gouvernement Philippe, après d'autres tentatives du même ordre (une d'entre elles initiée par exemple par le gouvernement Fillon en 2010), mais non une baisse des postes clés de dépenses (contrairement à celles intervenues par exemple aux Pays-Bas dans les années 80, en Espagne en 2010 et 2012, en Grèce à partir de 2010 touchant la rémunération des fonctionnaires). Il faut observer à cet égard que le plan d'économies de 50 milliards d'euros[2] adopté par la France en 2014 ne correspond pas véritablement à un changement de logique, puisque c'est par rapport à une progression tendancielle

1. Elle était dans la phase d'audition par le Parlement européen.
2. Il se décompose de la manière suivante : 18 Mds€ sur l'État et ses agences (économies sur la fonction achats, sur l'informatique, modération salariale…), 11 Mds€ sur les collectivités locales (économies attendues de la réforme territoriale et rationalisations diverses) ; 10 Mds€ sur l'assurance maladie (développement de la chirurgie ambulatoire, intensification du parcours de soins…), 11 Mds€ sur la protection sociale (réformes des retraites et de la politique familiale…).

hypothétique (non une diminution brute du chiffre actuel des dépenses) que les économies étaient appréciées.

À la première occasion, la **dépendance à la dépense publique** est donc susceptible en France de se révéler et de renaître, balayant les engagements précédemment conclus ; on a assisté récemment à l'un de ces épisodes lorsque le Gouvernement a débloqué 10 milliards d'euros de prestations ou de revalorisations à vocation sociale pour essayer d'apaiser les leaders du mouvement « Gilet jaune », alors même que l'exécutif était en train d'essayer de consolider une spirale baissière de la dépense à travers en particulier le moindre financement des contrats de travail aidés (*cf.* chapitre 12).

D'ailleurs les autres pays à fort endettement (qui ne sont pas toujours ceux à fortes dépenses publiques, comme le montrent l'Espagne et le Portugal – mais l'inertie de ces dépenses, comme en France, aggrave fatalement le problème) mettent un temps raisonnablement (ou déraisonnablement) long à faire baisser cette variable. Ainsi, en deux ans, entre 2015 et 2017, la dette de la Grèce en pourcentage du PIB n'a reculé que de 181 à 179, celle de la Belgique de 106 à 103, celle de l'Espagne de 99 à 98, celle du Portugal de 130 à 126 tandis que celle de l'Italie est restée stationnaire à 132.

- Des hypothèses de redressement fragiles, avant même la **crise du coronavirus**

L'amélioration du ratio dette publique /PIB repose bien entendu sur une évolution favorable à la fois du numérateur et du dénominateur de ce ratio.

Or la valeur retenue pour la croissance du PIB par l'exercice de projection de nos finances publiques jusqu'en 2022 (1,4 % par an) était supérieure à la croissance potentielle (estimée entre 1,25 % et 1,35 %), ce qui est un choix de prévision atypique et peut-être imprudent, comme le relevait d'ailleurs la Cour des comptes.

Bien sûr, beaucoup est fait (*cf. supra*) pour libérer cette croissance potentielle, mais pour l'instant l'effet de stimulation recherché reste à observer, la croissance française, modeste et revenue après 2017 à nettement moins de 2 %, ayant, comme on l'a déjà dit, manifestement surtout bénéficié ces dernières années d'une reprise de l'économie internationale (aujourd'hui moins assurée du fait notamment de l'érosion légère de la croissance aux États-Unis, que n'a pas enrayée l'élection du président Biden, et des incertitudes relatives, d'une part, à la capacité à endiguer les tentations protectionnistes et, d'autre part, à la mise en œuvre concrète du Brexit, sans même évoquer le choc économique de la COVID).

Quant à la **crédibilité des efforts de maîtrise** de la dépense publique, la Cour des comptes ne pouvait s'empêcher de remarquer qu'« en tout état de cause, l'effort cumulé requis pour ramener la dette publique française à 60 % du PIB en 2032 représenterait ainsi 4,9 points de PIB sur les années 2020-2024, soit une amélioration du solde primaire structurel d'un point de PIB par an, que la France, historiquement, n'a jamais atteint. » À l'horizon plus limité du quinquennat la baisse de deux points envisagée était certes plus modeste, mais elle reposait non seulement sur une hypothèse de croissance peut-être injustifiée, comme évoqué aux paragraphes précédents, mais aussi sur la poursuite d'une stabilisation des dépenses publiques en volume dans un contexte pourtant non apaisé d'insatisfactions et de revendications sociales et alors même que le pouvoir était tenu par sa promesse de diminution de la pression fiscale à partir de 2020 (extension à tous les Français de la suppression de la taxe d'habitation pour la résidence principale, fixation à 25 % du taux de l'impôt sur les sociétés, baisse de 5 milliards d'euros de l'impôt sur le revenu…).

Au total, on peut donc affirmer que ces dernières années la France s'est attaquée avec une détermination évidente au problème que constitue sa dette publique et que si les prévisions du Gouvernement sont correctes, en l'absence notamment de nouveaux cas d'urgence sociale venant bouleverser sa ligne de conduite, notre ratio d'endettement pourrait (si l'on parvient à isoler le déficit dû à la crise sanitaire), pour la première fois depuis des décennies reculer de quelques points (un ou deux) ces prochaines années.

Cependant la plupart des équipes s'étant succédé au pouvoir depuis 2003, date de la première procédure[1] en déficit excessif dirigée contre la France par la Commission de l'Union européenne, ont, de fait, placé l'objectif de réduction de la dette au rang des toutes premières priorités de l'action gouvernementale. Pourtant ces initiatives se sont soldées par des échecs, tant la France et ses forces économiques et sociales **paraissent avoir intériorisé une culture de la dette**. Avant même les désastres financiers occasionnés par le coronavirus, un nouvel échec ne pouvait donc être écarté avec certitude.

c. Les conséquences dramatiques de la COVID-19

Après mars 2020 et le confinement de la société et de l'économie, ce qui vient d'être décrit se trouve bouleversé et correspond soit à des tendances momentanément interrompues, qui reprendront sans perturbation durable, soit, plus vraisemblablement à un état rétrospectivement relativement satisfaisant et stable de l'économie, en comparaison avec la période qui s'ouvre.

Celle-ci, même dans des prévisions relativement optimistes, telles que celles du CAE (Conseil d'analyse économique) dans sa note de juillet 2020, devait présenter des aspects très sombres en termes :

- de destruction de richesses sans précédent : le ministre de l'économie et des finances Bruno Le Maire, annonçait en juin 2020 une récession record de 11 % de l'économie française pour l'année en cours ;
- d'injection, non sans risques, de liquidités dans l'économie (à travers le plan français de soutien – en trois tranches – totalisant 460 milliards d'euros, dont une partie sous forme de PGE[2], et le plan de l'Union européenne composé[3] de 390 milliards d'euros explicitement remboursables par l'impôt mais aussi de 360 milliards d'emprunts collectifs de l'UE auprès du marché obligataire international), susceptibles d'être inflationnistes[4] et, par ailleurs, de provoquer des distorsions dans la structure de production en faveur d'investissements ou d'entreprises non rentables, et qui ne l'étaient déjà pas avant l'apparition de la COVID-19. Une partie de ces liquidités additionnelles sera remboursée à court ou moyen terme ce qui reviendra à un prélèvement opéré sur des entreprises bénéficiaires et transféré vers des entreprises déficitaires ;
- de parcours d'emplois déstabilisés malgré les mesures de soutien (la mise en place d'un chômage partiel indemnisé à 84 % et un nouveau plan de soutien de l'emploi des jeunes

1. Une seconde ayant été enclenchée en 2009 ; les deux clôturées depuis.
2. Prêts garantis par l'État.
3. Après avoir surmonté les réticences des États dits « frugaux » du Nord de l'Europe.
4. *Cf.* notamment les articles de l'économiste libéral Pascal Salin dans *Le Monde* et *Le Figaro*, parus au printemps 2020.

d'un montant de 6,5 milliards d'euros consacré entre autres au financement de 100 000 places supplémentaires en service civique) ;

- de finances publiques fortement dégradées, avec une dette supplémentaire de 20 points de PIB, selon la Cour des comptes.[1]

Encore faut-il préciser que ces effets étaient projetés grâce au CAE sur une base optimiste d'un impact direct de –2,5% seulement sur l'activité, dû également aux restrictions liées à la période de déconfinement amorcée le 11 mai 2020. Il était logique de penser que les contraintes sur certaines activités et comportements entraînant une baisse considérable de fréquentation de lieux de loisir et d'agrément tels que les restaurants, les cinémas et les villes touristiques et de villégiature, induiraient en réalité davantage de pertes d'activité…

Finalement, grâce à une forte reprise économique au troisième trimestre de 2020 (+ 18 % sur le trimestre précédent), le bilan de l'année en termes de croissance du PIB et de déficit des finances publiques est légèrement moins sombre qu'attendu : respectivement – 7,9 % et – 9,1 % au lieu de – 11 % et – 11 %.

Cependant, lorsque l'on considérait les différents scénarios qui avaient été publiés pour tenter d'éclairer les 12 ou 24 prochains mois sur le plan économique, on ne pouvait manquer d'être frappé par la grande faculté qu'ils attribuaient à la France de sortir à la fois rapidement et énergiquement de la récession, comme si les acteurs économiques allaient sans obstacle ni hésitation libérer à la fois la consommation, la production et l'investissement qui avaient été contenus par l'arrêt de l'économie que le coronavirus avait contraint le Gouvernement à décider.

En effet la reprise de la croissance en 2021 était prévue pour s'inscrire pour notre pays dans une fourchette comprise entre 2,6 % – pour le CAE[2] en juillet 2020 – et 7,4 % – pour la Banque de France en septembre 2020 –, les prévisions moins extrêmes du FMI, à 7,3 %, en juin 2020 et du Gouvernement, à 6 %, au début de novembre 2020 méritant également d'être signalées.

Le principe de ces scénarios était que plus la récession aurait été forte en 2020, plus la reprise le serait également. Ainsi, rappelons que le Gouvernement avait prévu pour 2020 une décroissance de 11 %, la Banque de France 8,7 %, l'INSEE 9,5 % en novembre 2020. Le rebond de l'économie française semblait donc grossièrement proportionnel au choc subi, tout au moins selon les principaux scénarios prospectifs.

La Cour des comptes avait d'ailleurs baptisé, dans cette logique de rebond (à laquelle la Cour ne paraît du reste souscrire qu'à moitié), son scénario le plus optimiste « scénario de rattrapage », alors qu'elle qualifiait son scénario réaliste de « scénario de perte limitée », dans lequel l'économie française ne parvenait que très lentement à revenir à son niveau antérieur, son expansion étant limitée entre autres par le poids d'une dette publique se maintenant très durablement (jusqu'en 2030) à 115 % du PIB.

Cette approche « mécaniste » (l'économie étant considérée telle un ressort qui aurait été accidentellement faussé par une force extérieure et qui tendrait de lui-même à revenir à sa position initiale) a sa légitimité car contrairement à la plupart des récessions passées,

1. Dans un rapport de juin 2020.
2. Conseil d'analyse économique, placé auprès du Premier ministre.

celle de 2020 ne correspond pas à un retournement du cycle conjoncturel reposant sur des faiblesses internes à l'économie mais provient d'un élément totalement exogène qui, de surcroît, ne déstabilise la production et les échanges économiques que parce que les gouvernants imposent cette déstabilisation, au nom d'un intérêt général supérieur incarné (sans doute à raison) par les considérations sanitaires.

Cependant, le diagnostic des pouvoirs publics est en fait plus nuancé, le « rebond » risquant d'autant plus de ne pas se traduire par un simple retour à l'équilibre économique antérieur, qu'il est aujourd'hui considéré comme potentiellement moins dynamique et davantage miné par la menace inflationniste :

- prudence des prévisions au PLF 2022 : si le ratio dette/PIB parvient à entamer sa lente amélioration dès 2022 (contrairement à l'approche beaucoup plus pessimiste, présentée *supra,* de la Cour des comptes) et si le déficit des finances publiques rapporté au PIB diminue rapidement (de 8,3 % à 4,8 %), le taux de croissance prévu, de 4,5 % après 6 % (voire presque 7 % selon la Banque de France) attendu en 2021, ne correspond à un plein rebond qu'en deux ans[1] et traduit la préoccupation des dégâts structurels causés par la crise sanitaire. Ce taux prudent anticipe également les difficultés d'ajustement, notamment des PME et TPE, à la mise en extinction des dispositifs de soutien et à l'abandon de la doctrine présidentielle du « quoi qu'il en coûte ». Ainsi la seconde vague de l'épidémie et le confinement qui en est résulté se sont traduits par l'alourdissement (en octobre 2020) des fonds et des crédits dédiés à la compensation des pertes de revenus des actifs et des entreprises : création d'un fonds de solidarité au profit des très petites entreprises doté de 11 milliards d'euros, exonération des cotisations sociales versées par les PME des secteurs touchés par les interdictions et restrictions d'activité, pour un total passant de 5 à 8 milliards d'euros, dispositif d'activité partielle crédité de 3 milliards supplémentaires (de 31 à 34 milliards d'euros)… Ces dépenses représentent les utilisations d'un plan d'urgence doté au total d'environ 100 milliards d'euros. Mais le PLF pour 2022 ne prévoit pas la prolongation de celui-ci ;
- risque inflationniste : malgré la très grande probabilité du remboursement de la dette née du coronavirus, certains observateurs, tels les économistes Pascal Salin (comme déjà indiqué, dans un article paru dans *Le Monde* en mars 2020) ou Charles Goodhart, pointent le risque inflationniste lié au gonflement même temporaire de la masse monétaire organisé à l'initiative de la BCE et de la FED (cf. *supra*). Goodhart en particulier (*cf.* la note de la BCE parue en novembre 2020) estimait que seul le ralentissement de la vitesse de circulation de la monnaie, dû à la rareté des occasions de dépenses durant les différents confinements nationaux, avait pour un temps permis le blocage ou plutôt l'occultation d'une sur-inflation. Cette dernière est aujourd'hui bien une réalité observable (mise peut-être un peu trop complaisamment sur le compte du prix des seules matières premières) : 6 % en rythme annuel aux États-Unis, 5 % en Allemagne…

1. Soit un an de croissance (au rythme d'avant-crise) perdue.

L'État et le numérique

Dès 2010 l'économie numérique, avec une valeur ajoutée estimée à l'époque à 72 milliards d'euros, pesait davantage que des secteurs clés de l'économie française tels que l'énergie, les transports ou l'agriculture. Selon une étude de 2011 de McKinsey, la contribution de la filière Internet représentait un quart de la croissance française en 2010 et cette filière avait créé 700 000 emplois nets en quinze ans, ce qui équivaut à un quart des créations nettes d'emplois en France sur cette période.

Le numérique n'a cessé depuis de prendre de la valeur et de l'importance. Pour l'État, ce développement suscite les six thèmes de réflexion et champs de décision suivants :

1. Tenter d'appliquer le droit

Les perspectives fragiles de l'Hadopi

Garant de l'ordre public, l'État se doit de faire respecter le droit d'auteur, quand bien même le support qui reçoit les créations intellectuelles devient, avec internet, virtuel.

La loi du 12 juin 2009, favorisant la diffusion et la protection de la création sur internet, dite « Hadopi 1 », est complétée par la loi, dite « Hadopi 2 », adoptée le 21 septembre 2009.

La loi « Hadopi 1 » avait pour objectifs, notamment de :

- créer une autorité publique indépendante, la Haute Autorité pour la diffusion des œuvres et la protection des droits sur internet (Hadopi), autorité qui a été effectivement installée en octobre 2010 ;
- mettre en œuvre des sanctions contre le piratage des œuvres, selon la méthode de la « réponse graduée » : un mail d'avertissement en guise de premier rappel à la loi, puis un courrier d'avertissement par lettre recommandée, et la coupure de la connexion internet en dernier ressort (coupure aujourd'hui interdite par la loi).

Cependant, la censure du Conseil constitutionnel, le 10 juin 2009, a interdit cette coupure, qui était prévue pour relever d'une simple mesure administrative, alors qu'on pouvait considérer qu'existait désormais un véritable droit inconditionnel à l'internet.

La loi Hadopi 2 a donc corrigé ce point en prévoyant le prononcé par un tribunal judiciaire, de la décision de coupure de la fourniture d'internet.

Toutefois, à la fin de 2014 l'Hadopi avait envoyé plus de 3,3 millions premiers avertissements (concrétisés seulement par quelques dizaines d'amendes pour une centaine de dossiers transmis à la justice), alors qu'environ 50 000 adresses IP[1] de personnes en flagrant délit de téléchargement illégal étaient recensées quotidiennement. Il existait donc dès le départ un certain décalage entre les moyens de l'Hadopi (qui emploie 60 agents) et la réalité du piratage, Le rapport

1. IP = Internet Protocol. Numéro d'identification unique par lequel internet reconnaît chaque ordinateur connecté.

« Lescure[1] » remis au président de la République en mai 2013 recommandait donc la suppression de l'Hadopi et la proposition est depuis fréquemment avancée de fusionner l'Hadopi avec le CSA, afin de créer un ensemble doté d'une masse critique d'intervention, et capable de cohérence dans une régulation des contenus tous supports audio-visuels confondus.

Depuis, les enjeux liés à la protection du droit d'auteur ont sensiblement reculé dans la mesure où d'autres solutions se sont imposées, passant par le téléchargement libre, sur la base de contributions forfaitaires, soit des fournisseurs d'accès (qui les répercuteraient sur leurs clients), soit des internautes eux-mêmes.

Les difficultés du droit à l'oubli numérique

La directive européenne du 24 octobre 1995 sur la protection de la vie privée interdit aux responsables de fichiers de conserver des données personnelles au-delà de la période nécessaire à leur traitement. En France, ces dispositions ont été ajoutées à la loi informatique et libertés du 6 janvier 1978.

Cependant une ambiguïté subsiste sur le statut de l'IP. S'agit-il d'une donnée à caractère personnel au sens de ces textes ? Une proposition de loi, introduite au Sénat, le 8 novembre 2009 par Anne-Marie Escoffier et Yves Détraigne, mais restée lettre morte, visait à conférer explicitement ce statut, protecteur du point de vue des libertés individuelles, à l'IP, ainsi qu'à pouvoir « tracer » les données personnelles enregistrées sur un site. Le responsable de celui-ci devait être capable de justifier de l'origine des données, ce qui permettait de remonter au fichier d'origine.

En effet l'enjeu est d'éviter la circulation d'un site à un autre, de données personnelles que l'individu concerné ne souhaite pas forcément voir se propager.

Malgré ces précautions de traçabilité, la proposition des sénateurs risquait de se heurter à deux difficultés : la technique du copié-collé, difficile à contrer juridiquement, et le caractère universel et transfrontalier d'internet, de nombreux pays ne reconnaissant pas encore le droit à l'oubli numérique[2].

Du reste, l'étude annuelle du Conseil d'État, consacrée en 2014 au thème du « Numérique et des droits fondamentaux » insiste davantage sur la généralisation du droit au déréférencement, que sur un droit à l'oubli irréaliste. En effet, à la suite de l'arrêt « Google Spain » rendu le 13 mai 2014 par la CJUE et ayant vocation à permettre à tout intéressé d'obtenir l'effacement par le responsable d'un moteur de recherche de données le concernant, le droit ouvrira des possibilités

1. Pierre Lescure, ancien président-directeur général de Canalplus, actuel président du festival de Cannes.

2. . Sur un plan symétrique à l'oubli, le risque présenté par les algorithmes prédictifs exploitant le *big data* (aide à la décision en matière d'assurances par exemple, pouvant déboucher sur un refus de contrat en cas de profil prédictif anormalement risqué) doit être régulé notamment par un Administrateur général des données, en place au sein de l'État depuis janvier 2015.

analogues de déréférencement à l'encontre de toute plateforme (réseaux sociaux, sites de ventes ou d'enchères en ligne…).

2. Tenter de continuer à encadrer des activités, telles que les jeux, relevant de restrictions traditionnelles apportées par l'État

Pour encadrer et contrôler les jeux sur internet, la loi sur l'ouverture à la concurrence et la régulation du secteur des jeux d'argent et de hasard en ligne, promulguée le 13 mai 2010, a prévu la création d'une autorité administrative indépendante. L'Autorité de régulation des jeux en ligne (ARJEL) est donc chargée de la délivrance, sur la base du respect d'un cahier des charges, d'agréments payants aux opérateurs qui proposeront des paris sportifs, hippiques et des « jeux de cercle » comme le poker. Jusqu'à présent, seuls la Française des Jeux et le PMU étaient autorisés à proposer aux joueurs des paris sportifs ou hippiques en ligne.

L'enjeu de la mise en place d'une telle autorité concerne surtout la prévention du « jeu excessif ou pathologique ». Elle peut adresser des recommandations à ce sujet, voire limiter les offres commerciales incluant une gratification financière des joueurs. Elle peut également accéder au contenu des sites français des opérateurs afin de vérifier, par exemple, que chaque joueur dispose d'un compte ouvert par l'opérateur, et qu'il est majeur.

Un grand nombre d'opérateurs de ces jeux ont spontanément approché l'ARJEL pour obtenir l'agrément. La crainte de la prolifération de paris et de jeux en ligne illégaux au regard du droit français semble avoir été écartée, mais ce risque subsiste néanmoins en théorie, compte tenu de l'impossibilité pour les autorités françaises de réguler les sociétés gérant des sites web depuis l'étranger.

3. Améliorer son propre outil internet

Le nombre de personnes effectuant des démarches administratives et fiscales sur internet a quasiment doublé en cinq ans, passant de 12 millions de personnes en 2005 à 23 millions en 2010 et plus de 30 millions aujourd'hui (les seules **télédéclarations** de revenus ont passé de 3,7 millions en 2005 à plus 20 millions aujourd'hui).

Néanmoins, malgré ce succès, le « rapport Riester »[1] préconisait de diviser par dix le nombre de sites publics. Rien ne sert en effet de multiplier les points de contact avec les internautes, si le service apporté subséquemment par l'administration doit décevoir leurs attentes. Cette rationalisation des accès, malgré la mise en place généralisée de portails, reste à l'ordre du jour et fait partie des objectifs de simplification poursuivis dans le cadre d'AP 2022 (*cf.* chapitre 2).

Dès 2007 cependant, ces services étaient bien notés par diverses comparaisons internationales. Pour le Centre d'analyse stratégique « la France dispose d'une

1. Rapport sur l'« Amélioration de la relation numérique à l'usager » rédigé par le député de la majorité Franck Riester (février 2010).

offre administrative en ligne parmi les meilleures d'Europe, symbolisée par la déclaration d'impôts ».[1]

De même, répondant à une obligation européenne, l'ouverture aux citoyens des données publiques de l'administration (politique dite de l'« **open data** »), est effective depuis 2011 avec l'entrée en service progressive du site data.gouv.fr, qui s'est vu compléter au début de 2013 par un nouveau jeu de données. De la sorte, avec dès l'année 2014 13 000 jeux de données publiques en ligne, de larges domaines (sécurité, santé, vie économique, recherche) sont placés sous le signe de la transparence et d'une plus grande proximité avec la société civile. Cette évolution a été saluée en 2014 à la fois par l'ONU, qui a classé la France à la quatrième place mondiale pour l'administration numérique et par un organisme privé, *l'Open knowledge foundation*, qui place notre pays en troisième position de son Open data index.

4. Renforcer les capacités de l'économie française en direction du Big data[2] et de l'intelligence artificielle (IA)

La France dispose d'acquis et d'atouts considérables pour tirer parti de l'essor spectaculaire de l'économie du Big data :

- Forte culture scientifique (essentielle pour la mise au point des algorithmes au centre de la valorisation de données massives et non structurées du big data) en France, caractérisée par la place éminente au sein de l'enseignement supérieur et de la recherche de prestigieuses grandes écoles d'ingénieurs (X, Centrale…) et de « grands établissements » (CNRS, INRIA… et les autres EPST[3]).
- Capacité de créativité et d'innovation logicielles (Critéo[4], Ubisoft…) dans un contexte où cette capacité logicielle va probablement capter l'essentiel de la valeur ajoutée lorsqu'elle sera associée à une capacité matérielle (cas des objets connectés, des réseaux intelligents – smart grids), selon le modèle de la grande distribution (Wal Mart…) qui s'est approprié l'essentiel de la valeur ajoutée assise sur les biens de consommation courants, car c'est elle qui est au contact du consommateur final.
- Promotion de l'innovation de rupture dans le cadre du Grand plan d'investissement (GPI) dont la « construction de l'État numérique » (dotée de 9 milliards d'euros) est une des quatre priorités[5]. Il s'agira notamment de rendre

1. *Cf.* l'étude du Conseil d'analyse stratégique, « France 2025 », parue en 2010.
2. L'expression *big data* désigne à la fois cet amas de données et les méthodes, techniques, modèles économiques et algorithmes permettant de les exploiter en temps réel et de les valoriser économiquement.
3. Établissement public à caractère scientifique et technologique.
4. Spécialisée dans le ciblage publicitaire personnalisé.
5. Les trois autres sont : accélérer la transition écologique (20 milliards d'euros), édifier une société de compétences (15 milliards d'euros), ancrer la compétitivité sur l'innovation (13 milliards d'euros)

100 % des services publics dématérialisés et d'accélérer la numérisation du système de santé et de cohésion sociale.

- Création d'une labellisation publique « LaFrenchTech ».
- Adoption, en matière de protection des données personnelles, du concept d'« autodétermination informationnelle », plutôt que l'affirmation d'un droit de propriété et de véto sur les données, qui pourrait être destructeur du Big data. Initialement utilisée par la Cour constitutionnelle allemande en 1983, l'autodétermination informationnelle désigne le fait pour un individu de bénéficier d'un droit de regard sur les données à caractère personnel portant sur lui, mais non un droit de propriété des individus sur l'utilisation des données qu'ils génèrent.

Mais notre pays est exposé à des questions difficiles et à des défis qu'il n'a pas encore relevés :

- Les grands groupes français, certains longtemps restés dans l'orbite de l'État, ont-ils acquis la culture nécessaire au modèle économique de la « disruption » ?
- Les entreprises françaises parviendront-elles dans leur généralité à casser les modèles de production verticaux au profit de modèles horizontaux s'appuyant sur l'exploitation des milliards de données générées par les internautes, la participation collaborative bénévole et le crowdfunding ?
- Parviendront-elles à surmonter l'« effet réseau » qui en raison de rendements d'échelle croissants, tend à favoriser une forte concentration des acteurs de type GAFAM[1] ; le retard pris à cet égard par la France comme par d'autres États européens est important et peut-être irrattrapable.

Les premières initiatives des industriels français révèlent une forte dépendance à l'égard de partenaires étrangers qui détiennent la capacité logicielle (*cf.* Voyages-SNCF et l'américain Expedia, Veolia et IBM, Fnac et le canadien Kobo).

Encore plus que par ses modèles culturels, la France risque d'être handicapée par l'absence d'un système de financements pleinement adapté au capital-risque :

- Une fiscalité sur le capital parmi les plus lourdes des pays occidentaux (sauf en cas de conservation des actions par l'investisseur pendant cinq ans ou plus) et prenant en compte sous forme de niches nombreuses et complexes les besoins du capital-risque.
- Cette absence de schéma fiscal cohérent dédié au capital-risque rend difficile la structuration d'un secteur efficace de Business Angels.

En matière **d'intelligence artificielle (IA)**, le rapport de Cédric Villani publié en mars 2018 recommande d'investir dans quatre secteurs – transports, écologie, défense, santé –, mais le 1,5 milliard d'euros devant y être consacré au cours du quinquennat d'Emmanuel Macron résultent simplement de la réallocation de budgets existants. De plus l'utilisation de l'IA pour le profilage (*cf.* par exemple

1. Google, Apple, Facebook, Amazon, Microsoft.

le projet « Intelligence emploi » de Pôle emploi) est fortement limitée par les exigences du règlement général pour la protection des données (RGPD)[1] et l'incorporation de celui-ci dans la Loi « informatique et libertés » de 1978. Il faut retenir en effet que :

1) aucune décision produisant des effets juridiques à l'égard d'une personne ou l'affectant de manière significative ne peut être prise sur le seul fondement d'un traitement automatisé de données à caractère personnel, y compris le profilage, mais que,

2) il existe des exceptions prévues par ces deux textes, notamment si une loi nationale autorise ce traitement ou ce profilage en l'assortissant de mesures appropriées sauvegardant les droits, libertés et intérêts légitimes de cette personne. **L'autorisation du profilage (une des utilisations importantes de l'IA) est donc du niveau de la loi, ce qui en limitera ipso facto les débouchés et applications.**

5. Des questions inégalement résolues et demeurant problématiques : la neutralité de l'internet, la loyauté des plateformes, l'équité fiscale, la souveraineté numérique

La neutralité de l'internet correspond au traitement égal et à l'absence de discrimination :

- principalement entre les flux et les contenus qui circulent sur le réseau électronique, en termes notamment de la bande passante occupée, que les informations soient distrayantes ou sérieuses, que leurs créateurs aient telle ou telle autre nationalité, qu'elles soient critiques ou laudatives à l'égard de telle ou telle entreprise ou institution, qu'elles soient enfin populaires ou peu consultées ;
- secondairement, d'une part, selon les technologies d'accès utilisées et les navigateurs équipant les ordinateurs et les smartphones et, d'autre part, à travers des tarifs d'itinérance appropriés.

Si ces conditions de neutralité sont assurées vis-à-vis des fournisseurs d'accès français (Orange, SFR...) par la loi (loi pour une République numérique du 7/10/2016, renvoyant au règlement de l'Union européenne 2015/2120 du 25 novembre 2015 établissant des mesures relatives à l'accès à un internet ouvert), elles demeurent encore régulièrement accusées d'être inopérantes, au regard de la pression que les géants de l'internet (Google, Netflix...) seraient censés exercer sur ces mêmes fournisseurs d'accès.

La loyauté des plateformes (Amazon, Airbnb...) suppose principalement :

- la fourniture de toute l'information de nature à éclairer les conditions juridiques de la transaction et plus généralement les règles de fonctionnement de la plateforme ;
- l'absence de biais dans la présentation et l'ordre de présentation des offres qu'elle référence.

1. Règlement UE 2016/679 du 27 avril 2016.

Là aussi, la loi pour une République numérique garantit l'exercice de cette loyauté, mais elle peut être prise en défaut et les algorithmes de classement des offres sont régulièrement décriés à la fois pour leur absence de transparence et pour des favoritismes qu'ils seraient censés introduire au profit de certaines enseignes.

L'équité fiscale

En raison de la possibilité de dématérialisation totale offerte par l'économie numérique, une filiale physiquement implantée, avec très peu de personnel, dans un pays donné et imposée fiscalement au titre de cette implantation peut parfaitement afficher des profits dérisoires malgré des millions de clients et des milliards de transactions annuelles. L'essentiel des profits est en effet transféré vers la maison mère domiciliée dans un pays fiscalement avantageux (par exemple l'Irlande ou les Pays-Bas).

C'est la raison pour laquelle l'Union européenne propose depuis quelques années de taxer le chiffre d'affaires des entreprises géantes de l'internet sur la base de leur « **présence numérique** » dans le ou les pays où les opérations économiques sont effectivement réalisées, indépendamment du montage financier que l'entreprise établit pour déclarer son chiffre d'affaires et ses bénéfices dans un État à fiscalité plus favorable. À défaut de l'aboutissement complet de ce projet, la France (et la plupart des autres États de l'UE) en sont réduits à rechercher dans la structure anormale du compte d'exploitation de ces entreprises de la netéconomie (absence de charges fiscales) une infraction d'entrave à la concurrence. Aussi la France a-t-elle assigné en mars 2018, Google et Apple devant le Tribunal de commerce de Paris pour pratiques commerciales abusives[1].

La souveraineté numérique

Qu'il s'agisse des possibles influences russes sur la dernière campagne électorale américaine ou l'affaire Cambridge Analytica (fuite massive de données de Facebook), l'enjeu de la maîtrise des données a été abondamment illustré dans l'actualité récente.

Le président Macron a ainsi pu évoquer dans son discours du 26 septembre 2017 à la Sorbonne, que « la cinquième clé[2] de notre souveraineté passe par le numérique » … « aujourd'hui, ce continent du numérique n'a pas de normes ou, plus exactement, il a une loi, la loi du plus fort. C'est à l'Europe d'en définir le cadre de régulation pour ne pas subir de fait la loi du plus fort qui s'importe chez nous ».

---

1. Noter cependant en octobre 2019 l'adoption d'une loi autorisant le prélèvement d'une taxe de 3 % sur une fraction des revenus français issus des activités numériques, à savoir principalement les prestations de ciblage publicitaire et les prestations de mise en relation entre internautes effectuées par exemple par les places de marché. Sont donc exclus de cette taxe la fourniture directe de contenus numériques (vidéos, etc.), les services de stockage de données en ligne, de vente en ligne, et de publicité en ligne non ciblée.
2. Les quatre autres sont : la sécurité, la maîtrise des frontières, la politique étrangère, et l'écologie.

Le *privacy shield* en vigueur depuis le 1/8/2016 (accord[1] UE/États-Unis sur le transfert des données, chaque partie s'engageant sur le plus haut niveau de sécurité pour la conservation et le traitement des données privées, de sorte que celles-ci peuvent circuler entre elles sans inconvénient) constituait jusqu'à son invalidation en juillet 2020 par la CJUE un élément significatif de cette maîtrise des données. Cependant le concept même de souveraineté numérique est quelque peu contradictoire dans la mesure où on considère généralement que l'internet est avant tout un instrument d'émancipation individuelle ; les États souverains sont-ils alors les meilleurs garants de cette liberté et de la confidentialité des données personnelles qui doit l'accompagner ? Ne vaut-il pas mieux favoriser des solutions d'auto-régulation de l'internet par les utilisateurs eux-mêmes, à l'image du fonctionnement du *bitcoin* et des *bockchains* ?

6. les risques d'une « ubérisation » excessive de l'économie et de la société

La problématique de l'ubérisation est particulièrement nuancée et multi-dimensionnelle. L'analyse objective tend à s'opposer aux idées reçues.

En apparence le travailleur « uberisé » fait le sacrifice de ses droits sociaux. Cependant la réalité est plus complexe. Schématiquement, en effet, les salariés troquent librement un statut leur apportant une protection contre la maladie, le chômage, la vieillesse et les accidents du travail (cette dernière protection devant du reste, depuis la loi El-Khomri (*cf.* chapitre 12), être également offerte par « la plateforme, qui prend en charge la cotisation[2] »), cofinancée par leur entreprise, contre un statut de travailleur indépendant à travers lequel ils financent seuls leur protection sociale.

En ce sens ils échangent, au profit d'une situation qu'ils jugent globalement meilleure (sinon pourquoi procéder à cet échange ?), leurs droits sociaux salariaux contre un statut moins protégé. D'une certaine façon, il s'agit effectivement d'un sacrifice, au sens où on parlerait d'un investissement dans lequel on renonce à des satisfactions immédiates en termes de consommation, en faveur d'un gain futur plus important. Cependant quasiment tous les commentateurs présentent ce sacrifice sous les traits d'une victime sacrifiée (sur l'autel du profit capitaliste, ou de la mondialisation, ou d'« une jungle futuriste »[3], dans l'approche excessivement idéologique qui prévaut en général sur ce sujet) et non sous l'angle d'un calcul rationnel entrepris librement par le travailleur qui entend en bénéficier à terme. Lorsque ceux qui choisissent le statut de travailleur indépendant n'étaient pas précédemment salariés mais demandeurs d'emploi, les commentateurs ne parviennent guère à expliquer où se situait exactement le sacrifice, mais n'en ressassent pas moins la thématique de la victime sacrificielle.

1. Annulé par la CJUE le 15 juillet 2020.
2. Ainsi que la prise en charge de droits en matière de formation professionnelle et de VAE.
3. Libération du 26 février 2016, tribune collective.

Certes, à partir du moment où, pour prendre l'exemple d'Uber, cette entreprise n'est pas considérée par la loi Thévenoud[1], ni par le début de jurisprudence de la CJUE comme une simple plateforme de mise en relation, mais aussi comme une entreprise de transport de droit commun, il est clair que le modèle repose en partie sur l'externalisation des coûts sociaux. Mais est-ce un argument déterminant ? En théorie économique pure, on sait que c'est en réalité le salarié qui finance (par un salaire net moindre que celui qu'il pourrait recevoir) sa protection sociale, fournie en apparence par les cotisations de l'employeur ; le salarié sacrifie donc lui aussi une partie de sa rémunération car les obligations sociales qui pèsent sur l'employeur le poussent à le rémunérer par un salaire net dont le niveau est inférieur à sa productivité marginale (c'est le coût total, « chargé » ou « super-brut » qui est, en théorie économique pure, égal à la productivité marginale du salarié).

Finalement, en théorie, Uber tout comme une entreprise « classique » paient leurs affiliés ou salariés à leur productivité marginale, mais il s'agit d'un salaire net pour le prestataire indépendant d'Uber et d'un salaire brut pour le salarié « traditionnel ». Toujours sur le plan de la stricte théorie, le coût d'un employé est donc le même pour l'entreprise dans les deux configurations.

Cependant la réalité peut diverger avec la théorie, provisoirement certes mais durablement, ce qui valide l'argument de l'allégement par l'externalisation des charges sociales, en particulier compte tenu de l'existence possible d'un lien effectif de subordination (reconnu d'ailleurs par l'arrêt du 4 mars 2020 de la Cour de cassation) partant de l'opérateur de la plateforme et susceptible de contrecarrer voire d'anéantir la liberté d'action d'un travailleur « indépendant ».

Il est donc difficile à ce stade du raisonnement de conclure ce débat. Il faut donc introduire des considérations plus générales. Doit en effet être prise en compte la valeur de l'ubérisation pour la société dans son ensemble, c'est-à-dire une amélioration ou une augmentation du bien-être social obtenue par la couverture de besoins jusqu'alors non couverts par l'économie marchande ou par les pouvoirs publics.

Quelle est donc l'utilité sociale de l'ubérisation ?

Il y aurait bien sûr lieu de tenir compte des avantages pour la société au sens large de toute formule fondée sur des relations intégralement numériques : le coût marginal nul (ou presque) du fonctionnement de la plateforme et « l'effet réseau » qui rend la plateforme de plus en plus utile au fur et à mesure qu'elle est utilisée (selon un taux de progression exponentiel dont la démonstration est désormais banale).

Ceci lui permet cependant du même coup d'évincer ses concurrents et de dissuader de nouveaux entrants. L'utilité sociale représentée par la très grande efficacité de la plateforme se paie alors d'un risque d'entrave à la concurrence par abus de position dominante (Google s'est d'ailleurs vu infliger une amende de

1. Loi du 1er octobre 2014 relative aux taxis et aux voitures de transport avec chauffeur.

2,42 milliards d'euros pour « abus de position dominante » en juin 2017). Or les entraves à la concurrence constituent un cas de désutilité sociale, des ressources collectives devant être consacrées à la répression de l'entreprise ou du modèle hors la loi, tandis que le bien-être social apparaît détérioré par l'éviction illégitime des offres économiques concurrentes.

La question des limites à l'ubérisation est donc loin d'être tranchée et sera peut-être le premier enjeu social de demain.

Entraînement

Synthèse

Les points-clefs à ne surtout pas oublier

- Les État nationaux, au sein de la zone euro, ne peuvent plus qu'exercer une régulation très partielle, loin des idéaux du *policy mix*.
- L'instrument fiscal reste disponible : il peut réguler la consommation et l'épargne et favoriser la compétitivité des entreprises françaises.
- La crise des subprimes donne lieu à une réponse assez largement coopérative de la part de la communauté internationale, ce qui distingue radicalement cette crise de celle de 1929 et pourrait renforcer la crédibilité économique des États.

Les mots-clefs à retenir

- Concurrence
- Banque centrale européenne
- Récession
- Déficit budgétaire
- Ajustement structurel
- Dette
- Pacte budgétaire
- Subprimes
- Keynésianisme
- Relance
- Fiscalité
- *Policy mix*
- G20

Les sujets de concours possibles

- L'État sort-il renforcé de la crise économique et financière de 2008 ?
- L'État peut-il encore réguler l'économie ?
- S'il ne rétablit ni la situation de l'emploi, ni la croissance économique, quelle est la légitimité de l'État à intervenir dans l'économie ?
- Quel sens donnez-vous à l'expression : l'État au service de l'économie ?

À l'oral, comment répondre en deux ou trois phrases aux questions les plus plausibles

La mondialisation n'a-t-elle pas compromis la capacité de l'État à réguler l'économie ?

La mondialisation a certes entraîné une ouverture des économies qui rend une grande partie des flux économiques et financiers difficiles à maîtriser et même à prévoir par l'État. Néanmoins, l'interdépendance des économies tend à créer à la fois de l'incertitude et une impression d'influence indue des intérêts privés, et finalement, un besoin d'État. Celui-ci doit cependant veiller à assurer une régulation sur des bases réalistes, c'est-à-dire en jouant la carte de la coopération internationale, dans le cadre du G20 notamment.

Faut-il une réforme fiscale en France ?

Le constat lucide sur les particularités du système fiscal français a été formulé dès 2005 par Conseil d'analyse économique[1] (CAE) : taux de prélèvements obligatoires plus élevé de 5 points que dans les autres pays de la zone euro ; taux d'imposition élevés et assiettes d'imposition étroites en raison de la multitude de « niches » fiscales ; concentration de 90 % de l'impôt sur le revenu sur les 20 % de Français les plus riches. Dans ce contexte, nombreux experts préconisent une réforme fiscale, consistant à adopter un système fondé sur des assiettes fiscales larges et des taux d'imposition moyens et marginaux faibles. Le taux d'imposition modéré mettrait fin à l'attractivité exercée par les « niches » fiscales, facteurs d'inégalité devant l'impôt, et dissuaderait de procéder aux montages fiscaux très complexes ne présentant aucun avantage du point de vue de l'intérêt général et correspondant au contraire à une dilapidation de ressources d'énergie et de créativité.

La perte de la note AAA par la France en janvier 2012, dégradant sa qualité d'emprunteur sur les marchés financiers, est-elle grave ?

Pas nécessairement. Le triple A ne dispose que de la crédibilité que les circonstances lui prêtent. Le consensus sur la fiabilité des grandes agences de notation (S&P, Moody's, Fitch) est aujourd'hui fort, puisque celle-ci s'est progressivement confirmée sur parfois sept ou huit décennies, mais cette unanimité pourrait être un jour ébréchée par les mêmes milieux financiers. À cet égard, on sait que certaines évaluations rendues par S&P en 2007, juste avant la crise des subprimes, ont été mises en cause par la SEC (*securities and exchange commission*) américaine. Cette même agence s'est d'ailleurs également trompée dans les calculs l'ayant conduite à dégrader la note des États-Unis en 2011. La nouvelle dégradation légère de la note de la France par Fitch en mai 2020 ne doit donc pas être dramatisée.

Au fond, en quoi cela importe-t-il de ne pas laisser aux générations futures le paiement des déficits publics actuels ?

Cette charge, si l'on ne fait rien aujourd'hui, va devenir de plus en plus lourde à travers le mécanisme des intérêts composés. Dès maintenant le remboursement de la dette est l'un des deux premiers postes de dépenses budgétaires de l'État, ce qui signifie que d'importantes marges de manœuvre pour l'action de l'État sont de fait supprimées. Laisser ce fardeau aux générations futures conduit du coup à deux difficultés : un État obligé de réduire ses interventions au strict minimum dès aujourd'hui et une génération actuelle obligée de supporter l'infamie consistant à aggraver sciemment la situation de ses enfants.

Rien ne sera-t-il plus comme avant, en matière d'intervention économique de l'État, après la crise de la COVID-19 ?

Il est probablement prématuré de répondre dans ce sens. En effet, afin d'assurer une reprise économique la plus rapide possible, l'État a mis en œuvre des techniques éprouvées de stimulation de l'offre et de la demande, les mêmes en réalité que celles adoptées lors de la crise financière mondiale de 2008, mais plus massives en matière de soutien de l'emploi.

L'État s'est donc vu, conformément là encore à la tradition, comme un assureur de dernier ressort. La volonté exprimée par l'exécutif de relocaliser des pans industriels entiers en France, qui, elle, marquerait une rupture, ne s'est pas encore tout à fait traduite, en décembre 2021, par des mesures concrètes.

1. Son rapport est intitulé « Croissance équitable et concurrence fiscale ».

Conseils bibliographiques

- Jean-Marc Daniel, *La politique économique*, PUF, « Que sais-je ? », 2017.
- Étienne Barel, Christophe Beaux, Emmanuel Kesler et Olivier Sichel, *Économie politique contemporaine*, Armand Colin, 2007.
- Emmanuel Combe, *Précis d'économie*, PUF, 2019.

4 L'État et la justice

On trouvera dans ce chapitre une présentation des nombreuses réformes récentes menées par l'État dans le domaine de la justice et un rappel des principes qui régissent cette institution, la plus fondamentale de la République.

1 Enjeux et objectifs

Le rôle de l'État dans l'administration de la justice peut être aisément caractérisé par le contraste entre une apparence de division, créée par les nombreux débats et polémiques autour notamment des réformes intervenues fréquemment depuis une vingtaine d'années, et une réalité beaucoup plus consensuelle quant aux principales questions de fond, dans la mesure où un large accord règne non seulement sur les grands principes de la philosophie pénale, mais aussi sur les modalités de fonctionnement et les objectifs assignés par la Nation à sa justice.

En somme, les grands enjeux de la politique de la justice sont partagés par les citoyens et les grands courants d'opinion. Quels sont ces enjeux ?

a. Protéger la société

Il s'agit tout d'abord, pour le système judiciaire, de protéger la société des atteintes susceptibles d'être portées à ses symboles, ses institutions et surtout à ses membres, par des individus violant les normes érigées par le droit et les lois. La société se défend contre les attaques ou les menaces des individus dangereux notamment au moyen de l'institution judiciaire, qui autorise la poursuite des crimes et des délits. Cette défense ne saurait relever, dans un ordre social complexe, du seul individu ou de sa famille : on reviendrait alors aux origines de l'humanité, à travers la loi du Talion et son cycle de violence autoentretenue.

b. Punir les coupables

La deuxième fonction exercée par la justice est de punir. La faute de celui qui est coupable d'avoir violé les normes en vigueur ne peut se borner à être simplement constatée pour renvoyer ensuite l'agresseur et sa victime au *statu quo ante*. Après le crime doit venir le châtiment qui lui correspond. La société fait connaître sa désapprobation au coupable d'une action illicite non pas simplement en l'informant de sa condamnation mais en mettant celle-ci en œuvre pour qu'elle ne puisse pas être ignorée. Bien que les peines afflictives aient disparu de notre droit depuis le milieu du XIXe siècle[1], cette mise en œuvre, pour avoir un sens, ne peut pas ne pas représenter un événement (amende, incarcération…) désagréable et contraignant pour la personne reconnue coupable, en d'autres termes, une punition. On verra que ce vocable chargé d'un sens moral très fort ne correspond plus réellement à la

1. Toutefois, la condamnation à des travaux forcés (le « bagne »), certes non spécifiquement afflictive, mais comportant une dureté certaine de mise en œuvre, ne quitte notre droit pénal qu'en 1960.

philosophie pénale en vigueur aujourd'hui en France. Néanmoins, même dépourvu de l'opprobre moral qui lui a été très longtemps associé, l'acte de punir ne s'en impose pas moins à la société dans sa relation avec les délinquants, les criminels et les contrevenants simples.

c. Réinsérer le condamné

La justice poursuit également un troisième objectif, la réinsertion du condamné. Cet objectif est fondamental, d'autant plus qu'il constitue la différence majeure entre la fonction judiciaire telle qu'elle émerge de la Révolution française et notre système actuel. Beaucoup d'autres de ses caractéristiques majeures sont en revanche l'héritage direct de la Révolution, comme on le verra plus bas. L'objectif d'un plein retour à la société pour le condamné qui a purgé sa peine a été acquis et incorporé dans notre philosophie pénale au terme d'une évolution doctrinale relativement lente. Les phases qu'a traversées le monde judiciaire peuvent en effet être résumées par les trois doctrines qui se sont succédé entre 1830 et nos jours.

L'école néolibérale

S'inscrivant dans la vague de libéralisme politique qui prévaut à partir de la révolution de Juillet, l'école néolibérale, au-delà du combat contre l'arbitraire des peines, prône leur individualisation, préconise l'indulgence envers les crimes politiques, entend limiter l'usage de la prison au profit de la condamnation à des peines de travaux forcés, en vertu du slogan qu'elle proclame : « Améliorer l'homme par la terre et la terre par l'homme ». Cet idéal d'humanisme à l'égard du condamné se traduit sur le plan politique par l'adoption, respectivement en 1832 et 1848, de textes relatifs à l'invocation des circonstances atténuantes et à l'abolition de la peine de mort en matière politique.

L'école positiviste

Bien différente est la doctrine défendue à partir des années 1870 par l'école positiviste, dominée par les travaux du criminologue Cesare Lombroso, pour lequel on naît criminel et on ne fait alors que mettre en œuvre ce déterminisme qu'aucune manifestation d'opprobre social ne peut endiguer. Face à l'absence de responsabilité morale (car celle-ci suppose un libre arbitre absent par hypothèse chez un sujet déterminé par un terrain biologique criminogène), la peine ne saurait servir de châtiment, mais fait office de simple mesure de sûreté, moralement neutre. Comme toute pathologie, la pathologie criminelle relève de soins. Sous l'influence de cette école positiviste, les mineurs délinquants, à partir de 1912, se voient proposer des mesures éducatives plutôt que des peines infamantes.

Remarquons cependant que la théorie positiviste n'a pas toujours été optimiste sur la possibilité d'une remédiation. Ainsi, à partir de 1913 avec les thèses de Charles Goring, c'est la faible intelligence des criminels qui paraît constituer la cause majeure de leurs crimes. Théorie elle-même abandonnée dans les années 1930 au profit d'explications mettant l'accent sur une pluralité de troubles de la personnalité et de désordres mentaux (névroses, psychoses…) dont l'origine ne paraît pas relever d'un déterminisme simple.

L'école de la « défense sociale nouvelle »

Enfin, notre politique pénale actuelle, dominée par l'importance de la réinsertion et où l'individualisation des peines se double (depuis 1945 et encore davantage depuis la fin des années soixante) de la modulation de l'exécution de celles-ci, constitue à bien des égards l'application du programme de « l'école de défense sociale nouvelle » animée par le juriste Marc Ancel. Elle vise à effectuer une synthèse des valeurs humanistes de l'école libérale et de l'approche objective et clinique, déconnectée de jugements moraux sur le condamné, promue par les thèses positivistes, mais se distingue toutefois de ces dernières par le refus du déterminisme criminogène et, au contraire, par un franc optimisme quant aux possibilités d'une réinsertion sociale définitive.

d. Mettre fin au trouble au sein de la société

Enfin, quatrième objectif, le système judiciaire s'efforce de susciter la fin du trouble social engendré par le délit ou le crime. La justice, au-delà des peines concrètes qu'elle prononce, doit parvenir au résultat que le sentiment de justice règne à nouveau après que l'ordre social a été bouleversé par le viol de ses normes. Le système judiciaire doit provoquer le sentiment que justice est faite. Malgré le respect des procédures et des codes, malgré la certitude d'avoir condamné le vrai coupable, ce résultat n'est pas atteint à toutes les époques. Il est contingent aussi bien à l'état d'esprit d'une population qu'à la réalité des peines. Cependant, l'aspiration à une « justice juste » fait partie des considérations sur lesquelles doit reposer un bilan que les citoyens ont le droit de faire des institutions judiciaires (*cf.* 4).

Ce qui précède s'applique principalement aux rapports entre la société et le justiciable, c'est-à-dire à la justice pénale, dite aussi justice répressive. Lorsqu'il s'agit de trancher des litiges entre particuliers ou entre les particuliers et l'État, d'autres branches de la justice interviennent : la justice civile et la justice administrative notamment. Dans ces domaines, le rôle de la société se borne à faire respecter les décisions de justice qui ont réglé le différend financier, fait exécuter une promesse non tenue, ou fixé le montant de la réparation due par qui a été reconnu responsable d'un préjudice, et, en amont, à prêter son concours à l'organisation d'un procès, en vertu du principe selon lequel « tout litige doit trouver son juge ». Dans ces cas, d'autres enjeux apparaissent qu'il revient aux ouvrages spécialisés d'analyser.

2 Contenus et évolutions

Ainsi qu'on l'a déjà signalé, une grande partie des principes de fonctionnement de la justice en France date de la Révolution de 1789 et de la période napoléonienne. Ils prolongent le consensus national que l'on a évoqué à propos des enjeux fondamentaux de la justice.

a. Les grands principes de fonctionnement

Notre justice est inquisitoire

La méthode inquisitoire rompt avec la confrontation directe entre le plaignant et l'accusé (selon la méthode dite « accusatoire »), confrontation héritière du duel judiciaire (qui comportait des ordalies[1]) des institutions franques et exagérément fondée sur les témoignages de valeur parfois douteuse, au profit de l'orientation par un juge des échanges entre les parties et de la recherche de preuves. Cette rupture apparaît avec la grande ordonnance de 1670 sur la procédure criminelle, qui prévoit une instruction préparatoire fondée sur l'aveu (même sous la torture).

1. Administration de la preuve soumettant l'accusé à l'épreuve du feu ou de la noyade, entre autres.

Pourquoi l'appellation de justice « inquisitoire », qu'est-ce qu'un système judiciaire accusatoire ?

L'utilisation de l'adjectif **inquisitoire** naît de la méthode employée entre les XIIIe et XVIe siècles à l'occasion des procès de l'Inquisition, conduits de façon très directive par des clercs tenant directement leur mandat du pape (les inquisiteurs), membres d'ordres religieux et faisant office de juge. Un système inquisitoire désigne donc une institution où la plupart des mécanismes judiciaires sont déclenchés et/ou dirigés par le juge. Ainsi durant la phase d'instruction le magistrat instructeur ne se contente pas de recueillir les preuves rapportées par l'accusation et la défense et d'en apprécier la validité. Il doit prendre l'initiative de conduire l'enquête, assisté en cela par les services de police judiciaire, et découvrir et rassembler lui-même les preuves, à la charge comme à la décharge de la personne mise en examen ou sur le point de l'être. Durant le procès proprement dit, le juge peut, dans le cadre d'un système inquisitoire, décider d'expertises supplémentaires et de toutes mesures d'enquête complémentaire, propres à favoriser la manifestation de la vérité.

Le système judiciaire **accusatoire** est aujourd'hui caractéristique du monde anglo-saxon (et singulièrement des États-Unis, un peu moins du Royaume-Uni qui se rapproche depuis 1986 d'un système inquisitoire). Le juge y joue un rôle formel d'arbitre garant du respect des procédures conduisant au bon ordonnancement du procès et en particulier à un équilibre satisfaisant (« armes égales ») entre accusation et défense. Le juge, dans ce système, ne contribue pas directement à la manifestation de la vérité, celle-ci émanant d'une double instruction, réalisée à charge par le procureur et à décharge par les avocats de la défense souvent assistés de détectives privés.

Elle est rendue en public au nom du peuple français

La Révolution rompt ici tout lien avec ce qui pouvait rester après l'ordonnance de 1670 d'une justice personnelle du roi, dans toute sa dimension discrétionnaire et secrète. Quittant les références au « fait du prince », la justice devient l'instrument de la recherche de la vérité par le peuple français et elle reflète en principe sa conception de la juste sanction. Celle-ci n'offre pourtant pas une garantie d'objectivité en tant que telle, ainsi que l'ont montré, en 1793 et 1794 les terribles excès du Tribunal révolutionnaire, passé maître dans l'art de truquer un procès. Jusqu'à la période napoléonienne, le peuple sera également présent dans le cadre du jury populaire presque systématiquement prévu, même pour des affaires relativement mineures.

Elle est fondée sur l'individualisation des peines

Le code pénal de Napoléon (1810) en fixe simplement le plancher et le plafond, le juge pouvant tenir compte de circonstances particulières, le cas échéant atténuantes, et de la personnalité de l'accusé. Ce code confirme surtout la décision, prise à la Révolution, de formuler par avance les infractions punissables, apport fondamental qui sort la justice de l'arbitraire où elle se trouvait et donne à l'accusé un premier élément de certitude (même relative). Précisons que les textes révolutionnaires (code pénal de 1791 et code de Brumaire an IV), qui inscrivaient un principe d'automaticité du quantum de peine pour une infraction donnée (système dit des « peines fixes », préconisé dès 1764 par le grand juriste Cesare Beccaria dans son ouvrage *Des délits et des peines*), représentaient déjà un progrès par rapport à l'absence, sous l'Ancien Régime, de définition préalable des peines et des délits.

L'individualisation des peines – qui deviendra pleine et entière à partir de la suppression par le nouveau code pénal de 1994 de la notion de peine minimale – ne sera pourtant pas synonyme de clémence avant les années 1830, le code pénal de Napoléon comportant encore des peines telles que le carcan, l'amputation du poing, la marque au fer rouge… En effet, la cruauté délibérée de ces châtiments visait à dissuader les criminels en puissance, sans toujours y parvenir. Parallèlement, avant les années 1810 la prison est peu en usage ; d'où la confiance accordée aux vertus dissuasives des peines, comme moyens privilégiés de la mise hors d'état de nuire des hors-la-loi. Or, dès le milieu du XIXe siècle, cet objectif est atteint de plus en plus fréquemment par le recours à l'enfermement dans des établissements pénitentiaires[1].

Elle est fondée sur la séparation judiciaire/administratif

Le décret du 16 Fructidor an III qui dispose que « Défenses itératives sont faites aux tribunaux de connaître des actes d'administration, de quelque espèce qu'ils soient » visait à l'origine à protéger le principe de la séparation des pouvoirs (ici entre l'exécutif et le pouvoir judiciaire) nouvellement découvert, à la suite des Lumières, par les hommes de la Révolution.

En réalité ce décret va permettre l'émergence, sous l'autorité du Conseil d'État, d'une justice administrative indépendante de l'administration et souvent sévère avec elle. Bien que la France constitue à cet égard un cas dérogatoire au modèle anglo-saxon longtemps majoritaire (où l'administration peut se voir contester selon les procédures de droit commun), une mesure telle que la loi du 16 juillet 1980 soumettant l'administration au prononcé d'astreintes et d'intérêts moratoires par les juridictions administratives montre que le citoyen n'est pas désarmé face à l'administration. Le « passage en force » de celle-ci, légitime par principe sous la Révolution, ne bénéficie plus que d'une validité partielle et encadrée, qu'incarne par exemple le « privilège du préalable », bien connu en droit administratif.

Elle est rendue (dans les affaires les plus graves) avec l'intervention d'un jury populaire, à la majorité[2] et non à l'unanimité des voix

Cette unanimité, abandonnée progressivement en Grande-Bretagne après 1945, continue de s'appliquer aux États-Unis. On peut y voir une meilleure protection qu'en France de la personne accusée, mais l'absence d'une condamnation par un jury ne parvenant pas à atteindre cette unanimité, loin de laisser cet accusé quitte avec la justice, ouvre simplement au ministère public le droit à un nouveau jugement, autour d'un nouveau jury.

b. Les legs de la Révolution

Les principes (en dehors de la méthode inquisitoire) qu'on vient de passer en revue ont été forgés à la Révolution, qui a introduit également d'autres nouveautés. Outre la généralisation du droit d'appel, qui devient la règle, et l'abolition de la torture comme méthode

1. Qui comptent environ 40 000 détenus sous la Restauration et la Monarchie de Juillet.
2. De 8 sur 12 en première instance et de 10 sur 15 en appel.

d'obtention des aveux, il faut relever l'homogénéisation des juridictions. La Révolution met fin aux Parlements (déjà réduits à néant une première fois à l'époque du Chancelier de Louis XV, Maupéou) et surtout à l'enchevêtrement de dispositifs juridictionnels de l'Ancien Régime, où le roi pouvait à tout moment évoquer une affaire relevant des tribunaux seigneuriaux, des prévôtés, des bailliages et des présidiaux.

Une simplification

Ainsi, la période révolutionnaire apporte une simplification considérable dont le système actuel est largement redevable. La Révolution institue :

- sur le plan des tribunaux civils, un juge de paix par canton (qui deviendra en 1958 le juge d'instance) et une juridiction de district (qui deviendra en 1958 le TGI[1]) ;
- sur le plan des juridictions pénales, au niveau municipal, le tribunal de police (maintenu jusqu'à nos jours), au niveau cantonal, le tribunal correctionnel (également conservé dans le système actuel), au niveau départemental, le tribunal criminel (rebaptisé cour d'assises en 1811).

L'organisation des tribunaux criminels sous la Révolution et le rôle des juges de paix

Instituée sous la Révolution par l'Assemblée constituante, l'organisation des tribunaux criminels se caractérisait par une très grande complexité. Il existait un dédoublement du ministère public à travers les interventions distinctes de l'accusateur public et du commissaire du roi. Il existait également deux jurys : l'un d'accusation, l'autre de jugement. Les cours d'assises créées en 1811, tout en maintenant le rôle du jury populaire et le ressort territorial départemental, ont pu écarter ces complications, notamment grâce à l'institution, par le code d'instruction criminelle de 1808 (futur code de procédure pénale), du juge d'instruction.

Les juges de paix furent eux aussi mis en place aux débuts de la Révolution française par l'Assemblée constituante et chargés de trancher des petits litiges entre particuliers et de jouer également un rôle auxiliaire en matière criminelle. Ils étaient élus par des assemblées locales mais ce principe électif n'a pas été conservé par la nouvelle formule du juge d'instance. (L'élection cesse en fait dès 1802 de tenir lieu de désignation, cette dernière étant alors aux mains par l'exécutif).

Une consolidation

Ainsi, on peut interpréter les deux siècles qui séparent la Révolution française des années 2000 comme une longue phase de consolidation et d'adaptation des réformes effectuées entre la chute de l'Ancien Régime et celle de Napoléon.

Ces deux siècles ont été riches de modifications – par exemple, la loi du 5 juillet 1972 qui organise la responsabilité de l'État pour faute, pour fonctionnement défectueux du service

1. Tribunal de grande instance.

public de la justice, ou encore la révision constitutionnelle de 1993 qui impose le recueil de l'avis de la formation pertinente du Conseil supérieur de la magistrature[1] à l'occasion des événements (mutations, sanctions…) affectant le déroulement de la carrière des magistrats du parquet – mais ces transformations se sont appuyées sur les principes déjà acquis et les ont consolidés plutôt que remis en cause.

Les réformes novatrices des années 2000

La décennie suivante, entre 2000 et 2010, tout en n'enregistrant pas de bouleversement dans les principes de la justice, a cependant suscité à plusieurs reprises des réformes paraissant s'approcher de près des limites tracées par les constantes de notre système, voire, selon certains, jouer avec ces limites de manière inconsidérée.

Ces réformes, que n'ont pas épargnées les critiques portées par la majorité politique au pouvoir entre 2012 et 2017, sont les suivantes :

- **Les peines plancher destinées aux multirécidivistes**

Leur dispositif relève de la loi du 10 août 2007 qui instaure des peines minimales de l'ordre d'un tiers de la peine maximale encourue, dès la première récidive, pour les crimes et délits passibles d'au moins trois ans d'emprisonnement, sous réserve de la liberté d'appréciation du juge qui conserve la faculté de prononcer une peine inférieure, « par une décision spécialement motivée » qui tient compte des « circonstances de l'infraction, de la personnalité de son auteur ou de ses garanties d'insertion et de réinsertion ».

Ce pouvoir d'appréciation est toutefois réduit en cas de deuxième récidive relative à des faits graves : violences volontaires, agressions sexuelles… Le juge ne pourra alors prononcer une peine inférieure à la peine plancher que si le condamné présente des « garanties exceptionnelles d'insertion ou de réinsertion ».

À la suite de l'adoption de la loi du 14 mars 2011, dite « LOPPSI 2 »[2], des peines plancher pouvaient être prononcées contre les auteurs de violences aggravées dès le premier acte de violence, même en l'absence récidive.

Le Président Hollande, le Premier ministre et la garde des Sceaux avaient annoncé à plusieurs reprises depuis mai 2012 un projet de suppression de ces peines plancher, qui a été finalement accomplie par la loi du 15 août 2014. Ainsi les dispositions prévoyant des peines minimales en cas de récidive ou de délits violents sont supprimées, ainsi que le caractère automatique de la révocation des sursis en cas de nouvelle condamnation.

- **La réclusion à la perpétuité réelle pour les individus dangereux**

Son régime est défini par la loi du 25 février 2008 qui prévoit la possibilité du placement dans un « centre socio-médico-judiciaire de sûreté » des détenus considérés, à la fin de leur peine, comme encore particulièrement dangereux. Sont concernés les individus condamnés à une peine de 15 ans ou plus pour meurtre, assassinat, torture, acte de barbarie ou viol, qui pourront être, à l'issue de leur peine, placés dans un centre de rétention où ils se verront proposer une prise en charge sociale et médicale.

---

1. La révision constitutionnelle du 23 juillet 2008 prolonge cette tendance à l'autonomie du CSM en prévoyant notamment que le garde des Sceaux ne siège plus dans les instances du CSM se rapportant à la carrière des magistrats.
2. Loi d'orientation et de programmation pour la performance de la sécurité intérieure.

Cette « rétention de sûreté » est prononcée par la « commission pluridisciplinaire des mesures de sûreté » chargée d'évaluer le risque de dangerosité présenté par le condamné un an avant la fin de sa peine. La décision de rétention est valable un an et est réexaminée, s'il y a lieu, tous les ans.

Critiquée, entre autres, par Robert Badinter qui y a vu « La prison après la peine »[1], cette mesure comporte la possibilité effective d'une réclusion à la perpétuité réelle, qui peut être en effet lue comme une volte-face devant l'objectif traditionnel de la réinsertion du détenu au terme de sa peine. Cependant, il est également juste de préciser que le dispositif de la loi ménage l'éventualité de cette réinsertion, dès lors que disparaît, ou semble disparaître, la menace exercée par l'individu en question sur la société.

Malgré une volonté initiale contraire, la majorité socialiste au pouvoir entre 2012 et 2017 n'est finalement pas revenue sur cette mesure.

D'autres réformes récentes s'inscrivent davantage dans une volonté de continuité que de rupture

C'est le cas en particulier de :

- **L'amélioration des droits des victimes**

Les victimes d'infractions étaient déjà protégées dans le cadre de la loi du 15 juin 2000 qui imposait, entre autres, l'interdiction de publier leurs photographies, et permettait à leurs associations de défense de se constituer partie civile ; le droit des victimes reçoit une nouvelle promotion avec la loi du 25 février 2008[2].

Ce texte remplace le prononcé d'un non-lieu, en cas d'actes commis par un individu reconnu pénalement irresponsable, par une procédure d'audience publique qui constatera cette irresponsabilité, dans des formes rappelant celles d'un procès. À travers cette loi, la victime d'un déséquilibré non susceptible de réclusion criminelle ne sera pas pour autant privée d'un quasi-procès public, signifiant qu'elle a bien été reconnue dans sa dignité de victime par la société.

Une autre possibilité donnée aux victimes de mieux se faire entendre est l'extension de la recevabilité de l'action de groupe, c'est-à-dire la jonction de plusieurs affaires individuelles reposant sur des dommages communs et identiques, causés par un auteur unique. L'action introduite collectivement acquiert normalement plus de force et encourage des victimes, isolément trop faibles, à se faire connaître et à demander une réparation. D'abord mise en œuvre dans le cadre de la protection du consommateur au début des années 2000, l'action collective reçoit avec la loi de modernisation de la justice de 2016 (*cf. infra*) un cadre normatif général qui lui ouvre notamment la possibilité de s'engager sur le terrain des discriminations.

- **L'institution d'un juge des libertés et de la détention**

La volonté de mieux reconnaître et protéger les victimes trouve son pendant dans la tendance à attribuer davantage de garanties aux auteurs supposés d'infractions[3]. Ainsi la loi du 15 juin 2000 complète le dispositif de l'instruction par l'institution d'un juge des libertés et

1. *Le Monde*, 27 novembre 2007.
2. . La loi du 15 août 2014 complète cet ensemble protecteur, notamment en instaurant un nouveau dispositif d'indemnisation des victimes.
3. Au sens général tel que l'entend le code pénal : contraventions, délits et crimes.

de la détention (JLD), chargé d'examiner les demandes de mise en détention formulées par le juge d'instruction et soumettant donc cette décision grave à un encadrement procédural supplémentaire, bien que l'on constatât en pratique au début des années 2010 que la très grande majorité des décisions prises par les JLD allaient dans le sens souhaité par les juges d'instruction. À compter du 1er septembre 2017, le JLD, désormais nommé dans cette fonction par décret et non plus par le président de juridiction, bénéficie d'un statut complet et protecteur à l'instar du juge d'instruction et d'autres magistrats spécialisés.

- **La réforme de la garde à vue**

À partir du 1er juillet 2011, dans une logique comparable de renforcement des droits de la défense, la procédure de garde à vue bénéficie, pour l'intéressé, de la présence permanente de son avocat durant toute la durée de la procédure, de 24 heures en principe. Précédemment, l'assistance d'un avocat n'était, dans la plupart des cas, permise que pour 30 minutes, ce qui comportait le risque d'un viol de l'article 6 (concernant les « exigences du procès équitable ») de la Convention européenne des droits de l'homme (CEDH). Ces nouvelles dispositions ne s'appliquent pas en matière de crime organisé et de terrorisme[1], ce qui n'a pas suffi à susciter l'adhésion des syndicats de policiers à cette réforme.

- **L'appel en matière criminelle**

Enfin, dernière composante des garanties contemporaines données à la défense, l'appel en matière criminelle est institué par la loi du 15 juin 2000. Une cour d'assises peut ainsi connaître des appels formés contre les arrêts d'une autre cour d'assises ayant statué en premier ressort. Malgré le paradoxe représenté, aux yeux de certains, par la situation où le peuple français se déjugerait à bref intervalle, les douze jurés citoyens de la cour d'assises d'appel remettant en cause le jugement rendu par leurs neuf homologues en première instance, la réforme semble généralement acceptée et n'a pas à ce jour abouti à des décisions par trop contradictoires, hormis le cas très particulier de certains des inculpés de l'affaire dite d'Outreau, condamnés en 2004 à Saint-Omer puis acquittés en 2005 à Paris.

Il faut noter à cet égard que ce qu'il est convenu d'appeler le « **fiasco d'Outreau** »[2] a abouti à plusieurs réformes de nature à renforcer la défense contre le risque d'erreur judiciaire : une meilleure formation des futurs magistrats à l'École nationale de la magistrature, un enregistrement des interrogatoires et auditions dans les cabinets d'instruction et la création de pôles d'instruction composés de trois juges dans certains dossiers. Beaucoup d'observateurs ont commenté le caractère prosaïque et technique de ces réformes, trop modestes à leurs yeux pour éviter l'avènement, tôt ou tard, d'un « nouvel Outreau » (*cf.* dans ce contexte le projet relatif à un juge de l'enquête et des libertés, dans la partie IV, *infra*)[3].

---

1. Dans ces situations, l'intervention de l'avocat peut être reportée jusqu'à la 7e heure de garde à vue.
2. Rappelons que dans cette célèbre affaire de pédophilie, six personnes condamnées en première instance par le tribunal d'assises de Saint-Omer, en 2004, sont acquittées à Paris en instance d'appel, un an plus tard. Cette « quasi-erreur judiciaire » a déclenché une série d'enquêtes sur le fonctionnement de la justice, et le juge qui avait instruit l'affaire a dû comparaître devant une commission parlementaire.
3. Le traitement spécifique du mineur par la justice a connu cependant ses premières illustrations dans le cadre de la loi du 22 juillet 1912, qui disposait notamment que les mineurs de treize à dix-huit ans relevaient d'un tribunal pour enfants et adolescents, siégeant au chef-lieu de chaque arrondissement.

La justice pénale des mineurs

La délinquance des mineurs constitue à la fois un phénomène important à l'échelle de la société, puisqu'environ 10 % des condamnations inscrites au casier judiciaire sont prononcées à l'encontre de mineurs, et un enjeu pénal très spécifique dans la mesure où les instruments judiciaires qu'elle mobilise échappent au droit commun.

En effet l'ordonnance de 2 février 1945 révisée pose trois principes essentiels :

- **La primauté de l'éducation sur la répression** : cette primauté définit un cadre général où l'emprisonnement est toujours la solution de dernier ressort, après que les mesures ou les sanctions éducatives ont démontré leur échec, en cas de récidive par exemple. Aucune peine de prison ne peut être prononcée à l'encontre d'un mineur de moins de 13 ans (N.B. : Le rapport du professeur de droit André Varinard, chargé d'une mission de révision de l'ordonnance de 1945 précitée, a proposé en 2008 d'abaisser cet âge à 12 ans). Les alternatives à la détention carcérale prennent la forme d'un placement au sein de diverses structures en milieu ouvert, et dans les cas les plus graves, dans des centres éducatifs fermés (qui peuvent être privés ou publics), mis en place par la loi du 9 septembre 2002 dite « Perben ». Même pour les mineurs emprisonnés dans des quartiers spécialisés des centres pénitentiaires, ou dans les « établissements pénitentiaires pour mineurs » (petites unités apparues à partir de 2007), l'action éducative est la règle à travers notamment l'accès des éducateurs de la Protection judiciaire de la jeunesse (PJJ) à ces unités fermées, menacées de suppression par l'ex-garde des Sceaux Christine Taubira, mais finalement maintenues.
- **La différenciation des peines entre majeurs et mineurs :** l'excuse de minorité permet en effet de diminuer les peines qui seraient normalement applicables, dans la même situation, à des personnes majeures. Par ailleurs, lorsque le mineur est âgé de moins de 16 ans, il ne peut pas comparaître devant la cour d'assises des mineurs, même en cas de crime. Il faut cependant relever que, depuis la loi du 9 septembre 2002, même un mineur de moins de 13 ans peut être reconnu pénalement responsable dès lors qu'il est « capable de discernement ». Celui-ci devrait désormais être présumé responsable à partir de l'âge de 13 ans, une fois entrée en vigueur (probablement à l'automne 2020) la prochaine révision de l'ordonnance de 1945.
- **La spécialisation des juridictions pour les enfants :** le tribunal pour enfants et la cour d'assises des mineurs sont des juridictions spécifiques caractérisées par l'intervention des juges pour enfants, magistrats spécialisés nommés par décret du président de la République dans cette fonction.

3 Moyens financiers et organisationnels

Alors que la plupart des politiques de l'État sont départementalisées, au sens où le département constitue leur échelon local de référence, la particularité organisationnelle de la mise en œuvre de la politique pénale consiste à s'appuyer, sur le plan territorial, sur chacun des 164[1] TGI (aujourd'hui tribunaux judiciaires). Agissant au nom du ministère public, le procureur de la République auprès de chacun de ces tribunaux est placé sous l'autorité hiérarchique du procureur général exerçant dans le ressort de la cour d'appel la plus proche. Ces cours d'appel sont au nombre de 36. La direction des affaires criminelles et des grâces (DACG) est la direction de la Chancellerie, chargée, sous l'autorité du garde des Sceaux, de définir les politiques pénales et de piloter l'exercice de l'action publique, à travers notamment l'activité des procureurs généraux.

a. Le redéploiement des moyens

Sur le terrain, les moyens ont fait l'objet ces dernières années d'un redéploiement important.

La réforme de la carte judiciaire

Cette réforme, engagée en 2008, est destinée à ramener le nombre de nos juridictions de 1 206 à 819. Malgré quelques ajustements, cette carte restait fondamentalement inchangée depuis 1958, lorsque plusieurs cours d'appel furent créées (Reims, Metz, Versailles), ainsi que les tribunaux d'instance. Au début du XXe siècle (1919 et 1926), une suppression de petits tribunaux avait déjà été entreprise. Ce processus est poursuivi avec la réforme de 2008, qui s'étend sur plusieurs années et porte sur une diminution d'un tiers des juridictions : 28 TGI (sur 180), 178 tribunaux d'instance (sur 473), 55 tribunaux de commerce (sur 239) ont ainsi été fermés, d'autres sites étant visés par une réorganisation partielle. Particulièrement concernés étaient les 40 TGI comptant moins de huit magistrats et les 70 TI (tribunaux d'instance) comportant un seul juge d'instruction.

Ces deux juridictions ont du reste fusionné sur le plan du fonctionnement administratif et du point de vue de leur saisine par les justiciables, depuis l'entrée en vigueur de la loi de modernisation de 2016 (*cf. infra*) qui maintient toutefois leurs compétences antérieures en matière de seuils et de types de contentieux. Ainsi sera concrétisée une tendance qui visait depuis une dizaine d'années à créer des lieux d'accueil et d'information uniques destinés à faciliter l'accès du citoyen à la justice (un « service d'accueil unique du justiciable » – SAUJ – sera mis en place auprès de certaines de ces juridictions).

L'instauration des juges de proximité

Par ailleurs, depuis l'entrée en vigueur de la loi du 9 septembre 2002, des juges de proximité (au nombre de 700) ont été chargés des plus petits litiges (portant sur moins de 4 000 euros en matière civile et sur les quatre premières classes de contravention en matière pénale[2]) précédemment dévolus aux tribunaux d'instance et aux tribunaux de police. N'ayant pas le plein statut de magistrats, ils bénéficiaient de 12 jours de formation à l'École nationale de la magistrature. Leurs décisions ne faisaient pas l'objet d'appel mais d'un pourvoi en cassation.

À partir de 2017, les juges de proximité ne disposaient plus de lieux d'implantation autonomes mais étaient rattachés aux tribunaux d'instance ou de grande instance. Ces juridictions

1. 179 encore en 2009.
2. C'est-à-dire correspondant à des actes moins graves que des violences volontaires sur une personne.

de proximité sont finalement supprimées par la loi du 18 novembre 2016 « de modernisation de la justice du XXIe siècle » pour devenir des magistrats à titre temporaire (dont le statut a été défini en 1958), présents au sein des tribunaux ordinaires, sans compétences en matière pénale mais assurant une forme de justice du quotidien.

b. L'insuffisance parfois dénoncée des moyens

Malgré cette volonté de rationalisation manifestée par les pouvoirs publics, le manque de moyens alloués à la justice, dont le budget de 9 milliards d'euros (dont près de 40 % sont absorbés par l'administration pénitentiaire) est le deuxième plus modeste de l'État, est fréquemment dénoncé.

Dans le passé récent, ces critiques ont émané, par exemple, du procureur de Nice de l'époque, Éric de Montgolfier, et également des 17 organisations professionnelles du monde judiciaire[1] qui ont appelé en septembre 2010 au boycott des audiences. Ces protestations contre le manque de moyens se sont une nouvelle fois exprimées à l'occasion de l'assassinat de Laëtitia Perrais en janvier 2011 par un multi-récidiviste dont la dangerosité n'avait pu être suffisamment détectée dans le cadre du suivi judiciaire dont il faisait l'objet, ainsi que, pratiquement chaque année, à propos d'affaires de pédophilie et de terrorisme notamment.

4 Bilan et perspectives

La justice est particulièrement exposée aux attentes de la société et tente d'y répondre en améliorant ses performances, en tentant de remédier à la situation des prisons, mais aussi en accueillant avec prudence des évolutions trop radicales.

a. Une justice sous pression qui tente d'améliorer ses performances

Sur les dix dernières années, l'évolution du nombre d'affaires nouvelles jugées par les tribunaux civils est restée stationnaire[2] à périmètre constant du moins. Le transfert aux notaires, en 2017, du traitement des divorces par consentement mutuel a délesté ces tribunaux de plus de 100 000 affaires par an, ce qui peut conduire à l'impression fausse d'une demande moins intense de justice de la part des Français et d'une sollicitation moindre des tribunaux et des cours. Sans que la France paraisse se diriger vers une judiciarisation excessive, à l'américaine, des rapports sociaux, il faut se borner à constater (même si entre 2007 et 2009, la hausse annuelle atteint tout de même 2,5 %, et en 2013 3,5 % après deux années de baisse il est vrai), que la **montée des affaires** reste comparable au rythme de la croissance démographique de la France (la population française est passée de 63 à 67 millions d'individus entre 2007 et 2017). Pour autant, un certain nombre d'indicateurs révèlent une pression sur les ressources, toujours comptées, de la justice, malgré l'accroissement des effectifs de magistrats (+ 18 % entre 2002 et 2012 soit 1 300 juges supplémentaires, puis encore 900 de plus entre 2013 et 2019).

1. Représentant magistrats, avocats, fonctionnaires des services judiciaires, de l'administration pénitentiaire, de la protection judiciaire de la jeunesse.
2. + 0,1 % seulement entre 2018 et 2019.

Les magistrats judiciaires

La France compte 9 800 magistrats de l'ordre judiciaire. Les filières d'accès à l'École nationale de la magistrature se sont diversifiées (notamment grâce à l'ouverture, en 1992 d'une troisième voie d'accès, et en 2002 d'un concours complémentaire, offrant certaines années plus de 100 places supplémentaires), permettant de former davantage de magistrats.

Ainsi le **taux d'appel** en matière civile sur les jugements rendus par les TGI, après avoir baissé dans la première partie des années 2000, affiche depuis quelques années un profil haussier, passant de 12,4 % en 2005, 19,7 % en 2012 et 23,7 % en 2018[1], tandis que, après une stabilisation autour de sept mois dans la première partie des années 2010, la durée des affaires s'accroît devant les TGI, atteignant 7,6 mois en 2017. En matière pénale, les **taux de récidives criminelles**, en augmentation (de 2,5 % en 2003 à 7,8 % en 2017 et 11,5 % aujourd'hui), et délictuelles (de 34 % en 2003 à 37,3 % en 2017 et 41,7 % aujourd'hui, mais avec des irrégularités et des à-coups) signifient la nécessité d'une réponse de l'action pénale plus ample pour appréhender et rejuger les récidivistes (en dehors même bien sûr de l'aggravation du dommage social, aux victimes en particulier, généré par cette augmentation).

Le taux de **réponse pénale** (qui correspond schématiquement à l'inverse du taux d'affaires classées sans suite) est en augmentation nette, passant de 72,1 % en 2003 à 89,6 % en 2013 puis redescend jusqu'à 86,7 % en 2019 (le niveau de 90,6 % atteint en 2020 n'étant qu'indicatif, car possiblement faussé par l'impact du contexte de pandémie sur l'activité criminelle), ce qui montre la difficulté de la justice à maintenir une réactivité élevée face à la multiplication des sollicitations qui pèsent sur elle.

b. La situation des prisons représente elle aussi un défi

La situation des prisons est généralement considérée comme insatisfaisante. Un programme de construction de 13 200 places a été décidé par le gouvernement en 2002 (dont une partie grâce à un partenariat public privé conclu avec Eiffage et visant à optimiser la dépense publique), puis de 15 000 nouvelles places – dont la dernière tranche, de 8 000, programmée pour 2027 –, au début du quinquennat d'Emmanuel Macron. Malgré ces nouveaux établissements pénitentiaires[2], la situation de surpopulation carcérale perdure (67 075 détenus[3] pour 57 516 places en 2014 dans les 191 établissements pénitentiaires ; 61 080 places en 2020 et 70 651 détenus dans les 187 établissements) et ne paraît pas en voie d'être maîtrisée, l'inversion de l'écart en 2021 (62 673 détenus pour 71 683 places) étant susceptible d'être en partie occasionnée par les effets de la pandémie.

1. Après 2019, le mode de calcul de cet indicateur est modifié et ses résultats baissent artificiellement.
2. Notamment à Roanne, Nancy, Lyon et Béziers.
3. En ajoutant à ce chiffre les personnes écrouées sous bracelet électronique et d'autres situations où la peine n'est pas exécutée en détention, on totalisait près de 78 000 individus.

La France a été parfois condamnée par la **Cour européenne des droits de l'homme** (CEDH) au regard des conditions d'incarcération des détenus. Ainsi, le 9 juillet 2009, par la décision « Khider contre France », la CEDH a infligé une sanction à la France pour traitements inhumains et dégradants.

L'effectivité des condamnations par la CEDH

L'effectivité de la Cour européenne des droits de l'homme paraît résulter davantage (quoiqu'indirectement) de la possibilité pour tous les juges français de viser les clauses de la Convention EDH qui garantit un certain nombre de libertés fondamentales (droit à un procès équitable, droit à une vie familiale normale…), que de l'effet contraignant de la jurisprudence de la Cour vis-à-vis de la France. En effet la Cour européenne des droits de l'homme n'a aucun moyen, autre que le prononcé d'une nouvelle condamnation de l'État en cause (dans notre exemple, la France) au terme d'une procédure complexe supposant un accord à la majorité qualifiée au sein du Comité des ministres du Conseil de l'Europe, de faire assurer le retrait de dispositifs législatifs ou réglementaires que la Cour a déclarés non conformes à la Convention EDH (ratifiée par la France en 1974 et 1981). En revanche, lorsque la décision de la Cour européenne des droits de l'homme porte sur l'exigence d'une compensation pécuniaire du préjudice subi par le plaignant en raison d'éléments de réglementation (au sens large) nationaux non conformes à la Convention EDH, la France exécute le plus souvent sans difficultés cette injonction d'indemnisation financière.

Certes, comme d'autres pays, en particulier la Belgique (avec un ratio détenus/places de prison de 127 %) et la Hongrie (129 %), la France (116 %) connaît, on vient de le voir, une surpopulation carcérale significative et bien plus importante que la moyenne de l'Union européenne (94 %) en la matière.

Pour autant, depuis 2007 le nombre de personnes entrant en prison a tendu à se stabiliser[1], surtout grâce à la baisse des mises en détention préventive, puis a repris depuis 2014 la tendance haussière prévalant depuis 2000. Néanmoins, la part des individus condamnés reste minoritaire chaque année : en 2019, elle se monte à seulement 42 % des flux d'entrées en établissement pénitentiaire. Malgré les séparations de ces deux populations entre établissements (les six maisons centrales[2] n'accueillent que les condamnés), ou à l'intérieur de chacun d'entre eux, la représentation de la prison comme « école du crime » peut s'appuyer sur ces données pour accroître son influence, d'autant plus que la durée de cette détention préventive (en cas de condamnation), après avoir diminué à 22 mois, est revenue en 2013 à son niveau de 2002 (25 mois en moyenne), puis n'a cessé de progresser jusqu'à 31 mois aujourd'hui,

1. Une hausse depuis 2010 composant une baisse entre 2007 et 2010.
2. Arles, Clairvaux, Ensisheim, Poissy, Saint-Maur et Saint-Martin-de-Ré.

en partie sous l'effet de l'augmentation du contentieux terroriste selon un diagnostic posé en janvier 2019 par la section française de l'Observatoire international des prisons.

Malgré tout, en 2018, le nombre de personnes en prison rapporté à la population était équivalent en France (103,5 pour 100 000) au taux médian des 44 pays du Conseil de l'Europe (102,5), inférieur au taux britannique (140) ou espagnol (127), mais supérieur au taux allemand (77,5) ou suédois (56,5).

c. L'abandon de projets audacieux, confirmant le positionnement de la justice comme institution consensuelle

La majorité issue des élections présidentielles et législatives du printemps 2012 n'a pas souhaité donner suite à certains projets audacieux initiés par le gouvernement précédent. Ces derniers touchaient à des réformes en profondeur de l'appareil judiciaire.

Ainsi, le 10 août 2011 était adoptée une loi relative à la **participation des citoyens** aux décisions de justice pénale, prévoyant que des personnes tirées au sort chaque année à partir des listes électorales feraient partie de la composition de plusieurs juridictions pénales en tant que citoyens assesseurs. Ainsi, deux citoyens assesseurs devaient siéger aux côtés de trois magistrats au sein du tribunal correctionnel pour juger certaines atteintes violentes aux personnes (violences volontaires, vols avec violence, agressions sexuelles, extorsions), mais aussi les faits de violence routière les plus graves. Ils devaient contribuer également à l'application des peines, en se prononçant sur les demandes de libération conditionnelle et d'aménagement de peine concernant des peines d'emprisonnement d'au moins cinq ans. Dans certains cas étroitement délimités, le jury populaire des cours d'assises pouvait également être fondé sur ces deux seuls citoyens assesseurs.

On escomptait de cette réforme un resserrement de la distance qui se creuse entre les Français et leur justice, à l'occasion de la médiatisation de chaque crime paraissant rétrospectivement évitable, notamment ceux mettant en cause des individus multirécidivistes. Cependant, la charge financière et organisationnelle susceptible de naître de cette loi a freiné l'adhésion que son principe pouvait susciter. La garde des Sceaux a finalement annoncé en mars 2013 l'abandon de l'expérimentation en cours relative à ces jurys populaires dans les deux régions pilotes de Toulouse et Dijon. Dans la même ambition d'allègement des contraintes, coûts et délais tenant à la réunion du jury populaire traditionnel, la loi du 23 mars 2019 de programmation 2018-2022 et de réforme pour la justice institue pour trois ans une expérimentation relative à une « **cour criminelle départementale** » composée de 5 juges professionnels, qui remplacerait la cour d'assises à l'égard des crimes punis de quinze ou vingt ans (viols, coups mortels, vols à main armée…) en dehors des récidives. Cette solution est généralisée et pérennisée dans le cadre du projet de loi pour « la confiance dans l'institution judiciaire » devant être promulguée à la fin de 2021 et prévoyant également, entre autres mesures, des possibilités plus larges de filmer des procès à des fins pédagogiques et un renforcement du secret professionnel dont bénéficient les avocats.

Par ailleurs, à la suite du rapport rendu en 2009 au président de la République par le haut magistrat Philippe Léger, la **suppression du juge d'instruction** et son remplacement par un juge de l'enquête et des libertés rattaché au parquet a été mise à l'étude par le gouvernement, sans concrétisation législative après deux ans de vives polémiques engendrées par cette proposition, qui supprimerait la souveraineté manifestée depuis deux siècles par le juge d'instruction (personnage « le plus puissant de France » pour Balzac), au profit d'un dispositif où le parquet et la personne mise en cause s'inscriraient d'entrée de jeu dans un dialogue contradictoire. La majorité socialiste du Président Hollande n'a pas donné suite à ces perspectives, aux antipodes de ses convictions en matière d'administration de la justice.

A contrario, l'instauration de la sanction de « **contrainte pénale** » dans notre dispositif répressif par la loi du 15 août 2014[1] prolonge l'esprit (voire tend à doublonner, pour un observateur comme l'ancien magistrat Philippe Bilger[2]) des mesures existant depuis longtemps comme le sursis probatoire avec mise à l'épreuve.

Distincte d'une mesure d'aménagement de peine telle que le placement sous surveillance électronique (bracelet), la contrainte pénale s'applique aux personnes majeures, auteurs des délits pour lesquels la peine maximale encourue est inférieure ou égale à cinq ans d'emprisonnement et se traduit en principe par des contraintes variées : obligation de réparer le préjudice causé, interdiction de rencontrer la victime ou d'aller dans certains lieux, obligation de formation ou de travail, obligation de suivre un stage ou d'exécuter un travail d'intérêt général, obligation de respecter une injonction de soins… Cette mesure, présentée à l'époque par ses auteurs comme une amélioration majeure, reste en réalité assez marginale parmi toutes les alternatives à l'emprisonnement – Jean-Jacques Urvoas, succédant à Christine Taubira au ministère de la Justice allant jusqu'à évoquer une « désaffection » à l'égard de cette peine dans sa circulaire de juin 2016. Moins de 3 000 condamnés se la voient appliquer chaque année pour des projections initiales comprises entre 8 000 et 20 000. La loi de programmation de 2019 (*cf. supra*) accentue cependant cette **tendance à privilégier l'alternative à la prison**, à travers une disposition de ce texte prévoyant la suppression de notre code pénal des peines d'emprisonnement de moins d'un mois.

1. . Relative à l'individualisation des peines et à la prévention de la récidive.
2. . Un autre magistrat, Serge Portelli, a fait état d'analyses diamétralement différentes.

Entraînement

Synthèse

Les points-clefs à ne surtout pas oublier

- Une politique récente faite de réformisme mais sur un fond de traditions et de principes consensuels.
- La promotion relativement récente du citoyen et de la victime.
- La qualité de la réponse judiciaire difficile à assurer en toutes circonstances.

Les mots-clefs à retenir

- Institutions judiciaires
- Victimes
- Réinsertion
- Outreau
- Politique pénale
- Prisons
- Cour d'assises
- TGI

Les sujets de concours possibles

- Avec davantage de moyens, la France disposerait-elle d'une meilleure justice ?
- La réforme de la justice est-elle à l'image des autres réformes menées par l'État ?
- L'État devrait-il faire en sorte que la justice soit au diapason de la société française ?
- Pourquoi réformer la justice ?*

À l'oral, comment répondre en deux ou trois phrases aux questions les plus plausibles

Les réformes entreprises depuis une vingtaine d'années dans le domaine de la justice pénale vous paraissent-elles cohérentes ?

Ces réformes présentent en tout cas des axes de cohérence : une sévérité accrue de la réponse pénale, mais des garanties elles aussi renforcées en faveur des droits de la défense. Le défaut de cohérence apparaît sans doute davantage dans l'articulation police/justice car les réponses policières et judiciaires sont parfois en désaccord ; ce qui pointe vers une seconde incohérence possible entre les ambitions et les moyens de la justice.

Comment pensez-vous que l'État doive s'y prendre pour éviter un nouvel « Outreau » ?

Une plus grande collégialité de l'instruction, une meilleure compréhension de la vérité et des limites de la parole des enfants pourraient constituer des pistes intéressantes, qui sont d'ailleurs suivies, avec le développement, certes encore timide, des pôles d'instruction et la recherche d'une professionnalisation accrue de l'expertise.

Dans l'affaire mettant en cause Omar Raddad, le président de la République avait fait usage de son droit de grâce. Comment appréciez-vous cette décision ?

Le droit de grâce présidentiel fait partie des dispositions de notre Constitution qui sont fréquemment critiquées. Sa justification est essentiellement historique en ce que ce droit reprend une attribution traditionnelle des rois de France. Il faut sans doute trouver le bon équilibre entre l'hommage à la tradition et des usages discrétionnaires qui ne sont pas dans l'esprit général de notre droit contemporain.

Conseils bibliographiques

- Denis Salas, *Le tiers pouvoir*, Fayard, 2013.
- « Les chiffres clés de la justice », Ministère de la Justice, 2021 (téléchargeable).

5 La politique de lutte contre l'exclusion sociale

Ce chapitre tente de définir le plus nettement possible la problématique de l'exclusion, ce qui conduit à présenter une analyse des raisons pour lesquelles des solutions réalistes paraissent encore lointaines.

1 Enjeux et objectifs

Même si elle a des précédents historiques, la politique de lutte contre l'exclusion sociale correspond à une orientation contemporaine de l'action des pouvoirs publics. Une donnée centrale permet de situer immédiatement ses enjeux : depuis 1975, la France n'a jamais connu un taux de chômage inférieur à 7,5 %, alors que dans les années 1960 jamais ce taux n'avait excédé 3 %. Si le chômage massif refait son apparition en France depuis le milieu des années 1970, l'État semble ne parvenir à comprendre qu'une dizaine d'années plus tard que ce chômage est synonyme, pour certaines catégories d'actifs, d'absence durable, voire définitive, du marché du travail. La mesure la plus emblématique de la lutte contre l'exclusion, le revenu minimum d'insertion (RMI), est adoptée en 1988 et va s'insérer dans l'ensemble constitué aujourd'hui de onze minima sociaux, à prestations non contributives (contrairement à celles de la Sécurité sociale reposant sur le prélèvement de cotisations). Pour autant le nombre de personnes dites « pauvres » (c'est-à-dire dont les ressources, prestations sociales comprises, sont inférieures à 60 % du revenu médian français) ne recule pas. Le taux de pauvreté est ainsi passé de 12,9 % de la population en 2002 à 14,1 % en 2010 et 13,9 % en 2012, et reste autour de 14 % depuis cette date[1], en ayant culminé à 14,2 % en 2015.

a. Des objectifs divers qui ne convergent pas spontanément

L'objectif des pouvoirs publics, relativement lent à éclore, se définit de plus dans une certaine ambiguïté. Il s'agit à la fois :

- de permettre aux victimes d'un chômage durable, après épuisement de leurs droits, de bénéficier d'un **revenu minimum garanti** et en pratique inconditionnel, censé leur éviter la perte du lien social et le basculement dans la marginalité ;
- de relayer les politiques classiques (contrats aidés, allégements de charges autour du SMIC…) en faveur de l'emploi, par des **mesures d'accompagnement** destinées spécifiquement aux Rmistes et visant à mettre fin à la situation de chômage durable que le RMI, d'une certaine manière, présuppose pourtant.

Avec l'institution du RSA en juillet 2009, remplaçant le RMI et l'allocation de parent isolé (API), on constatait que le gouvernement n'avait pas renoncé, bien au contraire, à l'objectif de mettre fin à l'exclusion et qu'il ne se satisfaisait pas de prendre simplement en charge les conséquences de celle-ci, à travers l'attribution de revenus d'inactivité. Autrement dit, on continuait d'assumer deux thèses pourtant antagonistes :

1. 14,1 % en 2017, selon l'INSEE.

- les « exclus » sont « employables », d'où la forte **composante d'incitation au retour à l'emploi** que comportait le RSA, qui s'efforçait de ne pas pénaliser financièrement la reprise du travail, ce que parvenait mal à réaliser le RMI ;
- les « exclus » se distinguent précisément par leur « inemployabilité » d'où leur prise en charge par un dispositif spécifique.

b. Des enjeux considérables

Les enjeux pour la société représentés par la solution au problème de l'exclusion sont considérables :

- **Enjeux économiques** : l'existence d'agents improductifs pèse sur le potentiel de croissance de l'économie française.
- **Enjeux humains** : la perte de revenus et de confort matériel conduit à une perte de dignité incompatible avec l'image que se fait d'elle-même une société évoluée. Or 40 % des personnes sans emploi ne sont pas indemnisées par l'assurance-chômage ni par la solidarité nationale via l'ASS (allocation de solidarité spécifique, dite de « fin de droits »).
- **Enjeux politiques** : la perte du lien social signifie aussi celle du lien de citoyenneté. Le désintérêt d'une partie des citoyens pour la chose publique constitue une menace pour la vitalité de nos institutions démocratiques, qui se trouvent de surcroît discréditées par l'absence, depuis 40 ans, de solutions au problème de l'exclusion.

2 Contenus et évolutions

Tant les politiques que les significations du mot « exclusion » ont évolué depuis un siècle, ce qui tend à complexifier l'approche de ce problème, qui continue à défier les pouvoirs publics.

a. Les significations historiques de la notion d'exclusion

À travers l'histoire, la lutte contre l'exclusion a revêtu deux sens différents :

- traitement de **populations marginales et hétérogènes** rejetées à l'extérieur de la société par une variété de causes, situation caractéristique à la fois de la période antérieure à la révolution industrielle et des quarante dernières années ;
- traitement de la **grande pauvreté**, correspondant à une phase de l'évolution du capitalisme naissant au XIXe siècle, générant une classe relativement homogène de « prolétaires ».

La période qui s'ouvre au début des années 1980 n'est pas en effet l'unique moment de notre histoire où la collectivité nationale s'est trouvée confrontée à des situations de grande indigence touchant une part nombreuse de la population. Si la pauvreté qui a fait alors irruption a été à bon droit qualifiée de « nouvelle » – selon l'expression inventée par le père Joseph Wresinski[1], car elle présentait des caractéristiques différentes des « îlots de pauvreté » parsemant de longue date le paysage social –, une rupture au moins aussi radicale avait été introduite par la paupérisation ouvrière consécutive aux premières décennies de la révolution industrielle du XIXe siècle.

1. Décédé en 1988, il a été le fondateur de l'association humanitaire ATD Quart Monde.

D'exclus individuels à une classe d'exclus

Avec cette révolution industrielle, **la pauvreté change décisivement de visage** : d'un mal affectant des individus particuliers, certains aux franges de la société (vagabonds, mendiants, confondus dans une réprobation générale de la déviance assimilée peu ou prou à la délinquance), d'autres, victimes du sort (infirmes, orphelins…) ou se manifestant en des circonstances particulières (disette, guerres…), **elle devient l'état permanent d'une classe entière de la population**, la classe ouvrière. La « question sociale » est posée. Face à l'afflux d'une main-d'œuvre issue des campagnes, au chômage engendré par les progrès rapides du machinisme et à la concurrence que se font entre eux les ouvriers sur le marché du travail, les employeurs ne sont guère incités à élever les taux de salaires au-dessus du minimum vital. Le socialiste allemand Ferdinand Lassalle[1] évoquera à ce propos une « loi d'airain » et Karl Marx lira ou croira lire dans cette exploitation du prolétaire la ruine prochaine du capitalisme.

Néanmoins, la seconde moitié du XIXe siècle trouvera quelques éléments de réponse à ce défi de la pauvreté. **La « question sociale »** ne reste pas en effet ignorée des institutions, sous l'effet conjugué de l'organisation progressive du monde ouvrier et de l'intérêt bien compris des dirigeants et gouvernants : le Dr Villermé[2] est commissionné par le gouvernement pour réaliser en 1840 une grande enquête sur la condition des salariés ; Louis-Napoléon Bonaparte fustige le paupérisme dans un essai[3] paru en 1844 ; par la suite, la IIIe République vote la première loi d'assistance sociale (1893) et une protection sociale minimale est mise en place…

Ces dernières décennies, le développement de l'exclusion paraît constituer un défi analogue, déterminé cette fois davantage par les conséquences dramatiques sur l'emploi (*cf.* le « chômage total » évoqué par la sociologue Dominique Schnapper, dans *L'Épreuve du chômage*[4]) d'une crise économique durable que par un rapport de force entre possédants et salariés aussi déséquilibré qu'à l'époque des *Misérables*.

La solution par le travail, au problème de l'exclusion ?

Cependant, à bien y regarder, **le problème a changé de nature**. Là où l'on pensait, jusque dans les années 1970, aisément fournir du travail aux désœuvrés en attendant le retour de la phase ascendante du cycle économique, on a aujourd'hui renoncé implicitement à réinsérer la totalité des « exclus » par le biais de l'activité professionnelle.

Or, chaque fois que des manifestations extrêmes de pauvreté ont interpellé la société dans les deux siècles précédents, celle-ci a en effet préféré y répondre par le recours au travail. Ainsi La Rochefoucauld-Liancourt[5], chargé de la commission de la mendicité au début de la Révolution française, déclare que « si celui qui existe a le droit de dire à la société : “Faites-moi vivre”, la société a également le droit de lui répondre “Donne-moi ton travail” ». L'ouverture éphémère des ateliers de la charité en 1790 et des ateliers nationaux en 1848 illustre

1. *Cf. Capital et travail*, 1862.

2. Né à Paris en 1782, c'est un médecin et sociologue français, considéré notamment comme un pionnier de la médecine du travail.

3. *L'extinction du paupérisme*.

4. Gallimard, 1981.

5. Le duc de La Rochefoucauld-Liancourt (1747-1827) monarchiste libéral et philanthrope, membre de l'Académie des sciences, fut le président de l'Assemblée nationale en 1789, mais dut s'exiler en 1792. Rentré en France en 1799, il consacre le reste de sa vie à proposer des systèmes d'éducation populaire.

également ce propos, de même que l'alinéa 5 du préambule de la Constitution de 1946 : « Chacun a le devoir de travailler et le droit d'obtenir un emploi ».

La paupérisation présentait en tout cas au XIXe siècle une réalité relativement cohérente, dont paraît dépourvu le halo de flou qui entoure le concept actuel d'exclusion. Là où existait une classe relativement homogène de prolétaires, on trouve aujourd'hui une disparité de causes cumulatives de l'exclusion (chômage de longue durée, ruptures conjugales, difficultés de logement, problèmes de santé…).

b. Les exclus aujourd'hui

Face à ces populations hétérogènes (regroupant, selon Serge Paugam dans *La disqualification sociale*[1], des « **fragiles** » : nouveaux pauvres encore enclins à refuser une logique humiliante d'assistance, des « **assistés** » : durablement résignés à cette logique, et des « **marginaux** » : en rupture totale avec les services sociaux), c'est aujourd'hui la société qui tend à désigner l'exclu, en fonction bien souvent de critères administratifs qui ne renvoient à aucune réalité autonome.

Sont donc « exclues » les personnes qui bénéficient de l'un des minima sociaux, soit environ 4,5 millions d'individus, mais près de 7 millions en incluant leurs ayants droit (conjoints et enfants).

c. Comment les politiques ont-elles évolué pour prendre en compte les difficultés de ces personnes exclues ?

En ce qui concerne le revenu minimum

Les principales mesures

- **1988 : institution du RMI (revenu minimal d'insertion).** Créé par la loi du 29 juillet 1988, le RMI pouvait être obtenu par tout résident français non étudiant, âgé d'au moins 25 ans, lui permettant, à condition que ses ressources ne dépassent pas un certain seuil, de bénéficier d'un revenu mensuel de l'ordre de 470 euros. En théorie, le titulaire du RMI s'engageait à signer avec le conseil général un contrat d'insertion par lequel il reconnaissait effectuer des démarches pour obtenir un emploi ou effectuer une formation.
- **2003 : institution du CI-RMA (contrat d'insertion - revenu minimal d'activité).** Créé par une loi du 18 décembre 2003, le CI-RMA permettait au signataire d'un contrat d'insertion percevant le RMI depuis plus de deux ans de bénéficier d'un revenu horaire égal au SMIC, sous réserve d'occuper un emploi plus de 20 heures par semaine. C'était en réalité une incitation pour les entreprises à embaucher des candidats à un coût pour elles inférieur au SMIC (et donc attractif), puisque c'était l'État qui, par le versement direct de l'équivalent du montant du RMI à l'employeur, contribuait largement à porter le salaire au niveau du SMIC, l'employeur ne décaissant que la différence entre le SMIC et le RMI.
- **2006 : renforcement de l'attractivité de la prime pour l'emploi (PPE)** instaurée en 2001. La loi du 23 mars 2006 améliore les conditions du cumul temporaire (pendant trois mois) entre les minima sociaux (sauf le RMI, qui disposait, on l'a vu, de son propre mécanisme d'intéressement) et le salaire d'activité et attribue après le quatrième mois de

1. Presses universitaires de France, 2009.

reprise du travail une prime de 1 000 euros, voire dès le premier mois si cette activité est régie par un CDI (contrat à durée indéterminée).

- **2009 : institution du RSA (revenu de solidarité active**). Généralisé depuis le 1er juin 2009, le RSA (loi du 1er décembre 2008) est accessible dans les mêmes conditions que le RMI, auquel il se substitue. Il s'en différencie par le mécanisme d'incitation à la reprise d'un emploi, qu'il propose sous la forme de la possibilité d'un cumul, d'abord total pendant trois mois, puis seulement partiel, entre les nouveaux revenus salariaux (à hauteur d'un peu plus de 60 % après ces trois mois) et des revenus d'assistance qui sont donc maintenus. Par ailleurs, le RSA intègre la prestation d'allocation pour parent isolé (API) qui concernait environ 200 000 bénéficiaires.
- **Au 1er janvier 2016 : fusion du RSA-activité et de la PPE pour donner lieu à la Prime d'activité (PDA)**, après un long travail préparatoire destiné à limiter les difficultés et risques d'erreurs liés à la différence de nature comptable et de rythme de versements des deux prestations : la PPE était essentiellement un crédit d'impôt versé en année N+1 alors que les montants du RSA activité (*cf. infra*) sont attribués en année N, dès le retour à l'emploi.

L'orientation dessinée par cette succession de mesures est aisée à décrire

Une quinzaine d'années après l'institution du RMI, sous l'impulsion d'un retour en force des théories néoclassiques du marché du travail, fondées sur le calcul de l'utilité marginale procurée par la reprise d'activité, les pouvoirs publics tendent à considérer les revenus d'assistance comme des « trappes à pauvreté ». Le revenu d'activité serait trop faible, par comparaison avec le niveau du RMI, pour inciter les Rmistes à préférer l'emploi à l'inactivité.

D'où l'inflexion du RMI vers des solutions telles que le RMA ou le RSA, conçus pour garantir de façon automatique, à travers un mécanisme différentiel venant compléter l'allocation de base du RMI, l'attribution de revenus dépassant (mais insuffisamment ?) le revenu d'inactivité. En effet, cette allocation de base s'accompagne presque toujours de **droits dits « connexes »** qui peuvent aller jusqu'à tripler son montant : il peut s'agir d'avantages fiscaux (exonération de la taxe d'habitation, de la redevance télévisuelle) ; de la prise en charge de la couverture maladie (CMU puis PUMA[1] à partir de 2016, et CMU complémentaire) dont bénéficient 5 millions de personnes ; d'aides aux logements ; de tarifications sociales (gaz, eau, téléphone, électricité). Dès lors, on comprend que certains titulaires du RMI et de ses droits connexes pouvaient hésiter à y renoncer au profit d'une activité salariée, faute d'un mécanisme compensateur du type de celui introduit par le RSA.

On verra dans la partie « Bilan et perspectives » (*cf. infra*) que ces mécanismes incitatifs ne constituent pourtant probablement pas un remède miracle au fléau social de l'exclusion. Le CI-RMA n'a touché que des effectifs faibles (avant l'instauration du RSA seuls 14 % des allocataires du RMI étaient actifs, le plus souvent dans le cadre de temps partiels ou d'activités intermittentes) et le RSA, introduit dans sa phase expérimentale (entre 2008 et 2009) dans 34 départements, n'a pas créé, si l'on s'en tient aux leçons mêmes de cette expérimentation (*cf.* le rapport rédigé sous l'autorité de l'économiste François Bourguignon[2]), le saut qualitatif attendu dans les perspectives pour les Rmistes de (re)trouver un emploi.

---

1. La prestation universelle maladie simplifie les modalités pratiques d'accès et supprime le besoin de réinscription ; ces conditions simplifiées doivent permettre de résorber les 20 % de bénéficiaires théoriques de la CMU qui n'avaient jamais usé de leur droit d'y recourir.
2. *Cf.* « Rapport intermédiaire 2010 », Comité national d'évaluation du RSA.

Les autres évolutions dans la réglementation du RMI concernent les modalités d'organisation et de financement (*cf. infra*).

En ce qui concerne les autres minima sociaux

Ces minima sont versés à des catégories hétérogènes de la population : personnes âgées ou handicapées (minimum vieillesse, AER[1], ASI[2], AAH[3]), personnes familialement isolées (API, avant sa fusion avec le RSA, allocation veuvage), ou encore personnes exclues du marché du travail (ASS[4], AI[5]). Les seules prestations versées à plus de 300 000 bénéficiaires (hors le RSA et l'ASS) sont celles réservées aux personnes âgées et aux personnes handicapées.

L'allocation adulte handicapé (AAH), instituée en 1975, permet à 1,2 million de personnes handicapées ne percevant ni rente d'invalidité, ni pension de retraité, de bénéficier d'un revenu. Quant aux personnes âgées, environ 600 000 d'entre elles reçoivent le « minimum vieillesse », prestation créée en 1956.

Une politique sociale récente qui tente de prévenir l'exclusion...

La politique sociale menée sous la présidence Hollande a été nettement orientée en direction des catégories positionnées socialement et économiquement juste au-dessus des personnes exclues. En cela elle était susceptible d'éviter le basculement dans l'exclusion d'une partie importante de la population et on peut mettre à son crédit la poursuite d'une évolution stable du taux de pauvreté, malgré un contexte mondial d'accroissement des inégalités.

Un grand nombre de mesures illustrent cette politique qui se fondait sur les objectifs classiques de la gauche : l'intensification de la redistribution et la recherche de l'égalité.

La redistribution

- 600 000 personnes de plus éligibles à la CMU-C et à l'aide à la complémentaire santé (ACS) grâce à une augmentation du plafond de ressources ;
- revalorisation du minimum vieillesse (porté à 800 euros) et de l'allocation de rentrée scolaire (+25 %) ;
- modulation des allocations familiales (voir chapitre 10) ;
- revalorisation du RSA (*cf. infra*) ;
- suppression de la première tranche de l'impôt sur le revenu et réduction des taux d'imposition pour les petits revenus (4 000 000 foyers concernés).

La recherche de l'égalité

- objectif de création de 225 000 logements sociaux ;
- 140 000 rendez-vous des droits organisés ;
- égalité au sein du couple devant le congé parental (sinon l'aide n'est pas versée à taux plein) ;
- tiers payant pour la médecine de ville et lutte contre les déserts médicaux à travers un revenu de 55 000 euros annuels garanti aux médecins nouvellement installés dans certaines zones (*cf.* aussi le chapitre 6) ;

---

1. Allocation équivalent retraite.
2. Allocation supplémentaire d'invalidité.
3. Allocation adulte handicapé.
4. Allocation de solidarité spécifique.
5. Allocation d'insertion.

- garantie jeune (*cf. infra*) ;
- « Plan pluriannuel contre la pauvreté et pour l'inclusion sociale » adopté en janvier 2013 (et reconduit en 2015), comprenant près d'une centaine de mesures (dont certaines mentionnées ci-dessus) et construit autour de la notion de « juste droit » ; elle signifie que recourir à des prestations d'aide sociale n'est pas un abus à la limite de la fraude, mais bien un droit.

...puis qui en revient au traitement frontal du problème, en accentuant la dimension d'insertion économique à côté de l'approche sociale

Si la politique conduite sous François Hollande a tenté d'opposer une barrière à l'accroissement de la pauvreté, l'exclusion sociale n'a pas été pour autant résorbée. La nouvelle stratégie nationale de prévention et de lutte contre la pauvreté, lancée en septembre 2018 pour trois ans, comprenant 21 mesures et dotée d'un budget de 8,5 milliards d'euros, vise à dynamiser cette lutte en remettant à l'honneur l'incitation à la recherche d'un emploi, le traitement social ne pouvant guère que prendre en charge, provisoirement, les symptômes du problème.

Cela ne signifie pourtant pas que de nouveaux outils et dispositifs ne sont pas proposés en matière de traitement social. Bien au contraire, la stratégie actuelle de lutte contre la pauvreté comporte des mesures innovantes :

- fourniture de repas gratuits ou à très bon marché en direction des jeunes enfants scolarisés en territoire défavorisé : ont été concernés en 2019 40 000 enfants scolarisés dans 400 écoles et seront touchés en 2020 jusqu'à 200 000 élèves (soit les 2/3) de CP et de CE1 scolarisés en zones d'éducation prioritaire REP et REP+ (petits-déjeuners gratuits) ; à terme, s'ajoutant à cette première population, 500 000 enfants résidant dans 4 000 communes rurales bénéficieront de repas à moins de 1 euro ;
- fusion de la CMU-C et de l'ACS pour mettre fin à la quasi-invisibilité de l'ACS qui n'est pas réclamée par 50 % de ses ayants droit théoriques, après dix ans d'existence. La nouvelle prestation, baptisée CSS (complémentaire santé solidaire) profite à plus de 6 millions de personnes, après une montée en charge rapide qui s'est achevée en octobre 2020 ; la CSS (ou C2S) fait de plus l'objet d'une expérimentation conduisant à son attribution automatique à tout titulaire du RSA ;
- surcroît de promotion donnée à la Garantie jeune, qui doit parvenir à atteindre 500 000 entrées annuelles en 2022.

Le cœur de la politique anti-pauvreté réside aujourd'hui néanmoins dans l'encouragement à l'insertion économique, à travers :

- la mise en place d'un service public de l'insertion et de l'emploi (SPIE) autour de 18 commissaires territoriaux (les commissaires à la lutte contre la pauvreté, rattachés aux préfets de région) ; des directions départementales dédiées (les DDEETS) issues de la dernière réforme territoriale (*cf.* chapitre 2) ; d'un contrat d'engagements réciproques (ex-contrat d'insertion) accompagnant l'obtention du RSA ;
- une relance du dispositif TRACE (*cf.* chapitre 12) sous la forme du PACEA (parcours contractualisé d'accompagnement vers l'emploi et l'autonomie) qui comporte une modalité d'accès au revenu de remplacement procuré par la Garantie jeune ;
- l'obligation de scolarisation portée à 18 par la loi pour une École de la confiance (*cf.* chapitre 13) ;

- le projet d'une prestation de minimum social unique, le RUA (revenu universel d'activité, qui comporte encore nombre d'interrogations, telles que l'ouverture aux moins de 25 ans, le passage ou non à une assiette individuelle – et non plus par ménage – de ressources pertinentes, le champ exact au-delà d'une fusion très probable entre RSA, PDA et aides au logement), qui reprend dans une certaine mesure la philosophie émanant du rapport rédigé en 2016[1] par le député Christophe Sirugue. Celui-ci envisageait un revenu minimal-socle complété soit par une « allocation d'insertion », pour les actifs, soit par une « allocation de solidarité » pour les personnes âgées ou handicapées.

3 Moyens financiers et organisationnels

a. Des dépenses coûteuses

Les pouvoirs publics consacrent environ 25 milliards d'euros par an au financement des minima sociaux. Mais la lutte contre l'exclusion est une politique interministérielle plus vaste qui, au-delà de l'attribution de revenus d'inactivité, fait intervenir des dépenses d'éducation, de formation, de logement, d'amélioration du marché du travail à travers des contrats aidés et des subventions au secteur de la réinsertion. La totalité de ces moyens dépasse vraisemblablement 40 milliards d'euros, mais aucun chiffrage officiel n'est disponible, principalement en raison du fait qu'il est impossible en pratique de compartimenter certaines dépenses (telles que l'éducation) destinées à tous les publics, mais qui bénéficient aussi aux personnes « exclues ».

À titre de comparaison, on relèvera le montant des dépenses consacrées à la politique familiale (environ 40 milliards d'euros par an) et à l'indemnisation du chômage (environ 40 milliards également).

b. Une organisation complexe, en tension dans le contexte du désinvestissement par l'État de ses tâches de gestion

L'organisation du RSA reprend celle du RMI, qui mobilisait six acteurs principaux :

- **l'État** qui détermine la réglementation générale et les montants d'allocation ;
- les **départements** qui ont en charge l'instruction des dossiers de demande et la politique d'insertion, en fonction notamment des possibilités locales d'emploi ;
- les **régions** qui sont maîtresses des programmes de formation susceptibles d'être dispensés aux personnes « exclues » ;
- les **caisses d'allocations familiales** qui effectuent le versement de l'allocation et encadrent la plupart des contrôles ; elles peuvent également participer à la phase d'instruction des dossiers ;
- les **centres communaux d'action sociale (CCAS)**, qui ont vocation à enregistrer et à transmettre les demandes d'attribution du RSA ;
- les **associations** diverses qui, par un accord avec le département, accompagnent au quotidien les personnes « exclues » dans leur parcours d'insertion.

1. « Repenser les minimas sociaux : vers une couverture socle commun ».

Le rôle des départements, dont la vocation sociale avait été affirmée par les lois de décentralisation de 1983 et 1986 et qui étaient tout naturellement désignés pour porter le système du RMI, s'est encore renforcé sous l'égide de l'Acte II de la décentralisation. La loi du 18 décembre 2003, en effet, transfère le financement des allocations de RMI au département[1], met fin à son obligation de consacrer 20 % de ces dépenses aux programmes d'insertion et supprime enfin le co-pilotage de ces derniers entre l'État et les départements, intervention conjointe qui était menée à travers le Comité départemental d'insertion (CDI) et les Commissions locales d'insertion (CLI).

Or, bien que l'État ait transféré une recette fiscale (une part de la TIPP[2]) aux départements pour que ceux-ci puissent assumer la charge financière du RMI, beaucoup d'élus, à l'instar du député du Gard William Dumas, devaient remarquer que ces montants financiers supplémentaires n'étaient pas à la hauteur de la charge héritée par les départements dans le cadre du nouveau transfert de compétence affectant le RMI.

Ce contexte financier tendu ne facilite pas les coopérations nécessaires entre des acteurs se considérant comme autonomes et qui laissent perdurer en réalité, comme le remarquait le rapport du Sénateur Bernard Seillier (2008), des défauts d'articulation et d'harmonisation de leurs actions, dont le public des « exclus » est le premier à pâtir.

Une contrainte financière supplémentaire était pourtant introduite en 2009 par le passage du RMI au RSA, dans la mesure où, bien qu'une ressource fiscale (prélèvement de 1,1 % sur les revenus du capital) ait été créée, générant 1 milliard d'euros de recettes, celle-ci a eu du mal à absorber l'augmentation du nombre de bénéficiaires du RSA-socle, qui atteint aujourd'hui, sous l'effet de la crise, 1,9 million de personnes, la composante « activité »[3] ayant toujours connu un faible taux de recours jusqu'à sa disparition en 2016.

À cet égard, le rapprochement du RSA-activité et de la Prime pour l'emploi n'a pas contribué à un soulagement financier significatif du dispositif. En effet, le taux de recours de la PDA atteint aujourd'hui 80 %, faisant beaucoup mieux que les dispositifs précédents et, par ailleurs, le gonflement constaté des montants en jeu (passant de 5,6 milliards d'euros en 2018 à 9,5 milliards en 2019) s'explique par le rôle que cette prestation a joué comme instrument pour dénouer la crise des Gilets Jaunes, à travers une mesure de revalorisation d'un montant de 90 euros et l'augmentation du plafond de revenu permettant d'y accéder.

Par ailleurs aggravant la pression financière globale sur le système des minima sociaux, un RSA jeune a été introduit en septembre 2010, accessible aux moins de 25 ans ayant déjà exercé un emploi, complété en 2013 par la Garantie jeunes (qui a pu atteindre le rythme initialement prévu de 100 000 bénéficiaires par an pour la première fois en 2019 et doit encore poursuivre une progression considérable), qui n'impose pas cette condition d'emploi préalable (elle est ouverte aux jeunes « ni en emploi, ni en éducation, ni en formation »).

1. Pour un total annuel aujourd'hui d'environ 11 milliards d'euros par an (RSA-socle).

2. Taxe intérieure sur les produits pétroliers, aujourd'hui remplacée par la taxe intérieure sur la consommation de produits énergétiques.

3. . Le « RSA activité seul » (augmentant les ressources de ceux dont les revenus d'activité permettent de dépasser le revenu forfaitaire garanti par le RSA) était une des trois déclinaisons du RSA (qui comprenait en outre le « RSA-socle », ex-RMI, et le « RSA-socle et activité », perçu par ceux dont les revenus d'activité ne permettent pas d'atteindre le revenu forfaitaire garanti par le RSA).

4 Bilan et perspectives

Bien qu'il soit délicat de porter des critiques à une politique par nature difficile à mettre en œuvre, telle que celle qui vise à insérer, dans la société, des personnes exclues du monde du travail, il importe de reconnaître que le bilan de ces actions comporte incontestablement des zones d'ombre à côté de pistes peut-être prometteuses en cours d'exploration.

a. Un bilan contrasté

Plusieurs considérations peuvent incliner à porter un jugement sévère sur l'efficacité de l'action des pouvoirs publics.

L'impossible découplage entre le chômage et l'exclusion sociale. Lorsqu'on confronte les statistiques du RMI et celles du nombre de chômeurs on constate que, invariablement depuis vingt ans, toute poussée du chômage se traduit, avec un « effet retard » d'environ 6 mois, par une progression du nombre de Rmistes. Les anciens pics (3e trimestre 2000, avec 1,1 million de personnes ; 1er trimestre 2006 avec 1,25 million ; 2e trimestre 2010 avec 1,3 million et 2e trimestre 2012 avec 1,4 million) correspondent rigoureusement, au délai près, aux inflexions enregistrées par l'évolution du chômage en France. Globalement, entre 2008 et 2017, les deux courbes, du chômage et du RSA-socle sont aisément superposables ; le taux de chômage passe de 7,5 % à 9,4 % (+25 %) entre ces deux dates tandis que le nombre d'allocataires du RSA-socle passe de 1,1 à 1,65 million (+50 %), ce qui traduit, de plus, une sensibilité particulièrement importante de la seconde variable par rapport à la première. Cela tendrait à signifier qu'il n'existe pas de solution spécifique au problème de l'exclusion sociale : seul le retour au plein-emploi pourrait mettre un terme à ce drame social. Cette conclusion est nécessairement décevante compte tenu des efforts et des dépenses consentis pour bâtir des programmes et des parcours d'insertion.

Cette composante « insertion » du dispositif de RMI peut cependant avoir été négligée. Seulement **40 % des bénéficiaires du RMI avaient signé un contrat d'insertion**, ce niveau ne progressant pas avec l'introduction du RSA[1]. Par ailleurs, moins de la moitié des Rmistes étaient inscrits à Pôle emploi ; il s'agissait à la fin de 2017 de seulement 40 % pour le RSA. Face à cet échec de l'incitation à l'insertion le conseil général du Nord a carrément proposé en 2016 de radier les bénéficiaires du RSA non inscrits à Pôle emploi. Le remplacement en 2019 du contrat d'insertion par le contrat d'engagements réciproques (CER) au suivi théoriquement plus rigoureux, n'est sans doute pas la garantie d'une amélioration significative.

Du coup, **l'enfermement dans les dispositifs du RMI puis du RSA** est une réalité cruelle. D'après une étude de l'économiste Yannick L'Horty, publiée par le CEREQ en 2006, les chances pour un Rmiste inscrit depuis un an dans le dispositif de trouver un emploi dans l'année suivante étaient de 16 % seulement. Autre statistique éloquente, lors de l'expérimentation du RSA on a constaté que les chances pour un Rmiste inscrit depuis trois mois d'obtenir un emploi dans les trois mois suivants étaient limitées à seulement 3 %. Au total près de 50 % des Rmistes ne quittaient pas le dispositif au bout de trois ans. Le bilan final du RSA, publié en 2011 par son Comité national d'évaluation, maintenait ce constat. Aux termes de ce bilan, environ 3 % des foyers allocataires du RSA-socle connaissent une

1. . « Le taux de contractualisation n'a pas encore augmenté significativement » peut-on lire dans le rapport final (décembre 2011) du Comité national d'évaluation.

reprise d'emploi chaque mois, soit un taux très voisin de celui mesuré auparavant pour le RMI[1]. Selon la DREES[2], en 2010, la durée moyenne du maintien d'un bénéficiaire au sein du RSA était de 20 mois. Le 28 mars 2013, le Président Hollande reconnaissait à la télévision le manque d'efficacité du dispositif. Malgré cette prise de conscience, en 2018 la durée moyenne du maintien en RSA est toujours supérieure à un an, la population des allocataires se renouvelant dans sa totalité en moyenne tous les deux ans.

Compte tenu de ce « dispositif prison », la **faible revalorisation** du RMI/RSA-socle est également à mettre au passif du bilan. Ainsi, entre 1998 et 2007, le montant du RMI a progressé en moyenne de 2,7 % par an, contre 5,6 % pour le SMIC. Le RMI, qui représentait 49 % du SMIC en 1990, n'en vaut plus que 44 % en 2007 et, pour son successeur le RSA-socle, respectivement 43 % et 46 % en 2012 et 2020. Si l'objectif d'insertion échoue, celui consistant à assurer un revenu sauvegardant la dignité du citoyen ne peut guère être favorisé dans ces conditions de revalorisation modeste, malgré un « coup de pouce » significatif de 10 % décidé en décembre 2012, mais étalé jusqu'à 2017.

La **modernisation des solutions d'insertion** de la personne « exclue », à travers des actions aussi diverses que le parrainage (par des entreprises de bonne volonté), le tutorat (par des salariés à la retraite), l'octroi de micro-crédits pour les auto-entrepreneurs, n'en est qu'à un stade embryonnaire. Ces modalités paraissent prometteuses à l'égard de profils particuliers d'« exclus » (en termes d'éducation, de compétences), mais il n'est pas certain qu'elles soient adaptées à une application de masse.

De même, l'insertion par l'activité économique risque de trouver ses limites pour **les personnes les plus éloignées de l'emploi**, nécessitant un accompagnement quotidien à l'acquisition des comportements caractéristiques du monde du travail (ponctualité, respect hiérarchique…) : EI (entreprises d'insertion), AI (associations intermédiaires), ACI (ateliers et chantiers d'insertion), GEIQ (groupements d'employeurs pour l'insertion et la qualification), ETTI (entreprises de travail temporaire d'insertion) représentent des modalités de l'insertion qui concernaient en 2013 250 000 personnes par an (mais seulement 70 000 « équivalents plein-temps », dans le cadre des 5 300 structures du secteur de l'insertion par l'activité économique), mais seulement 140 000 personnes par an pour 3 900 structures aujourd'hui. Il s'agit, de plus, de solutions réglementairement temporaires (en raison essentiellement du risque d'atteinte au droit de la concurrence) et ne permettant qu'à environ 55 % (contre 20 % en 2013) de ceux qui en bénéficient de s'insérer dans un emploi de droit commun, non aidé. Le Pacte d'ambition présenté en septembre 2019 par la ministre du Travail Muriel Pénicaud se donnait pour objectif de porter les effectifs entrant annuellement dans ce secteur à 240 000 et pour moyens notamment la personnalisation de l'accompagnement fourni par les pouvoirs publics, tant auprès des collectivités locales que des personnes en parcours d'insertion, le coût anticipé de cette relance du secteur étant de 1,3 milliard d'euros.

Le secteur de l'économie sociale[3] au sens large (services à la personne par exemple, libéralisés par la loi Borloo de 2005) a été longtemps en expansion forte ; l'emploi (souvent peu qualifié) y a progressé de 23 % entre 2001 et 2011. La loi sur l'économie sociale et solidaire

1. De 2,6 % entre décembre 2007 et mai 2009.
2. Direction de la recherche, des études, de l'évaluation et des statistiques (ministère des Affaires sociales), *cf. Études et Résultats*, n° 828, janvier 2013.
3. 2,35 millions de salariés pour une masse salariale de 50,5 milliards d'euros en 2010.

adoptée en 2014 mettait toutefois surtout l'accent sur le droit des sociétés coopératives et n'a ainsi contribué qu'indirectement à la lutte contre l'exclusion, alors que le secteur semblait chercher son second souffle.

b. Des réflexions fondamentales, pas toujours réalistes

Des perspectives et propositions radicales resurgissent périodiquement sur la base d'un réexamen de la place du travail dans notre société, mais elles sont marquées par le risque de dérives utopiques.

Il semble que les solutions les plus ambitieuses soient aussi les plus prometteuses quant aux perspectives d'amélioration du sort matériel des exclus et surtout de transformation de notre regard sur l'exclusion. Le partage radical d'un travail voué à n'occuper désormais que quelques heures dans la journée de chacun, prôné en 1995 par Dominique Méda[1], libérerait sans doute un nombre significatif d'emplois que pourraient pourvoir les exclus et surtout valoriserait enfin la contribution des individus dans le cadre de leur sphère privée ou associative, ou à travers d'autres formes d'intégration à la société civile. Dans son ouvrage, *L'Insécurité sociale*, Robert Castel[2] défendait quant à lui l'idée d'une « société de semblables » où l'État, à travers une protection sociale rénovée et généralisée, veillerait à assurer à tous un droit égal à la satisfaction des besoins essentiels.

Des modalités pratiques variées mais floues

Ces solutions butent néanmoins sur les modalités pratiques, sur lesquelles les auteurs restent imprécis, R. Castel évoquant une « mise en synergie » des acteurs autour du RMI et un « statut professionnel des personnes » garantissant un nouveau « droit de tirage » en période de chômage, P. Rosanvallon parlant d'une stratégie décentralisée, D. Méda d'une « ingénierie de la répartition » du temps de travail…

Au total ces projets définissent un nouveau modèle de citoyenneté en même temps qu'une étape supplémentaire de la coexistence entre les systèmes contributif et non contributif de protection sociale. Une communauté plus chaleureuse, une confraternité nouvelle offrant l'égalité de statut à ceux qui travaillent et ceux qui ne le font pas, sont les dehors de ce pacte social qui reste à inventer. On est là proche de l'utopie, à l'instar du revenu « universel, inconditionné et suffisant » prôné il y a une vingtaine d'années par le philosophe politique André Gorz et qui devrait provoquer, de proche en proche, le doublement du niveau de tous les revenus… Le score modeste (6,35 % des voix) de Benoît Hamon, porteur de ce projet de revenu universel – d'un coût considérable de 400 milliards d'euros par an – durant la campagne présidentielle de 2017, montre sans doute que ce projet appartient encore au domaine de l'utopie et de la pensée magique pour une grande partie des Français.

1. *Cf. Le travail, une valeur en voie de disparition*, Flammarion, 1995. Dominique Méda est haut fonctionnaire et chercheuse.
2. Le Seuil, coll. « La République des idées », 2003.
3. Thème plusieurs années de suite au programme du concours des IRA.

L'État et l'égalité des chances[3]

I. Généralités

L'égalité des chances est un vocable nouveau, du moins dans son sens actuel (qui renvoie aux politiques publiques et non plus à la seule sociologie), fréquemment sollicité par la production normative (lois et règlements) de cette dernière décennie.

Dans son sens actuel, il tend à supplanter les autres concepts (qui lui sont souvent associés dans les textes gouvernementaux ou parlementaires), tels que la diversité, la cohésion sociale, l'inclusion sociale, la non-discrimination, voire l'aménagement du territoire. Ce caractère à la fois récent et proliférant de la dénomination « égalité des chances » la positionne tout naturellement comme un candidat de premier plan aux sujets de concours, d'autant plus que l'idée recouvre des problématiques réelles, graves et contemporaines, telles que par exemple, la montée d'une contestation radicale du modèle social français, la persistance sur le territoire national de zones à faible taux d'activité et à faible taux d'éducation, l'enracinement de plus en plus profond d'une France à « plusieurs vitesses »…

Face à un sujet faisant intervenir la notion d'égalité des chances (à travers les objectifs des politiques publiques ou à travers un constat porté sur la réalité économique et sociale), le candidat devrait avant tout suivre une triple démarche de relativisation :

- Relativisation du sens même et de la pertinence de la notion d'égalité des chances, quelque peu écartelée entre les différents synonymes qu'on cherche à lui appliquer, alors que l'on s'éloigne de plus en plus de son sens historique (*cf. infra*), celui de simple contrepoint nécessaire de la notion d'égalité de résultats. Aujourd'hui non seulement l'égalité des chances ne s'oppose pas clairement à l'égalité des résultats, mais tend à être confondue avec elle (comme dans la politique d'attribution généreuse du baccalauréat), au détriment d'une certaine clarté toujours souhaitable du discours public[1].
- Relativisation du rôle de l'État par rapport à celui d'autres acteurs. Certes l'État est l'architecte de l'ensemble des dispositifs (services éducatifs, sociaux…) aboutissant à une plus ou moins grande égalité des chances, mais, en particulier depuis le transfert du RMI en 2003, les départements ont une certaine discrétion pour mener à leur guise des politiques sociales, et les régions ont une influence sur le caractère plus ou moins élitiste des lycées dont elles financent la construction (pour ne prendre que quelques exemples).
- Relativisation du statut de cet objectif (l'égalité des chances) pour l'ensemble des pouvoirs publics. Il y a pour ces derniers les objectifs correspondant à des niveaux précis à atteindre (par exemple la réduction de la dette, la part du

1. On notera à ce propos que Pierre Rosanvallon dans un ouvrage publié en 2011 (*La société des égaux*, Le Seuil) proposait d'écarter la notion d'égalité des chances au profit de celle d'égalité des résultats.

nucléaire…), il en est d'autres qui dessinent plutôt des ambitions lointaines et d'une quantification nécessairement vague. L'objectif d'égalité des chances appartient plutôt à la seconde catégorie. À cet égard, la signification littérale d'un thème proposé pendant quelques années (« L'État, garant de l'égalité des chances ») par la DGAFP (direction générale de d'administration et de la fonction publique) pour les IRA mérite qu'on s'y arrête. Comment un État démocratique pourrait-il garantir (c'est-à-dire assurer de façon impérative et inconditionnelle) que deux enfants élevés dans deux familles différentes aient exactement les mêmes CHANCES de réussir (et *a fortiori* les mêmes réussites effectives) ?

II. Les points à connaître

A. L'égalité des chances : un concept précis, un usage extensif

Par rapport à l'égalité en général, l'égalité des chances représente une notion très spécifique qui se comprend par opposition à l'égalité des résultats.

Évoquons d'abord l'égalité en général. L'égalité est une des grandes catégories du droit public français. Aux termes de l'article premier de la Constitution de la Ve République, la République doit assurer l'égalité de tous devant la loi. Indépendamment d'un texte, chaque citoyen est dans une situation d'égalité par rapport aux services publics. Il ne peut y être dérogé que dans deux cas : l'intérêt général et l'existence de différences objectives entre deux situations individuelles[1].

L'égalité des chances ne se définit cependant pas particulièrement par rapport au droit public. Historiquement la notion acquiert un usage fréquent dans les années 1960. Elle désigne l'objectif consistant à niveler (et si possible à effacer en totalité) les facteurs extérieurs (familiaux, économiques, culturels…) influant sur la performance scolaire des élèves. L'importance de ces facteurs fut l'enjeu d'une controverse intellectuelle importante, dans les années 1970 entre les partisans de deux sociologues passés par la rue d'Ulm, Pierre Bourdieu et Raymond Boudon.

Pour les premiers les différences de milieu social sont décisives dans la réussite scolaire, et aussi professionnelle, des jeunes. Pour les seconds, l'influence statistique dominante sur la réussite n'est pas constituée par les différences de milieu social (défini par la profession des parents), mais par l'évolution de la structure des emplois qui vont absorber la génération montante. Peu importe, à la limite, que les performances scolaires des enfants de milieux modestes soient en moyenne inférieures à celles constatées dans des milieux favorisés ; si la part des emplois qualifiés progresse dans la structure des emplois, alors l'ascension sociale souhaitée s'effectuera et de nombreuses familles économiquement ou

1. *Cf.* de nombreuses décisions du Conseil constitutionnel intervenues depuis les années 80 (par exemple la décision du 14 août 2003 relative aux avantages de retraite bénéficiant aux mères salariées).

socialement modestes verront leurs enfants grimper sur l'échelle sociale. En ce sens, on échappe à la fatalité du milieu social d'origine postulée par Bourdieu et ses disciples.

Quoi qu'il en soit de cette controverse, cette égalité des chances ne se définit par rapport au droit public mais par rapport à la notion d'égalité des résultats. Une politique visant à l'égalité des chances ne supprime pas les différences de réussite observée dans une population, autrement dit elle ne vise pas à établir une égalité de résultats. Elle tend simplement à atténuer autant que possible l'influence sur ces résultats de facteurs arbitrairement présents à la naissance d'un individu et sur lesquels par conséquent ce dernier n'a aucun contrôle.

Fondamentalement, l'égalité des chances est donc une égalité des chances à la naissance. L'égalité ou l'inégalité de réussite observée ultérieurement subit en effet l'influence du comportement propre de l'individu, en particulier des efforts, de ses initiatives… Comment parler rigoureusement d'inégalité des chances à propos de la situation défavorable de tel ou tel individu alors que cette situation est le produit inextricable d'influences subies à la naissance et de ses propres choix face aux circonstances fluctuantes de la vie ? Il s'ensuit qu'au sens rigoureux du terme, une politique d'égalité des chances agit avant que ces chances ou malchances aient pu s'incarner dans la vie réelle, c'est-à-dire à une période de la vie située aussi près que possible de la naissance. Celle-ci renvoie aux conditions d'éducation initiale : institution scolaire, moyens financiers familiaux disponibles pour subvenir aux besoins du jeune enfant ; et donc à la politique de développement des ZEP puis des REP/REP+et à la politique de la famille[1].

Au-delà de ces premières années de l'existence d'un individu, on gagnerait sans doute à parler simplement de politique d'égalité. Les politiques de redistribution menées depuis l'instauration en 1945 de l'« État providence » sont des exemples de cette politique d'égalité. Rajouter « des chances » ne clarifie pas nécessairement les choses…

C'est pourtant ce que l'on a fait parfois. Considérée empiriquement, sur le plan de la pratique administrative et la réglementation en vigueur, l'égalité des chances recouvre trois domaines, présentés ci-dessous.

B. Les trois domaines d'application de l'égalité des chances

1. La prohibition des discriminations

En toute rigueur, la prohibition des discriminations est plutôt constitutive d'un objectif d'égalité de traitement, plutôt que d'une politique d'égalité des chances. Sur le plan sémantique, l'État a toutefois opté ces dernières années pour la seconde solution (mais sans exclure la première). Deux dispositifs ou institutions sont spécifiquement au service de cet objectif :

1. Il convient de noter à cet égard, à partir de 2019, le programme « 1 001 premiers jours », inspiré par le chercheur Boris Cyrulnik et qui ambitionne notamment de mieux former les professionnels de la petite enfance.

- **Le Défenseur des droits**. Reprenant depuis 2011 (bien qu'institué par la révision constitutionnelle de juillet 2008) les attributions de la HALDE, le Défenseur des droits participe à la prohibition des discriminations en jouant notamment de son devoir d'alerte et de vigilance. Il peut être saisi préalablement à la saisine du juge, par toute personne s'estimant victime de discriminations. Son action de médiation (et au besoin de recommandation, d'injonction et de saisine disciplinaire) peut alors parfois supprimer la discrimination en cause, sans qu'il soit besoin de recourir à l'action judiciaire. Les 450 délégués du Défenseur des droits, présents dans les départements, reçoivent les réclamations et répondent à toutes les demandes d'information, lors de permanences d'accueil, situées notamment dans les préfectures, sous-préfectures, maisons de justice et du droit et maisons du service public.
- **L'édiction d'une législation spécifique**. Depuis 1972 notre code pénal (art. 225-1) réprime les discriminations. Leur liste s'est complétée au fur et à mesure, dans les années 1990 et 2000 par les infractions relatives au harcèlement sexuel notamment. Aujourd'hui, cet ensemble comprend plus de vingt motifs de discriminations, portant entre autres sur l'origine, le sexe, la situation de famille, la grossesse, l'apparence physique, le patronyme, l'état de santé, le handicap, les caractéristiques génétiques, les mœurs, l'orientation sexuelle, l'âge, les opinions politiques, les activités syndicales, l'appartenance ou la non-appartenance, vraie ou supposée, à une ethnie, une nation, une race ou une religion déterminée… Ces discriminations sont prohibées et réprimées en tous champs où elles sont susceptibles d'apparaître : l'emploi, le logement, l'éducation et la formation, l'accès aux biens et services, publics et privés, l'accès aux soins et aux services sociaux… En 2017 la loi « Égalité et citoyenneté[1] » double les peines prévues pour délit d'injure raciste

2. La promotion de l'égalité comme non-discrimination

L'égalité comme non discrimination relève aussi, dans un certain nombre de textes et d'appellations officielles, de l'égalité des chances, dont il s'agit pour l'État d'assurer la promotion. Plusieurs moyens sont employés par l'État à cet égard[2] :

- **L'incitation et l'encadrement du « testing »** par la HALDE puis le Défenseur des droits. Lors de campagnes de *testing*[3] menées auprès d'entreprises du CAC 40, on a pu mesurer que la perte de chances liée à un facteur de dis-

1. Loi du 27 janvier 2017 relative à l'égalité et à la citoyenneté.
2. On n'évoquera pas ici l'éphémère Commissariat à la diversité et à l'égalité des chances créé en décembre 2008, rattaché au Premier ministre et confié à Yazid Sabeg, mais mis en sommeil quatre ans plus tard. [Cet organisme avait pris l'initiative controversée de prôner la constitution de statistiques ethniques.
3. Concernant des CV.

crimination atteignait de 20 à 50 %. Dans certaines entreprises (par exemple le groupe CASINO) des mesures du phénomène prises à quelques années d'intervalle (trois en l'occurrence) ont révélé un recul significatif[1] du taux de discrimination, grâce à des mesures volontaristes arrêtées en concertation avec le Défenseur des droits. Un nouveau testing de grande ampleur dont les résultats ont été connus en 2020 fait état d'un taux de discrimination de l'ordre de 20 % en moyenne, sur un échantillon de sept entreprises du CAC 40, dont plusieurs ont mis en cause la méthode de l'enquête. Si les résultats en étaient finalement avérés, cela signifierait qu'en dix ans les pratiques de recrutement ont peu évolué malgré les nombreuses campagnes de sensibilisation lancées par les pouvoirs publics.

- **Une partie de l'activité des préfets délégués à l'égalité des chances.** Institués en 2005, ces préfets, sous l'autorité du préfet de département, animent les actions en faveur de l'égalité des chances dans les six départements suivants : Essonne, Bouches-du-Rhône, Nord, Rhône, Seine-Saint-Denis et Val-d'Oise. En effet leurs attributions (*cf.* décret du 22 décembre 2005) consistent en « la coordination et à la mise en œuvre de la politique du Gouvernement en matière de cohésion sociale, d'égalité des chances et de lutte contre les discriminations. » Ce dernier aspect fait même l'objet d'une accentuation particulière puisque le préfet délégué à l'égalité des chances « participe à la mise en œuvre des actions visant à l'intégration des populations immigrées résidant en France ».

Typiquement le préfet délégué à l'égalité des chances s'appuie sur une petite structure, composée de deux chargés de mission :

- un chargé de mission emploi et insertion dans les quartiers prioritaires ;
- un chargé de mission habitat, cadre de vie et rénovation urbaine.

On voit, à travers l'intitulé de ces missions l'étroitesse du lien unissant l'égalité des chances et la description habituellement retenue pour évoquer la politique de la ville (*cf. infra*).

En outre des délégués du préfet (représentants du préfet dans les quartiers) ont pour mission de coordonner l'action des services de l'État dans les quartiers, sous l'autorité du préfet de département et sous la responsabilité directe du préfet délégué à l'Égalité des chances.

- **L'ACSE (Agence pour la cohésion sociale et l'égalité des chances), devenue en 2014 le CGET** (Commissariat général à l'égalité des territoires) puis en 2020 l'**ANCS** (**Agence nationale de la cohésion des territoires**[2]). Mesure emblématique de la loi du 31 mars 2006 relative à l'égalité des chances, la création de ACSE (qui se substituait à la DIV), opérateur principal, avec l'ANRU, de l'État pour la politique de la ville (*cf. infra*) correspond en par-

1. De près de la moitié.
2. Il s'agit notamment de la fusion du CGET et de l'Agence du numérique.

tie à la volonté de promouvoir l'égalité des chances (là encore au sens de non-discrimination). Dans cette perspective l'agence, dotée d'un budget annuel de 500 millions d'euros, finance ou cofinance des actions telles que :

– les dispositifs d'École ouverte ;
– les internats d excellence ;
– les écoles de la deuxième chance ;
– la médiation et les points d'accès au droit ;
– les diagnostics territoriaux de prévention des discriminations.

3. Le soutien et l'accompagnement des quartiers et des personnes les plus en difficulté : politiques de la ville, de la cohésion sociale, de lutte contre l'exclusion…

Les politiques publiques tournées vers l'amélioration du sort des personnes les plus fragiles et les zones urbaines les plus en difficulté relèvent :

- **des politiques de droit commun en tant que telles** (lutte contre l'exclusion, politique de l'emploi, politique du logement, Éducation nationale notamment – N.B. : ces politiques sont abordées dans l'ouvrage) ;
- **de la coordination spécifique de ces politiques de droit commun** dans le cadre de la politique de la ville (datant de 1990[1]) et sur des territoires déterminés (les ex-ZUS[2] notamment, aujourd'hui Quartiers de la politique de la ville), à travers des organes et des moyens tels que le secrétariat général du comité interministériel des villes et les ex-contrats urbains de cohésion sociale (CUCS[3]), aujourd'hui Nouveaux contrats de ville ;
- **d'un financement d'actions supplémentaires**, sur la dotation budgétaire propre du ministère de la ville et transitant largement par l'ANCS et l'ANRU, par rapport à ces politiques de droit commun. Ces actions consistent par exemple dans :
  – la prévention de l'illettrisme ;
  – les parrainages, chantiers d'insertion, forums pour l'emploi ;
  – la formation d'adultes relais ;
  – la création d'ateliers santé ville (ASV) ;
  – la mise en œuvre d'initiatives ou d'équipements culturels ;
  – la sensibilisation contre la discrimination ;
  – l'aide aux victimes.

1. Le premier secrétaire d'État à la ville fut Michel Delebarre en 1990.
2. Zones urbaines sensibles, créées en 1996 et au nombre de 750.
3. Créés en 2007 et remplaçant les contrats de ville introduits en 1994. Signés pour une durée de trois ans renouvelable, les CUCS programment des actions précises dans cinq champs prioritaires : habitat et cadre de vie ; emploi et développement économique ; éducation ; citoyenneté et prévention de la délinquance ; santé.

Ces politiques se rangent aisément aujourd'hui sous la bannière de la promotion de l'égalité des chances. Elles étaient, à partir du milieu des années 1990, de la responsabilité locale des différents sous-préfets-ville, alors institués. Là où elles sont le plus urgentes, elles deviennent en 2005 de la responsabilité des préfets délégués à l'égalité des chances. Le changement est donc bien avant tout d'ordre terminologique, sous réserve bien sûr du poids supplémentaire que peut donner à ces actions le rang plus élevé de préfet auxquelles elles sont désormais associées.

Il est à noter cependant que la notion d'égalité des chances, qui a longtemps été le concept fédérateur des différentes actions de la politique de la ville et de leur spécificité, tend aujourd'hui à prendre la deuxième place (sous le vocable d'« inclusion ») derrière l'appel à l'insertion par l'économique, malgré les constats pessimistes du rapport de 2018 de l'ONPV (Observatoire national de la politique de la ville)[1] sur les perspectives réelles offertes par cette modalité d'insertion.

Ainsi les Nouveaux contrats de ville, signés depuis 2015, comportent bien trois piliers :

- cohésion sociale ;
- cadre de vie et renouvellement ;
- développement économique.

Mais c'est ce dernier qui bénéfice des mesures les plus fortes, telles quel la TVA immobilière à seulement 5,5 %, la labellisation « territoires entrepreneurs » (100 quartiers ainsi labellisables[2], ouvrant l'accès à des réductions de charge fiscales et sociales) et aujourd'hui la redynamisation des « **emplois francs** » assortis pour l'employeur d'une prime de 5 000 ou 15 000 par embauche réalisée respectivement en CDD ou en CDI, formule imaginée lors du quinquennat précédant par le ministre de la ville François Lamy et ouverte depuis avril 2018 également à des candidats de plus de 30 ans.

Dans une logique d'efficacité, les efforts financiers en faveur de la politique de la ville sont désormais concentrés sur 1 500 quartiers de la politique la ville (QPV), un zonage unique, déterminé sur la base du critère très simple du taux de pauvreté (par opposition aux multiples éléments quantitatifs et qualitatifs entrant en ligne de compte précédemment), se substituant aux zonages multiples qui avaient, avant 2015, abouti à délimiter 2 600 quartiers. L'instauration d'un Conseil citoyen, institution consultative nouvelle (2015), dont une partie des membres est tirée au sort parmi la population locale, traduit peut-être une volonté de l'État d'accompagner ou de tempérer quelque peu le basculement de la politique de la ville dans une nouvelle logique marquée par la rationalité économique.

1. « Emploi et développement économique dans les quartiers prioritaires ».
2. En pratique les anciennes zones franches urbaines (ZFU).

Entraînement

Synthèse

Les points-clefs à ne surtout pas oublier

- L'ambiguïté des politiques publiques de lutte contre l'exclusion, entre la création d'un système viable et durable d'assistance et les incitations offertes aux « exclus » d'en sortir.
- La complexité de la coopération entre acteurs, cloisonnés dans leurs champs de compétence respectifs.
- L'impuissance apparente des financements, face au déterminisme du taux de chômage, qui fixe en pratique le nombre des « exclus ».

Les mots-clefs à retenir

- Insertion
- Minima sociaux
- Récession
- Exclusion
- RSA
- Pauvreté
- PDA
- Protection sociale
- Politique de la ville

Les sujets de concours possibles

- L'exclusion, entre solutions et pérennisation.
- L'État a-t-il tiré les leçons des échecs en matière de lutte contre l'exclusion sociale ?
- L'exclusion sociale : une question d'organisation ou de financements ?
- L'État devrait-il tenir un Grenelle de l'exclusion ?
- Quels espoirs portent les acteurs et les méthodes de l'économie sociale dans la lutte contre l'exclusion ?

À l'oral, comment répondre en deux ou trois phrases aux questions les plus plausibles

Vous dites que le gouvernement devrait intervenir davantage dans le champ social. Mais son bilan en matière de lutte contre l'exclusion n'est-il pas limité ?

Il est vrai que le phénomène de l'exclusion est extraordinairement résistant car il apparaît largement conditionné par un taux de chômage élevé en France depuis plus de 30 ans. Les résultats positifs de l'action de l'État sont donc insuffisamment visibles, mais ils sont réels, comme en témoigne le secteur de l'économie sociale qui connaît un grand développement, en partie grâce aux incitations fiscales et sociales mises en place par les pouvoirs publics. Les AI (associations intermédiaires) permettent par exemple tous les ans à 150 000 « exclus » de retrouver un lien social.

La montée en charge des dispositifs contre l'exclusion est souvent lente. Comment l'expliquez-vous ?

En effet cette lenteur des montées en charge a pu se constater sur beaucoup de dispositifs (CMU, plus de trois ans ; Garantie jeune, trois ans ; ACS, montée en charge de moitié au bout de dix ans ; PDA, trois ans…) On avance en général trois types d'explications : les formalités ou « tracasseries » administratives préalables à l'accès, la complexité des règles de fonctionnement (il s'agit presque toujours de prestations dites différentielles qui viennent compléter des ressources obtenues par ailleurs) et enfin la stigmatisation sociale que peuvent connaître les allocataires. Lutter contre ces trois freins est en enjeu fondamental car la baisse du taux de non-recours est un des objectifs-clés de toute politique de lutte contre l'exclusion.

Conseils bibliographiques

- Serge Paugam, *La disqualification sociale*, PUF, 2013.
- Cécile Brousse, Jean-Marie Firdion, *Les sans domicile*, La Découverte, 2008.

6 La politique de santé

Dans ce chapitre, le lecteur se familiarisera avec les « fondamentaux » et les paramètres actuels de la politique de santé en réforme depuis bientôt quinze ans.

1 Enjeux et objectifs

Au regard de ses performances sur le plan sanitaire, la médecine française figure parmi les meilleures du monde. Nombre de chefs d'États étrangers viennent se faire soigner en France. La chirurgie française a réussi quelques premières mondiales, telles que la greffe intégrale du visage. L'institut Pasteur a été à l'origine des recherches sur le SIDA. La France a fourni en moyenne un prix Nobel de médecine par décennie depuis 1950[1]. Nombre d'équipes et d'institutions françaises (INSERM[2], institut Curie…) sont de réputation mondiale. Mais se situer à la pointe de la science médicale et des techniques de soins n'est pas la seule considération pertinente pour juger de l'efficacité d'un système de soins.

Trois priorités

D'autres critères doivent être associés à cette appréciation, comme l'a fait en 2004 l'Union européenne qui a défini son intervention[3] autour de trois objectifs :

- l'égalité de l'accès aux soins ;
- la qualité ;
- la viabilité financière du système de santé.

Incontestablement, la politique française de santé poursuit depuis les années 1970 ces trois objectifs. Ils ont connu des réussites inégales. Des « ratés » dans la qualité (on se souvient notamment du grave épisode de légionellose, en 2000 et 2001, à l'hôpital Georges Pompidou pourtant nouvellement construit et de conception ultramoderne) et des controverses sur la question de l'accès aux soins appellent nécessairement des réserves sur les deux premiers critères, mais on verra plus bas (*cf.* 4) que le jugement peut néanmoins demeurer favorable à leur égard.

En revanche, le troisième point, la viabilité financière, apparaît bien comme une difficulté majeure, peut-être la principale difficulté de la politique de santé en France. Aujourd'hui celle-ci doit s'analyser en réalité sous l'angle de la recherche de l'équilibre des comptes. Le paramètre financier conditionne non seulement la permanence d'un large accès à des soins de qualité, mais aussi **le maintien des grandes variables de santé** publique à des niveaux satisfaisants :

- prévention des maladies chroniques (cancer, diabète…) ;
- prévention des risques infectieux (VIH, maladies nosocomiales…) ;

1. Le dernier Nobel reçu par un Français remonte à 2011, attribué à Jules Hoffmann pour des travaux sur le système immunitaire.
2. Institut national de la santé et de la recherche médicale.
3. Dans le cadre du principe de subsidiarité, car la santé relève des domaines de compétences partagées entre l'Union et les États, *cf.* chapitre 1.

- prévention des risques liés à l'alimentation et à l'environnement (nutrition, accidents de la vie courante, qualité des eaux…) ;
- sécurité des produits de santé ;
- utilisation des produits du corps humain ;
- lutte contre les pratiques addictives ;
- santé mentale ;
- politique vaccinale.

2 Contenus et évolutions

a. Les dynamiques de la dépense

Contrairement à d'autres pays, le Royaume-Uni en particulier, la France a maintenu après la seconde guerre mondiale un système de médecine libéral, fondé sur une quadruple caractéristique : liberté d'installation du médecin, libre choix par le malade, liberté de prescription, paiement direct par le malade.

Or cette médecine libérale traditionnelle, marquée par la relation exclusive médecin-patient, s'exerce, depuis l'avènement de la Sécurité sociale en 1945, dans un cadre socialisé qui rétroagit sur le fonctionnement même de cette relation.

Une médecine libérale bénéficiant de l'existence d'un tiers payeur collectif

En présence d'un tiers payeur collectif, **le patient, qui conserve la liberté du choix du médecin, n'est plus incité financièrement à modérer son recours à ce dernier**, dans la mesure où il ne subit que faiblement sur ses deniers personnels les conséquences de sa consommation médicale, y compris lorsque celle-ci est déraisonnable. Il n'est pas freiné dans cette consommation par la longueur de la file d'attente, comme il le serait dans le système britannique du NHS[1] où le patient est affecté administrativement à un généraliste donné. Dans le système de santé français, si son désir de consultation n'est pas satisfait immédiatement, il suffit au patient de se diriger vers tout médecin disponible.

Le médecin, quant à lui, dans notre système de médecine libéral, voit son revenu déterminé par le nombre de consultations qu'il peut pratiquer. L'autorégulation de cette quantité, avant l'intervention d'un tiers payeur collectif, était assurée par la faculté du patient de se passer d'un médecin qu'il jugeait trop coûteux par la multiplication ou l'inefficacité de ses consultations. Une fois le système de médecine libérale socialisée en place, cette limite à l'impulsion de la dépense par le médecin s'estompe fortement, voire disparaît.

L'élément de responsabilisation financière des relations patient-médecin tend donc à s'effacer dans le système de santé tel que nous le connaissons en France. Les conséquences pécuniaires d'un comportement irresponsable sont assumées par la collectivité. C'est-ce que les économistes qualifient d'aléa moral.

Cet aléa moral constitue un des facteurs contribuant puissamment à une dynamique de dépenses que l'on pourrait qualifier de systémique et qui éclaire dans une large mesure

1. National Health Service.

la raison pour laquelle, malgré les très nombreux plans gouvernementaux de modération des dépenses de santé, celles-ci semblent continuer à croître de façon endogène.

Le rôle complexe des augmentations du reste-à-charge pour les patients

L'autre dynamique des dépenses de santé présente en France, de nature également systémique, met en cause les solutions passant par une augmentation du reste à charge pour les patients. Il s'agit de la spirale suivante, en réalité un cercle vicieux : pour lutter contre le déficit de l'assurance-maladie, les pouvoirs publics tendent à augmenter le reste-à-charge des patients (tickets modérateurs, forfait hospitalier…), ce qui allège d'autant les charges pesant sur le système de santé mais renchérit les soins pour les particuliers. Ces derniers tendent alors à négliger ou à retarder lesdits soins, favorisant ainsi malgré eux l'apparition de pathologies plus graves, car non traitées à temps, et également plus coûteuses à prendre en charge par l'assurance-maladie, qui, du coup, enregistre un nouveau déficit, ce qui provoque un nouveau cycle de renchérissement pour les patients, de retardement des soins nécessaires, et au final, de surcoûts pour le système de santé…

b. Des causes générales à la hausse de cette dépense : le progrès économique et social

Les produits et services de santé sont généralement considérés par les économistes comme un bien supérieur, c'est-à-dire un bien dont la part dans la consommation des ménages augmente lorsqu'ils s'enrichissent, contrairement à des denrées de base telles que le pain ou les pâtes. Cette hypothèse est vérifiée empiriquement : sur la période trente ans entre 1979 et 2009, lorsque les revenus ont progressé de 10 %, les dépenses de santé ont crû de 12,5 %. La part de cette dépense rapportée au PIB français est depuis cette date stabilisée à un niveau légèrement inférieur à 12 %, ce qui correspond cependant à une valeur élevée sur le plan mondial. En effet la France occupe dans ce classement la troisième place, derrière les États-Unis et la Suisse.

c. Les autres inducteurs de coûts

Le système de santé français génère également un certain nombre de particularités qui constituent objectivement des facteurs de hausse des dépenses de santé.

Un volume de prescription très élevé : il y a une dizaine d'années les antibiotiques étaient prescrits en France trois fois plus qu'en Allemagne, les médicaments contre le cholestérol deux fois plus qu'au Royaume-Uni. Globalement, la France occupait le premier rang européen de la consommation de médicaments par habitant et le second au sein de l'OCDE pour celle des antibiotiques. Aujourd'hui, les prescriptions d'antibiotiques en France sont encore de 25 % supérieures à la moyenne de l'OCDE et la France restait en 2016 le troisième pays le plus consommateur d'antibiotiques et le second de benzodiazépines (anxiolytiques).

Des capacités hospitalières comparativement importantes : la France disposait en 2016 de 6,0 lits d'hôpital pour 1 000 habitants (en déclin logique – c'était 8,0 en 2000 – étant donné le développement de la médecine ambulatoire permis par les nouvelles techniques chirurgicales moins invasives[1]), contre 4,0 en Finlande, 3,0 en Espagne et 2,8 aux États-Unis, mais 8,1 en Allemagne.

1. On observe d'ailleurs cette diminution du nombre de lits dans tous les pays.

Une densité de médecins élevée : alors qu'en 1960, la France, avec 1 médecin pour 1 000 habitants, et l'OCDE, avec 1,1 médecin, présentaient une démographie médicale proportionnellement comparable, en 2010 l'écart est significatif avec 3,3 médecins pour la France et seulement 3,1 pour l'OCDE. Cette différence tend toutefois à se réduire : en 2012, les valeurs étaient de 3,3 pour la France et 3,2 pour l'OCDE. Aujourd'hui, si la France souffre d'inégalités territoriales de santé et de densités médicales (*cf. infra*), elle continue à se situer par son nombre de médecins à un niveau comparable à d'autres pays développés : 3,2 pour 1 000 habitants contre 3,7 pour les 15 pays les plus riches de l'Union européenne, 3,5 pour l'ensemble de l'OCDE mais entre 2,4 et 2,6 pour le Canada, les États-Unis et le Japon.

Très tôt, les pouvoirs publics ont donc cherché à enrayer l'inflation des coûts du système de santé, en recourant successivement à plusieurs méthodes, aucune ne donnant durablement le résultat escompté.

d. La phase de recherche de recettes supplémentaires : 1975-1990

Pour combler le déficit de l'assurance-maladie, l'État a d'abord cherché à procurer à la Sécurité sociale des recettes supplémentaires, à une époque où la question de prélèvements obligatoires éventuellement excessifs se posait avec moins d'acuité qu'aujourd'hui. À partir de 1975, les gouvernements ont élaboré en moyenne un « plan de sauvetage » par an de l'assurance-maladie (le plan Questiaux de 1981, particulièrement emblématique, portera par exemple sur des recettes supplémentaires de 36 milliards de francs), en prenant essentiellement trois types de mesure :

- l'augmentation du ticket modérateur (notamment en 1993, avec une hausse de 30 %) ; de même, le forfait hospitalier n'était que de 20 francs en 1982, année de son introduction, il se montera à 15 euros en 2006, puis 18 euros en 2010 ;
- la création ou l'augmentation de taxes, à l'image du prélèvement dit « de solidarité » de 1 % institué par Jacques Delors en 1982, ou de ceux, fréquemment modifiés, portant sur l'industrie pharmaceutique, l'alcool et le tabac ;
- la hausse des cotisations de sécurité sociale (grâce surtout à leur déplafonnement complet en 1984 pour la maladie, et à l'alignement sur les actifs du taux appliqué aux retraités), puis le remplacement des cotisations maladie des salariés par la Contribution sociale généralisée (CSG) d'assiette plus large[1].

e. La phase d'intensification des conventionnements avec les professions de santé : 1991-1999

À partir de 1991, à cette recherche de recettes supplémentaires vont s'ajouter les tentatives de réguler les pratiques tarifaires des médecins. Celles-ci ne sont en effet pas neutres sur les dépenses d'assurance-maladie car, à travers le remboursement des frais médicaux, des tarifs élevés pèsent sur les comptes de la Sécurité sociale. Les conventions conclues entre l'assurance-maladie et les professions médicales et paramédicales vont dès lors prôner la modération tarifaire, avec un certain succès concernant les kinésithérapeutes et les infirmiers,

1. Elle inclut en effet les revenus de placements et les revenus tirés des jeux.

mais sans grande efficacité à l'égard des médecins généraux et spécialistes, qui sont tenus cependant, en principe, de s'installer en « secteur 1[1] » à partir de 1991.

En soutien à cette logique contractuelle parfois défaillante, vont être alors créés deux outils de modération mécanique des dépenses initiées par les praticiens :

À partir de 1993, **les actes et prescriptions des médecins sont encadrés**, dans le cadre de la loi « Teulade » de décembre 1992, par une série de Références médicalement opposables (RMO), dont le respect conditionne le remboursement des consultations au patient par l'assurance-maladie.

À partir de 1995, un **Objectif national de dépenses de l'assurance-maladie** (ONDAM), voté par le Parlement dans le cadre de la LFSS (loi de financement de la sécurité sociale) instituée par la réforme constitutionnelle de 1996, indique les objectifs de progression des dépenses auxquels devront chercher à se conformer les praticiens[2].

Les négociations annuelles menées par l'assurance-maladie avec les médecins pour mettre à jour les paramètres financiers des conventions reçoivent ainsi une valeur-butoir sous la forme de l'ONDAM, ce qui est censé se traduire d'abord par l'impossibilité théorique de conclure des conventions trop généreuses et ensuite par la limitation effective des dépenses réalisées à l'initiative des médecins.

Ce dernier point, malgré des sanctions financières à l'égard de ces derniers en cas de dépassement de l'ONDAM (sanctions par la suite invalidées par le Conseil d'État en 2000), restera largement lettre morte dans la pratique. L'assurance-maladie, pour protéger son équilibre, appliquera alors, en guise de rétorsion, le blocage de la réévaluation des honoraires médicaux, en cas de dérive injustifiée constatée par rapport à l'ONDAM. Cette réaction ne limitera cependant pas la multiplication du nombre d'actes, et même la favorisera dans une certaine mesure.

f. La phase d'économies de dépenses : 2000-2008

Au début des années 2000, le non-respect de l'ONDAM devient préoccupant[3]. La réalisation dépasse de 3 % la prévision de dépenses. Cependant, la croissance économique du pays entre 2000 et 2002 enregistre de bons scores (3 % par an en moyenne), ce qui permet à la Sécurité sociale de recueillir des recettes en progression. Du coup, la dérive par rapport à l'ONDAM n'entraîne pas de mesures correctrices énergiques immédiates.

Celles-ci doivent cependant être prises en 2004 dans le cadre du **plan Douste-Blazy**, qui vise à réaliser 5 milliards d'euros par an de recettes supplémentaires et surtout 10 milliards d'économies de dépense, grâce au développement des médicaments génériques, à

1. C'est-à-dire le secteur dit « conventionné » fixant le tarif de la consultation ordinaire d'un médecin généraliste à 25 euros en depuis mai 2017.
2. Restent en dehors de cet objectif quelques catégories de dépenses telles que les indemnités journalières de maternité, les prestations de décès ou les pensions d'invalidité.
3. Malgré la forte implication du Législateur, l'ONDAM en vingt années d'existence n'a jamais pu être respecté avant 2010 ; depuis cette date en revanche cet objectif est honoré en exceptant de ce constat les années 2020 et 2021 marquées par la crise du coronavirus et l'augmentation qu'elle induit en particulier sur les dépenses hospitalières (financement d'heures supplémentaires, etc.) ; en 2020 l'ONDAM est dépassé de 14 milliards d'euros et en 2021 probablement de 10 milliards.

l'instauration du médecin traitant et à l'obligation pour le patient d'effectuer un parcours de soins, qui doit permettre de mieux arbitrer entre les prises en charges les plus coûteuses (l'hôpital) et les moins onéreuses (le secteur médico-social et la médecine ambulatoire) et éviter notamment la multiplication dispendieuse des consultations auprès des spécialistes.

Parallèlement, dans le secteur hospitalier, c'est une réforme ambitieuse de la tarification qui doit entraîner une meilleure régulation des dépenses : **la T2A (tarification à l'activité) est introduite en 2004**. Ce mode de calcul et de délégation indirecte[1] des ressources aux hôpitaux rompt avec la règle précédente consistant à attribuer à ces établissements une dotation forfaitaire, déconnectée du nombre et de la nature des actes pratiqués. La T2A, à l'inverse, fait dépendre la rémunération de l'hôpital des actes effectivement pratiqués, à partir d'un calcul effectué sur la base d'un coût de référence de ces actes. La tentation de dépenser à tout prix une enveloppe forfaitaire (pour en obtenir la reconduction d'année en année) en multipliant les actes n'a plus d'objet avec la T2A. En revanche celle-ci n'échappe pas à toute controverse (ce qui expliquera l'annonce en 2018 d'un chantier de réforme de ce mécanisme tarifaire). Si en effet les coûts de référence de certains actes sont mal estimés, cela peut avoir l'effet pervers d'inciter l'établissement hospitalier à réduire ou à augmenter le nombre de ces actes, soit pour éviter, soit pour profiter d'un effet d'aubaine ou de pénalisation budgétaire, et dans les deux cas indépendamment des besoins de soins réels.

En 2008, le dispositif tracé par le plan Douste-Blazy est confirmé. L'absence de désignation par le patient d'un médecin référent est pénalisée financièrement dans les remboursements qui lui sont dus. De plus, **des franchises sont introduites** : 50 centimes par boîte de médicament, 2 euros par transport sanitaire, demeureront en tout état de cause à la charge du patient.

Parallèlement à ces tentatives de responsabilisation des patients, une incitation à des pratiques médicales rationnelles et conformes aux orientations de la santé publique, est offerte aux médecins généralistes à travers la mise en place des CAPI (contrats d'amélioration des pratiques individuelles) en 2009. En échange d'une prime tarifaire pouvant atteindre 7 % du tarif de la consultation, les 38 %[2] de médecins signataires des CAPI s'engageaient à mettre en œuvre vaccinations, dépistages de certains cancers, augmentations de la prescription de génériques, améliorations du suivi du diabète et de l'hypertension artérielle. Un mécanisme encore plus complet baptisé simplement « convention médicale » à la fin de 2011, puis dès 2012 ROSP[3], s'adressant également aux médecins spécialistes, a pris le relais des CAPI.

9. La phase de recherche d'une meilleure gouvernance : 2009-2013

Ces trois phases (recettes supplémentaires, conventionnements et encadrement tarifaire et économies supplémentaires) qui résument les tentatives de l'État pour rétablir l'équilibre de l'assurance-maladie, aboutissent à la fin des années 2000 à un constat quelque peu décevant. Ces déficits ont parfois pu être contenus à la toute fin des années 1990, après les deux pics de 1993 et 1996, mais le plus souvent ils ont semblé progresser inexorablement : 2,1 milliards d'euros en 2001 ; 6,1 en 2002 ; 11,1 en 2003 ; 13,6 en 2004 ; 8 en 2005 ; 6 en 2006 ;

1. Indirecte, car en réalité l'assurance-maladie défraie les hôpitaux via le remboursement dans les mains des patients, selon un mécanisme complexe d'imputation.
2. À la fin de 2011.
3. Rémunération sur objectifs de santé publique.

4,6 en 2007 ; 4,4 en 2008 ; 9,4 en 2009 ; 11,6 en 2010 ; 8,6 en 2011 ; 5,5 en 2012. 2013 marque malheureusement un retour vers la progression du déficit, avec un solde négatif de 6,8 milliards d'euros, qui s'est creusé en 2014 (-7,3 Mds).

Les pouvoirs publics se sont alors tournés vers la piste jusque-là la moins explorée, représentée par une amélioration des structures de gouvernance de la politique de santé, ce à quoi est attachée la loi « HPST » (hôpital, patients, santé et territoires) promulguée le 21 juillet 2009. Ont été donc mis en place :

Une nouvelle gouvernance régionale

Le pivot en est constitué par les agences régionales de santé. Elles sont la concrétisation de plusieurs constats :

- Les **résultats positifs obtenus par les ARH** (agences régionales de l'hospitalisation), instituées en 1996, et responsables de l'offre de soins hospitaliers en région. Ce satisfecit, fondé notamment sur un ralentissement du taux de croissance des dépenses de soins hospitaliers[1], a conduit à imaginer une agence plus importante qui chapeauterait l'ensemble des offres, hospitalières et ambulatoires (soins de ville), ainsi que, finalement[2], la gestion du risque (c'est-à-dire les questions de tarification rapportées à la fréquence prévisible des différents soins et de leurs conditions de remboursement par l'assurance-maladie).
- **Le bilan modeste des URCAM[3] et des MRS[4]** : ces deux instances, sans doute manquant d'ancrage historique (puisque créées respectivement en 1996 et 2004), étaient chargées, pour les URCAM, d'harmoniser le pilotage de la gestion du risque en matière hospitalière, entre le régime général et les régimes spéciaux d'assurance-maladie et, pour les MRS, d'améliorer la répartition territoriale des médecins de ville (en identifiant notamment des « zones blanches »).
- **Les avantages d'une bonne articulation entre la médecine de ville et l'hôpital** : une seule autorité, désormais, le directeur général de l'ARS, est comptable de la performance globale du système de santé au niveau régional, sans la tentation de gérer un « pré carré » en reportant les coûts sur l'autre branche du système de soins. (Faire des économies sur la médecine de ville, du point de vue de l'assurance-maladie, peut en effet se traduire par des coûts plus importants, mais plus tardifs, lorsqu'arrivent à l'hôpital des patients qui auraient pu bénéficier d'une meilleure prise en charge ambulatoire ; et inversement rogner sur les prestations hospitalières est susceptible de se traduire par des conséquences très coûteuses sur la médecine de ville).

Ainsi les ARS, dans une optique d'efficacité, regroupent notamment les compétences de plusieurs organismes qui cessent du même coup d'exister : les fonctions de veille sanitaire

1. S'agissant des hôpitaux publics ce rythme était de 5,1 % par an entre 2000 et 2005 et descend à 3,4 % entre 2007 et 2009 et même à 3,1 % entre 2007 et 2011, grâce à une croissance en 2010 et 2011 inférieure à 2,8 %. En 2012 et 2013, cette croissance se maintient sur cette tendance, à un rythme de 2,6 % par an.
2. Les projets initiaux, formulés notamment dans les rapports du député Yves Bur et du préfet Philippe Ritter prévoyaient une alternative maintenant la gestion du risque au sein des caisses régionales d'assurance maladie.
3. Union régionale de caisses d'assurance maladie.
4. Mission régionale de santé.

et de prévention anciennement assumées par les DDASS et les DRASS[1], la gestion du risque (au sens défini *supra*) hospitalier assumée par les CRAM[2] ; les fonctions des MRS et des URCAM déjà évoquées, et enfin les fonctions des GRSP[3], qui, sous l'autorité du préfet de région, étaient chargés d'élaborer les plans régionaux de santé publique (PRSP) orchestrant sur le terrain les priorités de santé publique.

L'éducation à la santé, la veille sanitaire, l'offre de soins, la gestion du risque, les pratiques soignantes, le secteur médico-social constituent les grands domaines de légitimité des ARS et leurs priorités d'action portent, d'une part, sur la santé des populations et, d'autre part, sur l'efficacité de la gestion. Un décret du 2 juillet 2010 a institué un Conseil national de pilotage de l'ensemble des 26 ARS (qui deviendront 18 à partir de 2016 et 19 en 2019 avec l'ouverture de l'ARS de Mayotte, *cf.* chapitre 1). Par ailleurs, ces agences se sont appuyées sur un contrat pluriannuel d'objectifs (CPOM), signé avec le ministre de la santé et couvrant la période 2011-2014. On y retrouvait certaines priorités de l'action publique en matière de santé, qui restent en vigueur aujourd'hui :

- « l'amélioration de l'espérance de vie en bonne santé », à travers la veille sanitaire et la prévention ;
- « la promotion de l'égalité devant la santé », en jouant notamment sur l'offre territoriale de soins ;
- « le développement d'un système de santé de qualité, accessible et efficient », en améliorant par exemple « l'organisation des permanences de soins ambulatoires et en poursuivant les efforts vers l'équilibre des comptes de l'assurance-maladie. »

Une nouvelle gouvernance infrarégionale

Outre les ARS, la loi HPST prévoyait une transformation substantielle de l'organe directeur et de la place de l'hôpital dans son environnement.

L'hôpital doit se concevoir désormais de plus en plus comme une entité complexe fondée sur plusieurs établissements physiques, travaillant en réseau. Les « communautés hospitalières de territoires » introduites par la loi HPST réalisent la mise en commun de moyens (plateaux techniques, expertises selon les types d'actes, diagnostics, traitements et interventions chirurgicales). Dans ce contexte, la fermeture des établissements hospitaliers les moins adaptés aux besoins de santé de la population d'un territoire donné (cas des maternités trop petites par exemple) se poursuit sur la base d'une coopération améliorée entre les moyens existants.

Par ailleurs, l'établissement hospitalier lui-même voit s'élargir les pouvoirs du directeur, sous l'autorité d'un conseil de surveillance susceptible d'être présidé par des personnalités diverses, en lieu et place de l'ancien conseil d'administration, plus directement impliqué dans la gestion quotidienne de l'hôpital et fréquemment présidé par le Maire de la commune d'implantation, ce qui pouvait donner lieu sur le plan théorique à des conflits d'intérêts entre les besoins de santé réels de la population et la gestion des emplois de la ville.

L'État accompagnait cette évolution sur le plan financier en affectant 10 milliards d'euros à la modernisation des investissements hospitaliers, dans le cadre du « plan Hôpital 2012 ».

1. Direction départementale des affaires sanitaires et sociales et direction régionale des affaires sanitaires et sociales.
2. Caisses régionales d'assurance maladie, aujourd'hui caisse d'assurance retraite et de la santé au travail (CARSAT).
3. Groupement régional de santé publique.

h. La phase d'affinement et d'optimisation de l'organisation locale des soins, destinée à valoriser l'échelon de proximité : 2013-2020

Ces communautés hospitalières de territoire une fois constituées, stabilisées et opérationnelles permettent à partir de 2013 à la stratégie de santé de se fixer sur l'amélioration des maillons les plus faibles au sein de ces communautés, à savoir les hôpitaux de taille modeste.

Rebaptisés **hôpitaux de proximité** à la place d'« hôpitaux locaux » en 2009, ces structures conservent de leurs prédécesseurs le financement forfaitaire, dérogatoire à la T2A (*cf. supra*), qui appelle une normalisation (laquelle interviendra du reste finalement en 2015[1]), ainsi que des missions trop hétérogènes ne leur permettant pas de se concentrer sur les activités où elles pourraient être les plus efficaces. Aussi ces missions sont ramenées en 2015 aux seules **consultations de médecine** et sont donc caractérisées par :

- l'absence de services de chirurgie et d'obstétrique ;
- l'administration de soins de premiers recours ;
- le rôle de passerelle vers des soins plus complexes.

Par ailleurs :

- la zone d'attraction des hôpitaux de proximité est définie par un temps d'accès en voiture inférieur à 20 minutes ;
- cette zone de proximité doit comporter des facteurs de fragilité (pourcentage élevé de personnes âgées, taux de pauvreté supérieur à la moyenne nationale...) ;
- l'hôpital doit disposer d'une capacité d'accueil limitée à 5 500 séjours par an.

Les **hôpitaux de proximité** ont donc après ce repositionnement vocation à assurer un **premier niveau** solide et performant de soins hospitaliers, mais aussi à contribuer, **par des coopérations étroites avec les acteurs de la ville et du médico-social**, à faire vivre un échelon de proximité présent, attentif et réactif. Aujourd'hui au nombre de 243, 600 hôpitaux de proximité sont prévus en 2022 par le Gouvernement.

Autour de ces structures locales, l'environnement sanitaire a été lui aussi remodelé pour une meilleure intégration des soins et une plus grande fluidité des parcours de soins, qui doivent être accomplis au niveau géographiquement le plus proche du patient, ce qui suppose entre autres de surmonter ou de contourner les déserts médicaux, qui recouvrent largement les régions Centre, Pays de la Loire et Normandie.

Ainsi en 2016 la loi « Touraine » du **26 janvier 2016, de « modernisation de notre système de santé »** instaure **les communautés professionnelles territoriales de santé (CPTS)**, permettant, autour d'un noyau constitué par les médecins libéraux exerçant autour de l'hôpital de proximité (et qui peut tisser des liens avec les secteurs hospitalier et médico-social, *cf. infra*), d'assurer des fonctions de remplacement mutuel et de simplifier plus généralement le parcours des soins des patients. Lorsqu'elles contractent avec l'ARS (c'est le cas aujourd'hui de 60 d'entre elles sur les 224 en existence), les CPTS peuvent en obtenir un

1. Une faible part de T2A se conjugue à une nouvelle dotation forfaitaire garantie (DFG) qui comprend une part fixe et une part fonction de l'organisation de l'hôpital et des caractéristiques de la population locale.

financement. Elles peuvent par ailleurs coïncider sur le plan matériel avec une maison de santé pluri-professionnelle.

Autre support d'intégration, les projets territoriaux de santé (PTS) ont été créés par la loi « Buzyn » du 24 juillet 2019, relative à l'organisation et à la transformation du système de santé Ils doivent être alimentés à la fois par les contrats locaux de santé (CLS) et les contrats territoriaux de santé (CTS) produits par les CPTS.

Ces CLS résultent de la contractualisation sanitaire entre les collectivités locales et chaque ARS. Ces dernières élaborent et animent le projet régional de santé (PRS) qui se décline par « territoires de démocratie sanitaire » (les départements le plus souvent) animés par **des conseils territoriaux de santé** réunissant tous les acteurs de la santé et autres parties prenantes (une cinquantaine de membres : professionnels et acteurs lucratifs des services de santé, usagers, collectivités territoriales, représentants de l'État et des organismes de sécurité sociale, personnalités qualifiées).

Ainsi le système local de santé bénéficie aujourd'hui en théorie d'un très haut niveau d'intégration. Ceci d'autant plus que, aux termes de la loi Buzyn :

- les représentants de la CPTS intégreront la commission médicale d'établissement des hôpitaux de proximité ;
- ces mêmes CPTS (centrés historiquement sur la médecine et les médecins de ville) s'ouvriront aux établissements de santé et aux établissements médico-sociaux, qui pourront en être membres.

3 Moyens financiers et organisationnels

a. La tutelle effective de l'État

Le financement du système de santé français est marqué par la prépondérance des financements publics. L'État contribue à hauteur de 1 % seulement, mais l'assurance-maladie à 78 %, les assurances complémentaires à 13 % et les ménages à 8 % d'un volume de dépenses de biens et de soins de santé[1] qui se montait à 199 milliards d'euros en 2017 et 209 milliards en 2020, ventilés en deux principales catégories de dépense : environ 47 % pour la médecine ambulatoire (dont le tiers environ représenté par le coût des médicaments) et 53 % dans pour l'hôpital.

Si, au sein de cet ensemble public, **l'assurance-maladie apparaît comme le principal financeur, elle reste soumise à la tutelle de l'État** qui est responsable – outre l'exécution de ses obligations dans le cadre des conventions d'objectifs et de gestion (COG) conclues pour cinq ans avec l'assurance-maladie :

- des **nominations des dirigeants** à la tête des caisses nationales d'assurance-maladie, qui sont des établissements publics administratifs ;
- de la détermination – à travers notamment les missions de la Direction de la sécurité sociale (DSS) – des **types de prélèvements sociaux**, de leurs assiettes et de l'évolution

1. Il ne s'agit pas de la dépense totale de santé, d'un montant d'environ 280 milliards d'euros et qui comprend des dépenses indirectes : marketing, formation, ainsi que le coût des indemnités journalières et des soins de longue durée.

de leur taux, de la prévision des dépenses et donc dans une large mesure des conditions de l'équilibre des comptes de l'assurance-maladie ;

- des **priorités de santé publique –** à travers notamment l'action de la Direction générale de la santé (DGS) – en termes de recherche, de régulation des professions de santé, de campagnes d'éducation, de politique de prévention, de veille sanitaire, d'alertes épidémiologiques, alimentaires ou climatiques et de pilotage d'une quinzaine de plans de santé publique (plan cancer, plan Alzheimer, plan diabète…).

b. Les démembrements de l'État

Cependant l'unité de l'action de l'État en matière de politique de santé a été mise en cause depuis le début des années 2000. On a reproché notamment à ce secteur de l'activité gouvernementale d'avoir procédé à des « démembrements » de l'État, en externalisant un certain nombre de missions à des agences composées largement de personnels contractuels. Ces « démembrements » ont eu pour conséquences une difficulté à situer les responsabilités exactes de chaque acteur dans le cadre de leurs multiples réseaux de coopération, et l'apparition d'un risque de dédoublement des fonctions entre l'État et ses agences de santé. Aussi il a été nécessaire d'assurer à cet ensemble la cohérence et le dynamisme indispensables à la conduite des politiques publiques, à travers le Comité d'animation du système d'agences (CASA) qui réunit plusieurs fois par an les directeurs généraux de ces agences et la DGS.

Ces agences sanitaires, créées au milieu des années 1990, étaient dans les années 2010 au nombre d'une dizaine et cumulaient environ 12 000 postes d'ETP (équivalent temps plein) et un montant global de 430 millions d'euros de subventions pour charges de service public. On peut distinguer pour la commodité de la présentation :

- Des **agences à vocation transversale** et aux missions très larges : l'Institut de veille sanitaire (INVS), qui était notamment chargé de la surveillance de l'état de santé de la population et des investigations épidémiologiques ; l'Institut national de prévention et d'éducation pour la santé (INPES), qui assurait notamment la communication sur les programmes de santé publique et l'organisation de l'éducation à la santé, ces deux agences ayant fusionné en 2016 pour créer **Santé publique France**.
- Des agences qui assurent principalement des **missions de veille scientifique**, d'analyse et d'évaluation des risques dans des domaines spécialisés : l'Agence française de sécurité sanitaire des produits de santé (AFSSAPS), dans le domaine des vaccins et des médicaments, l'Agence de biomédecine (ABM) dans le domaine des greffes d'organes de tissus et de cellules ; l'Institut national du cancer (INCA), l'Établissement français du sang (EFS), l'Agence française de sécurité sanitaire de l'environnement et du travail (AFSSET) fusionnée en 2010 avec l'Agence française de sécurité sanitaire des aliments (AFSSA)…

Une haute autorité de la santé (HAS) complète ce dispositif et joue un rôle important notamment pour orienter les bonnes pratiques professionnelles du secteur de la santé.

4 Bilan et perspectives

a. Des résultats généraux de santé publique honorables

Les performances d'un système de santé s'appréhendent synthétiquement par un petit nombre d'indicateurs permettant les comparaisons internationales. La plupart de ces indicateurs sont favorables à la France : ainsi sur les 20 indicateurs utilisés par l'OCDE pour évaluer les systèmes de santé, 16 sont positifs pour notre pays et seuls 2 sont très en retrait : l'un relatif à la consommation d'alcool de la population française et l'autre, à la consommation de tabac.

En termes de **mortalité infantile**, certes, la France, avec un taux de 3,8 pour 1 000 nettement supérieur à celui de l'Allemagne (2,8) et un peu au-dessus de la moyenne de l'OCDE (3,5) présente des résultats insuffisants. S'il continue à se situer tout de même à un niveau plus favorable que certains pays occidentaux : Canada (4,5) et États-Unis (4,8), le décrochage de notre pays en cinq ans a été net vis-à-vis de l'Allemagne (3,3 en 2012) et surtout du Royaume-Uni (4,1 en 2012 et 2,8 en 2017).

Les **taux de mortalité évitable** (par prévention ou traitement) les plus bas sont observés en Suisse, en Espagne, en Italie, en Islande, au Japon, en Suède, en Norvège ou encore en Autriche, mais la France, où annuellement 156 personnes sur 100 000 décèdent prématurément, affiche un résultat très proche des meilleurs, se situe nettement en dessous de la moyenne de l'OCDE (208 pour 100 000) et fait mieux que l'Allemagne (186). Signalant également la qualité d'un système de santé et, en l'occurrence celle des soins hospitaliers aigus, les taux de mortalité dans les 30 jours suivant une crise cardiaque et un accident vasculaire cérébral (AVC) sont inférieurs en France à la moyenne de l'OCDE d'environ 20 % et 10 %, respectivement.

En termes **d'espérance de vie des femmes**, de même, la France (avec 86 ans) présente la deuxième performance en Europe, juste derrière l'Espagne (à quelques mois près), et devant la Suède (84 ans), l'Allemagne (83,5 ans), les Pays-Bas (83 ans), le Royaume-Uni (83 ans), le Danemark (82,5 ans).

b. Des inégalités selon l'origine socioprofessionnelle en revanche difficilement acceptables

Selon des statistiques portant sur les années 1990 publiées par l'INSERM[1] et l'INSEE[2], les **inégalités de santé apparaissent en France très fortes** entre l'ouvrier et le cadre. À 35 ans l'écart entre leurs espérances de vie respectives s'élevait à 7 ans, en faveur du cadre. Les comparaisons internationales entre le taux de mortalité des travailleurs manuels et non manuels âgés de 45 à 49 ans révélaient également une performance française insatisfaisante. La population de ces travailleurs manuels connaissait en effet une mortalité 1,7 fois supérieure en France à celle des travailleurs non manuels, alors qu'elle n'est que 1,5 fois supérieure au Royaume-Uni et 1,3 fois supérieure en Italie et au Danemark.

Cependant l'étude réalisée par l'OCDE en 2019 indique pour la France un écart d'espérance de vie à 30 ans, selon un niveau d'études faible ou élevé d'individus masculins, très proche de la moyenne de l'OCDE : 6,8 années contre 6,9 pour l'OCDE. Pour les femmes

1. Les inégalités sociales de santé, la Découverte, 2000.
2. INSEE première, juin 2005.

l'indicateur français est exceptionnellement favorable, parmi les tout meilleurs de l'OCDE : 2,6 années, valeur surpassée uniquement par la Grèce (2,4) et la Turquie (2,1). Il est possible cependant que cet indicateur souffre de difficultés d'interprétation, liées au fait que des discriminations contre les femmes sur le marché du travail minimisent les différences de niveaux d'études pour l'accès à un emploi.

Ce constat ne remet pas en cause les aspects par ailleurs généreux de la prise en charge collective des frais de santé. Ainsi les personnes atteintes par une affection de longue durée (ALD) sont prises en charge à 100 % par la Sécurité sociale. Elles représentaient en 2016 16 % des assurés sociaux mais généraient 57 % des demandes de remboursements effectuées auprès de l'assurance-maladie, ce qui représente une bonne mesure de la capacité de notre système de soins à manifester une solidarité effective.

Toutefois celle-ci trouve une limite en ce qui concerne les 5 %[1] de Français qui, malgré l'instauration de la CMU complémentaire en 2000[2] (*cf.* aussi chapitre 5), ne disposent d'aucune couverture complémentaire, alors qu'environ 60 % seulement des soins de ville sont remboursés par l'assurance-maladie obligatoire. Il faut également rapprocher de ces données le fait qu'en 2010[3] ce sont encore 15,4 % des adultes qui déclaraient avoir renoncé à se soigner faute de moyens financiers, même si une publication récente de l'INSEE (Ressources et conditions de vie) portant sur des données de 2017 indique une proportion beaucoup plus faible de 3,5 %.

Cependant si ces constats sont insatisfaisants, la **France n'est pas pour autant accablée par les comparaisons internationales.** En effet les dépenses à la charge des patients en pourcentage de la consommation finale des ménages sont pour notre pays, avec une valeur de 2 % les plus basses de l'OCDE à égalité avec la Slovénie et le Luxembourg, alors que l'ensemble de l'OCDE affiche 3,3 % et l'Allemagne 2,7 %. Le dispositif 100 % santé, pleinement opérationnel courant 2021 et offrant la gratuité totale pour certaines prothèses dentaires, optiques (lunettes) et auditives, devrait en année pleine déplacer plus de 3 milliards d'euros de dépenses pesant sur les ménages, vers la sécurité sociale et les organismes d'assurances complémentaires.

c. Des réformes structurelles récentes qui ont contribué à maîtriser enfin la dépense, mais n'ont pas encore provoqué de changements spectaculaires pour la population

Les réformes structurelles entreprises ces dernières décennies : parcours de soins, contractualisation avec les médecins de la modération des prescriptions, promotion des médicaments génériques, réforme de la gouvernance locale, rationalisation de l'offre de proximité…, ont abouti à **d'incontestables résultats sur le plan de la maîtrise des dépenses** :

- Respect de l'ONDAM tous les ans depuis 2010 (*cf.* cependant note de bas de page *supra*, au point f. de la partie 2) et progression des dépenses entre 2013 et 2018 nettement inférieures à la moyenne de l'OCDE (+ 0,8 % par an contre + 2,4 %), cette maîtrise se

1. *Cf.* l'enquête de la Dress publiée en avril 2019.
2. *Cf.* le chapitre 5.
3. D'après une enquête de l'IRDES (Institut de recherche et de documentation sur l'économie de la santé) parue en novembre 2011.

manifestant particulièrement dans le secteur de l'hôpital, celui du médicament bénéficiant en effet mécaniquement de la forte baisse des prix (d'ailleurs poursuivie durant la crise du coronavirus) induite par le développement des génériques alors que le dynamisme de la dépense est aujourd'hui entretenu par les soins de ville.

- Solde de l'assurance maladie proche de l'équilibre en 2018, alors que depuis 2012 il évoluait entre – 5 et – 7 milliards d'euros, ce résultat étant toutefois largement facilité par le dynamisme des recettes de la CNAM (+ 4,5 % en 2018), lui-même lié à la forte progression de la masse salariale du secteur privé (+ 3,5 %) induite par la reprise économique. 2019 marque il est vrai un léger déficit, mais explicable par une reconfiguration technique de la CSG diminuant légèrement les recettes.

Ces réformes ont par ailleurs réaffirmé la priorité donnée au patient, quels que soient ses revenus (avec la généralisation du tiers payant – mise en œuvre par la loi Touraine – désormais possible avec les médecins généralistes et l'importance d'une médecine de proximité), prolongé la structuration de parcours de soins rationnels sur la base du dossier médical partagé[1], encouragé le recours à la chirurgie ambulatoire, à la télémédecine, ainsi qu'à un nouvel effort de prévention (notamment à l'égard des jeunes : ouverture de « salles de shoot »[2] permise par la loi Touraine) et, enfin, poursuivi, quoique de façon sans doute insuffisante, la **promotion des médicaments génériques**.

Leur part dans la consommation de médicaments a ainsi significativement augmenté (de 4,1 % en 2002 à 18,1 % en 2013) et cette progression a été forte jusqu'en 2017. Aujourd'hui près de quatre boîtes de médicaments sur dix du champ remboursable sont des génériques. Cependant les pays de l'OCDE ont en moyenne davantage recours au générique que la France (52 % contre 30 % pour la part en volume des génériques dans le marché pharmaceutique en 2017).

Cependant les déserts médicaux sont toujours là, en attendant l'expansion et la pleine effectivité des CPTS (*cf. supra*), qui doivent être au nombre de 1 000 en 2022[3].

Les « pactes territoire santé » mis en place entre 2013 et 2017 par le Gouvernement. visaient à travers douze engagements (par exemple la présence d'un « référent installation » dans chaque région, l'incitation au développement de centres et maisons de santé multipraticiens - plus de 900 constitués à ce jour - l'encouragement à la télémédecine), à mettre fin à ces déserts mais ils n'ont pu y parvenir. En 2018 la densité médicale variait par exemple encore presque du simple au double entre l'Île de France et le Centre.

Dans un contexte où les perspectives à cet égard étaient inquiétantes, une part croissante (45 % contre 16 % en 2007) des médecins français étant âgés de 55 ans et plus, la loi Buzyn a procédé à la **suppression du numerus clausus**, qui conditionnait depuis 1971 la taille des effectifs de futurs médecins. Cette réforme, doublée d'un élargissement du recrutement à des candidats de formation non scientifique (fin de la suprématie du QCM pour la sélection à la fin de la première année), devrait assurer une augmentation de 20 % de la population de jeunes médecins.

1. Partagé entre les membres d'une équipe médicale, qui peuvent ainsi mieux coordonner leurs interventions.
2. Dont le caractère préventif est bien sûr fortement contesté.
3. *Cf.* le plan gouvernemental « Ma Santé 2022 » adopté au début du quinquennat d'Emmanuel Macron.

De même, le reste à charge pour les patients demeure un obstacle à l'égalité devant la santé. Certes ce reliquat diminue depuis 2008 (de 9,4 % des dépenses de santé à cette date, à 8,8 % en 2013 et 7,5 % en 2017) mais l'explication de ce recul fait intervenir le vieillissement de la population (*cf.* chapitre 10) qui augmente la proportion des assurés sociaux entrant dans le régime des ALD (affections de longue durée) et bénéficiant par voie de conséquence d'une prise en charge à 100 %. Pour beaucoup de patients, le reste à charge n'a donc pas diminué.

d. La crise de la COVID-19 et le « Ségur de la Santé » de juin/juillet 2020

La crise sanitaire entraînée par la survenue de la COVID-19, indépendamment du nombre de morts qu'elle a causées en France (et qui se révélera, après établissement du bilan final, supérieur ou non à celui provoqué par la forte grippe de l'hiver 2016-2017) a braqué les projecteurs sur la situation des hôpitaux et des EHPAD. Une tension excessive sur les effectifs de personnels soignants, l'insuffisance du nombre de lits de réanimation par rapport à l'Allemagne, la gestion problématique de l'approvisionnement en masques et en moyens de dépistage, font partie des réquisitoires habituellement dressés par les spécialistes de santé publique.

Un tel bilan a appelé des mesures correctrices qui ont été formulées lors de la conclusion du « Ségur de la santé », cycle de réunions mettant aux prises professionnels, politiques et gestionnaires pendant six semaines jusqu'au 21 juillet 2020.

33 mesures issues de cette concertation devraient être mises en œuvre, sur la base notamment d'un investissement de 19 milliards d'euros supplémentaires de l'État dans le système hospitalier.

On relève en particulier que celui-ci se verra doter de 4 000 lits supplémentaires, non encore mobilisables lors de la cinquième vague de l'hiver 2021-2022, placés en réserve dans l'attente de chocs de santé inhabituels (épidémies…) et que les personnels, y compris non soignants, verront leur rémunération augmenter d'au moins 180 euros par mois, tandis qu'un recrutement supplémentaire de 15 000 personnels soignants est autorisé dans les hôpitaux publics.

Les autres mesures s'inscrivent dans l'accélération du développement d'une médecine de proximité décrit dans les pages précédentes, avec par exemple davantage de latitude donnée aux responsables locaux pour fixer le volume des heures supplémentaires, parallèlement à la poursuite de la réforme de la T2A et au développement de la télé-médecine.

En décembre 2021, la tension sur les ressources hospitalières en soins de réanimation, malgré les opérations massives de vaccination permises par une loi du 5 août 2021, relative à la gestion de la crise sanitaire, instaurant le pass sanitaire et la vaccination obligatoire des professionnels de santé, et malgré la mobilisation progressive des places disponibles au sein des cliniques privées, se fait toujours intensément sentir.

Entraînement

Synthèse

Les points-clefs à ne surtout pas oublier

Bien distinguer entre, d'une part, ce qui est inhérent à tout système de santé libéral avec mutualisation des dépenses (risque inflationniste) et, d'autre part, ce qui est imputable à des particularités françaises (multiplicité des acteurs chargés de la régulation, densité globalement forte de l'offre de soins mais avec des « zones blanches », inégalités sociales dans l'accès aux soins…).

Les mots-clefs à retenir

- Système de santé
- Sécurité sociale
- Médecine libérale
- ARS
- Mutualisation
- Loi HPST
- Prévention
- Déficits
- Forfait hospitalier
- T2 A (tarification à l'activité)
- Ticket modérateur
- Crise sanitaire
- Médecine de proximité

Les sujets de concours possibles

- Les sujets de concours possibles
- L'État a-t-il eu tendance à considérer l'assurance-maladie comme un tonneau des Danaïdes ?
- Les inégalités dans l'accès aux soins sont-elles les plus choquantes parmi celles impliquant les services publics ?
- L'État devrait-il prendre en charge la gestion de l'assurance-maladie ?
- Une nouvelle crise à l'image de la COVID-19 pourrait-elle se produire ?

À l'oral, comment répondre en deux ou trois phrases aux questions les plus plausibles

Faudra-t-il en venir un jour au rationnement des soins en France ?

Le rationnement des soins ne correspond pas à la tradition du système français qui est celle d'une médecine libérale mutualisée. Pour le moment le basculement dans un autre système paraît irréaliste dans la mesure où les pouvoirs publics ont engagé il y a dix ans seulement une réforme importante de la gouvernance du système de santé, avec la création des ARS et qu'ils mettent en œuvre actuellement le déploiement d'une véritable médecine de proximité. Ces réformes sont porteuses de solutions sans répudiation du cadre de référence constitué par l'assurance-maladie. Mais il est vrai que ce cadre, sans gestion rigoureuse, peut induire de lui-même des emballements de dépense, dans la mesure où les remboursements y sont de droit.

Face à la crise de la COVID-19, que retenez-vous de positif dans la politique de santé publique française ?

En premier lieu l'adaptation du système de soins a été réelle. Le plan Orsan REB[1] a été activé dès le 14 février 2020, tandis que le « plan blanc » dans les hôpitaux a été enclenché le 6 mars, afin de déprogrammer toutes les activités médicales non indispensables pour leur permettre d'assurer l'accueil de patients atteints de la COVID-19 sur tout le territoire. Les capacités de réanimation des hôpitaux ont été ainsi doublées dans des délais très courts, passant de 5 000 lits avant la crise à plus de 10 000 à la fin du mois de mars 2020.

En second lieu les campagnes de sensibilisation aux « gestes barrière » et l'appel à recourir au télétravail ont connu un succès incontestable (certes parfois aiguillonné par des contraventions de quatrième classe) au point même qu'on pourrait redouter l'apparition d'un état permanent de méfiance sociale tant l'intériorisation de ces nouveaux comportements aura été rapide.

Le Ségur de la santé tire-t-il vraiment les conséquences de la crise sanitaire ?

Les décisions tirées de ce mois et demi de concertations permettent de répondre, au moins en partie, au déficit de reconnaissance exprimé, à l'occasion de la crise de la COVID-19 mais aussi en d'autres circonstances, par le monde de la santé. Il n'en demeure pas moins que le Ségur ne paraît pas avoir introduit de réflexions nouvelles sur la manière de concevoir un optimum entre la préservation de vies humaines d'une part, et, d'autre part, la mise en sommeil de l'économie qui coûtera elle aussi des vies (suicides, dépressions débouchant sur des morbidités…), en plus de ses conséquences économiques propres.

Conseils bibliographiques

- Bruno Palier, *La réforme des systèmes de santé,* PUF, « Que sais-je ? », 2021.
- Béatrice Majnoni d'Intignano, *Santé et économie en Europe*, PUF, « Que sais-je », 2016.

1. Organisation de la réponse du système de santé en situations sanitaires exceptionnelles – Risque épidémique et biologique.

7 La politique culturelle

Ce chapitre expose les principes de l'intervention culturelle de l'État, avec ses controverses, ses résultats et ses modes d'organisation complexes.

1 Enjeux et objectifs

Si les grands objectifs poursuivis par le ministère de la Culture ne suscitent plus de débats, il n'en va pas de même des financements mobilisés et de la nature de certaines productions culturelles.

a. Une politique consensuelle dans ses grands objectifs

Relativement récente puisque contemporaine de la Vᵉ République, sans fondements régaliens anciens, devant lutter contre le discrédit attaché à l'art officiel, la politique culturelle de la France n'en a pas moins acquis au fil des années une authentique légitimité, qu'aucune majorité politique ne paraît menacer, ni souhaiter remettre en cause.

En effet ses orientations majeures peuvent s'appuyer sur un large consensus. Celui-ci pourrait superficiellement s'expliquer par la contribution du tourisme, notamment culturel, à l'équilibre des comptes extérieurs de la France (à hauteur de plus de 40 milliards d'euros et même, en 2017, de 54 milliards). La richesse du patrimoine national contribue incontestablement à faire de Paris, année après année, la première destination touristique mondiale. Toutefois, l'apport de devises japonaises ou américaines constitue davantage une conséquence supplémentaire du soutien de l'État à la culture qu'un objectif autonome. D'ailleurs, il est permis de penser que les grands espaces culturels disposent d'un pouvoir d'attraction propre qui est relativement indépendant de l'action de l'État en leur faveur. Les grands musées de Londres et de New York sont placés sous un régime de mécénat privé qui ne les empêche pas de drainer une fréquentation considérable, en provenance du monde entier.

Aussi, davantage qu'un opportunisme économique, le consensus qui bénéficie en France de la prise en charge de la culture par les pouvoirs publics peut se formuler en trois points :

- la culture au service du prestige de la France ;
- l'objectif de démocratisation de la culture ;
- l'aide nécessaire à la création et aux créateurs.

b. Des aspects néanmoins problématiques

La netteté de ces objectifs laisse présager une politique qu'il serait relativement aisé de conduire avec cohérence et continuité. Si cette politique apparaît en effet lisible sur bien des points, il ne faut pas se dissimuler pour autant certaines difficultés sous-jacentes aux succès réels que rencontrent beaucoup d'entreprises culturelles menées par les pouvoirs publics – difficultés expliquant sans doute le choix effectué par l'ENA d'inscrire parmi les sujets de la session 2007, la question suivante : « Dans la France d'aujourd'hui, la culture doit-elle relever de l'État ? ».

Cette dimension plus problématique de la politique culturelle renvoie principalement à la question de son financement. Plus précisément :

- Les techniques de financement s'appuient beaucoup sur la pratique des **financements dits « croisés »,** signifiant que chaque financeur (dont l'État) est amené à contribuer à des projets principalement portés par d'autres promoteurs, sous réserve du financement par ces derniers du projet auquel ce financeur est particulièrement intéressé, sans que cet enchevêtrement de flux de subventions aboutisse mécaniquement à une cohérence globale et à la bonne lisibilité de l'action d'ensemble de chacun des financeurs publics de la culture.
- L'utilité (et surtout la fragilité en période de restriction budgétaire) de ce financement est souvent mise en regard avec **l'hermétisme d'une partie des œuvres** créées grâce à l'argent public.

c. Les grands enjeux

Les enjeux qui caractérisent la politique culturelle peuvent dès lors être résumés ainsi :

- Préserver les **conditions d'une certaine qualité** (sinon d'une exception) culturelle française, qui passe par le fait d'assurer les missions tournées vers les créations passées (la conservation du patrimoine) et vers les œuvres d'avenir (le soutien aux artistes contemporains), tout en veillant au maintien et au renforcement de l'accès démocratique aux offres culturelles les plus prestigieuses (grands musées, grands concerts et spectacles vivants…).
- Démontrer une capacité à trouver des axes forts démontrant la **légitimité d'une présence étatique**, qui ne peut se prévaloir que de la dotation budgétaire la plus faible de tous les ministères.
- Réaliser, encore plus fondamentalement, que l'intérêt d'une politique culturelle tient largement au fait d'appréhender la **culture**, à la manière des économistes, **comme un « bien collectif »**, la société dans son ensemble profitant de l'ouverture de chacun à la culture, pour la même raison que chacun bénéficie de ce qu'autrui sait lire et écrire. L'accès à la culture apparaît d'ailleurs au rang des droits fondamentaux de l'être humain selon au moins les traductions politiques qu'en donnent tant la Constitution française (préambule de la Constitution de 1946, visé par celle de 1958) que le traité instituant l'Union européenne (TUE, article 3).

2 Contenus et évolutions

L'art et les artistes, dans l'histoire, ont toujours côtoyé la sphère de l'État. Ce dernier leur a souvent trouvé des fonctions à remplir, aujourd'hui centrées sur la démocratisation de la culture.

a. L'art, instrument politique à travers l'histoire

Les trois objectifs poursuivis par les politiques culturelles de la France (prestige, démocratisation, création, *cf. supra*) apparaissent dès l'origine de celles-ci. Pour des raisons structurelles, ils sont d'une part difficilement dissociables. En effet la continuité du prestige de la France ne va pas sans un renouvellement constant de la capacité des artistes à créer des œuvres, et celle-ci est favorisée par l'ancrage le plus large et démocratique de la sensibilité culturelle dans la population. À son tour, ce large ancrage permet une multiplication des vocations artistiques, qui demain viendront alimenter la production d'œuvres et finalement, par ce biais, le prestige de la France. La boucle est ainsi bouclée entre les trois objectifs revendiqués par les politiques culturelles.

D'un point de vue historique, d'autre part, deux de ces composantes (le prestige et la création) plongent leurs racines dans le passé le plus lointain de l'évolution de l'État en France et en Europe.

L'importance constante de la commande publique

Dans le passé monarchique de la France et de l'Europe, la commande publique adressée à des artistes allait de soi et ne s'embarrassait pas de justifications compliquées. La gloire du Seigneur, l'éclat des villes ou des États, les nécessités de la chronique de l'Empire (David, nommé peintre officiel), le remplacement des guildes et des corporations par un autre cadre de transmission du savoir artistique (académies des beaux-arts) fournissaient autant de raisons indiscutées à l'intervention des autorités. Témoignent de la dépendance de l'artiste à l'égard de l'encouragement financier des institutions publiques, les tractations fameuses entre Jules II et Michel-Ange, Louis XIV et le Bernin pour fixer le montant des émoluments de ces peintres et sculpteurs.

Ainsi, ces justifications invoquées à l'intervention de l'État en matière culturelle ont fréquemment instrumentalisé l'art, même dans les cas où l'on aurait dû plaider la conservation du patrimoine (comme en 1937, où les autorités laissent *Les demoiselles d'Avignon* de Picasso sortir du territoire), justifications au demeurant parfaitement légitimes, mais d'une certaine façon exogènes à l'art lui-même.

Au total, un demi-millénaire d'histoire européenne montre un art au service du prestige des institutions publiques, d'une part, et des artistes mis en situation d'exercer leurs talents par le truchement de l'argent public, d'autre part.

b. La démocratisation de la culture sous la Ve République

Il apparaît aussi qu'en 1959, lorsque Malraux inaugure le ministère de la Culture, seul l'objectif de démocratisation n'avait pas reçu une consécration historique. Cet objectif va être explicitement mis en œuvre par Malraux lui-même et ses successeurs.

Dans leurs initiatives, l'enjeu démocratique a en effet a été manifeste, approché certes par des voies diverses : promotion du rock et de la BD pour Lang, maisons départementales de la culture pour Malraux, diffusion du premier opéra (*Don Giovanni*) à la télévision sous Michel Guy, ouverture tardive des musées (instituée par Jean Zay dès 1936 et maintenue jusqu'à nos jours)... Même si on peut entrevoir le glissement d'une aspiration de « l'art pour l'art » (que chacun puisse jouir de son « musée imaginaire », selon la formule de Malraux) vers une fonction davantage ancrée dans l'utilité sociale, en tant qu'instrument parmi d'autres de lutte contre l'exclusion (en particulier sous le ministère de Philippe Douste-Blazy, entre 1995 et 1997), les politiques culturelles sous la Ve République se sont efforcées de tenir compte des intérêts supposés du grand public, dont les pratiques culturelles insuffisantes étaient vécues comme un échec politique.

La fin des grands projets et une inflexion vers le numérique qui interroge l'avenir de la culture

Depuis une vingtaine d'années, on semble avoir renoncé à des orientations aussi emblématiques et des priorités aussi facilement décelables. Les grands « chantiers » de la culture paraissent avoir été accomplis (sous réserve du numérique, *cf.* chapitre 3) et les pouvoirs publics s'efforcent de procéder à des aménagements plus techniques, dans une perspective de gestion du système en « vitesse de croisière ».

Ainsi, durant ces quinze dernières années, des mesures telles que l'amélioration de la réglementation relative aux enchères dans les salles de vente et l'adoption d'une TVA réduite à 2,1 % pour les 140 premières représentations des spectacles ont été prises. Les objectifs poursuivis par des actions de cet ordre, certes moins spectaculaires que les grandes mesures pionnières des décennies 1960, 1970 et 1980, n'en demeurent pas moins utiles et estimables. De même, l'amélioration régulière de l'accès des personnes handicapées aux lieux culturels, la gratuité, instaurée en 2000, des musées nationaux le premier dimanche du mois, le soutien aux librairies indépendantes dans le cadre du plan Livre de 2007, l'attribution aux jeunes, sous forme d'application sur smartphone, d'un PASS culture en 2019 marquent des progrès incontestables de la politique d'accès à la culture.

Cependant, la part des branches culturelles (principalement les arts visuels, l'architecture, l'audiovisuel, le livre et la presse, l'enseignement culturel, le spectacle vivant et le patrimoine, représentant 49 milliards d'euros de valeur ajoutée en 2019) dans le PIB, après plusieurs décennies d'expansion, cesse de progresser significativement à partir de 2014, ce qui marque sans doute un tournant, peut-être même un changement d'époque. La chute du secteur traditionnel à la fois le plus important par son poids économique et sans doute le plus essentiel sur le plan de la démocratisation de la culture, c'est-à-dire la branche livre et presse, est en effet à peine compensée par le relais des loisirs numériques, les autres composantes culturelles (spectacle vivant, cinéma, musées…) connaissant une relative stabilité. C'est une inflexion importante dont il est sans doute trop tôt pour se prononcer sur son caractère réversible et en apprécier véritablement toute la portée. Le scénario, qui se déploie sous nos yeux, d'écrans devenant hégémoniques, paraît plausible, mais un retour au premier plan d'une culture plus exigeante, éventuellement sous la forme d'une contre-culture anachronique, ne peut être complètement écarté. La séduction exercée par le « kitsch » a, à toutes époques, amplement démontré sa puissance

L'exception culturelle française

La France a réussi à imposer, à travers la Commission européenne, dans le cadre des négociations commerciales de l'Uruguay round en 1986, un statut protecteur en faveur des productions culturelles, à l'égard desquelles ne devaient pas jouer les principes classiques de la liberté du commerce, tels que la clause de la nation la plus favorisée (qui oblige tout pays y souscrivant à aligner le niveau de ses tarifs douaniers à l'égard de tous sur le tarif pratiqué vis-à-vis du partenaire commercial jusqu'alors le plus favorisé). Cette exception aux règles du commerce international a été reprise par l'OMC (Organisation mondiale du commerce) en 1993.

Sous l'appellation de « diversité culturelle », cette exception a également été confirmée par le traité de Lisbonne instituant le traité sur le fonctionnement de l'Union européenne (TFUE) le 13 décembre 2007.

L'exception culturelle française, ainsi garantie sur le plan international, se manifeste par les particularités suivantes, qui entravent la présence (à travers soit la production, soit la diffusion) d'œuvres étrangères en France :

- des quotas de production imposant aux chaînes de télévision de consacrer une partie de leur chiffre d'affaires à la production de films européens dont une partie de films français ;
- des quotas de diffusion : 60 % d'œuvres européennes dont 40 % d'œuvres françaises sur les chaînes de télévision ; 40 % de chanson française sur les radios.

Ces restrictions font débat. La protection du secteur audiovisuel favorise-t-elle l'éclosion d'œuvres françaises de qualité ? Ou au contraire cette ambition de qualité tend-elle à se scléroser, dans la mesure où elle n'a pas à se remettre en question par la confrontation avec des œuvres provenant d'autres pays et donc d'autres univers culturels ? Impossible de résoudre ce dilemme en l'absence d'accord sur ce que recouvre le concept fortement subjectif de « qualité ».

3 Moyens financiers et organisationnels

L'État culturel s'implique dans l'action partenariale mais reste centralisateur.

a. Une action partenariale et complexe

Du point de vue organisationnel, le rôle de l'État apparaît particulièrement emblématique dans le secteur de la culture, dans la mesure où la décentralisation et la déconcentration, tout en se développant, ont laissé le pouvoir central s'exprimer de manière particulièrement visible et forte. À ce titre, la politique culturelle est un bon exemple du maintien de l'influence forte de l'État central (*cf.* chapitre 1).

Ainsi l'État pilote quelque 70 opérateurs extérieurs parmi lesquels 38 musées nationaux ouverts (par exemple le Louvre, Orsay…) et bon nombre d'établissements publics eux-mêmes dotés d'un réseau de partenariats locaux. Ainsi, par exemple, le musée Granet, sous la tutelle de la communauté du pays d'Aix et de la ville d'Aix-en-Provence, a pu présenter les expositions internationales *Cézanne en Provence* en 2006 et *Picasso Cézanne* en 2009 grâce à l'apport, en termes d'expertise et de réseau international notamment, de la Réunion des musées nationaux (RMN).

Une autre collaboration importante avec l'échelon national a eu lieu à l'occasion de la rénovation des locaux de ce musée entre 1990 et 2005, puisque les travaux ont été cofinancés, outre les collectivités locales concernées (communauté du pays d'Aix et ville d'Aix-en-Provence, région Provence-Alpes-Côte d'Azur, département des Bouches-du-Rhône), par le ministère de la Culture et de la Communication.

La difficulté pour les pouvoirs publics de parvenir à assurer la compatibilité des attributions locales de ces organismes nationaux avec les missions et compétences des services déconcentrés culturels de l'État (principalement les 17 directions régionales de l'action culturelle (DRAC) et les services départementaux des archives et du patrimoine (SDAP)) n'est pas seulement théorique. Un rapport du Sénat d'octobre 2010 fait état des difficultés et des incertitudes de la répartition des rôles entre le Centre des monuments nationaux (CMN), qui gère une centaine de monuments (dont treize, comme l'abbaye du Mont-Saint-Michel, la cathédrale de Chartres, etc., inscrits par l'UNESCO sur la liste du patrimoine mondial) et les DRAC, en matière de maîtrise d'ouvrage des opérations d'entretien, de conservation et de restauration de ces monuments.

b. Une centralisation encore significative

D'ailleurs, s'agissant des politiques culturelles, la déconcentration comme la décentralisation présentent des caractères originaux et d'un certain point de vue marginaux, à la fois causes et conséquences de cette prévalence de l'État central.

Une déconcentration discrète

La déconcentration des services culturels de l'État est à la fois récente, puisque les premières DRAC n'ont vu le jour qu'en 1978 (alors que les prolongements locaux des principales administrations de l'État – intérieur, finances, justice – datent au plus tard du XIXe siècle), et partielle, dans la mesure où l'échelon départemental n'existe que pour les services du patrimoine et des archives, et non en ce qui concerne l'orientation de la politique artistique, relayée seulement au niveau régional grâce aux DRAC.

Une décentralisation inégale

La décentralisation, quant à elle, est marquée à la fois par la faible possibilité de réelle autonomie financière locale dès lors que les actions concernent des projets culturels d'une certaine envergure (ainsi, en 2010, l'État abondait en moyenne à hauteur de 22 % les budgets des 20 orchestres régionaux[1], d'ailleurs dénommés officiellement « orchestres nationaux permanents en région ») et par la polarisation des financements sur l'échelon communal et intercommunal (principalement les entités de plus de 10 000 habitants qui totalisent 85 % des budgets culturels communaux et intercommunaux), qui réalise 80 % des dépenses culturelles des collectivités territoriales.

Les communes et leurs groupements consacrent en effet 7,5 % de leur budget aux dépenses en faveur de la culture, aussi bien en matière de patrimoine que de soutien à l'expression artistique. Ces dépenses cumulées représentent, avec 7,6 milliards d'euros, près du double du budget du ministère de la Culture, d'environ 3,8 milliards d'euros[2]. Les départements et les régions, en revanche, ne réservent que respectivement 1,8 % et 2,7 % de leurs budgets à la culture. L'ensemble de ces grandeurs, si importantes soient-elles, doivent être appréciées au regard des dépenses culturelles privées des Français, qui atteignent en 2019 41 milliards d'euros, dont 19 de biens (ordinateurs…) et services (réparations…) connexes.

Quant à la logique purement comptable des actions culturelles, elle souligne encore la place de l'État, car le caractère croisé des financements tend à survaloriser le rôle d'arbitre du pouvoir central, chargé par la force des choses de conférer une cohérence à la pluralité d'intérêts

1. Orchestre de Paris, Orchestre national de Bordeaux Aquitaine, Orchestre philharmonique de Strasbourg…
2. Auxquels il faudrait également ajouter les dépenses culturelles des autres ministères, soit environ 4,4 milliards d'euros par an.

que révèle la multiplicité des financements. Ainsi par exemple, les 23 fonds régionaux d'art contemporain (FRAC) sont abondamment alimentés (à 40 % en moyenne en 2010) par l'État, qui peut donc largement faire valoir ses priorités pour orienter les subventions, en matière d'art plastique notamment. Cette capacité d'orientation s'exerce dans le cadre de chacun des trois programmes[1] – patrimoines ; création ; transmission des savoirs et démocratisation de la culture – de la mission culture assumés par le ministère dans le cadre de la LOLF[2]

4 Bilan et perspectives

Le bilan de l'action culturelle de l'État est marqué par d'incontestables réussites et une série de résultats d'interprétation plus complexe.

a. Les réussites

Les pratiques culturelles des Français ont connu une intensification sensible pendant au moins un demi-siècle, jusqu'au début des années 2010.

Ainsi, en 1960, le Louvre enregistrait 800 000 visites, soit plus de 10 fois moins qu'en 2019 avec 9,4 millions, permettant à cet ancien palais royal d'être le musée le plus visité du monde. Les autres musées nationaux[3] connaissent une progression tout aussi spectaculaire, passant de 6 millions de visites en 1980, à 20 en 2011 et 22 en 2018 (mais un peu moins de 20 en 2019, très probablement en raison du succès variable des grandes expositions).

Malgré l'envahissement par la « civilisation de l'image »[4], la lecture est également une pratique culturelle qui connaît une certaine résistance. On dénombrait, en 1981, 992 bibliothèques municipales et, en 2010, 7 500, soit près de huit fois plus. 2,8 millions de Français étaient inscrits auprès des bibliothèques publiques en 1981, près du quadruple en 2010, avec 11 millions, mais avec une stagnation à 16 % de la population depuis cette date. Entre 1981 et 2010, le nombre des livres prêtés passe de 62 à 230 millions. Confirmant ces tendances, la fréquentation croissante sur internet de la bibliothèque nationale numérique GALLICA, passant de 3,1 millions de visiteurs en 2008 à 9,5 millions en 2011, 11 en 2012 et 16 en 2018, démontre également, malgré un très léger tassement en 2019, le maintien d'un intérêt du public pour la lecture, même si la fréquentation physique des salles des bibliothèques ne progresse plus.

Alors que 42 % des plus de 15 ans n'avaient lu aucun livre en 2005, ce chiffre est descendu à 30 % en 2008 et même à 27 % en 2012 (date de la dernière enquête), malgré la baisse depuis plusieurs années de la vente des livres en France (–1,7% en 2018, soit la plus forte décroissance depuis 10 ans[5])

L'activité des conservatoires départementaux et régionaux a enregistré une forte progression quantitative de leurs recrutements, surtout en ce qui concerne l'art dramatique et la danse qui ont attiré plus de 1,5 fois davantage d'élèves en 2009 qu'en 1995. Cependant, depuis 2012 l'emploi dans les métiers du spectacle plafonne à environ 100 000 salariés et

1. Répartis selon la clé suivante : 32 % (patrimoine), 26 % (création), 42 % (démocratisation).
2. Loi organique relative aux lois de finances.
3. Les quatre principaux selon l'importance de la fréquentation sont le Louvre, le château de Versailles, le centre Pompidou et le musée d'Orsay.
4. *Cf.* Marshall McLuhan, *La galaxie Gutenberg*, Gallimard, 1962.
5. 2015 et 2016 ayant marqué toutefois une légère croissance.

les difficultés récurrentes, dues notamment à la précarité économique, que traversent les intermittents du spectacle tendent à dissuader les vocations.

Ainsi certains constats confirment l'inflexion des pratiques culturelles vers la consommation accrue de jeux et d'œuvres diffusées sur supports numériques, au détriment du secteur de la culture dite traditionnelle.

b. Des résultats plus ambigus

Les secteurs, dont l'image est souvent taxée – à tort ou à raison – d'élitisme, font l'objet d'un bilan encore plus nuancé. Plus que les statistiques de fréquentation en elles-mêmes, c'est le contraste entre les efforts consentis par l'État en leur faveur et l'absence de véritable démocratisation de leur accueil qui peut faire naître des interrogations. Il est clair cependant qu'en l'absence de ces dépenses publiques, la démocratisation de ces genres culturels serait encore moins développée.

Ainsi l'aide étatique à la création dans les secteurs du **jazz et de la musique classique** représentait en 2018 respectivement 797 000 et 605 000 euros par an, attribués par le Fonds de création musicale. Pour autant, ces deux genres artistiques ne séduisent qu'un public comparativement réduit. Ainsi, à la Philharmonie de Paris (qui accueille désormais le public de la salle Pleyel), les concerts de jazz et de musique classique ont attiré globalement un peu moins de 500 000 spectateurs en 2018.

L'Opéra national de Paris (Garnier et Bastille) bénéficie de subventions massives de la part du ministère de la culture, qui représentaient en 2019 44 % de son budget. Cependant, la fréquentation du public n'a longtemps pas semblé pouvoir durablement dépasser la barre des 800 000 spectateurs annuels, mais les toutes dernières années (2017 et 2018[1]) sont plus favorables, révélant peut-être l'amorce d'un mouvement durable d'engouement populaire.

En matière d'**œuvres filmographiques**, les aides à l'ensemble de la filière cinématographique française à travers le centre national de la cinématographie représentaient dans son budget de 2018 358 millions d'euros dont 163 millions d'aides sélectives (via entre autres la Commission d'avances sur recettes). Ces aides permettent la production par l'industrie cinématographie de 245 films français en moyenne par an. Pourtant, en plus de quinze ans, les films français n'ont jamais atteint la moitié des recettes effectuées par les cinémas. La ventilation de ces dernières en 2018 était la suivante : films français pour 39 % (en baisse de 2 points par rapport à 2011), américains pour 44 %, européens et divers pour 7 %.

Au-delà de ces statistiques, il faut sans doute admettre que dans une société libre, l'offre culturelle ne détermine pas nécessairement la demande du public. Les pouvoirs publics doivent veiller à proposer cette offre au moindre coût (que l'on songe à ce que serait le prix d'une place d'opéra, à son coût réel non subventionné, soit environ le double !), sans pour autant chercher à conditionner les goûts et les choix du public. La frontière est en effet souple entre un « ministère du Temps libre »[2] susceptible de régenter les goûts et les couleurs et un service public culturel en évolution justifiée, incluant par exemple désormais un festival de jazz ou de bande dessinée[3].

1. 2019 n'étant pas significatif en raison de l'annulation de toutes les représentations à partir du 5 décembre.
2. Comme en 1981.
3. *Cf.* les arrêts du Conseil d'État : 02/06/1996, Ville de Nice et 25/03/1988, Commune d'Hyères.

Entraînement

Synthèse

Les points-clefs à ne surtout pas oublier

- Les trois fonctions de la politique culturelle : favoriser le rayonnement de la France, la démocratisation de la culture et le maintien d'une tradition de création artistique.
- Le caractère partenarial des projets artistiques et de leurs financements, ce qui aboutit à des montages complexes pouvant ne pas rencontrer l'adhésion du public.
- Les succès réels de la démocratisation de la culture, malgré le maintien d'un clivage entre la culture populaire et un certain élitisme culturel.

Les mots-clefs à retenir

- Élitisme
- Exception culturelle
- Mécénat
- Création
- Patrimoine
- Démocratisation
- Tourisme

Les sujets de concours possibles

- Pourquoi une politique culturelle ?
- Un bilan coûts-avantages peut-il et doit-il être appliqué à la politique culturelle ?
- La crise devrait-elle inviter les pouvoirs publics à repenser la politique culturelle ?
- Parmi les politiques publiques françaises, la culture fait-elle figure d'exception ?

À l'oral, comment répondre en deux ou trois phrases aux questions les plus plausibles

Il y a aujourd'hui des familles en grande détresse économique et pourtant l'État continue de financer des politiques artistiques destinées à une petite élite privilégiée. Qu'en pensez-vous ?

Les politiques artistiques les plus avant-gardistes ne représentent que quelques centaines de millions d'euros de dépenses publiques, ce qui est un chiffre important en soi, mais relativement faible comparativement à ce qui est consacré au soutien des bas revenus, pour lequel l'effort de la Nation représente plusieurs dizaines de milliards d'euros. Personnellement je ne suis pas choqué que l'État continue de financer certaines œuvres, même hermétiques. Les trois objectifs historiques du ministère de la Culture : démocratiser, contribuer au rayonnement de la France, et soutenir les artistes en devenir, me paraissent en effet indissociablement liés et contribuent à leur manière à la bonne santé, y compris économique, du pays.

Vous paraît-il sain que l'État choisisse à travers sa politique de subventions les artistes « méritants » et ceux qui ne le sont pas ?

L'État peut naturellement se tromper, mais pas davantage que des critiques d'art professionnels. On peut citer l'un des plus célèbres critiques, John Ruskin, qui n'avait que sarcasmes à l'égard du peintre Whistler dont il avait manifestement méconnu le génie. Le choix étatique, à travers l'histoire, est parfois éclairé (Mérimée restaurant le patrimoine), parfois moins (Meissonnier travaillant à un académisme vide). Une fonction de mécénat a toujours existé et l'État s'efforce aujourd'hui de la remplir, avec tous les risques que cela comporte, en s'appuyant autant que possible sur des avis d'experts.

Conseils bibliographiques

- Guy Saez (dir.), Institutions et vie culturelle, La Documentation française, 2007.
- Xavier Greffe et Sylvie Pflieger, La Politique culturelle en France, La Documentation française, 2015.

8 La sécurité extérieure

On trouvera dans ce chapitre les éléments nécessaires à une bonne compréhension de la politique française de défense, rénovée en 2008 et s'inscrivant aujourd'hui dans les orientations du Livre blanc de 2013 complété par la *Revue stratégique* de 2017.

1 Enjeux et objectifs

Bien qu'incarnant l'archétype de la fonction régalienne de l'État, dans toute sa gravité et sa permanence, la politique de défense est une de celles ayant connu ces trente dernières années les évolutions les plus considérables. Elle n'a, en effet, pu rester hermétique aux trois grands bouleversements du monde vis-à-vis desquels elle doit jouer son rôle premier de protecteur de la population française, à savoir : l'accélération de la mondialisation des échanges, la fin de la guerre froide avec l'effondrement de l'empire et la dissolution du bloc soviétiques, et enfin l'apparition d'un terrorisme islamique déterritorialisé.

Cette nécessaire adaptation aux circonstances aurait pu s'effectuer au fil de l'eau, sans reformulation en profondeur de la doctrine de défense. Or c'est bien la voie d'une réorientation explicite de cette doctrine qui a été empruntée par la Nation et ses autorités militaires, réorientation à l'œuvre dès le milieu des années 1990, pleinement exposée dans le cadre des Livres blancs de 2008 et 2013 et confirmée par la *Revue stratégique* de 2017.

Cette réorientation s'appuie sur plusieurs dimensions.

a. L'origine de la menace

La nouveauté radicale de la menace à laquelle la France est confrontée est la perte de son caractère localisable. La menace n'est plus l'apanage d'États ennemis et en particulier du plus puissant d'entre eux à l'époque de la guerre froide, l'Union Soviétique.

Bien sûr, les structures étatiques en tant que telles n'ont pas disparu comme foyers de menaces potentielles, mais entre 1990 et 2006 on a surtout assisté à une décroissance régulière des conflits armés à travers le monde. Témoignent de cette modération (provisoire) de l'activité belliqueuse : en Europe, la stabilisation de la région des Balkans ; en Afrique, le retour à une paix au moins relative en Angola, au Liberia et au Rwanda ; et en Asie, la fin d'épisodes militaires touchant l'Indonésie, Aceh et le Timor-Oriental.

Pour autant, la plupart des États ne respectant pas la légalité internationale (Iran, Corée du Nord, Soudan…) continuent à se revendiquer ennemis de l'Occident et déploient à ce titre un antagonisme contre lequel la France doit se protéger même si elle n'en est pas la cible spécifique, et même si notre pays ne serait visé qu'à travers sa position d'allié des États-Unis par une agression provenant de ces quelques États vivant en marge de la communauté internationale.

Il n'en reste pas moins qu'on doit constater un certain effacement de la menace étatique classique, issue au XVIIe siècle de la diplomatie westphalienne de l'équilibre des alliances, puis de l'équilibre nucléaire de la terreur qui lui a succédé durant la seconde moitié du XXe siècle, au profit de quatre risques qui marquent l'avènement et la spécificité du troisième millénaire.

Le terrorisme déterritorialisé ou sans base étatique stable

Incarné pendant une vingtaine d'années par Al-Qaïda et sa structure mouvante et polycentrique, puis par le groupe terroriste auto-proclamé État islamique (en Irak et au Levant, pour citer son nom complet), localisé dans un premier temps dans des territoires irakiens et syriens, puis expulsé de ces bases territoriales par les victoires décisives remportées en 2017 à Mossoul puis à Raqqa par la coalition internationale (mise en place – sans la Russie, mais avec les forces françaises – en 2014 sous un commandement américain), ce terrorisme est engagé depuis plus de 30 ans contre l'Occident dans une guerre dont l'acte le plus violent a consisté dans les attentats new-yorkais du 11 septembre 2001, marquant la fin de l'espoir d'un nouvel ordre mondial dominé par le droit et les chartes de bonne conduite.

Cette forme de terrorisme contemporain lance à la France des défis considérables en matière de renseignement, de vigilance et de sécurisation des populations et des lieux publics. Depuis 2005, le plan Vigipirate a systématiquement été activé au niveau rouge, le plus élevé après le niveau écarlate, puis, après un changement de signalétique en 2014, sur la position « alerte attentat », précaution hélas pleinement justifiée notamment par les attentats commis, entre autres, à Paris en janvier et novembre 2015, à Nice en 2016, Marseille en 2017, Strasbourg en 2018, Paris encore en octobre 2019 (Préfecture de police), Viillejuif, Romans, Conflans et Nice encore (2020), Rambouillet (2021).

L'influence mondiale décuplée d'acteurs étatiques jusqu'alors essentiellement régionaux

L'intérêt croissant et actif des pays du Moyen-Orient et de l'Asie pour l'Afrique, ses ressources naturelles et son potentiel économique, constitue un des faits marquants des quinze dernières années. Cet activisme international de la part de quelques pays émergents se substitue parfois à l'action du FMI et de la Banque mondiale comme lorsque, en mars 2008, la Chine a ouvert la ligne de crédit jusqu'alors la plus importante octroyée à un pays africain : 50 milliards de dollars au profit du Nigeria, tandis que peu après la République démocratique du Congo a finalisé avec Pékin des accords d'investissement pour un montant de 12 milliards de dollars et que, par exemple, une nouvelle ligne de chemin de fer inaugurée en 2016, reliant Addis-Abeba à Djibouti sur 750 kilomètres a été entièrement construite et financée par des entreprises chinoises.

Au total l'Afrique subsaharienne a bénéficié pour la seule année 2018 de 21 milliards de dollars d'investissements directs chinois.

L'émergence au premier plan d'acteurs privés, puissances de la drogue et d'autres crimes organisés

Les organisations criminelles telles que les cartels de la drogue disposent désormais de moyens financiers (évalués au début des années 2010 entre 700 à 1 000 milliards de dollars par an selon le FMI) et logistiques comparables à ceux de certains États. Les organisations criminelles pénètrent également les trafics de contrefaçons en recherchant la maîtrise de l'ensemble de la chaîne, de la production (exploitation des enfants, travail illégal) à la distribution (ventes par Internet, utilisation de circuits parallèles, voire recours à la grande distribution) en passant par le transport (importations en contrebande). En 2007, le chiffre d'affaires estimé du commerce des contrefaçons s'élevait, selon l'OCDE, à 200 milliards de dollars, en 2013 à 461 milliards et en 2016 à 509 milliards, passant entre ces deux dernières dates de 2,5 à 3,3 % du commerce mondial.

L'apparition de nouveaux véhicules de déstabilisation

On pense bien entendu à Internet et aux bombes logicielles capables en théorie de perturber le fonctionnement des économies complexes fondées sur l'information et de provoquer des phénomènes de panique[1]. Mais la modernisation concerne aussi directement les armements. Ainsi en 2025, les missiles balistiques de certaines nouvelles puissances (Pakistan et Iran notamment) dépasseront les 5 000 kilomètres de portée et pourront sans doute frapper la France.

Cet ensemble de risques diffus invite à considérer que si le monde actuel n'est pas nécessairement plus dangereux qu'au temps de la guerre froide, il est en tout cas plus instable, avec des menaces imprévues susceptibles de se déclarer à chaque déplacement des équilibres géographiques ou économiques.

b. La fonction de protection du territoire

Cette protection est désormais conçue, de manière encore traditionnelle, comme une sanctuarisation du territoire national contre l'invasion d'armées étrangères, mais surtout comme une réponse à l'**interconnexion des risques et des menaces** dans un monde globalisé. Cette interconnexion peut être facilement comprise. Un foyer éloigné de prolifération nucléaire, telle que la Corée du Nord, peut parfaitement représenter une menace proche, à travers par exemple les matières fissiles d'origine coréenne que pourraient se procurer des terroristes implantés en Europe.

Autre situation : une déstabilisation de l'Arabie Saoudite, par le biais d'une propagation possible du « modèle » iranien, créerait une insécurité sur les approvisionnements mondiaux d'hydrocarbures, ce qui occasionnerait une dépendance accrue de la France à l'égard du pétrole russe et encouragerait vraisemblablement, au détriment de nos intérêts, la politique de puissance menée par la Russie depuis l'accession au pouvoir de Vladimir Poutine.

Enfin, troisième exemple de ces interdépendances mondiales, un surcroît de fragilité de l'État pakistanais, miné par les agissements des Talibans, risquerait de relancer la rivalité entre l'Inde et le Pakistan autour du statut du Cachemire et ferait peser sur cette zone, avec un impact inévitablement planétaire, la menace d'une escalade nucléaire entre deux puissances détentrices de l'arme suprême.

On le voit à la faveur de ces exemples : l'intérêt national au sens étroit, dans le cadre de la nouvelle stratégie de défense exprimée depuis 2008 par les Livres blancs et les lois de programmation militaire, ne fournit plus à la France sa seule raison d'intervenir ; notre pays doit aussi apporter une réponse aux défis globaux.

Ces derniers se positionnent en majorité dans une zone que les stratèges du ministère de la Défense qualifient d'« **arc de crise** » : de l'Atlantique à l'Océan Indien, cet arc parcourt la Mauritanie, la Somalie, les bordures de la Méditerranée, le Proche Orient, le golfe Arabo-Persique, l'Afghanistan et le Pakistan.

La mise en jeu directe des intérêts nationaux doit donc être considérée de la façon la plus large, du point de vue du maintien de la paix et de la sécurité internationale au sens de la Charte des Nations unies. La France, en raison de ses responsabilités internationales et sur le fondement d'une vision collective, peut souhaiter recourir à une intervention militaire

1. De façon symptomatique, illustrant l'importance de cette menace, un corps de réservistes spécialisé dans la cyberdéfense a été créé au second semestre de 2012.

sans que ses seuls intérêts directs soient visés, comme on a pu le constater à propos du déploiement aérien de nos forces en Libye en 2011 (qui s'est soldé par la chute et le décès du colonel Kadhafi en octobre 2011). Hormis ce pays, quelque 30 000 soldats français en opérations extérieures, presque exclusivement dans le cadre de l'ONU[1], assurent des missions au service de la stabilité régionale ou mondiale, principalement en Lybie, au Sahel, au Liban, au Mali (dont le président Macron a annoncé en juin 2021 le retrait des forces françaises regroupées dans l'opération Barkhane), en République centrafricaine et en Irak.

Rappelons que dans l'État afghan, où l'élection de Hamid Karzai en juin 2002 n'a pas permis de mettre fin aux clivages ethniques et à l'action de groupes radicaux (Talibans), la France est également intervenue, sur la base de la résolution 1373 du Conseil de sécurité de l'ONU, qui s'appuie sur le principe (figurant à l'article 51 de la Charte des Nations unies) de licéité de l'utilisation de la force en cas de légitime défense. Les 4 000 soldats français[2] engagés dans cette opération de stabilisation exerçaient depuis 2002, outre les missions de sécurisation du territoire qui leur avaient été attribuées par l'OTAN, un rôle important de formation de l'armée régulière afghane, afin que cette dernière puisse assumer ses responsabilités normales dans la protection du pays après le retour à la paix civile. Cependant, depuis la fin de 2012, la France ne participe plus aux opérations militaires en Afghanistan, conformément à un engagement électoral du président de la République François Hollande, les Américains eux-mêmes, par la voix du président Trump, ayant annoncé en 2019 leur retrait pour au plus tard la fin de 2020, finalement accompli quelque mois après cette échéance dans des conditions dramatiques.

c. Les méthodes : associer le civil et le militaire

À travers notamment une application originale du concept de résilience (défini par le Livre blanc de 2008 comme « la capacité des pouvoirs publics et de la société française à répondre à une crise majeure et à rétablir rapidement leur fonctionnement normal »), la nouvelle organisation de notre défense ambitionne d'assurer une continuité entre civil et militaire, grâce notamment à une instance partiellement nouvelle, le Secrétariat général de la défense et de la sécurité nationale (SGDSN), chargé de réaliser l'articulation de ces deux dimensions, externe et interne, de la sécurité nationale.

2 Contenus et évolutions

a. Les grandes étapes

L'évolution de la politique de défense est celle de ses priorités, qui se succèdent selon la chronologie suivante :

- Des années 1960 jusqu'au milieu des années 1990, les priorités portent sur la protection contre une invasion extérieure. Le Livre blanc sur la défense de 1972 se focalise ainsi sur la dissuasion nucléaire.
- De 1995 jusqu'en 2001, l'accent est mis sur la capacité de projection extérieure des forces, thème qui figure au premier plan du Livre blanc de 1994. Le Président Chirac décide de

1. Sauf en ce qui concerne l'intervention française au Mali, pays ami en a appelé à l'aide militaire de la France en janvier 2013.
2. Qui ont subi la perte de plus de 80 hommes.

mettre fin en 1996 au service militaire ; des soldats professionnels moins nombreux et mieux formés remplacent les conscrits.

- À partir de 2001, on assiste à nouveau à la concentration des moyens sur la sécurisation du territoire national, mais sous des formes nouvelles et en associant sécurité intérieure et défense.

Pour comprendre ces évolutions il faut insister sur le caractère crucial des années 1990, caractérisées par un optimisme, tout à fait inédit durant la seconde partie du XXe siècle, en matière de relations internationales. Plusieurs épisodes majeurs alimentent ces aspirations à un monde définitivement pacifié :

- 1989 : entrée dans le monde unipolaire ; un seul « Grand » demeure après la chute du mur de Berlin et l'effondrement rapide de l'empire soviétique.
- 1993 : accords d'Oslo entre Israéliens et Palestiniens laissant entrevoir une solution durable (qui sera hélas démentie) à un demi-siècle de conflit au Moyen-Orient.
- 1994-1999 : l'identité européenne de sécurité et de défense (IESD) apporte sa pierre au sein de l'édifice de l'OTAN à un « nouvel ordre mondial » (selon l'expression formulée par George Bush père en 1990) où il appartiendrait, en l'absence de puissances ennemies de premier plan, à des coalitions occidentales d'encourager le règlement des conflits résiduels et d'apporter un soutien humanitaire à certains pays, dans le cadre en particulier d'un « droit d'ingérence » de plus en plus favorisé par l'ONU depuis 1988. L'OTAN a consacré explicitement la nécessité de cette identité européenne et d'une autonomie plus grande des Européens en l'inscrivant dans son « Concept stratégique » de 1999 qui prévoit, tout en réaffirmant l'importance du lien transatlantique, la mise en œuvre d'une telle identité européenne ayant vocation à la prévention des conflits et la gestion des crises. Le nouveau (et dernier en date) concept stratégique de l'Alliance, en vigueur depuis 2011, conforte pleinement cette orientation. Ce concept stratégique adopté à Lisbonne en novembre 2010 prolonge en effet le cadre précédent, sans y apporter d'innovation radicale. L'importance des nouvelles menaces liées au terrorisme, de la prévention et de la gestion des crises et de l'élargissement des partenariats est réaffirmée. La création d'une structure nouvelle, spécialisée dans la gestion civile des crises, est décidée.
- 1996 : accords de Dayton mettant fin au conflit en ex-Yougoslavie.

Cet apaisement (provisoire) des tensions traversant la planète s'était d'ailleurs reflété dans la baisse des dépenses militaires mondiales, qui avaient chuté de 1 200 à 870 milliards de dollars (constants) entre 1990 et 1998.

Hélas après cet intermède de dix ans dans l'équilibre des relations internationales, assez unique et improbable par son caractère à la fois unipolaire (une seule super-puissance demeurait, les États-Unis d'Amérique) et multilatéral, les rapports mondiaux dessinent au début du troisième millénaire une nouvelle configuration qu'on pourrait qualifier de **multipolaire déstructurée**.

Ni multipolaire et homogène comme le concert des nations qui avait procédé du traité de Westphalie (1628), ni multipolaire et hétérogène comme l'entre-deux-guerres et sa montée des totalitarismes, ni bipolaire et hétérogène comme la guerre froide, ni unipolaire et multilatérale comme le court intermède des années 1990, la configuration actuelle porte en elle un équilibre instable entre les tentations de l'unilatéralisme (États-Unis), le retour à des politiques de puissance et du fait accompli (Russie par exemple en Géorgie, et Chine dans toute la mer de Chine) aux antipodes de l'idéal onusien, l'émergence toujours plus affirmée d'acteurs non étatiques, mafieux ou terroristes, les risques intacts de proliférations nucléaires, chimiques ou biologiques et la généralisation de cyber-technologies difficilement contrôlables.

b. Cinq valeurs permanentes, récemment priorisées entre elles

Au sortir des conditions historiques de la guerre froide et du « nouvel ordre mondial », désormais révolues, la politique de défense de la France se caractérise au siècle actuel par cinq valeurs permanentes, qui ont été encore confirmées en avril 2013 par le Livre blanc.

Le Livre blanc de 2013

Dans une grande continuité avec son prédécesseur de 2008, le Livre blanc de 2103 confirme que doivent être pris en compte par la Nation à la fois les « risques directs et indirects » ainsi que la « continuité des menaces et des risques intérieurs et extérieurs qui pèsent sur la France ». Sur cette base, le nouveau Livre reprend les cinq fonctions stratégiques identifiées en 2008 (…) : « la connaissance et l'anticipation, la dissuasion, la protection, la prévention et l'intervention ». Il insiste sur la capacité nécessaire des forces françaises à assurer tant les missions de « coercition que de gestion de crise ». Il développe l'idée des « risques de la faiblesse », c'est-à-dire des menaces de déstabilisation que crée la déliquescence de certains États africains ou asiatiques trop faibles pour résister aux exactions du terrorisme qui prospère à l'intérieur de leurs frontières.

Toutefois, la *Revue stratégique* de 2017 infléchit légèrement ces orientations. Elle s'est traduite sur le plan opérationnel par l'élaboration d'un document stratégique de référence pour l'action gouvernementale, intitulé « Ambition 2030 » et, sur le plan législatif, par la loi de programmation militaire 2019-2025 (*cf. infra*). Or l'Ambition 2030 introduit une priorisation entre les cinq valeurs de la défense nationale identifiées par le Livre blanc de 2008 (rappelées ci-dessus) en prévoyant une accentuation des moyens :

- sur la connaissance et l'anticipation, par le renseignement et l'exploitation de l'intelligence artificielle ;
- sur la capacité des armées à prévenir les crises internationales ;
- et enfin sur la cyberdéfense.

Connaissance et anticipation

Cet objectif prend pleinement en compte la promotion des activités de renseignement au rang des conditions essentielles d'une politique de défense adaptée. Depuis près d'un siècle, les guerres ne font généralement plus l'objet d'une déclaration officielle, préalable à l'engagement des hostilités. La déstabilisation d'intérêts français à travers le monde peut constituer l'amorce d'un engrenage susceptible de déboucher sur un conflit ouvert et armé, d'où l'importance d'une démarche visant à connaître et anticiper ces agissements visant la France. *A fortiori*, lorsqu'un terrorisme international ambitionne de frapper des cibles sur le territoire national, la protection de la population passe par la connaissance et le démantèlement des réseaux poseurs de bombes.

Ce sont bien ces activités de renseignement, méthodiquement organisées et déployées, qui ont permis par exemple le démantèlement du réseau de Khaled Kelkal et la mise hors d'état de nuire de la plupart de ses membres à partir de 1995, ainsi que l'évitement sur notre territoire, entre 2014 et 2019, de 59 attentats motivés par l'islamisme. Cette fonction « connaissance et anticipation », priorité de l'Ambition 2030, bénéficie de 1 500 personnels de renseignement supplémentaires sur la période 2019-2025.

Prévention

L'action de prévention des crises s'exerce selon une approche globale embrassant tous les risques, ainsi que par la coopération étroite avec nos partenaires et alliés, en particulier dans le cadre de l'OTAN, à travers des déploiements spécifiques et coordonnés de nos armées terrestres, des manœuvres aériennes et des déploiements navals (par exemple en Baltique, en Méditerranée et en mer Noire).

Une des hypothèses de crise les plus graves actuellement identifiées par les autorités de défense est celle d'une attaque terroriste majeure sur le territoire européen, utilisant des moyens non conventionnels, de type nucléaire, chimique ou biologique, couplée à une situation de guerre dans l'une des zones d'intérêt stratégique pour l'Europe, par exemple le Moyen-Orient.

À cette fin, l'Ambition 2030 organise le renforcement, notamment sur le continent africain, du réseau de bases opérationnelles avancées (Côte d'Ivoire, Djibouti, Émirats arabes unis) et de pôles opérationnels de coopération (Gabon et Sénégal) à travers la possibilité d'affecter à ces points d'appui 300 personnels supplémentaires.

Dissuasion

Bien qu'ayant considérablement évolué, la dissuasion nucléaire reste au cœur de notre politique de défense. Le passage d'une stratégie de représailles massives à des perspectives de ripostes graduées, embrassée par le camp occidental dans les années 1960, s'est soldé en France à partir de 1996 par la fermeture de la base des missiles balistiques du plateau d'Albion. Consacrant la fin de la stratégie dite « anti-cités »[1], ce démantèlement a été compensé par la constitution progressive d'une force nucléaire sous-marine, avec la construction, à partir de 1967, des sous-marins nucléaires lanceurs d'engins, dont la France dispose aujourd'hui de quatre exemplaires. Au total, la France détient actuellement un peu moins de 300 têtes nucléaires (le Président Macron, conformément aux engagements de la France en matière de désarmement, ayant réduit de quelques unités cette capacité) soit deux fois moins qu'avant 1990[2].

1. Visant à des destructions massives de populations civiles demeurant dans les grandes villes.
2. Le nombre mondial d'ogives nucléaires s'est également fortement contracté durant cette période, à la suite de plusieurs accords de désarmement, notamment l'INF (forces nucléaires de portée intermédiaire) conclu en 1987 et le START 1 (missiles intercontinentaux) en 1991.

Protection

La fonction de protection est naturellement constituée par l'objectif traditionnel d'inviolabilité du territoire national. Mais cette fonction reçoit aujourd'hui l'appui d'une sécurité civile repositionnée sur les nouvelles menaces. Contre les risques terroristes, y compris ceux impliquant des instruments non conventionnels (chimiques et biologiques notamment), les exercices simulant les attaques et mettant à l'abri les populations se multiplient avec des moyens renforcés.

Intervention en cas de nécessité

L'engagement des forces armées à l'étranger repose sur sept principes directeurs :

- caractère grave et sérieux de la menace contre la sécurité nationale ou la paix et la sécurité internationale ;
- examen des mesures alternatives ;
- respect de la légalité internationale ;
- appréciation souveraine de l'autorité politique française ;
- légitimité démocratique impliquant la transparence des objectifs poursuivis et le soutien de la collectivité nationale exprimée notamment par ses représentants au Parlement ;
- capacité d'engagement français d'un niveau suffisant visant un règlement durable de la crise ;
- définition de l'engagement dans l'espace et le temps avec une évaluation précise du coût.

Un des enjeux de l'intervention extérieure ayant gagné en importance ces dernières années est la **capacité d'entrer en premier** (selon la terminologie consacrée) dans une enclave disputée en faisant face notamment aux moyens dits « A2/AD » (Anti-Access/Area Denial). Par ailleurs les conditions actuelles d'intervention supposent une capacité d'engager nos armées dans trois théâtres simultanés d'opérations. Enfin une intervention spécifique d'urgence, déclenchée en réponse immédiate à une crise, est permise par un réservoir de forces constitué de 5 000 militaires et de leurs équipements.

c. Les politiques

Au-delà de ces cinq valeurs permanentes, la France poursuit trois politiques clairement identifiées, qui expriment à la fois des nécessités structurelles (en ce qui concerne la solidarité au sein de l'Union européenne) et des choix plus conjoncturels (s'agissant du rapprochement avec l'OTAN, désormais consommé, et de l'adoption sans réserve du multilatéralisme). Ces trois politiques sont décrites ci-dessous.

Rapprochement de l'OTAN

Avec l'annonce effectuée en mars 2009 (dans l'enceinte de l'École militaire) proclamant le retour de la France dans le commandement intégré de l'OTAN, le président de la République a parachevé le rapprochement entre la France et l'OTAN qui s'était amorcé dans les années 1990. Si cette décision française n'était pas inévitable, sa logique est clairement perceptible, sur deux registres :

- **La cohérence avec la stratégie d'interpénétration avec l'OTAN mise en œuvre par l'Union européenne depuis 1994**, dans le cadre notamment de l'IESD (*cf. supra*). En effet, la réunion ministérielle de l'OTAN à Berlin en juin 1996 et le sommet de l'OTAN à Washington en avril 1999 – processus dit de « BERLIN PLUS » – jettent les bases de la coopération entre l'OTAN et l'Union européenne pour permettre à la seconde de recourir aux capacités et aux moyens de la première, en cas d'opérations propres à l'Union européenne. Ces bases de la coopération sont d'autant plus crédibles que, en décembre 1998 à Saint-Malo, le Royaume-Uni a reconnu pour la première fois la nécessité de doter l'Union des moyens de conduire des opérations autonomes et s'est engagé à les soutenir. Prolongeant cette dynamique, en décembre 2002, une déclaration commune a été adoptée par les deux organisations : la « déclaration OTAN-Union européenne sur la politique européenne de sécurité et de défense ». Ce texte garantit à l'Union européenne un accès aux capacités de planification de l'OTAN pour ses propres opérations militaires et réaffirme les principes politiques qui fondent le « partenariat stratégique » entre les deux organisations.

- **La présence française effective au sein de l'OTAN de plus en plus visible depuis le milieu des années 1990.** Il convenait de banaliser cette présence à travers la décision du retour français dans les structures de commandement intégré de l'Alliance. La France était en effet, avant même l'annonce de mars 2009, présente dans les instances multilatérales de l'Alliance, sauf dans deux organes spécialisés créés après son retrait de l'organisation militaire en 1966 : le Comité des plans de défense et le Groupe des plans nucléaires. Elle n'a jamais quitté sa place au Conseil atlantique, instance dirigeante suprême de l'Organisation. En 1996, après une longue période où elle s'était cantonnée à la position d'observateur, la France a repris pleinement son siège au Comité militaire de l'Organisation, à travers notamment la participation de son chef d'état-major des armées lorsque la réunion de cette instance se tient au plus haut niveau. Depuis 1996 également, le ministre de la Défense participe aux réunions du Conseil atlantique.

De plus, la contribution de la France aux procédures de constitution de forces de l'OTAN, soit en vue des opérations, soit au profit de la Force de réaction de l'OTAN (NRF), soit enfin pour certaines forces de réserve, est très significative. En 2008, les engagements de la France dans le cadre de la NRF comprenaient plus de 7 000 hommes[1] (et l'apport de notre pays a suivi le triplement, décidé en 2014, de la taille de cette force), sans compter les contributions aux capacités aériennes et navales et aux états-majors de commandement qui comptent une centaine d'officiers français.

Bien entendu, même après le retour décidé en 2009 dans la structure intégrée de l'OTAN, l'engagement effectif de ces forces est subordonné à un accord préalable de la France et du Conseil atlantique. Par ailleurs, la liberté d'appréciation des autorités politiques françaises suppose qu'une pleine participation de la France n'implique aucune automaticité dans la contribution de notre pays aux interventions de l'OTAN. Enfin l'indépendance nucléaire de la France, de ses capacités nucléaires comme de sa stratégie de dissuasion, reste hors du cadre de l'OTAN, dont la France ne réintègre pas en 2009 le Comité des plans nucléaires.

Signalons également que ce retour français s'est accompagné de l'attribution à un officier général français d'un grand commandement militaire de l'OTAN. Son titulaire, entre 2009 et 2012, a été le lieutenant général Philippe Stoltz, chef du commandement joint de Lisbonne, une des trois principales subdivisions régionales de l'OTAN en Europe. Deux autres Français, les généraux Denis Mercier et André Lanata, ont successivement exercé

1. Environ un tiers des effectifs de cette force.

entre 2015 et 2018, puis à partir de 2018, les fonctions de SACT[1], considérées comme le deuxième commandement militaire le plus élevé de l'Alliance.

Confirmation de la solidarité avec l'Union européenne

La France se considère à juste titre comme un des principaux moteurs de la construction politique de l'Europe. La position française consiste à souhaiter une meilleure intégration de la politique étrangère, de sécurité et de défense (PESD) de l'Union européenne.

Par ailleurs le traité de Lisbonne, signé en décembre 2007 et succédant aux traités de Maastricht, Amsterdam et Nice, comporte des dispositions qui pourraient permettre à l'Union de franchir un nouveau cap.

La création d'un poste de haut représentant pour la politique étrangère et de sécurité (occupé par la Britannique Catherine Ashton dont l'action n'a souvent pas recueilli l'unanimité souhaitable, puis par l'Italienne Federica Mogherini et l'Espagnol Josep Borrell) visait à donner une cohérence accrue aux moyens d'action extérieurs de l'Union.

Le traité de Lisbonne comporte surtout une **clause de solidarité** qui ouvre la possibilité du recours aux moyens militaires mis à disposition par les États membres pour prévenir les menaces terroristes et, le cas échéant, porter assistance sur son territoire à un État membre qui serait l'objet d'une attaque terroriste, ou la victime d'une catastrophe naturelle ou d'origine humaine. Cette clause, qui reprend les mécanismes internes à l'OTAN, revêt cependant un intérêt particulier pour les États de l'Union non-membres de l'OTAN (Autriche, Irlande, Finlande, Suède).

Sur le plan des moyens d'intervention, la France participe à la constitution d'une capacité d'intervention de 60 000 hommes (le Corps de réaction rapide européen), déployables pendant un an sur un théâtre éloigné, avec les composantes aériennes et maritimes nécessaires. Cette finalité était déjà celle du Corps européen, créé à l'initiative de la France et de l'Allemagne et de la Force de réaction rapide (FRR). Les marges de progrès dans l'intégration concrète de ces moyens sont encore importantes. Parmi les efforts faits en ce sens, on peut signaler l'amélioration des procédures de ravitaillement en vol entre forces françaises et britanniques.

Réaffirmation du multilatéralisme par la France

La France soutient une réforme du Conseil de sécurité de l'ONU visant à inclure, comme membres permanents, l'Allemagne, le Japon, l'Inde, le Brésil, et à permettre une juste représentation de l'Afrique. Elle privilégie également le cadre multilatéral pour lutter contre les proliférations nucléaires, biologiques et chimiques, malgré les difficultés majeures que connaissent les conventions internationales supposées limiter ces risques (retrait en 2003 de la Corée du Nord du traité de non-prolifération nucléaire de 1970[2], absence de mécanismes de vérification satisfaisants du fonctionnement de la Convention sur l'interdiction des armes chimiques de 1993 et de la Convention sur l'interdiction des armes biologiques de 1972). La France prône enfin la ratification par tous les États du traité d'interdiction complète des essais nucléaires, que la Chine et les États-Unis ont signé en 1996 mais n'ont pas encore ratifié.

1. Supreme Allied Commander Transformation.
2. Date de l'entrée en vigueur de ce traité signé et conclu en 1968.

3 Moyens financiers et organisationnels

L'organisation de la défense nationale peut s'apparenter à un édifice :

- dont la base est représentée par **les pouvoirs constitutionnels conférés au président de la République** (qui est le chef des armées et le garant de l'indépendance nationale, de l'intégrité du territoire et du respect des traités, et décide de l'emploi des forces, notamment, le cas échéant, de l'arme nucléaire) ; **au Premier ministre** (qui est le responsable, devant le Parlement, de l'administration de la défense et des politiques suivies par le Gouvernement en la matière) et, depuis la révision constitutionnelle de juillet 2008, **au Parlement** (qui doit donner à l'exécutif l'autorisation de prolonger au-delà de quatre mois les interventions militaires extérieures) ;
- dont les différents étages sont occupés par **les états-majors des trois armées** (terre, mer, air) lesquels disposent d'une organisation territoriale sous la forme de sept zones militaires (dites « zones de défense et de sécurité ») couvrant l'ensemble du territoire national.

S'ajoutent à cette description trois fonctions essentielles : le chef d'état-major des armées (qui assure l'organisation générale, la préparation et la mise en capacité des armées et des organismes interarmées placés sous son autorité), le délégué général pour l'armement (dont les responsabilités concernent l'équipement militaire et la politique industrielle de défense) et le secrétaire général (qui assure l'administration générale et budgétaire du ministère de la défense).

Ce cadre fondamental a vu se déployer une nouvelle logique de moyens depuis quelques années, quantitative, mais aussi qualitative.

a. Logique quantitative

D'après la loi de programmation militaire 2009-2014, les personnels des armées françaises devaient se monter à la fin de cette période au total à 225 000 hommes et femmes répartis en 131 000 agents pour l'armée de terre, 44 000 pour la marine et 50 000 pour l'armée de l'air. Il s'agissait d'une **réduction d'environ 50 000 postes** par rapport aux effectifs employés par la Défense au milieu des années 2000.

Cette réduction est intervenue toutefois surtout – à hauteur de 75 % – au niveau du personnel administratif et de soutien logistique aux forces. De plus, l'économie réalisée a été réaffectée aux dépenses d'équipement, notamment afin d'assurer la meilleure sécurité possible des troupes, de sorte que le budget de la mission défense[1] (soit 31 milliards d'euros à l'époque, 40 milliards aujourd'hui) a, malgré ces réductions de personnel, bénéficié au total d'un effort financier important, de 1 % de plus en volume chaque année à partir de 2012. Ainsi d'un rythme de 15 milliards d'euros par an en 2008, ces dépenses d'équipement passaient à partir de 2009 à une tendance annuelle de 18 milliards d'euros.

Cependant, ces évolutions n'ont pas permis de préserver toutes les implantations territoriales existantes. 471 communes abritaient des installations militaires en 2007. La fermeture de 83 et le déménagement de 33 de ces sites a été accomplie entre 2009 et 2015. Ces mesures d'ajustement ont défrayé la chronique dans le contexte d'une aggravation du chômage liée à la crise financière internationale de 2008, mais le gouvernement a maintenu son projet malgré les protestations d'une cinquantaine d'élus.

1. Au sens de la LOLF.

Des protestations analogues ont accueilli le nouveau programme de réductions prévu par loi de programmation militaire 2014-2109. Les effectifs militaires (y compris de personnel administratif) devaient en effet initialement diminuer de 34 000 hommes et femmes d'ici 2019 ; toutefois, compte tenu de la situation exceptionnelle que connaît la France depuis les attentats de janvier 2015, et du déploiement de 10 500 militaires dans le cadre de l'opération Sentinelle (Vigipirate), le président de la République a décidé de diminuer de 7 500 unités l'ampleur de la réduction prévue.

Cette recherche d'économie, pour significative qu'elle soit, est avant tout déterminée par une démarche qualitative beaucoup plus fondamentale puisqu'elle ne vise rien de moins qu'à assurer l'adaptation de nos moyens de défense à une géopolitique mondiale bouleversée (*cf. supra*).

b. Logique qualitative

Pour que l'armée puisse réagir rapidement aux crises et menaces dans un environnement caractérisé par davantage d'imprévisibilité que par le passé, il importait au gouvernement de la recentrer sur ses missions stratégiques essentielles, sur ses capacités d'intervention, de protection et de combat sur les théâtres d'opérations, en un mot sur son savoir-faire proprement militaire.

Ainsi un effort de rationalisation de la maintenance est en cours, se traduisant par :

- **l'uniformisation des structures de soutien** pour chaque armée (service interarmées de maintenance des matériels terrestres, service de soutien à la flotte, structure intégrée du maintien en condition opérationnelle du matériel aéronautique de la défense), sous l'impulsion et à travers la coordination de la Délégation générale pour l'armement (DGA) qui collabore au soutien au long cours des programmes d'équipements ;
- **l'externalisation des fonctions matérielles** générales – habillement, restauration entre autres – intégrées précédemment dans la fonction achat du ministère de la Défense. De grands opérateurs privés prennent désormais en charge ces activités de support.

Parallèlement une nouvelle gouvernance du secteur de la défense a été mise en place.

Marquant le rapprochement des problématiques de sécurité intérieure et extérieure, un **Conseil de défense et de sécurité nationale**, issu du Conseil de la sécurité intérieure créé en 2002, a été institué en 2010, regroupant, outre le président de la République et le Premier ministre, tous les ministres concernés par les questions de sécurité, y compris dans leur dimension de prévention de l'atteinte à l'intégrité économique du territoire. Y participent donc également les ministres chargés de l'Économie et du Budget, aux côtés du ministre de la Défense, du ministre de l'Intérieur, et de celui des Affaires étrangères. Le secrétariat général de la Défense et de la Sécurité nationale (SGDSN) en assure le suivi et le secrétariat.

Dans la même logique de continuité entre les réponses aux risques extérieurs et intérieurs, depuis 2008, un **Conseil national du renseignement** est présidé par le président de la République et animé au quotidien par un Coordonnateur national du renseignement, dont une des missions-clés est d'assurer la coopération entre les différents services secrets et d'éviter ainsi la « guerre des services » fréquemment stigmatisée.

Au total, cette gouvernance réajustée et cet environnement logistique voulu plus performant permettent de renforcer la dimension opérationnelle des armées, autour de la formule concise et claire déjà défendue par le Livre blanc de 2008 : doter la France d'une force opérationnelle terrestre de 88 000 hommes, autorisant une projection à distance de 30 000 hommes déployables en 6 mois ; d'un dispositif d'alerte permanent de 5 000 hommes ; et d'une capacité mobilisable sur le territoire national de 10 000 hommes en appui des autorités civiles, en cas de crise majeure ; le tout pouvant être relayé par les Rafale et les Mirage de notre parc d'avions de combat. Ces ambitions sont prolongées dans le cadre de la programmation militaire des cinq prochaines années (2019-2025) : les forces terrestres, éventuellement projetables, doivent atteindre 77 000 hommes, couverts notamment par 253 avions de combat. Sur un théâtre d'opérations unique, 15 000 hommes pourront être mis à disposition de coalitions ponctuelles. La force d'intervention rapide créée en 2014[1] – la FIRI (Force interarmées de réaction immédiate) –, de 2 300 hommes, constituée notamment à partir des 5 000 personnels du dispositif d'alerte permanent évoqué ci-dessus, pourra intervenir dans un délai de sept jours à 3 000 km du territoire national.

c. Une nouvelle ambition budgétaire

La loi de programmation budgétaire 2019-2025 marque pour la défense la fin d'une décennie de politiques budgétaires restrictives, orientées prioritairement vers le retour à un déficit budgétaire de 3 % du PIB, compatible avec les traités européens. Aux termes de cette loi, le poids de la mission défense passera de 1,4 % du PIB en 2017 à 2 % en 2025, soit une progression très significative, de plus de 40 %, de l'effort budgétaire.

Outre des dépenses consacrées prioritairement à l'amélioration de la vie quotidienne du soldat (par exemple le perfectionnement des gilets pare-balles, des treillis ignifugés, des divers matériels de campagne, des équipements de restauration collective…), des investissements seront consacrés aux grandes initiatives de modernisation des armements, entre autres, le lancement et la réalisation d'un sous-marin nucléaire lanceur d'engins de 3e génération et la programmation du porte-avions devant succéder au Charles-de-Gaulle.

La cyberdéfense doit quant à elle bénéficier de 1,6 milliard d'euros et 1 000 personnels supplémentaires d'ici 2025, et le renseignement, de 4,6 milliards d'euros d'investissements pour des équipements (satellites, drones, avions de brouillage électronique) et de 1 500 nouveaux postes.

4 Bilan et perspectives

Alors que la France de l'entre-deux-guerres et de la ligne Maginot avait sans doute une guerre de retard, la politique de défense des années 2010 et 2020 ambitionne, selon la formule éloquente utilisée par la DGA, de disposer d'une « armée d'avance ».

Force est de constater que les défis considérables auxquels notre défense a été exposée depuis la fin du XXe siècle semblent avoir été surmontés avec succès et ont débouché sur une formulation cohérente d'une doctrine de défense rénovée. Ces défis consistent en :

- le **redimensionnement des forces** en vue d'une armée plus professionnelle, moins nombreuse et plus réactive, recentrée sur ses finalités de protection ;

1. La France a déjà disposé d'une FAR (Force d'action rapide), beaucoup plus nombreuse, entre 1984 et 1999.

- une complexification de la **notion d'indépendance nationale**, à l'ère du multilatéralisme et de l'interconnexion des menaces mondiales, pouvant provoquer une interrogation de la Défense sur son identité ;
- la pleine reconnaissance de la complémentarité et de la continuité entre les missions de protection extérieure du territoire et de maintien de la sécurité intérieure.

Cependant, il est de l'essence d'un dysfonctionnement éventuel de la politique de défense de ne pouvoir se constater qu'à l'occasion des épreuves les plus graves auxquelles notre pays pourrait être confronté et que personne, bien entendu, ne peut souhaiter. La pertinence des orientations actuelles de la politique de sécurité extérieure demeure suspendue à cette interrogation fondamentale.

L'instrument militaire dont le pays s'est doté pour affronter les bouleversements du monde contemporain montre en tout cas au sein de la Défense une pénétration de la culture du changement qui avait parfois fait défaut aux siècles passés, contribuant à expliquer les défaites de 1870 et de 1940.

Entraînement

Synthèse

Les points-clefs à ne surtout pas oublier

- La conception désormais très large de l'intérêt national, à cause de l'interconnexion des risques lointains et proches.
- La promotion des fonctions de connaissance et d'anticipation des risques, en plus des objectifs traditionnels de sanctuarisation du territoire.
- La pleine inscription de la France dans le jeu multilatéral, avec son retour au sein de l'OTAN et la position française en faveur de l'élargissement du Conseil de sécurité de l'ONU.

Les mots-clefs à retenir

- Territoire
- ONU
- Sécurité
- OTAN
- Conflits
- PESD
- Ingérence
- Terrorisme
- Dissuasion
- Renseignement
- Multilatéralisme
- Rationalisation

Les sujets de concours possibles

- Que signifie le retour de la France dans l'OTAN ?
- La force de frappe nucléaire de la France est-elle encore justifiée ?
- En quoi les économies dans les moyens de la défense nationale s'imposaient-elles ?
- Quelles réponses militaires apporter au terrorisme ?

À l'oral, comment répondre en deux ou trois phrases aux questions les plus plausibles

Avec la fermeture des sites et la baisse des effectifs militaires, la France ne s'est-elle pas dotée d'une défense « light » ?

Même si on a enregistré en effet entre 2008 et 2019 une baisse des effectifs de l'ordre de 70 000 hommes et femmes, la logique budgétaire globale de ce changement est celle d'un redéploiement de crédits, en faveur d'équipements plus performants notamment. Les lois de programmation militaire de 2009 et de 2014 prévoyaient à cet égard une progression modeste mais régulière du budget de la défense, la capacité nucléaire de la France reste la plus importante d'Europe et la LPM 2019-2025 donne en tout état de cause une très forte impulsion budgétaire à notre Défense nationale.

Depuis la professionnalisation des forces les Français vous paraissent-ils moins attachés à leur armée ?

L'armée de citoyens représentait un acquis de la Révolution française et les Français ont peut-être vécu le passage en 1996 à une armée de métier comme la disparition d'une composante du patrimoine national. Au-delà du symbole et de la nostalgie, je crois que l'armée actuelle a les atouts pour créer sa propre tradition, alliant l'efficacité, la générosité et le courage, cette dernière qualité ayant été particulièrement manifeste sur des théâtres comme l'Afghanistan et le Mali.

Conseils bibliographiques

- Livre Blanc de la défense et la sécurité nationale, téléchargeable sur le site du ministère de la Défense, 2013.
- Rapport annexé à la LPM 2019-20125, téléchargeable sur le site du ministère de la Défense, 2018.
- Gérard Chaliand, Les Guerres irrégulières, Folio, Gallimard, 2008.
- Xavier Raufer, Les Nouveaux dangers planétaires, CNRS éditions, 2012.

9 La sécurité intérieure

Bien qu'elle paraisse d'une relative évidence puisque le gouvernement n'a pas d'autres choix que de maintenir la sécurité intérieure, cette politique présente une grande complexité qu'il convient d'étudier dans ces pages.

1 Enjeux et objectifs

Le règne de la sécurité à l'intérieur des frontières de la France est une des ambitions les plus constamment partagées par les majorités qui se succèdent au pouvoir. La sécurité intérieure est même habituellement considérée comme une des conditions constitutives de l'État. Il n'y a pas d'État lorsque d'autres entités que lui peuvent manier impunément la violence physique. L'État se dissout alors dans la guerre civile. La stabilité de la France, en tant qu'entité étatique, est la preuve même que, la plupart du temps, la sécurité intérieure a été assurée. À de rares moments (par exemple lors de la vague d'attentats de la fin du XIXe siècle[1] et à un moindre degré lors de certaines manifestations du mouvement des Gilets jaunes marquées par la violence), l'anarchie a semblé superficiellement en passe de triompher, mais les autorités régulières ont finalement rétabli le contrôle de la situation.

a. Deux missions essentielles

Pour autant, cette fonction de l'État, si elle n'a pas failli sur l'essentiel, reste une des plus sujettes à la critique et aux polémiques, et cela dans ses deux missions principales :

- le maintien de l'ordre (police générale) ;
- la recherche des criminels et des délinquants, c'est-à-dire les activités de police judiciaire.

Ces deux missions se sont attiré leurs lots d'objections.

Le maintien de l'ordre a donné, et donne encore régulièrement lieu, à des reproches d'usage excessif de la force. Qu'il s'agisse des incidents tragiques, le 8 février 1962 au métro Charonne, où neuf personnes qui s'y étaient réfugiées à la suite d'une manifestation contre l'OAS trouvent la mort, prises dans une bousculade provoquée par l'intervention des forces de sécurité, ou de la mort de Malik Oussekine en 1986, appréhendé dans le cadre d'une manifestation étudiante contre le projet Devaquet de réforme des universités, ou enfin, dernièrement, du cas d'un leader des Gilets jaunes atteint à l'œil par un tir supposé de LBD[2], l'action policière a été mise en cause : brutalité, indifférence au droit, voire racisme, ont constitué les attendus de ce réquisitoire, hélas, banal.

---

1. Grâce notamment aux fameuses « lois scélérates », pour reprendre le vocable imaginé par leurs adversaires et habituellement retenu par les livres d'histoire. Ces trois lois, votées en 1893 et 1894 étaient perçues comme particulièrement répressives. Elles tendaient, par exemple, à assimiler les simples sympathisants de la cause anarchiste aux activistes poseurs de bombes.
2. Lanceur de balles de défense.

Mais le reproche inverse d'inaction ou d'absence d'action suffisante (« mais que fait la police ? ») est tout aussi fréquemment adressé aux forces de l'ordre, à l'occasion par exemple de la ritualisation en apparence inexorable des incendies de véhicules au Nouvel an, ou bien, s'agissant de la police judiciaire, de l'absence d'arrestation probante dans certaines affaires ayant défrayé la chronique, comme celle qui avait vu, à tort, Patrick Dils accusé d'un double meurtre d'adolescents[1].

b. Une fonction publique sur la sellette

Il est sans doute inévitable que la fonction policière, parmi toutes les fonctions de l'État, soit placée ainsi sur la sellette et bénéficie d'un examen scrupuleux de la part des journalistes, des adversaires politiques du pouvoir en place ainsi que du simple citoyen. En effet, un gouvernement qui voudrait sortir de la légalité aurait vraisemblablement la tentation de chercher à s'appuyer sur les forces de police, ce qui les fait apparaître potentiellement inquiétantes ou même menaçantes.

Plus prosaïquement, l'activité de police mérite l'attention générale qu'elle suscite car, contrairement à beaucoup d'autres politiques publiques, la réponse à la question élémentaire de savoir si elle atteint son objectif premier (parvenir à réduire l'insécurité ou tout au moins à en maîtriser l'évolution) ne peut être fournie avec un degré convaincant de certitude.

En effet, l'instrument de mesure de la délinquance présente plusieurs imperfections qui n'en font pas, selon les termes utilisés en juin 2011 par la Cour des comptes[2], « un outil fiable » (on reviendra sur ce sujet dans la partie ❹ de ce chapitre).

Dès lors, la politique de sécurité intérieure doit être surtout illustrée par l'évolution de ses priorités et de son organisation. Aujourd'hui il apparaît que ses grands enjeux consistent à asseoir correctement ces priorités et à permettre le fonctionnement harmonieux de cette organisation.

2 Contenus et évolutions

a. Les lois relatives à la sécurité provoquent nécessairement la polémique

À la latitude laissée aux forces de l'ordre d'exercer leur mission, s'oppose le droit des citoyens de bénéficier des libertés publiques garanties par la Constitution et notamment par la Déclaration des droits de l'homme et du citoyen de 1789. Lorsque les lois relatives à l'ordre intérieur ont paru infléchir cet équilibre dans un sens moins favorable aux libertés publiques, elles ont été décrites de façon diamétralement opposée par les camps politiques en présence :

- la gauche les a plus souvent qualifiées de lois « liberticides » ;
- la droite, de simples mesures de bon sens destinées à augmenter la liberté des citoyens honnêtes dans la mesure où la première liberté consiste en la sécurité, protection qui

1. Pour mémoire, l'hypothèse actuelle de la justice est celle d'un rattachement de ce crime au tueur en série Francis Heaulme.
2. Rapport public thématique de juin 2011 : « L'organisation et la gestion des forces de sécurité publique ».

permet d'aller et venir sans être menacé, de profiter tranquillement de ses biens et de son temps libre.

Or très souvent ces mêmes lois sont nécessaires, en vertu de l'article 34[1] de la Constitution, car il s'agit justement d'adopter une nouvelle technique d'investigation ou de contrôle plus contraignante du point de vue des libertés. D'où le fait que, en quelque sorte par construction, une loi relative à la sécurité soit vouée dès l'origine à être décriée comme réductrice des libertés. Si cette atteinte aux libertés n'était pas requise, il n'y aurait pas besoin de loi, un simple décret suffirait… Il appartient aux pouvoirs publics de vérifier – et de convaincre les observateurs – que ce sacrifice de libertés est dûment justifié par les avantages quant à la sécurité attendus de la réforme envisagée.

Une législation confrontée aux libertés publiques

Analysée dans ses rapports avec les libertés publiques, l'action des pouvoirs publics en faveur de la sécurité met surtout en relief la législation suivante :

- Loi « anticasseurs » du 8 juin 1970, abrogée en 1982 : elle prévoyait de punir de trois années d'emprisonnement les instigateurs, les organisateurs et les membres actifs de groupes coupables de violences. Pour ses détracteurs, cette loi aboutissait à instituer une responsabilité pénale collective, inédite dans notre droit. De plus, elle pouvait écarter de simples citoyens de la participation à des manifestations publiques, de par leur crainte de se retrouver, par hasard, dans un groupe mis en cause sur le fondement de cette loi. On prêtait donc aux auteurs de celle-ci des arrière-pensées politiques.
- La LOPS de 1995 (loi d'orientation et de programmation sur la sécurité du 21 janvier 1995). Parmi les dispositions qu'elle prévoit pour maintenir l'ordre public figurent le renforcement des mesures de contrôle et de fouille en marge des manifestations et l'autorisation de la vidéosurveillance.
- La LOPSI (ou LOPSI 1, loi d'orientation et de programmation pour la sécurité intérieure du 29 août 2002) permet, dans certaines conditions, « d'accéder directement à des fichiers informatiques et de saisir à distance par la voie télématique ou informatique les renseignements qui paraîtraient nécessaires à la manifestation de la vérité ».
- Loi du 2 mars 2010 instituant un délit spécifique d'appartenance à des bandes violentes, passible d'une à trois années de prison. Là aussi, la critique porte sur la notion même de responsabilité pénale collective.
- La LOPPSI 2 (loi d'orientation et de programmation pour la performance de la sécurité intérieure du 14 mars 2011) prévoit une série de dispositions qui ont, de fait, un impact sur les libertés : développement de la vidéo-protection, pénalisation de l'usurpation d'identité sur internet, intrusion en cas de nécessité[2], et sous le contrôle du juge, dans les moyens informatiques privés, possibilités étendues de réaliser des écoutes téléphoniques, possibilités d'instaurer un couvre-feu pour les mineurs de moins de 13 ans…

---

1. L'article 34 est un des cinq ou six plus importants de la Constitution de la Ve République et établit le domaine où les pouvoirs publics doivent prendre une loi plutôt qu'un texte réglementaire. Parmi la vingtaine de champs d'intervention obligatoire de la loi, figurent, au premier rang de l'énumération, les « garanties fondamentales accordées aux citoyens pour l'exercice des libertés publiques ».
2. Soupçon de pédophilie, par exemple, ou de trafic d'armes, de blanchiment d'argent…

- Loi du 24 juillet 2015 relative au renseignement prévoit en particulier la détection (permise par un algorithme sophistiqué) des messages suspects échangés sur internet et notamment les réseaux sociaux. Environ 3 000 personnes sont, selon certaines estimations, susceptibles d'être mises en cause au titre de ces messages.
- Loi du 30 octobre 2017 renforçant la sécurité intérieure et la lutte contre le terrorisme, reprend, pour les rendre pérennes, certaines dispositions de l'état d'urgence institué par décret en 2015 et plusieurs fois prorogé par des lois (pour la dernière fois à la fin de 2016). Sont instituées en faveur de l'autorité administrative quatre prérogatives : la délimitation de périmètres présentant un risque particulier et au sein desquels l'accès et la circulation des personnes sont étroitement contrôlés ; la surveillance (par exemple par l'assignation administrative à résidence) des individus présentant un risque grave pour la sécurité publique ; la visite (perquisition d'initiative préfectorale et non judiciaire) de lieux privés abritant des activités ou des objets suspects ; la fermeture des lieux de culte qui se prêteraient de façon explicite ou déguisée à des incitations au terrorisme (les autres motifs classiques de fermeture de lieux accueillant du public, touchant par exemple à l'insalubrité ou à la non-conformité aux règles de construction, étant bien entendu maintenus).
- Une nouvelle loi, dite « anticassseurs », du 10 avril 2019, visant à renforcer et garantir le maintien de l'ordre public lors des manifestations, adoptée dans le contexte de la dérive violente des manifestations des Gilets jaunes, rend notamment possibles les inspections visuelles et les fouilles de bagages (qui peuvent contenir des armes par destination : marteaux, boulons…), les visites de véhicules (pour les mêmes raisons) ainsi que l'interpellation et, si nécessaire, le placement en garde à vue d'individus dissimulant leur visage sans raison légitime. Une disposition supplémentaire de cette loi, permettant aux préfets de prononcer une interdiction administrative de manifester à l'encontre d'individus suspects qu'on aurait préalablement inscrits sur un fichier, avait été censurée par le Conseil constitutionnel, ce qui illustre bien la nécessaire conciliation entre les exigences du maintien de l'ordre et le respect non moins nécessaire des libertés des citoyens.

b. La lutte contre les violences urbaines, tendance dominante depuis le milieu des années 1990

Après l'apogée du grand banditisme dans les années 1970 (et la mort de Jacques Mesrine en 1979), l'avènement et le démantèlement du terrorisme d'extrême gauche dans la décennie suivante (marquée par les exactions d'Action directe : assassinat du général Audran en 1985 et du PDG de Renault, Georges Besse, en 1986, suivi un an après de l'arrestation par les policiers du RAID des quatre principaux membres du groupe terroriste), des atteintes nouvelles à l'ordre public paraissent prendre une importance majeure depuis les années 1990 : les violences urbaines plus particulièrement situées dans ce qu'il convient d'appeler les banlieues.

Il ne s'agit naturellement pas d'affirmer que cette nouvelle forme d'insécurité se substitue à celles qui s'étaient révélées emblématiques aux époques précédentes. Si le terrorisme d'extrême gauche a pratiquement disparu, les attentats islamistes ont pris sa place (*cf.* le chapitre sur la politique de sécurité extérieure). Quant au grand banditisme, il est plus que jamais présent, lié à des réseaux mondialisés, bénéficiant d'armements de plus en plus puissants (explosifs, lance-roquettes…) et mettant en œuvre des techniques sophistiquées de délinquance financière. Sont chargés d'y parer, depuis 2002, les 36 groupes d'intervention régionaux (GIR), unités mixtes associant environ 500 policiers, gendarmes, fonctionnaires des impôts et des douanes.

Les deux pics du climat de violence « ordinaire » : 1995 et 2005

Les violences urbaines s'ajoutent donc à des manifestations anciennes de la délinquance. Néanmoins, il apparaît tout aussi clairement que les pouvoirs publics ont multiplié les moyens et les dispositifs visant à combattre plus particulièrement cette forme nouvelle d'insécurité, et que cette orientation constitue aujourd'hui une priorité majeure des politiques publiques.

Elle l'est devenue nettement à partir de 1995, date à laquelle l'émeute urbaine de Vaulx-en-Velin, consécutive à la mort d'un jeune de la cité passager d'une moto percutée par un véhicule de police, ainsi que le film *La Haine* de Mathieu Kassowitz (pour s'en tenir à ces deux seuls exemples), rendent le climat de violence incontournable par les politiques publiques.

Ce climat semblera néanmoins s'auto-entretenir. **L'année 2005 en marque une seconde intensification**. En juin de cette année, à la suite de la mort d'un enfant touché par une balle perdue à la « cité des 4 000 » (La Courneuve), l'émoi est considérable : les mesures les plus énergiques sont évoquées, la métaphore du « kärcher » est employée par le ministre de l'Intérieur Nicolas Zarkozy, futur chef de l'État. En octobre de la même année, deux jeunes trouvent la mort dans un transformateur électrique de Clichy-sous-Bois (93) et plus de trente émeutes urbaines se déclenchent pour trois semaines : plusieurs centaines et parfois plusieurs milliers de voitures sont brûlées chaque nuit, des centaines d'équipements collectifs et de bâtiments administratifs sont dégradés. L'état d'urgence[1] doit être déclaré le 8 novembre 2005. Ce type d'événements se répétera à Villiers-le-Bel (95) durant deux jours d'émeutes en novembre 2007, là encore après la mort de deux jeunes impliqués dans un incident avec les forces de police.

Il est encore trop tôt pour déterminer si la fin des années 2010 marque un troisième temps de l'intensification des rapports entre les jeunes de certaines banlieues et les forces de l'ordre. Un « **Beauvau de la sécurité** », c'est-à-dire une grande concertation ouverte en décembre 2021, a vocation à offrir des réponses au sentiment croissant exprimé par certains policiers et gendarmes, de ne plus avoir les moyens de se défendre face aux attaques récurrentes, individuelles ou organisées qu'ils subissent.

La réponse institutionnelle

La réponse institutionnelle à ces phénomènes a revêtu deux aspects sur le plan des politiques de sécurité :

- **L'accentuation du volet répressif** avec le développement, à partir de 1995, des brigades anti-criminalité (BAC) circulant généralement à bord de véhicules banalisés, chargées des interventions dans les quartiers sensibles et dépendant directement de la direction centrale de la sécurité publique (DCSP), c'est-à-dire de l'administration centrale du ministère de l'Intérieur. Ces brigades exercent dans les différentes directions départementales de sécurité publique (DDSP) et sont réparties par circonscriptions de sécurité publique, lesquelles peuvent regrouper plusieurs communes. En 2008, complémentaires des BAC, des compagnies de sécurisation (CS) ont été généralisées. Comptant environ 100 fonctionnaires de police par département, spécialement formées aux violences urbaines, dotées de TASER et de mini-caméras, et organisées dans une optique de réactivité maximale, les CS ne sont cependant opérationnelles que dans

1. *Cf.* loi du 3 avril 1955 modifiée, autorisant, dans des conditions dérogatoires au droit commun, les préfets à mener des perquisitions, instaurer un couvre-feu…

sept départements[1] principalement de l'Île-de-France, au lieu des 23 initialement prévus, en raison de conditions matérielles d'installation qualifiées par un rapport sénatorial[2] de « chaotiques ». Les départements d'où ces compagnies sont absentes ont été dotés de Compagnies départementales d'intervention (CDI) aux moyens plus modestes.

- **L'accentuation, également, d'un usage préventif** des forces de police, avec la mise en place à la fin des années 1990 d'une « police de proximité ». Il s'agissait de petites unités spécialisées au sein des 400 circonscriptions de sécurité publique (l'entité de base des services territoriaux de la DCSP, couvrant 1 700 communes et se signalant, entre autres, par la présence d'un commissariat de police). Ces unités étaient chargées, à la manière des îlotiers des années 1970 et 1980, d'assurer localement, au niveau d'un quartier, une présence permanente, visible et individuelle (grâce au maintien durable des mêmes policiers sur place) auprès de la population.

La remise en cause partielle de la police de proximité

Cette présence se voulait à la fois rassurante, combattant un « sentiment d'insécurité » croissant, et dissuasive ; mais aussi pédagogique, voire fraternelle, la source des tensions entre certains jeunes délinquants et les policiers étant réputées provenir d'un défaut de compréhension mutuelle. Cette thèse de l'incompréhension mutuelle, sans être sans doute totalement fausse, n'allait finalement pas emporter décisivement la conviction ni rencontrer une adhésion suffisamment générale. En février 2003, le ministre de l'Intérieur devait déclarer que « **la police n'est pas là pour organiser des tournois sportifs**, mais pour arrêter des délinquants, vous n'êtes pas des travailleurs sociaux », mettant fin, sauf dans des cas particuliers, aux attributions de la police de proximité.

Celle-ci est toutefois relancée au début de 2008 sous la forme des Unités territoriales de quartier (UTEQ) qui connaissent un déploiement vite ralenti, avant d'être gelé en janvier 2009 ; puis, en août 2010, ce dernier dispositif est rebaptisé BST (brigades spéciales de terrain), sans que son déploiement n'apparaisse beaucoup plus dynamique.

Est-ce à dire que cette logique de proximité, à l'œuvre entre 1998 et 2002, s'est effacée aujourd'hui ?

Ce serait excessif car cette **orientation a été largement maintenue dans trois départements (92, 93, 94) de la petite couronne parisienne**, qui relèvent du préfet de police de Paris. La préfecture de police de Paris, et plus précisément la Direction de la sécurité de proximité de l'agglomération parisienne (DSPAP, créée en septembre 2009) anime ainsi une présence de proximité, dans une zone qui compte certains des territoires les plus sensibles de l'Île-de-France du point de vue de la délinquance.

Par ailleurs, les **contrats locaux de sécurité** (CLS) mis en place par la circulaire du 28 octobre 1997 sous l'égide des maires et associant élus, forces de l'ordre, services de la justice, bailleurs sociaux, proviseurs, entreprises de transport, etc., assurent une concertation de proximité qui permet d'identifier les risques de délinquance et de mettre au point les réponses communes pour y parer. Malgré un bilan très critique de l'efficacité réelle de ces dispositifs réalisé en avril 2005 par plusieurs inspections générales, ils ont été confortés par les pouvoirs publics. Une nouvelle génération de ces contrats, couvrant la période

1. Seine-Saint-Denis, Bouches-du-Rhône, Haute-Garonne, Essonne, Bas-Rhin, Yvelines, Val-d'Oise.
2. Rapport du 17 novembre 2011, par Mme Éliane Assassi (Parti communiste).

2008-2011 a ainsi été mise en œuvre, recentrée toutefois sur des sites reconnus comme particulièrement sensibles et où existent des moyens véritables de donner vie à ces accords de coopération entre services publics et privés. À la mi-2009, la délégation interministérielle à la ville dénombrait 414 CLS actifs.

À partir de 2012, la conclusion de ces contrats, rebaptisés CLSPD (les deux dernières lettres pour « prévention de la délinquance ») deviennent obligatoires pour les communes de plus de 10 000 habitants ou celles plus petites mais comprenant une zone urbaine sensible. Cependant, le contrat peut être renvoyé sur l'échelon intercommunal, lorsque celui-ci existe (comme c'est presque toujours le cas). Cette complexification du régime juridique fait que le dénombrement de ces contrats (qui en pratique n'est plus effectué) ne constitue plus un indicateur pertinent de la prise en charge locale des questions de délinquance urbaine.

De plus, sont opérationnelles en 2014 **80 zones de sécurité prioritaires**, dotées de moyens humains renforcés[1], afin de réprimer en priorité l'économie souterraine, le trafic de stupéfiants et d'armes, les violences, les cambriolages, les regroupements d'individus dans les halls d'immeubles, les incivilités recensées sur la voie publique, selon des méthodes variables d'une zone à l'autre[2] et pouvant passer par les techniques de la police de proximité. Ces zones sont depuis 2018 complétées par **60 quartiers de reconquête républicaines (QRR)**, en cours de constitution et présentant un fort taux de recouvrement avec les précédentes (*cf.* par exemple le quartier du Mirail à Toulouse et le centre-ville d'Argenteuil, à la fois ZSP et QRR). Ces QRR bénéficieront d'ici 2022 de l'affectation de 1 300 policiers et gendarmes supplémentaires.

La guerre contre le terrorisme

Après les attentats des 7, 8 et 9 janvier 2015, le Gouvernement a décidé de créer 2 680 nouveaux postes d'agents publics en 3 ans, dont la majorité au ministère de l'Intérieur et au ministère de la Justice.

Diverses mesures complètent en 2015 l'arsenal antiterroriste, parmi lesquelles on retiendra surtout la création d'un fichier recensant les personnes mises en cause ou condamnées pour des faits de terrorisme, à partir duquel une obligation pour ces personnes de déclarer à intervalles réguliers leur adresse et leurs déplacements à l'étranger est instaurée, le contrôle renforcé des voyageurs aériens ainsi que des tentatives de prévenir la radicalisation islamiste, en prison et ailleurs, à travers des unités de « déradicalisation » qui jusqu'à présent n'ont pas fait la preuve de leur efficacité et paraissent essentiellement avoir constitué un vecteur supplémentaire de financement d'associations par des fonds publics.

À ces dispositions, il faut ajouter celles de la loi du 30 octobre 2017 (*cf. supra*) qui permet à l'administration une large discrétion, sans tutelle judiciaire, dans son combat contre le terrorisme, à l'image des prérogatives dont elle dispose durant l'état d'urgence.

1. En principe chaque zone bénéficie en moyenne de 9 policiers ou gendarmes supplémentaires par rapport à l'état des effectifs hors ces zones.
2. Selon le ministre de l'Intérieur s'exprimant le 15 novembre 2012, « les dispositifs mis en place dans ces zones seront spécifiques à chaque territoire, adaptés aux particularismes locaux. Ils devront en priorité répondre aux besoins exprimés par la population ».

3 Moyens organisationnels et financiers

a. Une organisation complexe

Policiers et gendarmes, coordonnés mais spécifiques

Malgré l'intégration de la direction de la gendarmerie au ministère de l'Intérieur, préfigurée en 2002 et achevée en 2009, gendarmes et policiers demeurent des corps fortement différenciés, dont l'action est coordonnée localement par les préfets, au moyen notamment de la « réunion hebdomadaire de sécurité »[1], et, aux côtés du procureur de la République, des réunions du comité départemental de sécurité[2] (CDS).

Les unités de gendarmerie couvrent l'essentiel du territoire national. Elles sont plus polyvalentes que les équipes de police, en raison du statut militaire de leurs membres qui les place en position permanente de disponibilité, et de la variété des situations que comportent les étendues rurales et périurbaines. Les unités de gendarmerie sont compétentes pour assurer l'ordre public et mener les enquêtes sur les zones qui échappent à la compétence des directions départementales de la sécurité publique (DDSP), qui, elles, ont vocation à prendre en charge les secteurs urbains.

Le développement des polices municipales

Les secteurs urbains relèvent de la police nationale, même si dans les communes de plus de 20 000 habitants, une police municipale peut également intervenir. On assiste en effet à une « municipalisation » croissante des polices de ces communes de plus de 20 000 habitants, ce qui complexifie encore l'organisation générale des forces de sécurité. Ainsi, les effectifs des polices municipales sont passés de 14 000 à 21 500 agents entre 2002 et 2016. Parmi les communes de plus de 50 000 habitants, seule Brest, ne dispose pas aujourd'hui de ces forces de sécurité locales, les dernières villes encore dans ce cas, Le Mans et Saint-Nazaire ayant abandonné cette spécificité en 2016.

Si ces polices locales assurent en général un fort taux de présence sur la voie publique, ce qui complète utilement les efforts faits par la police nationale en ce sens, la doctrine d'emploi des polices municipales fluctue selon les communes – et même parfois au sein de celles-ci – entre un rôle de prévention, de répression et de substitution à la police nationale dans toutes ses attributions, sauf les enquêtes judiciaires. Cette diversité de positionnements tend à augmenter la difficulté de l'État à rendre ou à susciter de la part des communes les services de sécurité attendus par les citoyens dans des conditions d'égalité géographique satisfaisantes.

1. Rassemblant le directeur départemental de la sécurité publique, le colonel commandant du groupement de gendarmerie, le directeur départemental de la police aux frontières, le responsable de la police judiciaire, et le délégué départemental de la Direction centrale du renseignement intérieur (renommée depuis mai 2014 Direction générale de la sécurité intérieure et rattachée directement au ministre de l'Intérieur et non plus à la Direction générale de la police nationale).
2. Rassemblant, outre les responsables locaux des services de police et de gendarmerie, le chef du groupement d'intervention régional, le directeur départemental des douanes, le directeur départemental des finances publiques, et le directeur départemental de la protection judiciaire de la jeunesse.

La situation particulière du cœur de l'Île-de-France

Paris et la petite couronne font exception à ce schéma. Près de 25 % des effectifs territoriaux opérationnels de la police nationale dépendent en effet de la préfecture de police de Paris (indépendante de la direction centrale de la police nationale depuis le Consulat) et interviennent sur le cœur de l'Île-de-France. Cette organisation, dite « police d'agglomération », qui ouvre des solutions autonomes au sein même de la police nationale, a été étendue en 2011 à quatre autres territoires spécifiques : Marseille, Lyon, Lille et Bordeaux.

b. Les méthodes de management

Une « culture du résultat » a été fortement affirmée par les gouvernements à partir de 2002. En 2003, des valeurs cibles ont été fixées par le ministre de l'Intérieur pour trois catégories d'objectifs : baisse de la délinquance générale, de la délinquance de voie publique et amélioration du taux d'élucidation des affaires. Puis des objectifs quantitatifs sont intervenus pour chaque catégorie de délits. Selon la Cour des comptes, en 2010, « les DDSP ont reçu instruction de leur directeur central de mener pas moins de 48 actions prioritaires ».

Comme toute gestion par objectifs, dont la Cour des comptes n'hésite pas, en l'espèce, à critiquer le caractère presque caricatural, cette culture du résultat adossée à un grand nombre d'indicateurs quantitatifs comporte des effets pervers classiques. Ils consistent principalement, pour les responsables, à agir sur l'indicateur-cible plutôt que sur la réalité sous-jacente. Ainsi, dans les affaires de stupéfiants, la tentation a pu être difficilement maîtrisée de concentrer les efforts sur les cercles des nombreux consommateurs et petits dealers, plutôt que sur les réseaux criminels organisés – par définition moins nombreux, donc moins porteurs d'impacts positifs sur les indicateurs.

Il n'est pas évident que cette focalisation sur les événements et phénomènes les plus facilement mesurables ait cessé, malgré sa répudiation officiellement affirmée en 2012 par le ministre de l'Intérieur Manuel Valls. En effet en 2013 un rapport de l'IGA (Inspection générale de l'administration) continuait à la dénoncer, en 2016 le magazine *Le Point* publiait des « lettres d'objectifs » envoyées par l'administration centrale à ceux des services territoriaux dont les indicateurs d'activité (nombre d'interpellations par exemple) paraissent insuffisants, tandis que deux ans plus tard (2018) le syndicat VIGI (ex-GGT-police) alertait l'opinion publique sur la perpétuation d'une **« politique du chiffre »**, contraire aux directives officielles.

c. Les effectifs et les moyens financiers

250 000 gendarmes et policiers[1], auxquels il faut ajouter les 21 500 agents des services de police municipale, constituent les forces de sécurité intérieure dont bénéficie le pays. Ce niveau d'effectifs est la résultante d'évolutions contrastées intervenues depuis une vingtaine d'années.

L'Île-de-France a bénéficié de près des trois quarts de la hausse de 2,1 % du nombre de fonctionnaires de police entre 2003 et 2008, dont plus de la moitié pour la Seine-Saint-Denis. Cependant, si l'on prend en compte les effectifs contractuels (les adjoints de sécurité-ADS), c'est à une baisse de 2,3 % que l'on a assisté entre 2003 et 2009 dans l'ensemble du pays. En 2010, cette diminution s'est poursuivie, dans le contexte d'une application rigoureuse de la

1. Soit 100 000 gendarmes et 150 000 policiers.

RGPP (*cf.* chapitre 2) touchant même les effectifs de fonctionnaires. Les autres dépenses de fonctionnement et d'équipement ont également chuté dans des proportions spectaculaires (– 25 % en 2010). Sur une période un peu plus longue le bilan fait ressortir 13 700 postes de policiers et de gendarmes supprimés entre 2007 et 2012, à égalité entre la police et la gendarmerie. Le budget de fonctionnement et d'investissement de ces deux corps a baissé de près de 18 % sur la même période.

Entre 2012 et 2017, la Gouvernement, rompant avec cette tendance, crée 9 300 postes pour les forces de sécurité, puis la présidence Marcon déclarant la sécurité, avec trois autres secteurs ministériels (justice, éducation, santé), prioritaires et sanctuarisés sur le plan budgétaire, prolonge l'objectif de recrutements additionnels en adoptant le **« plan 10 000 recrutements »** à l'œuvre jusqu'en 2022.

Précisons enfin que le budget pour 2020 de la mission « sécurités » de la loi de finances s'élève à 21,4 milliards d'euros, en progression de 2 % sur 2019 et atteint 23 milliards pour 2022 (+ 2,6 % sur 2021).

4 Bilan et perspectives

a. L'ambiguïté des résultats

Au milieu de statistiques volontiers contestées portant sur les presque 3 millions de crimes et délits commis en France chaque année, deux constats semblent ne faire l'objet d'aucune mise en cause sérieuse :

- la baisse des atteintes aux biens (vols, destructions, dégradations), de 2,4 % en moyenne par an entre 2002 et 2013, et de 3,2 % depuis cette date, dopée par l'amélioration des équipements protégeant les véhicules et les domiciles[1], et donc partiellement indépendante des efforts de police ;
- la hausse des violences contre les personnes[2], en augmentation moyenne de 2,4 % par an entre 2002 et 2013 (avec une stabilisation entre 2010 et 2012) et qui connaît une accélération à partir de cette date, le taux de croissance annuel moyen passant à 3,2 %, en raison d'un emballement de la progression des violences non crapuleuses (+ 6,9 % par an), qui incluent bien entendu les agressions sexuelles.

En revanche, les catégories plus globales, telles que celle de délinquance générale (+ 17,5 % entre 2002 et 2010), sont tellement hétérogènes qu'il est difficile d'accorder autant de portée aux indications qu'elles fournissent. Il est à noter, cependant, que pour remédier à cette situation, quatre catégories statistiques remodelées sont utilisées depuis février 2010 : les atteintes aux biens, les atteintes à l'intégrité physique des personnes, les infractions économiques et financières et les infractions relevées par l'action des services (qui concernent notamment les affaires de drogue).

Par ailleurs, le **taux d'élucidation des crimes et des délits** se situait à 39 % en 2011 contre 25 % en 2001. Cependant depuis 2012 le suivi du taux global est écarté au profit de celui

1. Ainsi en 2014, pour la première fois depuis six ans, le nombre de cambriolages a diminué en France de 4,3 % alors qu'il avait augmenté de 51 % entre 2008 et 2013.
2. Selon l'indicateur mesurant les AVIP « atteintes volontaires à l'intégrité des personnes physiques ».

d'une multitude de taux d'élucidation par catégorie de crimes et délits. Si le taux d'élucidation des homicides est aujourd'hui de 78 %, celui des cambriolages n'est que de 11 % et celui des vols avec violences de 15 %. Il n'est malheureusement pas possible d'éliminer totalement de ces chiffres ni les biais liés à de possibles renoncements des victimes au dépôt de plainte[1], ni surtout les incohérences dues au fait qu'une affaire élucidée en vaut statistiquement une autre, qu'elle soit mineure ou importante.

L'inaccessibilité de certaines données comme, entre 2010 et 2012, le nombre de véhicules incendiés lors des « rituels » du Nouvel an, ne conforte pas l'impression de statistiques aisément interprétables – même si l'on comprend les motivations de cette occultation : ne pas créer chez les délinquants le sentiment d'un objectif à dépasser à la prochaine occasion.

b. Le défi de la répartition optimale des effectifs

La Cour des comptes relevait en 2011 les obstacles suivants à une véritable optimisation de l'utilisation des effectifs des forces de sécurité :

- la mobilisation trop forte des personnels par les tâches administratives au détriment de la présence des forces sur la voie publique : à un instant donné, 5,5 % des policiers seulement assurent cette présence ;
- l'utilisation ponctuelle, mais qui tend à se pérenniser, des forces mobiles (les CRS en particulier) dans le cadre de fonctions statiques de maintien de l'ordre, alors que la vocation de ces moyens consiste à répondre à des situations exceptionnelles ;
- l'importance (30 %) du nombre de fonctionnaires indisponibles, à une date donnée, pour une variété de raisons : congés, repos, maladie…

Cette situation continue aujourd'hui à être insatisfaisante, surtout en ce qui concerne les forces de police. Le taux d'engagement des effectifs de police sur le terrain était en effet de 37 % en 2019, mais la cible fixée dans le projet de loi de finances pour 2020 était de 41 %. Les mêmes données pour les forces de gendarmerie étaient respectivement de 61 % et 63 %. Cet indicateur est supprimé en 2021 au profit de données brutes (exprimées en nombre d'heures) plus délicates à interpréter.

c. Les incohérences du système d'informations

Le principal fichier[2] utilisé par les services de sécurité pour recueillir l'information sur la criminalité comporte notamment les inconvénients suivants :

- il enregistre les dépôts de plainte et les constatations à l'initiative des forces de l'ordre, mais pas les signalements effectués sur les registres de main courante au sein des commissariats et des gendarmeries ;
- il n'incorpore pas les simples contraventions ;
- les unités de compte sont disparates (nombre de victimes, d'infractions, d'auteurs, de procédures).

1. En se fondant sur des enquêtes sérieuses de victimation (*cf.* Insee, Tableaux de l'économie française, 2019, page 85) on constate qu'il existe approximativement un rapport de 1 à 2 entre le nombre de dépôts de plainte et les faits délictuels et criminels rapportés aux enquêteurs de l'INSEE et à d'autres organismes de sondage par les victimes.
2. Il s'agit de « l'état 4001 ».

Notamment en raison de ces caractéristiques, le système d'informations des préfets est différent de celui du procureur de la République, ce qui rend délicate la confrontation entre les contributions judiciaire et policière à la lutte contre la délinquance. Le spectacle, désolant pour le citoyen, des magistrats et des responsables de la sécurité se renvoyant mutuellement la responsabilité des échecs dans ce combat s'explique ainsi dans une certaine mesure.

d. Les promesses et les faiblesses de la vidéo-protection

Autorisés dès 1995, les dispositifs de vidéosurveillance à des fins de police ont connu une vive progression ces dernières années partout en France : alors que 35 000 caméras étaient installées sur la voie publique en 2011, on en compte aujourd'hui 900 000, présentes dans 6 000 communes, chiffre auquel il faut ajouter plus de 25 000 caméras équipant les trains et les gares.

Utile au repérage et à la dissuasion des infractions, le recours à la vidéo-protection n'est cependant pas dépourvu d'inconvénients : c'est un procédé coûteux (surtout en raison du personnel de visionnage nécessaire) et, par ailleurs, la conformité à la loi des conditions de visionnage (en particulier, au sein des communes, par un personnel ni toujours parfaitement informé des contraintes en termes de libertés publiques, ni systématiquement formé à détecter les faits pertinents) est difficile à assurer.

Le débat sur la question de l'efficacité des dispositifs de vidéosurveillance est en revanche dépassé. Certains ont pu plaider que les délinquants aguerris prendraient forcément la précaution de dissimuler leur visage à l'abord de ces dispositifs, mais il a été avéré à l'occasion notamment des attaques terroristes de Nice en 2016, Londres en 2018 ou Lyon en 2019 (où les captures vidéo du terroriste à bicyclette ont favorisé son interpellation rapide) que les images obtenues par ces procédés servaient aux enquêtes, voire leur étaient indispensables.

e. Des constats qui n'invalident pas la vision ambitieuse des pouvoirs publics

Ces constats ne doivent minimiser ni les défis considérables auxquels les forces de sécurité ont été confrontées ces dernières décennies (le banditisme et la violence crapuleuse traditionnelle poursuivant leurs méfaits, tandis que faisaient irruption à la fois les violences urbaines endémiques et les empires criminels mondiaux de la drogue, des armes et de la contrefaçon), ni les efforts importants déployés par les pouvoirs publics pour concevoir et mettre en place une organisation :

- qui soit suffisamment centralisée pour que l'État puisse exercer ses responsabilités régaliennes ;
- et, en même temps, qui permette au « terrain » et aux solutions locales inspirées des particularités des territoires (présence ou non de bandes organisées, caractéristiques d'urbanisme, dangerosités spécifiques liées à la rupture du maillage par les services publics…) d'apporter une contribution précieuse en termes de savoir-faire et d'expérience.

Il est clair que l'équilibre trouvé est perfectible, mais aussi qu'il tend vers son optimum chaque jour parmi le dédale des urgences et les priorités.

Entraînement

Synthèse

Les points-clefs à ne surtout pas oublier

- Une organisation des forces de sécurité complexe, de par la diversité des corps et la pluralité des institutions responsables (directions centrales, Préfecture de police de Paris, communes de plus de 20 000 habitants).
- Une difficulté à mesurer la criminalité et la délinquance, liée au caractère non exhaustif et parfois non pertinent du système d'informations.

Les mots-clefs à retenir

- Violence urbaine
- Brigades anti-criminalité
- Police de proximité
- LOPPSI 2
- Délinquance
- Sécurité
- Culture du résultat
- ZSP (Zones de sécurité prioritaires)
- Loi anticasseurs
- QRR (quartier de reconquête républicaine)

Les sujets de concours possibles

- L'efficacité de la police est-elle une question de moyens ?
- Combattre la délinquance, est-ce avant tout la connaître ?
- La police de proximité a-t-elle jamais véritablement été remise en cause depuis quinze ans ?

À l'oral, comment répondre en deux ou trois phrases aux questions les plus plausibles

Pourquoi ne parvient-on pas à endiguer les violences urbaines ?

Ces violences pourraient sembler s'apparenter à des éruptions sporadiques, relativement faciles à contrôler, mais la réalité est celle d'une organisation de plus en plus structurée de cette violence. Les enjeux financiers colossaux de la drogue et des trafics se mêlent à l'expression du « malaise des banlieues ». La réponse publique passe donc par la mobilisation d'un éventail relativement complexe de moyens, allant de la prévention à la répression ferme, et d'intervenants (BAC, compagnies de sécurité, agents des renseignements généraux), dont les résultats ne peuvent aboutir qu'à moyen terme.

L'organisation des forces de sécurité vous paraît-elle trop complexe ?

Elle est pour l'essentiel un produit de l'histoire, la préfecture de police de Paris ayant été créée en 1800 et les polices municipales ayant constitué le droit commun bien avant l'avènement d'une police nationale. De même la présence des gendarmes dans les zones rurales et périurbaines est un legs séculaire difficile à remettre en cause quand bien même une réforme serait opportune, ce qui n'est pas forcément démontré. En effet la plupart des moyens sont coordonnés par les préfets qui accomplissement cette tâche avec une efficacité qui n'est en général pas contestée.

Conseils bibliographiques

- « L'organisation et la gestion des forces de sécurité publique », Rapport public thématique, Cour des Comptes, La Documentation française, 2011.
- Alain Bauer, Christophe Soullez, Violences et insécurité urbaines, PUF, « Que sais-je ? », 2012.

10 Les politiques de la famille et la prise en charge des personnes âgées

Ce chapitre se concentre sur les difficultés pouvant survenir dans la sphère familiale et auxquelles l'État a vocation à apporter des solutions : les lourdes charges financières que supportent les familles nombreuses ou les modalités trop complexes de la prise en charge d'un malade d'Alzheimer notamment.

1 Enjeux et objectifs

a. La politique familiale

Contrairement à la plupart des composantes de la protection sociale (santé, vieillesse, invalidité), élaborées d'abord au sein du mouvement mutualiste[1], les premières mesures favorables aux travailleurs ayant fondé une famille ont été développées au XIXe siècle dans le cadre des entreprises.

Les salaires des chefs de famille furent ainsi majorés, dans la double perspective de ne pas faire chuter au-dessous du seuil de subsistance les budgets des salariés alourdis par de soudaines charges de familles, et d'inciter l'ensemble des salariés à engendrer une descendance qui pourvoirait aux besoins futurs de main-d'œuvre industrielle. Ce modèle du salariat industriel s'assurait ainsi de sa propre reproduction.

L'État généralisa ces initiatives en rendant obligatoire (par la loi du 11 mars 1932) l'adhésion de tous les employeurs à une « caisse de compensation » qui mutualisait les charges représentées par le versement d'un sur-salaire et supprimait ainsi le désavantage de coûts pour les entreprises qui salarieraient une forte proportion de chefs de famille. En dehors même de la contrainte étatique, ce système de caisses de compensation s'était fortement développé : en 1930, dix ans après la fondation des premières caisses, on en comptait 230, qui correspondaient à 32 000 entreprises adhérentes, 1 880 000 salariés couverts et 480 000 familles allocataires.

Puis, un décret-loi de 1938 impose le versement d'une prime aux mères au foyer.

L'entrée en lice de l'État

Cette irruption du rôle régulateur de l'État dans le jeu des initiatives patronales ne répond pas seulement à un souci d'égalité entre Français (jusqu'à la Seconde Guerre mondiale, les allocations familiales sont départementalisées, les taux variant d'un département à l'autre), mais est marquée par un fort volontarisme, tout à fait spécifique à la politique familiale. Il s'agit en effet, dans une logique nataliste assumée, de faire en sorte de combler le déficit démographique causé par le caractère particulièrement meurtrier de la Première Guerre mondiale (1,4 million de Français tués durant ce conflit). Le rattachement complet, en

1. La protection sociale des ouvriers s'organise au sein de sociétés de secours mutuelles, fortement encadrées par l'État, jusqu'à la Charte de la mutualité du 1er avril 1898 qui libère ces sociétés de ce contrôle.

1949[1], des caisses d'allocations familiales au régime de la Sécurité sociale créée quatre ans plus tôt, vise aussi en partie à multiplier les naissances dans une France qui vient de subir, entre 1939 et 1945, une nouvelle saignée démographique.

Depuis les années 1970, cet objectif nataliste a toutefois été abandonné par les pouvoirs publics. En effet, d'une part, le succès des mesures natalistes n'a jamais pu être clairement constaté par les démographes. Certaines études scientifiques, telles que celles recensées par Hervé le Bras[2], attribuent un impact particulièrement faible aux mesures gouvernementales d'incitation aux naissances. D'autre part, la volonté nataliste s'est trouvée finalement compromise par l'idéologie guerrière et d'expansionnisme territorial à laquelle elle s'est prêtée au cours de l'histoire. Les puissances totalitaires étaient également bien souvent natalistes.

Cette évolution conduit la politique familiale française à assumer aujourd'hui pour l'essentiel deux objectifs :

- faciliter la conciliation entre vie familiale et professionnelle (thématique du « life/work balance », bien plus fortement ancrée encore dans les pays du nord de l'Europe) ;
- assurer un complément de revenu pour aider les ménages à assumer les charges d'entretien d'une famille, mais non les inciter à augmenter la taille de celle-ci.

Mais la sollicitude de l'État vis-à-vis de la famille ne découle pas uniquement, ni même peut-être principalement, de la volonté de faciliter l'accueil des enfants, que la justification en soit nataliste ou simplement celle de fournir des conditions de vie décentes aux familles nombreuses. Pendant longtemps, en effet, l'État a considéré la famille, en tant que totalité structurée, dans une perspective de stabilité politique. La famille a été au fil des siècles souvent comprise comme un îlot conservateur, enclin à soutenir le pouvoir en place plutôt qu'à encourager les aventures et les révolutions.

Encore au XIXe siècle, cette conception est très vivace, comme en témoigne la série de points de vue suivants, émanant parfois des plus grands « intellectuels » de l'époque.

- Le Dr Villermé, auteur d'une célèbre enquête sur le paupérisme : « Ce sont les célibataires qui ont en général les plus mauvaises mœurs » (1840).
- Auguste Comte (vers 1850, dans son *Système de politique positive*) : « [...] L'axiome élémentaire de la sociologie statique[3] : la société humaine se compose de familles et non d'individus ».
- Frédéric le Play (en 1879) : « Aux proportions près la famille est l'image exacte de la société ».
- Tocqueville (dans *De la Démocratie en Amérique*, vol. 2, 1840) : « Tandis que l'Européen cherche à échapper à ses chagrins domestiques en troublant la société, l'Américain puise dans sa demeure l'amour de l'ordre, qu'il porte ensuite dans les affaires de l'État ».

1. Loi du 21 février 1949.
2. *Cf. Encyclopédie Universalis.* Selon ces études internationales, les politiques natalistes pourraient avoir été responsables, entre 1945 et 1985, d'une augmentation de la fécondité de seulement 0,15 enfant par femme.
3. La « sociologie statique » a trait chez cet auteur aux conditions de stabilité de la société, alors que la sociologie dynamique, ou « dynamique sociale » renvoie aux « lois » d'évolution, comme sa célèbre loi des trois États.

Les politiques de la famille et la prise en charge des personnes âgées

Le Dr Gibert (*Annales de démographie internationale*, 1877) : « Le concubinage[1] est une cause de dégénérescence de la société. Il est à l'origine des habitudes les plus vicieuses, les plus corrompues, que l'homme apporte ensuite dans ses relations matrimoniales ».

b. Les politiques destinées aux personnes âgées

Si l'on suit ces conceptions, qui paraissent aujourd'hui bien éculées, il est compréhensible que l'État du XIXe siècle se soit préoccupé non seulement des couples et de leurs enfants, mais aussi des aînés, qui dans le modèle patriarcal en vigueur ne pouvaient être laissés sans protection à leur sort.

C'est la raison pour laquelle la prise en charge des personnes âgées par les administrations publiques doit également être considérée dans ces lignes. Elle est principalement du ressort de la Sécurité sociale, dont l'étude n'entre pas dans les objectifs du présent ouvrage. Cependant, il convient d'examiner en détail la question qui érige aujourd'hui l'État en pilote de la réforme : la question de la dépendance.

La question de la dépendance

L'enjeu de cette question pour l'État consiste à concevoir des solutions, notamment financières, permettant à la société française de faire face au défi inéluctable représenté par le vieillissement de la population.

En effet les personnes de soixante ans et plus, qui sont 18 millions aujourd'hui (soit 26 % de la population), seront 21 millions en 2030 et 24 millions en 2050, soit le tiers de la future population totale. Lorsque l'on considère la population âgée de plus de 85 ans, le constat est encore plus marqué en termes d'accroissement démographique. Cette population, où la prévalence de la dépendance est susceptible d'être élevée, passera de 1,4 million aujourd'hui à près de 5 millions en 2050, soit presque un quadruplement de son importance. Les plus de 75 ans, avec un quasi-doublement de leur nombre, seront 11,4 millions en 2050 contre 6,3 millions aujourd'hui.

Le modèle français de retraite est-il économiquement viable ?

La France compte aujourd'hui près d'une quarantaine de régimes obligatoires de retraites. Presque tous sont confrontés à un déséquilibre démographique que l'OCDE caractérisait en 2012 en écrivant que « au cours des cinquante prochaines années, l'espérance de vie à la naissance devrait s'accroître de plus de sept ans dans les économies développées ».

Le dernier rapport majeur (juin 2017) du Comité d'orientation des retraites (COR) indiquait quant à lui que les hommes de 60 ans en 2060 devraient atteindre en moyenne l'âge de 90 ans, les femmes celui de 92,5 ans. La dégradation du

1. Par opposition au mariage.

rapport cotisants / retraités[1] est dans ce contexte presque inévitablement à l'œuvre : de 2,8 en 1990 il se situe à 2,0 aujourd'hui et chutera probablement à 1,4 en 2060.

On verra que si le modèle français n'est pas structurellement moins viable que les systèmes étrangers (I), les efforts à réaliser restent cependant très importants pour que ce modèle, qui dépend très étroitement de la démographie et du taux d'activité, puisse survivre (II).

I. Le modèle français n'est pas structurellement moins viable que les systèmes étrangers

A. Même si la France a depuis 1945 choisi la répartition, le financement du système n'est pas sur le papier plus risqué que dans le modèle par capitalisation

L'idée de solidarité entre générations prévalait en 1945 lorsque les fondateurs de la Sécurité sociale ont établi les régimes obligatoires par généralisation des dispositifs existant dans beaucoup de branches professionnelles, mais en fondant ceux-ci sur un principe de répartition, distinct de la technique de capitalisation alors dominante en France. Cette inflexion rejoignait du coup un principe de base de l'assurance, selon lequel ceux qui versent une prime pour couvrir un risque ne seront pas en général les bénéficiaires directs des sommes qu'ils ont confiées au système assurantiel.

L'intérêt du système par répartition ainsi généralisé en 1945 ne se limite cependant pas à illustrer une idée généreuse et une technique banale d'assurance. Il présente aussi une grande sécurité du point de vue du degré de certitude que les pensions devant être versées à un point dans le futur le seront effectivement. En effet si beaucoup de paramètres affectant l'avenir d'un pays à un horizon de 40 ou 50 ans demeurent sujets à une grande marge d'incertitude, l'existence même d'une population active est en principe soustraite au doute. Dans un système par répartition c'est précisément cette population active qui, par ses cotisations, va réaliser un transfert financier en temps réel en faveur de la population âgée. Ces cotisations sont immédiatement disponibles pour ce transfert ; elles ne supposent pas une liquidation préalable d'actifs plus ou moins immobilisés, elles échappent ainsi au risque véhiculé par cette liquidation. **Sur le papier, un système par répartition est donc intrinsèquement viable**.

Il ne l'est pour autant pas davantage que le grand système de retraite concurrent, celui fonctionnant par capitalisation. Ce dernier propose une formule selon laquelle chaque travailleur actif se constitue une épargne de long terme devant servir de réserve de revenus pour la période qui suit l'activité. Le support financier garantissant le maintien ou même l'augmentation de la valeur de cette épargne à travers le temps est constitué par les actions, titres de propriété dans le capital des entreprises. Toutes les études montrent que sur le long terme la valeur des actions progresse au même rythme que la croissance économique elle-même.

1. Rapport entre les 20-64 ans et les 65 ans et plus.

La technique de la capitalisation offre donc une grande sécurité dès lors que la croissance économique continue de se dérouler sur la période de constitution du capital-retraite. Si la croissance est inexistante sur longue période, la méthode de la capitalisation est fragilisée mais il est nécessaire de bien comprendre alors que, dans ces hypothèses très particulières d'une économie qui stagnerait pendant 30 ou 40 ans, la répartition n'offrirait non plus aucun secours réel. En effet les actifs dont le pouvoir d'achat serait le même que 30 ou 40 ans auparavant, seraient hors d'état de subvenir à leurs propres besoins de consommation en plus de ceux des retraités en faveur desquels ils seraient censés cotiser.

B. Comme les autres pays, la France a procédé à des réformes pour renforcer son modèle et garantir dans le futur le maintien des équilibres nécessaires

La France a procédé à une réforme des retraites à chaque fois que les conditions de l'équilibre financier n'étaient plus réunies. Aucune de ces réformes n'a permis d'éviter l'apparition de déséquilibres ultérieurs car l'ajustement des paramètres qui constituait l'objet de la réforme reposait le plus souvent sur des prévisions de croissance économique et de taux d'activité trop optimistes. Ainsi, préludant à la réforme de 2003, le scénario moyen retenu par le COR se fondait sur un taux de chômage de 4,5 % après 2010. De même, la réforme de 2010 retenait un scénario de référence prévoyant un taux de chômage de 8,4 % entre 2010 et 2013, 6,7 % entre 2014 et 2020 et 4,5 % entre 2021 et 2050. De même encore la modification arrêtée en 2010 ne combla qu'en partie le déficit cumulé de 30 milliards d'euros constaté au moment de son entrée en vigueur. Un déficit des régimes de retraites de 20 milliards d'euros pour 2020 apparaît dès le premier semestre de 2013.

Malgré son caractère insuffisant, cette succession de réformes n'en a pas moins été réelle et de grande portée.

Ainsi en 1993, la **réforme « Veil-Balladur »** prévoit pour les salariés relevant du régime général de la sécurité sociale le passage des 10 aux 25 meilleures années pour le calcul du montant de la pension de retraite ; l'indexation de cette pension sur les prix au lieu des salaires, en croissance plus rapide ; ainsi que l'augmentation progressive de 37,5 à 40 ans du nombre d'années de cotisations nécessaires. En 2001, la **réforme « Fillon »** organise le passage progressif à 41 ans de cotisations (actualisés à 41,5 ans par un décret de 2011) ainsi que l'application de cette durée à la fonction publique, durée qui sera en 2007 progressivement généralisée également aux régimes spéciaux (SNCF, RATP…). Puis en 2010 la **réforme « Woerth »** met en place le recul progressif de l'âge de départ à la retraite de 60 ans (âge en vigueur depuis 1982) à 62 ans en 2018. Enfin en 2014, est décidée l'augmentation de la durée de cotisation nécessaire pour l'obtention du taux plein de pension, qui sera portée à 43 ans à partir de 2035, ainsi que l'amélioration des conditions dans lesquelles les personnes ayant eu des carrières longues pourront prendre leur retraite avant 62 ans, une prise en compte spécifique de la pénibilité des occupations professionnelles et enfin de légers relèvements des taux de cotisation.

Certains, voire la plupart, des pays riches ont cependant semblé plus audacieux que la France, d'une part en programmant un recul de l'âge de la retraite plus radical (cas par exemple du Japon avec 65 ans, de l'Allemagne, de la Belgique, des Pays-Bas et de l'Espagne, tous avec 67 ans, le Royaume-Uni avec 68 ans ; cas également de l'Italie et du Danemark qui lient automatiquement la détermination de cet âge à l'évolution de l'espérance de vie), d'autre part en prenant ces mesures impopulaires plus tôt que ne l'a fait notre pays (ainsi des mesures fortes interviennent par exemple en Allemagne dès 2007 et aux États-Unis dès 1983).

L'OCDE pouvait écrire en 2012 que « sur le long terme, l'âge de départ à la retraite sera de 65 ans dans la moitié des pays de l'OCDE et de 67 ou 69 ans dans 14 pays ». Des relèvements de l'âge de la retraite étaient en effet en cours ou prévus dans 28 des 34 pays de l'OCDE. Par contraste, la France apparaît donc plutôt timide en la matière.

II. Cependant les efforts à réaliser restent très importants pour que le modèle, qui dépend très étroitement de la démographie et du taux d'activité, puisse survivre

A. Le besoin de financement est considérable même si certaines prévisions du COR font état d'une amélioration à terme, même sans mesures nouvelles

Pour s'en tenir au passé relativement récent, depuis 2004 le compte consolidé des régimes de retraite affiche année après année un déficit croissant, qui s'est légèrement redressé à partir de 2010 (6 % de besoin de financement par rapport à une masse de dépenses d'environ 300 milliards d'euros par an), mais sans parvenir à retrouver l'équilibre.

Certes, deux des quatre scénarios envisagés par le COR en juin 2017 – ceux à 1,8 % et 1,5 % de croissance moyenne future du PIB – laissent espérer un retour à l'équilibre respectivement en 2040 et 2050. Néanmoins même si ces éventualités se réalisaient, le besoin de financement sur plus de 20 ou 30 ans serait considérable (sans doute supérieur à 100 milliards d'euros).

A fortiori, dans les scénarios dégradés (à 1,3 % et 1 % de croissance future du PIB) la situation n'apparaît pas acceptable sur le plan du financement et appelle donc des mesures correctrices.

Livré à lui-même, le système ne saurait donc être considéré dans ces conditions comme assurant sa propre viabilité économique.

Sur les bases structurelles du modèle inchangées, c'est-à-dire en recourant à de simples réformes dites « **paramétriques** », le système reviendrait cependant à l'équilibre dans tous les scénarios, aux conditions suivantes : soit une pension moyenne relative[1] qui décroîtrait de 53 % aujourd'hui à 37 % en 2060 ; soit un recul de l'âge de départ à la retraite de 62 ans aujourd'hui à 66 ans en 2060 ; soit

1. Relative aux revenus des actifs.

Les politiques de la famille et la prise en charge des personnes âgées

enfin un taux de prélèvement sur les revenus[1] qui passerait de 27 % aujourd'hui à 33 % en 2060.

On peut juger que la première et la troisième de ces solutions d'équilibre seront socialement inacceptables. En effet, si **le niveau de vie des retraités est légèrement supérieur aujourd'hui à celui des actifs** (106 % de ce dernier et, pour mémoire, 103 % en 1996), une chute relative aussi importante des pensions que celle exigée par le modèle d'équilibre du COR, provoquerait un décrochage substantiel avec le pouvoir d'achat des actifs. Pour des raisons différentes, la hausse massive du taux de cotisation se heurterait également vraisemblablement à une opposition de l'opinion publique, orchestrée par les actifs cette fois.

La deuxième solution ci-dessus paraît plus prometteuse, car apparemment moins douloureuse dans un contexte d'allongement de l'espérance de vie (*cf. supra*), surtout si elle peut être assortie d'exceptions en faveur des carrières pénibles ou longues. Cependant, cette solution n'est pas dépourvue elle non plus de fragilités : d'une part le COR présente un bilan rétrospectif fait de prévisions généralement trop optimistes – le recul de l'âge de la retraite risque d'être alors supérieur à celui envisagé – d'autre part, tant qu'un niveau élevé de chômage se prolonge en France, la tension infligée au principe de solidarité entre générations risquerait d'être excessive alors qu'on assisterait aux déboires de centaines de milliers de jeunes ne trouvant pas leur place dans la société faute d'accéder à des emplois non libérables par les salariés âgés occupant ceux-ci jusqu'à leur départ retardé en retraite. Or le COR lui-même fonde désormais[2] ses prévisions sur un taux de chômage de long terme de 7 %...

B. Cependant on ne semble se diriger dans les prochains mois vers aucune réforme substantielle, ni même une modulation paramétrique

La combinaison de ces trois solutions sera, de façon classique, la voie qui sera probablement suivie par le Législateur. Cependant **le pouvoir actuel a suggéré une réforme d'ampleur** (qui fait en tout état de cause partie des engagements de campagne du Président Macron). En effet, en raison du fait que, dans notre modèle de retraite actuel, les années d'activité professionnelle n'ont pas toutes le même poids dans le calcul des droits à pension, dans la mesure où, s'agissant du régime général en particulier, elles peuvent, on non, être incluses dans les 25 meilleures années entrant seules en ligne de compte, des distorsions peuvent être générées selon les profils de carrière entre individus, entre professions, et bien sûr entre le régime général et les divers régimes spéciaux, dont celui des fonctionnaires pour lequel les modalités de calcul reposent sur des bases entièrement différentes (la référence est ici la dernière année de traitement).

Une préoccupation d'harmonisation, exprimée en particulier par le Gouvernement actuel (mais dont la mise en œuvre a été plusieurs fois retardée, en raison

1. Y compris la part patronale des cotisations sociales.
2. Dans des analyses publiées antérieurement à la crise du coronavirus.

notamment des crises successives des Gilets jaunes et du coronavirus), était donc vouée tôt ou tard à se faire jour. Le modèle disponible pour y faire face existe déjà dans les principaux régimes complémentaires obligatoires (AGIRC et ARRCO) – et également en Allemagne et en Suède notamment : il s'agit du système de **comptabilisation dit « par points »** dans lequel chaque année cotisée donne droit à un nombre de points dépendant strictement du niveau de l'assiette de la cotisation, non de la position de l'année en question dans l'ensemble de carrière. Au moment de la liquidation de la retraite, il suffit d'additionner les points accumulés et de multiplier ce total par la valeur du point telle qu'elle aura été fixée par les pouvoirs publics (et le cas échéant par les partenaires sociaux) durant l'année de cessation de la vie active.

Cette faculté de faire varier de façon souple, discrète et médiatiquement « indolore » est pour tout gouvernement un moyen attractif d'assurer chaque année mécaniquement l'équilibre financier du système de retraites, en plus de l'équité interindividuelle et interprofessionnelle que permet ce modèle par points. Une partie de l'enlisement de la réforme des retraites à l'hiver 2019 s'explique d'ailleurs par la méfiance suscitée par ce mécanisme particulier de régulation.

Cependant, les paramètres fondamentaux du modèle demeurent inchangés. L'équilibre continue de dépendre structurellement des trois variables mentionnées dans les pages précédentes. Si la valeur de ces paramètres se dégrade sous le coup de nouveaux déséquilibres démographiques par exemple, la variable d'ajustement que constitue la valeur du point devra subir en conséquence des évolutions considérables, qui, elles, ne passeront pas inaperçues et se traduiront inévitablement par une dégradation tangible du pouvoir d'achat des retraités par rapport à celui des actifs.

À l'heure où de nombreux retraités se préoccupent encore du 1,7 point de CSG additionnel susceptible d'amputer leurs revenus sans qu'il puisse être compensé pour eux par la diminution de la cotisation pour le chômage, des mesures d'une autre nature seront sans doute nécessaires à l'avenir pour ajuster les ressources du système de retraites français à ses dépenses, impliquant des contraintes pour eux comme pour les actifs. Faute de quoi, le principe de solidarité entre générations qui fonde le modèle français de retraite par répartition devra être prononcé non viable et **céder la place à un mécanisme de capitalisation**, non nécessairement plus risqué ou moins efficace mais imprimant à nos valeurs collectives un tournant majeur vers l'individualisme.

2 Contenus et évolutions

a. La famille : une politique tournée vers l'autonomie de la femme

L'évolution des modèles familiaux

Ainsi qu'on l'a signalé, l'État se préoccupe depuis les années 1970 d'assurer, en particulier aux femmes, de meilleures possibilités de conciliation entre la vie familiale et professionnelle, compte tenu d'une récusation définitive de la subordination juridique des femmes, héritée du code civil napoléonien[1].

Cette préoccupation se rattache à une évolution fondamentale qui a transformé la famille d'une large structure de cohabitation dominée par la figure du patriarche en une cellule étroite, dite « nucléaire » (dans la terminologie du sociologue Talcott Parsons), marquée par l'égalité des conjoints formant le couple.

Dans cette famille nucléaire, l'intérêt pour les biens du patrimoine familial (et les mariages d'argent) a été remplacé par l'affection pour les personnes[2]. Le sociologue François de Singly appelle « famille moderne » cette cellule, apparue dans les années 1960 et définie par trois caractéristiques :

- l'amour dans le mariage ;
- l'attention portée aux enfants ;
- la division du travail au sein du couple (selon ce schéma intentionnellement simplificateur, mais très représentatif des années 1960, l'homme exerce un métier à l'extérieur du domicile, la femme, au foyer, exécute les tâches domestiques).

Ce schéma évolue vers la « famille postmoderne », toujours selon la conception de François de Singly. On assiste ainsi ces dix ou quinze dernières années à la fin du modèle des relations amoureuses vécues exclusivement dans le mariage[3] et à la disparition de la division du travail entre l'homme à l'extérieur et la femme à l'intérieur du foyer. En revanche la passion pour les enfants et donc pour leurs projets de réussite est plus vivace que jamais.

Le contrecoup de l'apparition de cette famille postmoderne est représenté par deux phénomènes parfaitement visibles tant dans la vie quotidienne que sur le plan statistique :

- **L'augmentation du nombre de divorces** : cette rupture du lien conjugal concernait 2,9 couples sur 1 000 en 1960, 3,3 en 1970, mais 9,3 en 2000 et 10,9 en 2010 et, après

1. Le code civil napoléonien entérine le mode de vie bourgeois. La femme ne peut accomplir aucun acte de la vie civile sans le consentement de son mari. Il faudra attendre les années 1830 pour que les enfants naturels puissent venir à la succession.

2. *Cf.* par exemple cette citation prémonitoire d'Émile Durkheim (*Cours sur la famille*, 1892) : « Nous ne sommes attachés à notre famille que parce que nous sommes attachés à la personne de notre père, de notre mère, de notre femme, de nos enfants. Il en était tout autrement autrefois où les liens qui dérivaient des choses primaient au contraire ceux qui venaient des personnes, où toute l'organisation familiale avait avant tout pour objet de maintenir dans la famille les biens domestiques, et où toutes les considérations personnelles paraissaient secondaires à côté de celle-là ».

3. Pascal Bruckner, dans son ouvrage paru en 2010 chez Grasset, *Le mariage d'amour a-t-il échoué ?*, illustre brillamment ce thème.

une décroissance jusqu'en 2015 (10,2), 10,5 approximativement[1] aujourd'hui, en réintégrant les divorces conclus devant un notaire, le taux brut se situant en 2018 environ à 7 pour 1 000 couples. Depuis 1990, le taux de divorces est relativement stable avant cinq ans de mariage (8 à 9 % des couples divorcent en effet avant cette échéance) ; ce ne sont donc pas nécessairement des divorces précipités qui expliqueraient l'augmentation de leur nombre, mais plutôt un ensemble redoutablement complexe de raisons qu'il appartient aux chercheurs d'analyser et parmi lesquelles figurent incontestablement les simplifications de la législation, permettant de divorcer plus rapidement et à moindre coût. En effet, une première réforme autorise en 2005 le **divorce par consentement mutuel** qui comporte des formalités allégées devant le juge et une seconde, en 2017, permet même de faire constater le divorce par un notaire, sans intervention d'un magistrat.

- **La progression spectaculaire du nombre de familles monoparentales** – soit un quasi doublement en 25 ans de leur part dans le total des familles (12 % de ce total en 1990, 16,9 % 1999 et 23 % en 2016[2]) – résulte de la croissance des divorces (*cf. supra*) et aussi de la baisse du taux de nuptialité (6,2 mariages pour 1 000 habitants en 1980, 3,4 seulement en 2019), la légère reprise[3] des mariages depuis 2016 ne modifiant pas encore ces tendances lourdes. Signalons dans ce contexte qu'un enfant sur dix vit au sein d'une famille recomposée[4].

L'accompagnement de ces tendances par l'État

Cet accompagnement s'est traduit par les principaux textes suivants :

- Loi du 4 juin 1970 instituant l'autorité parentale conjointe (en lieu et place de l'autorité du père de famille).
- Loi du 11 juillet 1975 instituant le divorce par consentement mutuel.
- Loi du 8 janvier 1993 permettant à cette autorité parentale conjointe de continuer à s'exercer même après le divorce.
- Loi du 26 mai 2004 simplifiant la procédure de divorce (une seule audience de non-conciliation auprès du juge aux affaires familiales suffit désormais, par exemple) et réduisant significativement le champ du divorce pour faute.

Au sens large, la loi Neuwirth de 1967 libéralisant la contraception, et la loi Veil de 1975 légalisant l'interruption volontaire de grossesse rejoignent également cette tendance à la pleine reconnaissance normative de l'égalité homme-femme.

b. La dépendance : l'État à la recherche d'une politique

Des difficultés de terminologie

La recherche d'une politique de la dépendance est obérée par une difficulté liminaire. La problématique de la dépendance dans la société d'aujourd'hui est en effet marquée par des questions préalables de terminologie. On entend généralement la dépendance comme étant

1. Une partie des divorces désormais conclus devant un notaire échappe sans doute à ce recensement.
2. . L'univers de référence est désormais composé des familles avec enfants de moins de 18 ans. Auparavant on prenait en compte les enfants de tous âges (l'INSEE ne publie plus cette dernière série).
3. Le mariage entre personnes du même sexe n'est pas un déterminant de cette évolution. À part en 2014 où les mariages de ce type ont dépassé 10 000, ils demeurent très peu nombreux (2 % environ des mariages annuels).
4. *Cf. Insee Première*, n° 1788, janvier 2020.

celle des personnes âgées. Toutefois les personnes en situation de handicap sont parfois également considérées comme entrant dans cette définition. La Caisse nationale pour la solidarité et l'autonomie (CNSA), avec son projet, proposé en 2009, de Plan personnalisé de compensation (PPC) fusionnant l'APA et la PCH, semble avoir adopté cette définition large de la dépendance.

Toutefois, la mission conduite en 2006 et 2007 par Hélène Gisserot[1], après avoir hésité, semble avoir finalement opté en pratique pour un usage du terme dépendance visant les seules personnes âgées.

Seconde difficulté : le terme même de dépendance est fréquemment récusé par le milieu associatif au profit de celui de perte d'autonomie. Ce dernier terme aurait l'avantage :

- d'être moins stigmatisant ;
- de mieux différencier la dépendance du handicap. La perte d'autonomie est alors sous-entendue comme un phénomène progressif, excluant de fait les handicaps brusquement survenus, tels ceux, très nombreux, résultant d'accidents de la circulation.

Les stratégies de prise en charge des malades d'Alzheimer manquent d'un cadre suffisamment spécifique

Les patients souffrant des pathologies neurodégénératives comme la maladie d'Alzheimer constituent le cœur de cible des stratégies gouvernementales nouvelles de prise en charge de la dépendance, malgré d'autres manifestations (rhumatismes, affaiblissement des capacités sensorielles : ouïe, vue…) de la perte d'autonomie de certaines personnes âgées.

En effet, les maladies de type Alzheimer sont encore abordées, par les pouvoirs et gestionnaires publics, avant tout dans la perspective classique, insuffisante, de l'assurance-maladie de droit commun. Cette position peut sembler parfaitement justifiée, car :

- comme d'autres pathologies, les maladies de type Alzheimer sont évolutives. Comme d'autres maladies évolutives, elles se caractérisent par une alternance de périodes d'apparente stabilisation et de périodes de crises ;
- comme d'autres pathologies encore, elles ne génèrent pas de signes avant-coureurs. Les premiers symptômes sont ceux de la maladie elle-même ;
- comme pour d'autres pathologies également, on ne dispose pas de traitement efficace même si on peut espérer retarder la progression de la maladie ou en atténuer certaines conséquences ;
- comme d'autres pathologies enfin, les maladies de type Alzheimer peuvent nécessiter une aide importante des proches du patient à son égard pendant de nombreuses années.

Dans ces circonstances, la prise en charge des maladies de type Alzheimer s'effectue dans les conditions du droit commun. Le patient bénéficie du remboursement intégral de ses soins par l'assurance-maladie, selon le régime normal des affections de longue durée, les maladies de type Alzheimer constituant la catégorie ALD n° 15 du tableau des pathologies utilisé par les autorités médicales (la Haute autorité de la santé en particulier), administratives et de Sécurité sociale. Le patient d'âge actif peut percevoir la PCH (prestation compensatrice du handicap). S'il est privé de ressources liées à un emploi, il peut également

1. À l'époque procureur général près la Cour des Comptes.

percevoir l'AAH (allocation adulte handicapé). S'il est retraité, il est fondé à bénéficier de l'APA (allocation personnalisée d'autonomie).

Ainsi, pour le public âgé, l'assurance-maladie prend en charge les soins et les aides annexes entrant dans la démarche préventive ou curative qui relève du traitement prescrit par un médecin ou une équipe médicale. L'APA a, quant à elle, vocation à prendre en charge la plupart des frais d'assistance à domicile et une partie des frais encourus en établissement correspondant aux services inclus dans le « tarif dépendance ».

De plus, comme les autres pathologies, les maladies de type Alzheimer conditionnent pour le patient l'accès à l'APA à travers leurs conséquences sur le positionnement sur la grille AGGIR[1], non en vertu de leur caractère propre.

En effet au regard des politiques d'intervention publique, c'est le classement en GIR[2] 4 qui définit « administrativement » une personne comme étant dépendante. Le GIR 4 correspond au constat, chez la personne âgée, de l'apparition de difficultés de locomotion sérieuses. Les GIR plus aigus, GIR 3, 2 et 1, correspondent quant à eux à des situations de plus grande dépendance encore, allant de difficultés locomotrices gravement handicapantes (personne presque toujours alitée par exemple) aux troubles neurologico-cognitifs très sévères.

Cependant, ce droit commun de la prise en charge s'accompagne de quelques dispositifs propres aux maladies de type Alzheimer

Il existe des lieux et des dispositifs spécifiques consacrés aux maladies de type Alzheimer :

- des lieux de consultation mémoire qui permettent de dresser un bilan rapide des éventuelles pertes de mémoire du patient ;
- des lieux d'examen plus approfondi du fonctionnement de la mémoire : les centres mémoire, de ressource et de recherche (CMRR, au nombre de 28 en 2020) ;
- le mini examen de l'état mental (MMSE), pouvant être réalisé par ces centres de consultation ;
- des structures et dispositifs d'accompagnement et de répit : structures d'accueil de jour, d'hébergement temporaire, groupes de parole, gardes de nuit, gardes à domicile pour une longue période, centres de séjours de vacances… dont un des objectifs est le soulagement du « fardeau de l'aidant » ;
- des unités de soins et d'activités adaptées (au sein des EHPAD[3]).

Une association France Alzheimer est spécialement reconnue et jouit de prérogatives exceptionnelles auprès des pouvoirs publics. Par exemple, elle est la seule habilitée à diffuser la « carte d'information Alzheimer » aux professionnels de santé qui en feront la demande.

1. Grille d'analyse permettant, sur la base d'une évaluation réalisée par un professionnel, de mesurer le taux d'autonomie des personnes.
2. GIR : groupe iso-ressources. Les personnes classées dans d'un même GIR présentent un profil voisin eu égard à leurs ressources (santé, aptitudes…) vis-à-vis de la perte d'autonomie. Les personnes relevant de l'APA à domicile se répartissent selon les GIR de la manière suivante : GIR 1 : 2 % ; GIR 2 : 17 % ; GIR 3 : 22 %, GIR 4 : 59 %, selon une structure qui a peu varié depuis cinq ans.
3. Établissements d'hébergement pour personnes âgées dépendantes.

3 Moyens financiers et organisationnels

a. Les mécanismes de la politique familiale

La PAJE (prestation d'accueil du jeune enfant) regroupe depuis 2004 la plupart des aides favorisant la conciliation de la vie professionnelle et familiale (notamment l'ancienne allocation parentale d'éducation) et permet, à ce titre, à l'un des deux parents de rester à domicile pendant les trois premières années de la vie de l'enfant, en percevant une allocation de base d'environ 172 euros par mois.

Sensiblement plus importantes dans le budget de la branche famille de la Sécurité sociale, les allocations familiales (entre 19 et 20 milliards d'euros[1] par an contre entre 10 et 11 milliards pour la PAJE), gérées par la CNAF[2], permettent aux ménages, à partir du deuxième enfant, de percevoir une somme mensuelle d'environ 132 euros (et de 301 euros à partir du troisième).

Ces deux prestations sont versées par les caisses d'allocations familiales et financées par un prélèvement sur les employeurs. Elles étaient jusqu'en 2015 (et l'est toujours s'agissant de la PAJE) indépendantes du revenu des ménages[3] qui les percevaient, et surtout de leurs besoins, ce qui les rendaient en général moins fortement redistributives que les prestations d'assurance-maladie qui, lorsqu'elles viennent compenser des frais médicaux, ont un impact bien plus significatif sur les ressources des ménages modestes que sur celles des ménages aisés. Les prestations familiales forfaitaires ont d'ailleurs été fréquemment critiquées sur ce terrain redistributif[4], au nom de l'hypothèse qu'elles seraient trop faibles pour être véritablement utiles aux détenteurs des plus hauts revenus, et également insuffisantes pour apporter aux ménages à faible pouvoir d'achat de quoi assurer l'indemnisation des charges engendrées par une famille nombreuse. La LFSS[5] pour 2015 abolit précisément ce caractère forfaitaire, en fondant dorénavant le calcul de l'allocation sur le niveau de ressources des ménages destinataires[6].

Encore moins redistributifs (non plus dans le budget de la Sécurité sociale, mais celui de l'État) sont les avantages fiscaux représentés par le quotient familial, dans la mesure où malgré la diminution du poids de celui-ci décidée en 2014[7], ils ne bénéficient qu'à la moitié des ménages, les plus aisés, qui sont redevables de l'impôt sur le revenu.

---

1. Y compris 2 milliards d'euros au titre de l'allocation de rentrée scolaire.
2. Caisse nationale d'allocations familiales.
3. Toutefois, l'allocation de base de la PAJE n'est plus versée au-delà d'un revenu dépassant 4,3 SMIC.
4. Noter cependant un point de vue iconoclaste à gauche, celui de l'économiste Henri Sterdinyak (OFCE) qui déclarait sur LCI en juin 2013 : « La politique familiale ne doit pas être redistributive ».
5. Loi de financement de la Sécurité sociale.
6. Schématiquement les prestations familiales sont divisées par deux à partir de 6 000 euros de revenus nets par mois.
7. Cette baisse du quotient familial devrait augmenter la facture fiscale d'environ 1,4 million de foyers.

b. Des moyens insuffisants de prise en charge de la dépendance

Des efforts des pouvoirs publics en progression, qui entament le différentiel entre les moyens et les besoins, mais sans le combler

On estime généralement à 1 200 000 les personnes atteintes en France par une maladie de type Alzheimer. Ce chiffre pourrait doubler en vingt ans, selon le rapport Libault[1] de 2019. 225 000 nouveaux cas sont diagnostiqués chaque année. Ne sont traités, au sens de l'assurance-maladie, que 350 000 à 400 000 de ces malades.

Même en tenant compte du fait que seulement 40 % des personnes touchées par cette pathologie vivent en institution (et 60 % à leur domicile) les moyens déployés au regard de ce public nombreux et en progression, stimulés notamment par le troisième plan Alzheimer[2] (2008-2012) qui avait été doté de 1,6 milliard d'euros, ne paraissent pas excessifs :

- 12 500 places d'accueil de jour (dans les EHPAD ou des structures d'accueil autonomes et parfois en milieu hospitalier) ;
- 4 500 places d'hébergement temporaire (en EHPAD ou foyers logements) ;
- entre 2 000 et 3 000 places en SSIAD (services de soins infirmiers à domicile) ;
- 33 000 places spécialisées Alzheimer, la grande la grande majorité au sein des EHPAD.

Le rythme de ces efforts, bien qu'insuffisant (notamment, comme l'indique un point d'avancement réalisé en mai 2019, en matière de réalisation des programmes personnalisés de soins, d'amélioration de pratiques de neurostimulation et de socilisation) augmente cependant bien plus vite (les places spécialisées Alzheimer en EHPAD, par exemple, ont plus que doublé en dix ans) que ne le fera la prévalence prévue de la pathologie. Néanmoins ces données signifient aussi qu'un grand nombre de patients d'Alzheimer resteront sans doute sans solution sanitaire ou médico-sociale spécifiquement ciblée sur leur pathologie et devront s'accommoder de structures ou de dispositifs généralistes.

Le quatrième plan Alzheimer (baptisé plan maladies neuro-dégénératives 2014-2019) ne comporte pas de dotation budgétaire spécifique et s'efforce de parachever l'atteinte des objectifs assignés au troisième plan, qui n'avaient souvent été réalisés qu'à 50 %. Sa caractéristique principale est en réalité d'intégrer explicitement les autres maladies neurodégénératives[3]aux objectifs de prise en charge. Il est suivi pour les années 2021-2022, après un hiatus dû à la crise du coronavirus, par une « feuille de route »[4] qui se propose essentiellement de réaliser des consolidations et des bilans des instruments d'intervention mis en œuvre dans la dernière décennie, mais énonce aussi de nouvelles priorités, notamment en matière de prise en charge des personnes jeunes touchées par les maladies neurodégénératives et tout particulièrement le « Parkinson jeune ».

1. Rapport *Grand âge et autonomie* réalisé par Dominique Libault, ancien directeur de la Sécurité sociale.
2. Ces plans existent depuis 2001.
3. C'est-à-dire notamment la maladie de Parkinson (150 000 personnes atteintes en France) et la sclérose en plaques (85 000 personnes).
4. Extrait de la feuille de route : « Cette feuille de route, à la différence des plans qui l'ont précédée, a pour vocation de maintenir un certain nombre d'actions essentielles pour renforcer notre réponse collective aux enjeux des MND et notamment la prise en soins et l'accompagnement des personnes malades et de leurs proches aidants ».

Les pouvoirs publics doivent donc contribuer à une prise en compte plus complète de cette pathologie et de ses malades. Leur marge de manœuvre reste cependant étroite, compte tenu notamment de la sophistication médicale croissante des solutions qui ont été apportées dans le cadre des troisième et quatrième plans Alzheimer.

Certes l'environnement de la prise en charge tend vers une simplification…

Un des axes majeurs du troisième plan Alzheimer consistait à privilégier vis-à-vis des malades et de leurs familles une **situation de « guichet unique »**. Aujourd'hui en effet, jusqu'à six professionnels de santé interviennent dans le traitement d'un malade Alzheimer et leur coordination demeure un exercice précaire, bien souvent laissé au médecin de famille. De même la simple prise d'information sur la maladie peut être éclatée entre les MDPH (Maisons départementales des personnes handicapées), les Clics[1], les réseaux gérontologiques, les infirmières libérales, les hôpitaux, le médecin traitant…

Pour mettre fin à cette complexité, les pouvoirs publics ont procédé à la **labellisation, en 2010, des MAIA** (Maisons pour l'autonomie et l'intégration des malades d'Alzheimer) qui se rapprocheront éventuellement des MDPH pour donner naissance aux Maisons départementales de l'autonomie (MDA). Le label MAIA est susceptible d'être accordé à un grand nombre de structures privées ou publiques. Aujourd'hui au nombre de 245, les MAIA existent en vertu d'un accord entre le directeur de l'ARS et le président du Conseil général et sont placées ensuite sous la responsabilité des départements.

Au sein des MAIA, **un coordonnateur professionnel**, dont la formation et le rôle sont inspiré des « *case managers* » de l'Europe du Nord, est installé et exerce le métier encore inédit en France de « chef d'orchestre » de la prise en charge « aussi bien pour les soins que les services ou prestations, assurant la liaison entre les différents professionnels et les différentes institutions. Il est également le « porte-parole » de la personne malade, lui garantissant une prise en charge adaptée à sa situation […]. Il participe à l'évaluation des besoins, planifie les services, fait le lien avec les intervenants, notamment le médecin traitant, et assure un suivi de la réalisation des services planifiés »[2].

Ces dispositifs, visant à unifier les réponses et les solutions aux problèmes posés par les maladies du type Alzheimer, complètent le numéro téléphonique unique mis en service par France Alzheimer depuis septembre 2007.

…mais parallèlement, d'autres moyens, au contraire, se sophistiquent

De **nouveaux métiers spécialisés** apparaissent ou se renforcent. En dehors du coordonnateur (*cf. supra*), le métier d'« assistant de gérontologie »[3] a été créé il y a une dizaine d'années dans le cadre d'un « Plan Métiers » ambitieux. Le rôle des ergothérapeutes et des psychomotriciens a été revu et renforcé, sur la base d'une formation spécifique. La position de l'« aide ménagère » traditionnelle, *a contrario*, semble quelque peu extérieure à cette

1. Centres locaux d'information et de coordination gérontologique.

2. *Cf.* le document intitulé « Le mémento d'Alzheimer », téléchargeable à partir du site www.plan-alzheimer.gouv.fr.

3. La formation à cette profession est aujourd'hui assurée par de nombreux organismes dont la Croix-Rouge. Plus de 2 700 assistants de gérontologie (ou, selon la terminologie complète, « assistants en soins de gérontologie ») sont aujourd'hui en activité.

logique de professionnalisation et de spécialisation. Sa polyvalence ne semble plus constituer un atout vis-à-vis de malades, qui même pour un temps encore seulement pré-dépendants, doivent bénéficier, selon les intentions des pouvoirs publics, d'un savoir-faire dévolu aux « nouveaux métiers » Alzheimer.

Le **dispositif d'annonce** du diagnostic connaît lui aussi une nouvelle orientation, comportant davantage de rigueur et de garde-fous médicaux, dans l'objectif avoué de rapprocher cette phase de la démarche adoptée dans le cadre du Plan cancer. Au total, le processus d'annonce gagne lui aussi en sophistication. La diffusion d'un référentiel du dispositif d'annonce a ainsi été généralisée. Il prend en compte les recommandations du programme de recherche PLASA (Plan de soin et d'aide spécifique à la maladie d'Alzheimer) et les bonnes pratiques en matière d'annonce du diagnostic. Ce référentiel respecte ainsi les trois étapes suivantes :

- annonce du diagnostic, en principe lors de la consultation spécialisée ;
- réaffirmation du diagnostic, en principe chez le médecin traitant ;
- explications et accompagnement, lors de consultations suivantes.

Enfin **les nouvelles modalités juridiques**, notamment le « mandat de protection future », à travers lesquelles une personne ayant perdu son autonomie intellectuelle exerce ses droits civils, tendent également à complexifier le paysage dessiné par l'entourage immédiat du malade. Un acteur, la « **personne de confiance** » choisi par le malade avant ou aux premiers temps de sa maladie, sera sans doute appelé à prendre de l'importance aux côtés de l'aidant principal, du médecin traitant (et du coordonnateur).

4 Bilan et perspectives

a. Une politique de la famille aux résultats contrastés, où l'État n'est cependant pas la seule influence

Bien que dépourvue, ainsi qu'on l'a vu, d'un élan nataliste ou redistributif fort, la politique de la famille a conduit à des résultats appréciables sur le taux de fécondité, qui est passé de 1,65 en 1994 à 2 enfants par femme en 2008, niveau qui se maintient jusqu'en 2015 (et qui tend cependant à redescendre depuis sous 1,9), soit le meilleur taux de l'Union européenne, assez nettement devant la Suède puis l'Irlande.

Le décalage qui existe encore dans les revenus (la médiane des salaires nets versés aux hommes atteignait en 2016 20 100 euros annuels, contre seulement 16 850 pour les femmes[1]) et les perspectives de carrière entre les hommes et les femmes est en revanche plus préoccupant, malgré une volonté de l'État de rattraper, d'une part, le déficit de places en crèches (300 000 nouvelles places de gardes d'enfant et en crèche créées entre 2010 et 2017), qui en constitue l'une des causes probables et, d'autre part, d'instaurer par la législation davantage d'égalité professionnelle.

À cet égard, il faut mentionner notamment la loi du 27 janvier 2011 relative à la représentation équilibrée des femmes et des hommes au sein des conseils d'administration et de surveillance et à l'égalité professionnelle. Ce texte, renforcé par la loi du 4 août 2014 pour

1. Soit un écart de 20 % qui descend à environ 15 % en excluant les temps d'activité partiels et à environ 5 % en raisonnant à métiers, postes et secteurs d'activité identiques.

l'égalité réelle entre les femmes et les hommes, prévoyait, d'ici 2017, l'institution progressive de quotas, à respecter sous pénalités financières, de membres féminins dans les instances de gouvernance des entreprises publiques ou cotées en Bourse. De même, le décret du 30 avril 2012 « relatif aux modalités de nominations équilibrées dans l'encadrement supérieur de la fonction publique » impose à partir de 2018 la nomination dans un même type d'emploi d'au moins 40 % de personnes de chaque sexe.

Ces deux résultats (natalité et parité) ne peuvent cependant être que partiellement attribués à l'État. Des préjugés sociaux, des habitudes, l'attitude face à l'avenir constituent autant de paramètres éminemment subjectifs qui conditionnent le devenir des familles et des relations entre les sexes, sans que l'État ne puisse ni ne doive en être toujours partie prenante.

b. Une politique à l'égard de la dépendance plus attentive mais encore incomplète et sans solution structurelle de financement

Les thèmes et problématiques majeurs dans le cadre de la recherche d'un système de prise en charge de la dépendance

Grâce aux nombreux travaux et réflexions menés dans les années 2000, on connaît bien aujourd'hui les attendus d'une politique responsable et réaliste de la dépendance. Ces éléments sont bien résumés par le rapport Marini[1] qui a recensé les questions et a formulé les recommandations suivantes :

- réaliser un effort plus équitable relever les plafonds d'aide, solliciter les patrimoines les plus élevés[2]… ;
- rendre le coût de l'APA en établissement plus facilement supportable pour les familles (réduire le reste à charge, rationaliser les dépenses des établissements, réallouer les excédents éventuels[3] de la branche Famille…) ;
- améliorer les conditions du financement assurantiel (portabilité des contrats, alignement des déductions fiscales sur le régime des PERP[4], conversion de l'assurance-vie en assurance dépendance…) ;
- améliorer la gouvernance (augmenter la part de la CNSA dans le financement, revoir la péréquation entre conseils généraux…).

Une année auparavant, la commission Gisserot avait dégagé une triple contrainte sur le financement d'un nouveau système de prise en charge de la dépendance :

- ne pas faire porter à l'assurance-maladie le poids des besoins supplémentaires de financement créés par la compensation de la dépendance ;
- ne pas non plus faire supporter ce coût par les retraités et les conseils généraux, car dans les deux cas les possibilités financières sont très inégales (part fortement variable de

1. Ce rapport, intitulé « Construire le cinquième risque » est sans doute le travail le plus complet en la matière, issu de la commission présidée par le Sénateur Philippe Marini.
2. 75 % des plus de 65 ans étant propriétaires, d'après études de l'INSEE citées par le rapport d'avril 2013 « L'adaptation de la société au vieillissement » par Luc Broussy.
3. Inexistants avant 2018.
4. Plan d'épargne retraite populaire.

l'APA dans le budget de chaque département, dispersion grandissante des revenus et donc des capacités de financement) ;

- prendre en compte les faibles perspectives offertes par l'assurance privée, liée essentiellement à des limitations techniques (forte contrainte de l'anti-sélection[1]).

Sans bouleverser ce cadre conceptuel, la loi du 28 décembre 2015 relative à l'adaptation de la société au vieillissement reprend à son compte, en la reformulant, la stratégie appliquée depuis le début des années 2000 en matière de lutte contre la dépendance. **Cette stratégie est fondée sur trois piliers** : la prévention (notamment par l'incitation aux bilans de santé réguliers et gratuits), l'adaptation de la société (notamment par la modernisation des structures d'hébergement tant individuelles que collectives) et l'accompagnement des personnes âgées (notamment par la priorité au maintien à domicile et la revalorisation des prestations rémunérant les aides ménagères et les auxiliaires de vie)

Plus spécifiquement, cette loi répond à certaines des préoccupations les plus couramment évoquées, en prévoyant :

- un financement additionnel de 700 millions d'euros, issu du produit de la CASA (*cf. infra*) et permettant (pour 375 millions d'euros) la revalorisation des montants et modalités de l'APA[2] ;
- la concrétisation d'un droit au répit des aidants, en allouant à 400 000 personnes constituant la frange des aidants les plus proches, mobilisés presque toute la journée auprès de la personne dépendante de leur entourage, une somme annuelle de 500 euros (ce dispositif ayant été pérennisé sous la présidence Macron sous la forme d'une allocation journalière de 44 euros), destinée à rémunérer une aide professionnelle libérant l'aidant familial ;
- la rénovation de 80 000 logements pour les adapter ergonomiquement à la perte d'autonomie et réduire notamment le nombre de chutes (250 000 par an aujourd'hui) de personnes âgées à leur domicile ;
- la transformation des foyers logements en « résidences autonomie », qui demeurent des établissements médico-sociaux mais qui offrent une ouverture supérieure sur le monde environnant, sur le plan des loisirs culturels et des commerces notamment.

Les dilemmes du financement

L'idée, aujourd'hui fréquemment avancée, de solliciter davantage les patrimoines, y compris ceux des personnes âgées (en moyenne légèrement plus importants que ceux des actifs) correspond à une des réponses simples au milieu de controverses profondes sur les solutions à mettre en œuvre, en fonction de deux modèles :

- **Le modèle de l'assurance privée** : elle pourrait être rendue obligatoire, mais pour éviter une prime d'assurance prohibitive, cette obligation devrait s'appliquer aux Français dès l'âge de 30 ou 35 ans ; ce qui suppose d'affronter jeune l'idée de la

1. L'antisélection est le phénomène par lequel les « mauvais » risques tendant à supplanter les « bons » risques, car les premiers ont davantage intérêt à s'assurer que les seconds. Il en résulte une spirale d'augmentation des primes, qui attire vers l'assurance des risques toujours plus « mauvais » et éloigne encore davantage les « bons ».

2. Par exemple, pour une personne disposant de 1 500 euros mensuels, le reste à charge passe de 400 à 250 euros.

dépendance future et qui contribuera à rendre cette obligation d'autant plus impopulaire. L'assurance pourrait être également facultative, mais cela reporterait le poids de la prise en charge des personnes non assurées sur le reste de la collectivité nationale. À ce stade, il faut reconnaître que l'assurance privée apparaît au mieux comme un complément – modeste – à la prise en charge publique. De fait, selon une étude Kantar pour la Fondation Médéric Alzheimer réalisée en mai 2016, une majorité de Français se prononce en faveur d'une assurance publique plutôt que d'une assurance privée obligatoire.

- **Le modèle de la Sécurité sociale** : il correspond à la création, envisagée depuis plusieurs années par le gouvernement, d'une cinquième branche de la Sécurité sociale (s'ajoutant aux branches vieillesse, maladie, famille, accidents du travail), ou au sein d'une des branches existantes, d'un « **cinquième risque** ». La contrainte sur les finances publiques découlant de l'augmentation de la dépendance peut être illustrée par l'hypothèse du doublement de l'effort financier actuel en faveur de l'APA[1]. Un point de CSG supplémentaire prélevé sur l'assiette actuelle, soit environ 12 milliards d'euros, permettrait d'assurer ce doublement du niveau de la prise en charge actuelle de la perte d'autonomie des personnes âgées. Le taux de prélèvements obligatoires sur le revenu national se verrait dans cette hypothèse majoré d'environ 0,6 point[2]. L'acceptabilité sociale et politique d'une telle majoration constitue une question d'actualité à laquelle il est difficile de donner ou même d'esquisser une réponse définitive. Quant à la mise en œuvre de ce prélèvement supplémentaire, certains ont proposé (en juin 2011) d'instaurer une seconde journée de dépendance, sur le modèle du Lundi de Pentecôte travaillé, rapportant à la CNSA environ 2 milliards d'euros ; d'autres envisageaient d'aligner le taux de CSG acquitté par les retraités (alors de 6,6 %[3]) sur le taux général (alors de 7,5 %[4]) ; ni l'une ni l'autre de ces mesures de suffisant à financer le besoin. À cet égard, l'intervention depuis avril 2013 d'une « taxe sur les retraites » au taux de 0,3 %, la CASA[5], traduit une ambition modeste (d'autant plus qu'elle ne s'applique qu'aux pensions des retraités redevables de l'impôt sur le revenu).

Un texte de loi tranchant entre ces modèles, ou (sans doute plus vraisemblablement) les combinant, devait être soumis au Parlement au début de 2009, puis en 2010, puis encore en 2011, pour finalement rester lettre morte et faire place à une nouvelle réflexion, sous l'égide de la présidence Hollande. Les trois rapports, Broussy[6], Aquino[7] et Pinville[8], ayant concen-

1. L'APA représente au total 6,1 milliards d'euros de dépenses par an et bénéficie à 1,3 million de personnes (dont 41 % en établissement), qui perçoivent cette allocation par l'intermédiaire des Conseils généraux. L'APA est financée à hauteur de 3,8 milliards d'euros par ces Conseils généraux et à hauteur de 2,3 milliards par la CNSA.

2. Pour l'Insee, dans une publication de septembre 2013, la dépendance susciterait « Un besoin de financement compris entre 0,5 et 0,7 point de PIB en 2040 ».

3. Aujourd'hui de 8,3 %

4. Aujourd'hui de 9,2 %.

5. « Contribution additionnelle de solidarité pour l'autonomie ».

6. *Cfsupra.*

7. Dr Jean-Pierre Aquino, gériatre, auteur du rapport « Anticiper pour une autonomie préservée : un enjeu de société ».

8. Martine Pinville, députée de la Charente (parti socialiste), auteur du rapport « Relever le défi politique de l'avancée en âge – perspectives internationales ».

tré cette réflexion, concrétisée en 2015 par loi d'adaptation de la société au vieillissement (*cf. supra*), n'évoquent cependant que très peu les questions essentielles de financement, la loi, quant à elle ne dessinant aucune évolution du modèle de financement.

Les préconisations du rapport Libault de 2019

Au contraire, le rapport Libault (*cf. supra*) **affronte sans ambages cette problématique financière** et recommande que le budget de la dépendance augmente à très brève échéance, pour deux raisons de poids quantitatif équivalent : l'effet démographique massif du vieillissement de la population, d'une part, et la nécessité d'une prise en charge collective plus généreuse (dédommagement financier des aidants familiaux bien supérieur à celui existant aujourd'hui, diminution substantielle du reste à charge[1] pour les personnes dépendantes et leur famille).

Il faudrait en effet, selon ce rapport, consacrer entre 11 et 25 milliards d'euros supplémentaires pour la dépendance en 2030, et entre 30 et 53 milliards supplémentaires en 2060, par rapport à un budget existant aujourd'hui d'environ 30 milliards d'euros (dont 12 milliards, relevant des dépenses d'assurance maladie, pour les soins, et 18 milliards, hors champ de la Sécurité sociale, pour la prise en charge médico-sociale proprement dite). Une des pistes de financement envisagées par le rapport Libault est de réaffecter aux dépenses collectives de dépendance les recettes de la Cades (Caisse d'amortissement de la dette sociale), qui n'auront plus d'objet à l'extinction de cette caisse en 2024, ce qui aurait cependant pour impact de dégrader le déficit public de 0,9 point de PIB.

Restait à donner corps à ces préconisations d'expert, ce que le Gouvernement a fait grâce à une loi du 7 août 2020 créant une cinquième branche, dite autonomie, de Sécurité sociale, en confiant la gestion à la CNSA et en assurant provisoirement financement via le prélèvement initialement affecté à la Cades.

Le rapport de l'inspecteur des finances Laurent Vachey, chargé peu après la publication de cette loi d'envisager les modalités d'un financement pérenne de cette nouvelle branche, table sur des besoins en ressources moins élevés – estimés à terme à 42 milliards d'euros par an – que ne le fait le rapport Libault. Le rapport Vachey suggère trois pistes pour réunir ces financements : l'exploitation de plusieurs des 457 « niches » fiscales et sociales identifiées en 2018 par la Cour des comptes ; le recours à une assurance privée complémentaire et la mise à contribution des patrimoines des personnes âgées.

La prise en charge du handicap

10 à 12 millions de personnes en situation du handicap vivent en France. Ce chiffre inclut l'auto-qualification par les intéressés, fondée sur des éléments subjectifs.

L'administration qui consacre annuellement environ 55 milliards d'euros (en prestations directes, subventions et exonérations fiscales) à la prise en charge du

1. Et même une annulation au bout de quatre ans de prise en charge.

handicap, ne reconnaît pas toutes ces personnes, mais seulement 3 à 4 millions d'entre elles, sur le fondement de critères stricts :

- statut de travailleur handicapé ;
- personnes reconnues en situation de handicap par l'administration fiscale ou les administrations sociales.

La définition du handicap a été donnée par la loi du 11 février 2005 : « constitue un handicap toute limitation d'activité ou restriction de participation à la vie en société subie dans son environnement par une personne en raison d'une altération substantielle, durable ou définitive d'une ou plusieurs fonctions physiques, sensorielles, mentales, cognitives ou psychiques, d'un polyhandicap ou d'un trouble de santé invalidant ».

La notion de participation à la vie en société est fondamentale. Elle constitue le fil conducteur des évolutions entre les **trois grandes lois sur le handicap** intervenues jusqu'à nos jours :

- **loi du 23 novembre 1957** : fait pour la première fois référence à la **qualité de travailleur handicapé** et affirme le droit au reclassement professionnel de tous les handicapés ; cependant le handicap est traité à travers une addition de catégories de pathologies ou de situations : sont mentionnés en particulier les mutilés et les invalides de guerre. Il n'existe pas encore de devoir de solidarité généralisé. Cette loi prévoit obligation d'emploi de 10 % des « mutilés de guerre et autres infirmes » ; mais ne prévoit pas de pénalités en cas d'irrespect de cette obligation. Une loi de 1987 remplacera le taux de 10 % par un taux de 6 % ; mais ce niveau moins exigeant n'est guère respecté non plus en pratique ;
- **loi du 30 juin 1975** : pose le principe de solidarité et d'intégration des personnes handicapées au reste de la société, considère **la personne handicapée dans sa pleine citoyenneté** et sort les personnes handicapées d'une politique d'assistanat. Elle continue néanmoins de définir ces personnes par catégories de pathologies. Le droit au travail est pleinement reconnu, avec l'institution des COTOREP (qui perdurent jusqu'en 2005). Ces « commissions techniques d'orientation et de reclassement professionnel » évaluent le taux de handicap et en déduisent en particulier les aménagements nécessaires du poste de travail. Si ce taux est supérieur à 80 %, la personne n'est pas considérée comme employable. Pour cette dernière un minimum social est créé par cette loi : l'allocation adulte handicapé (AAH). Elle est versée aujourd'hui par l'État *via* les caisses d'allocations familiales à plus d'1,2 million de personnes. Le taux d'emploi des personnes handicapées était en effet de 35 % seulement ces dernières années ;
- **loi du 11 février 2005** : opère un spectaculaire changement de paradigme : la personne handicapée n'est plus définie par sa maladie, mais par son projet de vie. **Le « milieu protégé » cède la place au milieu ordinaire**. L'élève handicapé est scolarisé par défaut dans l'institution scolaire « classique ».

C'est seulement dans des cas particuliers qu'il est placé dans des instituts spécialisés. De la même façon, dans le monde du travail, les « ateliers protégés » deviennent les « entreprises adaptées ». La loi prévoit enfin une pénalité financière pour non-respect de la proportion des 6 % de travailleurs handicapés au sein du personnel des entreprises et des administrations.

Les MDPH (maisons départementales pour les personnes handicapées) prennent la place des COTOREP. Si elles comprennent une commission spéciale qui continue de reconnaître la qualité de travailleur handicapé, ces maisons ont une fonction bien plus large et font office de **guichet unique et polyvalent**, offrant des services d'écoute et de conseil. Le rôle des classifications administratives du handicap devient presque secondaire.

L'ACTP (allocation compensatrice de tierce personne) est remplacée par une allocation nouvelle, la PCH (prestation de compensation du handicap), qui prend en compte plus globalement les besoins de l'allocataire. La PCH, versée aujourd'hui à plus de 400 000 personnes, permet en effet de rémunérer non seulement les aides à la personne, mais aussi de financer l'aménagement du domicile, par exemple.

Enfin la loi crée l'obligation que tous les lieux recevant du public soient adaptés à l'accueil des fauteuils roulants dans un délai de dix ans. Or rien n'est fait ou presque pendant 10 ans. Le président Hollande s'inquiète du retard pris en la matière. Avec l'ordonnance du 26 septembre 2014, les quelque 700 000 ERP (établissement recevant du public) devront être rapidement adaptés. À échéance d'un an, les opérateurs devront soumettre un dossier d'adaptation à leurs communes ; une fois celui-ci validé, ils auront entre un et trois ans pour mener à bien les travaux, sous peine de sanctions financières. Cette politique (portant le nom d'« agenda d'accessibilité programmée » porte ses fruits : entre 2005 et 2015, seulement 50 000 ERP avaient été mis aux normes ; entre 2015 et 2019, 700 000 le seront. **En 2019, la politique d'accessibilité atteint son objectif : tous les lieux sont adaptés désormais**.

Il faut en parallèle remarquer l'évolution du vocabulaire. En 1957, on parlait des « handicapés » ; en 1975, des « personnes handicapées » ; depuis les années 2000, des « personnes porteuses de handicap », puis des « personnes en situation de handicap ».

On peut de plus remarquer que cette loi de 2005 marque le début de la mise en œuvre de **trois constantes de la politique du handicap** :

- permettre le libre choix du projet de vie ;
- permettre la pleine participation à la vie sociale et citoyenne ;
- simplifier les dispositifs : leur conférer une dimension de service, et non pas de traitement administratif. Cette ambition tend à devenir la règle pour tous les usagers du service public, mais s'impose encore davantage à l'égard des personnes en situation de handicap.

Ces dernières années, la politique du handicap, après les efforts en direction de l'accessibilité des villes et des lieux publics, est marquée par la **priorité donnée à l'accès à l'emploi**.

Ainsi on assiste à l'assouplissement de l'obligation du quota des 6 % qui peut être désormais réputée satisfaite si elle est déportée vers des sous-traitants employant des personnes en situation de handicap (loi du 7 août 2015 pour la croissance, l'activité et l'égalité des chances économiques) ou, à partir de 2020, si l'entreprise effectue :

- la réalisation de travaux d'accessibilité en son sein ;
- des démarches permettant de mieux accueillir les personnes handicapées : généralisation d'ordinateurs à commande vocale, clavier en braille, etc. ;
- des opérations de formation et de sensibilisation à la situation du handicap ;
- des actions d'accompagnement dans l'emploi : versement par exemple de dons à des associations dont l'objectif est d'œuvrer pour l'insertion des personnes handicapées dans l'emploi.

Le recouvrement des cotisations sociales se rapportant aux travailleurs handicapés est effectué – également dans une optique d'allègement et de simplification des contraintes – depuis 2020 par les URSSAF comme pour tous les salariés. C'était auparavant l'Agefiph (association de gestion du fonds pour l'insertion des personnes handicapées) qui s'en chargeait, créant au sein des entreprises une double procédure compliquant la gestion.

Depuis 2015, les pouvoirs publics ont pris des mesures dans le cadre non pas de grandes lois, mais de textes rédigés par le comité interministériel pour le handicap (CIH), qui se réunit tous les 2 ou 3 ans.

Lors de sa séance de décembre 2019, le CIH a décidé 22 mesures, dont deux en particulier reposant sur le principe de l'octroi de **droits à vie aux personnes handicapées**. Le but est d'éviter les examens conditionnant le renouvellement des aides. Ainsi, en cas d'irréversibilité reconnue du handicap, la PCH est versée à vie. Idem pour la qualité de travailleur handicapé, reconnue jusqu'à la fin de la vie active, sans besoin de nouvel examen.

Entraînement

Synthèse

Les points-clefs à ne surtout pas oublier

- Les prestations familiales tendent à se fondre dans une masse de revenus de redistribution et ont perdu tout caractère nataliste.
- Le défi de la dépendance est réel, sans qu'aucune solution de financement ne se soit imposée décisivement depuis plus de dix ans.
- La législation s'est globalement bien adaptée à l'évolution de la famille moderne, où domine l'idée d'égalité entre l'homme et la femme.

Les mots-clefs à retenir

- Famille
- Politiques natalistes
- PAJE
- Redistribution
- Alzheimer
- Financement de la vieillesse
- Dépendance
- Équilibre vie privée/vie professionnelle

Les sujets de concours possibles

- La dépendance des personnes âgées vous paraît-elle un domaine où l'État prend insuffisamment ses responsabilités ?
- Faudrait-il rénover les politiques familiales ?
- L'État devrait-il mobiliser la solidarité nationale pour financer la dépendance liée à la vieillesse, que chacun peut anticiper pour lui-même ?

À l'oral, comment répondre en deux ou trois phrases aux questions les plus plausibles

La France a-t-elle bien fait de rejoindre la dizaine de pays européens ayant légalisé le mariage et l'adoption par des conjoints du même sexe ?

Cette question apparaît particulièrement complexe puisqu'elle fait intervenir des préoccupations qui peuvent être contradictoires et qui visent à concilier le besoin que peut avoir l'enfant d'assimiler dès le plus jeune âge que l'humanité est sexuée (c'est l'argument de la sociologue Dominique Schnapper notamment, évoqué au début des années 2000), avec le désir d'enfant qui peut être aigu chez les couples homosexuels comme hétérosexuels. Face à cette complexité, le gouvernement a conduit les débats essentiellement du point de vue de la sécurité jusqu'alors insatisfaisante des situations d'« homoparentalité » de fait, dont l'amélioration pouvait effectivement passer par la solution du mariage, comme par d'autres modalités contractuelles.

Votre chef de service vous demande de lui retracer les options ouvertes aux pouvoirs publics pour répondre au défi de la dépendance des personnes âgées.

Les éléments de la réponse qu'il convient d'apporter à cette situation ont jusqu'à présent achoppé sur la question du financement. C'est donc sur ce dernier aspect que j'insisterai, avec l'alternative majeure qui se pose entre l'augmentation des prélèvements obligatoires et un financement privé. Dans le premier cas, les pistes comportent la mise en œuvre d'un prélèvement soit de type fiscal, soit de type social. Dans le second cas, il est envisageable d'instaurer soit une assurance obligatoire, soit une redevance prélevée sur le patrimoine des personnes âgées dépendantes, avec bien entendu des mécanismes de solidarité ouverts aux personnes détentrices de revenus ou de patrimoines modestes.

Conseils bibliographiques

- La dépendance des personnes âges : quelle réforme ?, Regards sur l'actualité, La Documentation française, décembre 2010.
- Julien Damon, Les politiques familiales, PUF, « Que sais-je ? », 2018.

11 La politique du logement

À travers les lourdes contraintes traversées depuis plus d'un siècle par les politiques publiques du logement, ce chapitre présente l'évolution du positionnement de l'État, dont les efforts financiers importants ne sont pas toujours payés de retour, dans le contexte d'un équilibre très fragile entre l'offre et la demande de logements.

1 Enjeux et objectifs

L'État intervient dans le secteur du logement pour trois raisons principales :

- fournir un toit à tous, en vertu d'un droit indiscuté, inscrit dans le préambule de la Constitution de 1946 et explicitement reconnu en 1995 par le Conseil constitutionnel[1] à travers l'affirmation selon laquelle « la possibilité pour toute personne de disposer d'un logement décent est un objectif de valeur constitutionnelle ».
- intervenir sur le marché du logement pour en modifier les conditions économiques et procurer certains logements (à l'acquisition ou à la location) à un prix inférieur à celui du marché – l'industrie du logement comporte ainsi un important secteur aidé.
- établir et faire assurer le respect de normes de sécurité, d'urbanisme et de protection de l'environnement (ces sujets sont toutefois trop spécialisés pour entrer dans le cadre du présent ouvrage).

À ces trois raisons, on pourrait ajouter une quatrième, mais elle caractériserait, non le secteur du logement spécifiquement, mais toutes les branches d'activité (automobile, services à la personne…) pesant fortement sur la situation de l'emploi. Le logement contribue en effet, à travers la filière construction et les services associés, à maintenir plus de 1,5 million emplois… De plus, l'adage « quand le bâtiment va, tout va », popularisé vers 1850, résume non sans pertinence un effet d'entraînement typique d'une industrie d'investissement, qui donne un motif supplémentaire aux gouvernants de chercher à assurer la prospérité de cette branche.

a. Deux objectifs-clés

Les deux premières raisons (relatives au droit au logement et au marché du logement) paraissent très voisines, mais :

- dans le premier cas, on est devant une des fonctions multiséculaires de l'État, la prise en charge des nécessiteux et des publics en extrême fragilité ;
- dans le second cas, l'État intervient dans les mécanismes d'ajustement entre l'offre et la demande, avec la volonté de servir 30 ou 40 % de la population mais avec des résultats parfois aux antipodes de l'ambition initiale.

1. Décision du 15 janvier 1995.

Dans le premier cas, l'État est dans l'obligation d'agir, dans le second il n'a pas une vocation naturelle à le faire, et son intervention doit être jugée à l'aune de la pertinence et de l'efficacité.

À cet égard, les pouvoirs publics versent chaque année[1] environ 21 milliards d'euros d'aides personnelles, en général pour aider les ménages à payer leur loyer (**action sur la demande**), et une vingtaine de milliards également, en diminution toutefois depuis 2018, en aides, dites « à la pierre » (au sens large d'aide aux producteurs), qui sont constituées d'aides directes, d'avantages fiscaux ou bancaires augmentant l'attractivité de l'investissement dans le logement, en général social ou privé locatif (**action sur l'offre**). Cela suffit à donner une position particulière au secteur du logement dans les politiques publiques. En effet, il est rare que l'État agisse massivement à la fois sur l'offre et la demande d'un secteur économique marchand. Ainsi, dans le secteur de l'automobile, par exemple, l'État accorde une « prime à la casse » aux ménages, mais ne subventionne pas par ailleurs les constructeurs[2].

b. Le modèle français d'accès au logement

Autre originalité, la couverture tous azimuts des besoins de financement, par les aides prenant en charge tant les aspirations des futurs propriétaires que celles des locataires, alors que beaucoup de pays européens (pays du Sud, Irlande, Royaume-Uni) ne favorisent que le seul axe de l'achat immobilier. Logiquement, les propriétaires ne constituent dans ces conditions que 58 % de la population française, le chiffre allemand, de 47 %, étant toutefois encore plus bas.

Cette situation particulière occupée par l'État dans le secteur du logement lui donne la responsabilité de trouver une solution à la grave crise immobilière que connaît la France depuis des années.

Cette crise, malgré des pics conjoncturels notables (comme celui atteint par les prix de l'immobilier avant la récession économique de 2008), est en réalité structurelle, car elle illustre un **dysfonctionnement du modèle français d'accès au logement**. Ce dernier a toujours reposé sur un délicat équilibre en mouvement.

Un équilibre délicat

L'État résorbe en effet le déficit de logements en orientant l'investissement immobilier vers la production de logements sociaux, puis leurs résidents, grâce à l'augmentation du pouvoir d'achat, les libèrent pour occuper le parc privé (en général comme propriétaires), rendant ainsi disponibles des logements qui seront loués par les candidats suivants au logement social.

Ceux-ci refont le même parcours immobilier ascensionnel qui vient d'être décrit, et ainsi de suite… Cependant, pour que cet équilibre demeure en mouvement, il est nécessaire que le pouvoir d'achat augmente à un rythme suffisant pour qu'une génération donnée de candidats au logement social n'y reste pas bloquée. Si cela arrive, c'est toute la mécanique d'ajustement de l'offre à la demande pilotée par l'État qui se met à tourner à vide.

Les nouveaux ménages qui auraient eu vocation à bénéficier du logement social trouvent, littéralement, porte close, car la génération précédente s'est vue, en quelque sorte, piégée, par le chômage ou la précarité des revenus, dans ces lotissements sociaux. On est alors

1. Les derniers chiffres connus sont ceux de 2017.
2. Il l'a fait cependant à l'occasion de la crise de la COVID-19.

contraint de trouver à se loger plus loin des centres d'activité et des cœurs de ville, d'où le syndrome de l'étalement urbain préjudiciable à la qualité de la vie, et le phénomène de « mal logement ».

La crise du logement

Certains, à l'image des représentants de la Fondation Abbé Pierre évoquent même, à propos de ce mal-logement, un retour à la pénurie de logements des années d'après-guerre. Selon eux, le déficit au début des années 2010 serait en France de 800 000 logements et même, depuis 2015, de 1 million.

C'est, en réalité, dès 1974 et la fin des Trente Glorieuses que cet équilibre s'était effrité progressivement, la moindre hausse du pouvoir d'achat des Français empêchant le cycle vertueux d'accès à la propriété de se perpétuer. Ainsi, entre 1998 et 2006, la part des acheteurs primo-accédants à la propriété est descendue de 75 % à 53 % de la totalité des acquéreurs, proportion qui s'est à peu près stabilisée depuis, puisque les statistiques du courtier en crédit immobilier CAPFI font état d'environ 50 % en 2017. Les années 1990 ont signifié, pour la première fois depuis la guerre, un recul de la proportion des ménages qui accèdent à la propriété. Cette part était de 26 % en 1988, elle chute à 22 % en 1996 et a encore un peu diminué depuis, à 20 % en 2018

2 Contenus et évolutions

a. Le maintien d'une offre minimale

Cette fonction orchestrée par l'État (*cf.* 1 *supra*) s'est illustrée de diverses manières.

L'histoire du combat public contre la pénurie de logement

Lorsque les politiques en faveur du logement se mettent en place, à la fin du XIXe siècle, la France connaît depuis une centaine d'années une pénurie structurelle de logements, d'où les taudis, caves et greniers, décrits par Zola et qui sont le lot des ménages ouvriers à la fin du XIXe siècle. Dans ces milieux populaires, la surface moyenne habitée par personne est alors de 8 m^2 seulement. Cette pénurie découle d'une très rapide urbanisation : la population urbaine passe de 3 millions en 1801 à 11,6 millions en 1869 ; le nombre de villes de plus de 100 000 habitants double entre 1800 et 1850[1].

L'État décide d'encourager dans un premier temps la construction, plutôt que de subventionner les ménages par des aides à la location, ce qui n'aurait pas nécessairement élargi l'offre d'habitations. La formule promue par les pouvoirs publics passera par des programmes de développement des HBM (habitations à bon marché), formule conçue à la fin du XIXe siècle par des promoteurs immobiliers soucieux de l'intérêt des classes populaires, puis stimulée par la création, en 1890, de la Société française des HBM, avant d'être entérinée par la loi Siegfried de 1894 (qui ouvre des exonérations fiscales aux constructeurs et aux propriétaires d'HBM) et d'être soutenue publiquement par la naissance, à partir de 1912, des offices publics de HBM.

Malheureusement, les deux guerres mondiales, responsables de la destruction de près de 1 million d'habitations, ont mis à mal les efforts entrepris par les pouvoirs publics vers la

1. De 22 à 47 villes.

résorption du déficit de logements, efforts qui avaient abouti à la construction de 300 000 HBM en 1939. Le célèbre appel lancé par l'Abbé Pierre en février 1954 est là pour rappeler la pénurie.

Ainsi, en 1950, ces HBM deviennent des HLM (habitations à loyer modéré). Elles sont développées sur la base d'une formule différente de celle des HBM. En effet, un plafond de ressources est introduit en 1954 pour éviter d'en détourner la vocation sociale. La loi Boutin du 25 mars 2009 représente à cet égard l'ultime durcissement des règles visant à écarter du logement en HLM les ménages dotés de revenus élevés, dont on estime encore le nombre sur place à plusieurs dizaines de milliers. Par ailleurs, les HLM ont une orientation locative beaucoup plus affirmée que les HBM dont la moitié abritait des propriétaires-occupants. De plus, une source de financement pérenne leur est affectée, à travers la création, en 1953, de la PEEC (participation des employeurs à l'effort de reconstruction, plus connue sous l'expression « 1 %[1] logement »). Enfin l'État, en créant en 1948 le FNAH (Fonds national d'amélioration de l'habitat, qui deviendra l'ANAH – Agence nationale de l'amélioration de l'habitat – en 1971), manifeste un souci particulier de garantir la qualité de ces logements pour éviter la situation des « mal lotis » (familles bénéficiaires de programmes de lotissements collectifs, qui s'étaient retrouvées, dans les années 1920, à supporter des conditions insalubres en raison de nombreuses malfaçons).

L'impulsion donnée à la construction des HLM ne suffit pas encore à améliorer décisivement la disponibilité de logements (comme l'attestent les bidonvilles de Nanterre à la fin des années 1960…), si bien que l'État entreprend une démarche d'urbanisation urgente dans des ZUP (zones à urbaniser en priorité), dont 200 seront constituées entre 1959 et 1969.

Pourtant, pour compléter l'offre sociale, le secteur locatif privé est lui aussi incité à se développer par la législation libérale de 1948 qui représente une véritable rupture. En effet elle tourne le dos à celle de 1919 qui, par les contraintes imposées aux propriétaires sur le montant et la progression des loyers, avait amplifié la pénurie des années de guerre. La loi Méhaignerie de 1986, de même, par un nouveau retour de balancier, effacera l'encadrement très strict des loyers opéré en 1982 par la loi Quillot.

Cette libéralisation est cependant rejetée une nouvelle fois en 1989 avec la loi Malandain-Mermaz qui tente de parvenir à une position de juste milieu entre strict encadrement et liberté totale, puis, encore plus décisivement, par le décret du 21 juillet 2012 qui renoue avec l'encadrement strict, du moins à l'égard des loyers pratiqués dans 38 agglomérations de plus de 50 000 habitants ayant connu une progression « excessive » de leur montant : celui-ci doit avoir affiché une évolution moyenne supérieure à 3,2 % par an entre 2002 et 2010 et dépassé en 2011 11,10 euros le m^2.

La loi ALUR (loi du 24 mars 2014 pour l'accès au logement et un urbanisme rénové) devait confirmer cette volonté d'encadrement (à travers notamment un plafonnement en fonction d'un loyer médian de référence), mais les décrets d'application en réduiront l'horizon à quelques situations (Paris, Lille), d'ailleurs protégées contre la réforme par des décisions d'annulation rendues à l'automne 2017 par les tribunaux administratifs, qui ont jugé qu'il fallait étendre l'encadrement à toute l'agglomération urbaine autour de la commune ou y renoncer complètement. Finalement le dispositif d'encadrement a été réduit par la loi

1. En réalité 0,45 % de la masse salariale depuis le début des années 1990.

ELAN[1] à une mesure d'expérimentation sur cinq ans, déclenchée facultativement à l'initiative des communes ou des intercommunalités et soumise à l'approbation du préfet.

En parallèle, l'État organise la destruction des quartiers vétustes, dans le cadre de vastes programmes de rénovation urbaine, sous l'égide de l'ANRU (Agence nationale pour la rénovation urbaine) à partir de 2003. L'ANRU gère le PNRU (programme national de rénovation urbaine) qui, disposant de 12 milliards d'euros de crédits pour la période 2002-2013, a eu pour objectif la rénovation de 485 quartiers, à travers notamment la démolition de 136 000 logements, la construction et la réhabilitation respectivement de 133 000 et 322 000 logements sociaux. Pour la période couvrant la décennie 2014-2024, le PNRU est doté de 5 milliards d'euros et, malgré la préoccupation de favoriser les reconstructions hors zones urbaines sensibles afin de ne pas concentrer les difficultés sociales, attribuera 83 % de cette dotation aux 200 quartiers les plus en difficulté sur le plan de la pauvreté et de la dégradation de l'habitat.

Sous l'aiguillon particulièrement volontariste de l'État, au début des années 1970, la contrainte de la pénurie finit en tout cas par se desserrer. L'ère de construction à marche forcée pour créer une offre minimale de logements avait ainsi pris fin, pour une vingtaine d'années.

Le retour des difficultés de logement

Le règne de la contrainte reparaît au début des années 1990.

Le parc de logements sociaux a été certes entretenu pendant les années 1980 grâce au dispositif de prêts aidés PALULOS, mais, ainsi qu'on l'a vu dans la première partie, le système d'accès au logement social tend à se bloquer avec la raréfaction des opportunités d'ascension sociale (et donc immobilière) provoquée par la crise économique. De plus, à la suite de la parution du « rapport Guichard » de 1973, l'État donne la priorité à la réhabilitation de quartiers de centre-ville, qui n'offrent pas une opportunité suffisante pour le logement des familles modestes.

En 1990, la loi Besson est contrainte d'affirmer un « droit au logement, devoir de solidarité pour l'ensemble de la Nation » et d'imposer la création de « fonds de solidarité logement » départementaux. Dix ans plus tard, **la loi SRU** (loi relative à la solidarité et au renouvellement urbain, du 13 décembre 2000) instaure l'impératif, pour les communes de plus de 3 500 habitants incluses dans les agglomérations de plus de 50 000 habitants, de disposer de 20 % de logements sociaux, portés en 2013[2] à 25 %, à atteindre en 2025. La loi SRU est ainsi obligée de réaffirmer et d'amplifier une obligation déjà prévue par la loi d'orientation pour la ville du 13 juillet 1991. Certaines communes, malgré ce cadre contraignant, tentent d'échapper à la mise en œuvre de cette mixité sociale, au besoin en s'acquittant d'une amende[3].

La loi du 5 mars 2007, relative au droit au logement opposable (**DALO**), tente de dépasser les difficultés structurelles du marché du logement par l'introduction de procédures

1. Loi du 23 novembre 2018 portant évolution du logement, de l'aménagement et du numérique.

2. *Cf.* la loi du 18 janvier 2013 relative à la mobilisation du foncier public en faveur du logement et au renforcement des obligations de production de logement social.

3. Le montant de celle-ci doit être quintuplé à partir de 2013. En 2010, 380 communes ont versé au trésor public un total de 31 millions d'euros d'amendes au titre de la loi SRU.

spécifiques (calendrier d'entrée en vigueur de l'opposabilité, instance de recours amiable, « commission de médiation », juridictions administratives chargées d'accueillir le contentieux de l'opposabilité). Cependant, même en aménageant de la sorte le contentieux des refus d'attribution de logements sociaux, cette loi ne favorise pas, en tant que telle, l'émergence d'une offre supplémentaire de logements. D'ailleurs les statistiques sont parlantes à cet égard : depuis la création du droit au logement opposable en 2007, 210 000 ménages ont pu effectivement accéder à un logement alors que c'est 334 000 décisions favorables qui ont été rendues par les commissions de médiation.

Ce décalage ne paraît pas devoir se résorber à court terme : la proportion de demandes satisfaites était seulement de 25,2 % en 2018 et de 18,9 % en 2020[1].

Un avis du Conseil économique, social et environnemental, rendu en septembre 2010, se montrait déjà sceptique, au vu de la production de logements neufs, sur l'efficacité du DALO[2]. Ce conseil préconisait un niveau de 500 000 logements neufs annuels (soit 120 000 de plus que le niveau alors constaté[3]) – chiffre repris sous forme d'engagement par François Hollande à l'occasion de son élection à la présidence de la République –, pour donner un sens véritablement opérationnel au DALO. Avec presque une décennie de recul supplémentaire, l'avenir continue de susciter des inquiétudes car **les chiffres de la construction de logements affichent des messages contrastés et globalement moroses**, et non le décollage souhaitable (*cf.* dernière partie.)

Pourtant, dans une logique nettement affirmée de retour à une politique énergique et volontariste contre la pénurie de logement, l'État avait modifié, en 2009, les règles institutionnelles de l'UESL (Union d'économie sociale pour le logement), structure paritaire chargée d'orienter l'utilisation du produit du « 1 % patronal », afin d'y jouer un rôle prépondérant et de pouvoir diriger les aides vers les situations les plus urgentes, soit une tendance à la reprise en mains par l'État qui a d'ailleurs été confirmée avec la suppression de l'UESL le 1er janvier 2017 et le regroupement de ses missions au sein d'une nouvelle entité paritaire de pilotage des contributeurs (les CIL[4]) baptisée « Action logement » et **placée sous la tutelle de l'État** (ministère de la Cohésion des territoires, ministère de l'Action et des Comptes publics et ministère de l'Économie et des Finances)

b. Rendre le logement moins cher

La généralisation de l'aide à la personne

Après 1973 et le pic historique de la construction neuve (556 000 logements produits), les pouvoirs publics s'attachent non plus à combler la pénurie de logements, qui jusque-là avait constitué la préoccupation essentielle, mais à favoriser l'accès à ces derniers à tous les Français.

1. Ce résultat subit toutefois l'influence de la crise ponctuelle de la construction due à l'interruption de certains chantiers durant les deux phases de confinement enregistrées cette année.
2. Le nombre de recours enregistrés au titre de la loi DALO, entre janvier 2008 et février 2014 a été de 63 000.
3. En 2018, environ 400 000 logements ont été construits en France ; il s'agit d'une notion assez complexe à définir, sorte de moyenne entre les nombres de logements commencés et terminés.
4. Comités interprofessionnels du logement.

Or la solvabilisation directe des ménages est longtemps passée au second plan car l'effort de construction, et donc le soutien aux organismes promoteurs et constructeurs, était prioritaire. Des catégories particulièrement fragiles étaient certes aidées (personnes handicapées, étudiants, titulaires de charges particulières de famille…) au travers d'une série d'aides à la personne (ALS[1], ALF[2]), mais seulement 1,9 milliard d'euros y étaient consacrés en 1980. Les aides à la personne atteindront, en revanche, après une progression spectaculaire, 18 milliards d'euros à la fin des années 2000 et 19 milliards à la fin de la décennie 2010.

En 1977, le système de l'APL (aide personnalisée au logement[3], ouverte dans le cadre du parc immobilier social conventionné par l'État et financée au moyen notamment des prêts PAP ; *cf. infra*) est donc mis en place pour compléter, par l'adjonction de ménages aux revenus un peu plus élevés, les publics bénéficiaires de l'AL[4] – ces derniers résidant dans le secteur social non conventionné par l'État, et en général, à ce titre, de moindre qualité[5]. Les années 1980 voient un certain recentrage des objectifs de l'État autour des populations les plus modestes, notamment par le jeu de la non-réévaluation des plafonds de revenus. Toutefois, en 1993, les plafonds de revenus disparaissent pour l'APL et, par ailleurs, toutes les HLM sont conventionnées, donc éligibles aux mécanismes d'aides financières aux ménages pour payer le loyer. **Tout ménage a droit, à partir de cette date, à une aide personnelle**.

L'entrée en HLM demeurant soumise à un plafond de revenus, aujourd'hui 80 % des Français sont éligibles au logement social ou intermédiaire, ce qui représente un progrès notable par rapport au niveau de 1993 (55 %).

Globalement ces aides à la location bénéficiaient, hors hébergement collectif (CROUS, foyers, etc.), en 2013 à 6,3 millions d'allocataires dont 58 % en AL et 42 % en APL, mais seulement à 5,4 millions d'entre eux en 2017, dont 40 % en APL, à la suite notamment de la baisse du barème d'accès, votée en 2015 dans le but de maîtriser l'évolution de cette dépense pour l'État. Mais depuis, la progression des APL a repris son cours : leurs bénéficiaires représentaient en 2020 45 % de ceux percevant une aide à la location, dont le nombre, à 5,8 millions, revient vers des niveaux élevés.

L'essoufflement des aides à la pierre

Les aides à la pierre, servant aux propriétaires potentiels à acquérir un logement et, par la suite, à faciliter le financement des travaux, n'ont pas disparu, malgré l'attention nouvelle portée par l'État aux aides à la personne. Ces aides contribuent, elles aussi, à diminuer le coût du logement dont elles absorbent une partie.

Cependant, elles ne conduisent que partiellement à une démocratisation de la propriété. Une partie de ces aides est en effet destinée à des investisseurs institutionnels et aux personnes morales qui exercent les fonctions de bailleurs sociaux.

Les aides à la pierre ciblées aussi sur les particuliers sont beaucoup plus limitées en masse. Les dispositifs (de type Périssol, Besson, Robien, DOM, Scellier, Duflot, etc.) favorisant

1. Allocation de logement à caractère social.
2. Allocation de logement à caractère familial.
3. Aujourd'hui 34 % en moyenne d'un loyer social sont couverts par le montant de l'APL.
4. Allocation de logement, terme générique pour désigner l'ALS et l'ALF.
5. En contrepartie de son conventionnement, l'État exige en effet des engagements tels que la modération des loyers et la réalisation de travaux assurant la qualité du bien immobilier.

pour ces derniers l'investissement résidentiel neuf représentent ainsi moins de deux milliards d'euros par an au total. Ils sont fondés sur des mécanismes de défiscalisation.

Ainsi, à partir de 2013, le dispositif Duflot, accentuant l'incitation Scellier en faveur du « logement intermédiaire » (proche du logement social), permettait de réaliser une économie d'impôt représentant 18 % du montant investi dans un logement neuf respectueux des normes environnementales, à condition de le louer à un tarif inférieur d'environ 20 % à la moyenne du marché, à des ménages aux ressources modestes assujettis à un engagement de durée de 9 ans. Il était remplacé fin 2014 par un dispositif Pinel, de même nature, mais un peu plus souple, complété aujourd'hui par le dispositif Denormandie permettant une défiscalisation partielle d'acquisitions dans l'immobilier ancien à rénover, situé dans des quartiers dégradés de 222 villes.

Cependant **un dispositif central, les PAP** (prêts d'accession à la propriété), en vigueur entre 1978 et 1995, destinés aux particuliers investisseurs et finançant parfois jusqu'à 100 % du projet d'acquisition, avait connu un important succès.

Au sommet historique de l'attractivité des PAP, en 1988, 28 % des accédants à la propriété disposaient d'un prêt aidé ; ce chiffre descendra à 15 % en 1996, un an après l'abandon des PAP et leur remplacement par le PTZ (prêt à taux zéro) finançant en général une partie moindre de l'investissement immobilier, mais sans contrepartie d'intérêts (c'est le budget de l'État qui comble la différence entre la gratuité du prêt et les taux du marché).

Afin de stimuler le faible recours initial au PTZ, l'État en a étendu en 2005 le champ d'application aux logements existants alors que ce dispositif avait été conçu primitivement pour favoriser la construction de logements neufs.

Le PTZ a connu un succès variable selon le niveau des taux d'intérêt du marché. Selon les années, entre 100 000 et 270 000 futurs propriétaires y ont eu recours. À partir de 2011, le PTZ est remplacé par le PTZ+, qui ne fait plus référence à un plafond de ressources et permet de solliciter des montants de crédits supérieurs au PTZ. À partir de janvier 2012, le PTZ+ ne peut plus financer l'acquisition de logements anciens (hors vente du parc social à ses occupants) et est octroyé de nouveau sous condition de ressources afin de favoriser, compte tenu de la crise économique, les besoins sociaux les plus aigus. Cette modification s'accompagne cependant d'une diminution très forte du nombre de bénéficiaires, qui passent de 326 000 en 2011 à 60 000 en 2013.

Dans une version encore modifiée en 2014, cette formule, avec des conditions d'accès assouplies (nouveau retour de l'éligibilité des logements anciens, à réhabiliter sur une partie, puis, à compter de 2017, sur l'intégralité de la zone C, faiblement tendue), devient plus largement accessible, avec un peu plus de 100 000 bénéficiaires par an entre 2016 et 2018, puis de 90 000.

Globalement, **les dernières années ne créent pas une inversion de la tendance à la relégation des aides à la pierre**, si l'on excepte les hésitations et revirement touchant le périmètre des PTZ. En effet la diminution des subventions d'investissement a atteint 27 % en 2017 après 12 % en 2016 précédant une phase de relative stabilisation.

Il faut tout de même insister sur le fait que malgré leur caractère insuffisamment incitatif en période de baisse des taux (*cf. infra*), les aides à la pierre ont sans doute joué un rôle déterminant dans la croissance (+ 45 %) enregistrée entre 1998 et 2007 par la construction neuve.

La baisse des taux d'intérêt

Cette évolution des taux explique dans une certaine mesure, comme on l'a suggéré plus haut, l'essoufflement de l'efficacité de l'aide à la pierre. Y contribuent en effet **deux conséquences inattendues de la baisse des taux** des prêts immobiliers (taux longs) qui se manifeste, hormis la courte interruption entre 2006 et 2008, continûment depuis 1990 :

- Les ménages qui s'étaient endettés à la fin des années de forte inflation (de 1975 à 1982) en pensant bénéficier de taux d'intérêt réels faibles, voire négatifs, et avaient contracté des emprunts à fort taux d'intérêt nominal, éprouvent d'extrêmes difficultés à honorer leurs échéances, dès lors que l'inflation devient modérée. Leur pouvoir d'achat y est consacré sans que puissent être saisies les opportunités de nouvelles acquisitions de biens immobiliers plus spacieux ou mieux situés.
- Les prêts aidés présentent moins d'attractivité lorsque les taux du marché sont eux-mêmes bas, inférieurs à 4 % sur la période récente et même à 1 % à partir de 2015 (soit un taux très voisin de l'inflation), d'autant plus que ces prêts, destinés à l'investissement dans le logement social et issus en grande partie de la collecte d'épargne effectuée par la Caisse des dépôts et consignations (CDC) *via* les livrets A, offrent des taux peu compétitifs, car calculés par rapport à la rémunération de ces livrets, dont on sait qu'elle n'a pas totalement suivi à la baisse la détente observée sur les taux durant la période.

3 Moyens financiers et organisationnels

a. Les financements publics

Ainsi qu'on l'a vu dans la première partie, les aides directes à la pierre (en décélération presque continue depuis 2013, voire 2011), les bonifications de taux d'intérêt et les avantages fiscaux représentent 21 milliards d'euros à la charge des financeurs publics, ordre de grandeur stable depuis 2011. C'est l'État qui porte le fardeau le plus lourd avec 15 milliards d'euros d'avantages fiscaux, principalement constitués par la TVA à taux réduit[1], applicable à l'investissement dans certains logements sociaux (initialement situés dans les 750 zones urbaines sensibles, une extension de cet avantage à 1 500 quartiers prioritaires de la politique de la ville étant en cours), ainsi qu'aux travaux immobiliers réalisés par les particuliers ; mais aussi avec les montants (en forte diminution, passant de 6 à 3 milliards d'euros entre 2011 et 2013, puis après un nouveau recul se stabilisant à 2,8 milliards en 2017) correspondant entre autres aux taux bonifiés des prêts PLUS[2] et aux avantages de taux des PTZ et PTZ+ (à partir de 2011).

Si l'État est donc le principal financeur des aides directes et indirectes à la pierre, il a cédé jusqu'en 2016 cette place à la CNAF (Caisse nationale d'allocations familiales) en ce qui concerne les aides personnelles (allocations logement et aide personnalisée au logement)

1. Au taux de 5,5 % depuis le 1er janvier 2014 pour la construction et la rénovation de logements sociaux.
2. Prêt locatif à usage social, remplaçant au début des années 2000 les PLA (prêts locatifs aidés). Contracté auprès de la Caisse des dépôts et consignations, ce prêt sert notamment à financer la construction d'HLM.

dont elle finançait la moitié. À la suite de la réduction des cotisations pour la branche famille décidée dans le cadre du pacte de responsabilité et de solidarité (*cf.* chapitres 3 et 12), l'État assume désormais la plus grosse part de ce financement également, via et aux côtés du FNAL (Fonds national d'aide au logement), qui recueille, outre la contribution de l'État, des cotisations patronales couvrant 20 % du besoin de financement.

b. L'organisation partenariale de l'attribution des logements et du versement des aides à la pierre

Les opérateurs du secteur du logement social se partagent entre structures privées et publiques.

Les organismes promoteurs de HLM sont en effet dotés soit du statut d'établissements publics industriels et commerciaux sous la dénomination d'Offices publics de l'habitat (OPH) ; soit du statut de sociétés anonymes sans but lucratif, sous la forme d'entreprises sociales pour l'habitat (ESH) dont l'actionnariat peut être notamment composé des chambres de commerces, de banques, de compagnies d'assurances et aussi des organismes de HLM ; soit encore de divers autres statuts (coopérative, société anonyme de crédit immobilier, association, société d'économie mixte immobilière).

Que les opérateurs soient privés ou publics, ils doivent suivre les mêmes règles d'attribution des logements sociaux (en matière de respect des plafonds de revenus notamment). Si cette attribution appartient au bailleur social, après un avis d'une commission d'attribution des logements, représentative du conseil d'administration de l'opérateur et incluant obligatoirement le maire de la commune d'accueil, ce dernier dispose d'un **contingent prioritaire de 20 % des logements**, éventuellement transféré à l'échelon intercommunal ; 30 % des logements sont également réservés à des demandes présentées dans le cadre de contingents préfectoraux.

Quant aux aides à la pierre, elles sont distribuées concrètement par les DDT (directions départementales des territoires) et les DREAL (directions régionales de l'environnement, de l'aménagement et du logement), mais avec une large délégation, depuis 2004, aux EPCI (établissements publics de coopération intercommunale) et aux conseils généraux, qui peuvent les compléter par des aides propres à chaque département.

4 Bilan et perspectives

a. Des fondamentaux toujours problématiques créent des perspectives contrastées à court terme

Avec 6,6 millions d'unités, le nombre de logements locatifs privés n'a quasiment pas augmenté depuis 60 ans. Par rapport au parc total de logement, leur proportion a même diminué, passant de 31 % du parc en 1970, à 19,7 % aujourd'hui.

Cela s'explique en grande partie par le plus que triplement du parc de logements sociaux locatifs en trente ans, de 1,5 million d'unités en 1970, à 5,4 millions aujourd'hui. Pourtant, ce parc social ne suffit pas à pourvoir à une pénurie qui a motivé, ces dernières années, le développement d'une législation contraignante (DALO, SRU. *cf. supra*), complétée depuis 2014 par des mesures d'incitation positive au développement de l'habitat social :

mobilisation du foncier public[1], transformation de bureaux en logements[2] par dérogation aux règles du code de l'urbanisme, incitation à la surélévation d'immeubles, lutte contre les recours abusifs exercés à l'encontre des projets immobiliers, la loi « ELAN » de 2018 (*cf. supra*) ayant donné un cadre général à ces dispositifs et ayant amplifié leur portée en y ajoutant quelques mesures nouvelles, autour de l'ambition, selon les termes mêmes du gouvernement, de créer un « **choc d'offre** ». Celui-ci doit passer par la réaffirmation des partenariats avec les collectivités locales, une nouvelle simplification des normes d'urbanisme, l'accélération des procédures contentieuses. la dématérialisation des demandes de permis de construire, l'amélioration de l'attractivité des appartements meublés avec un nouveau « bail mobilité ».

Il n'en reste pas moins que malgré les nombreux dispositifs publics, la Cour des comptes écrivait en 2017 que **« le logement social ne bénéficie qu'à la moitié des ménages situés sous le seuil de pauvreté »**.

La progression générale de la construction de logements, enregistrée lors de la décennie 1998-2007, n'a pas non plus spécialement profité aux zones où les besoins de logements sont les plus intenses : les logements pavillonnaires en zones rurales ont enregistré une progression de 130 %, tandis que l'agglomération parisienne voyait l'activité de construction baisser de 26 % et que le chiffre correspondant pour les villes de plus de 100 000 habitants ne s'élevait qu'à 4 %.

Depuis un certain rééquilibrage est intervenu à cet égard, mais encore insuffisant. En effet en 2009 et 2010 les tendances se sont quelque peu brouillées (Paris connaissant pour la seule année 2009 une reprise de la construction, en termes de logements achevés, de 11,5 % et les zones rurales marquant le pas), elles paraissaient avoir repris leur mouvement de long terme en 2011, mais entre 2012 et 2014, les grandes villes (y compris Paris) connaissaient à nouveau une progression de la construction de logements beaucoup plus forte que les zones rurales. Un des objectifs de la constitution du « Grand Paris » entré en vigueur en 2016, est précisément de développer et mieux répartir l'offre de logements.

D'un point de vue qualitatif, la nature de cette offre est également problématique dans la mesure où la relative sous-représentation des logements de petites tailles dans le parc social n'est plus en adéquation avec évolutions contemporaines de la famille (augmentation du nombre de divorces et de parents isolés…)

Cependant les **années récentes se signalent par un retour à une progression régulière de l'activité de construction** permettant un accroissement annuel d'environ 1 % du parc immobilier, soit un rythme de progression bien supérieur à celui de la population française. Plus spécifiquement, le nombre de logements terminés, orienté à la baisse ces dernières années, rebondit à + 6,0 % en 2017, traduisant le redémarrage progressif des mises en chantier depuis début 2015. La production de logements neufs s'élève ainsi à 390 000 unités en 2017 après 349 000 en 2016. Quant à l'activité de transaction immobilière, elle reprend également très nettement, progressant de 13,3 % en 2017, après 5 % en 2016 et + 5,3 % en 2015.

Toutefois on avait déjà pu relever une amélioration sensible du nombre de logements terminés entre 2011 et 2013 (malgré le faible dynamisme pour les logements commencés),

1. À travers par exemple un accord conclu avec la SNCF et Réseau ferré de France.
2. Il existerait plus de 2,5 millions de m de bureaux vacants en Île-de-France.

brusquement suivie de deux années d'inertie, si bien que le rebond incontestable de l'activité de construction que l'on observe actuellement n'exclut pas le risque pour l'avenir proche d'un même type de retournement cyclique

Parmi les facteurs stimulant cette reprise on dénombre ; un redressement du volume des aides aux logements attribuées, la persistance de conditions d'emprunts à taux très favorables (le taux effectif se situe en moyenne en 2017 à 1,5 %, après 1,9 % en 2016), la diminution de la composante prix des loyers depuis 2012 (compensée certes par une élévation des charges), ainsi que des **perspectives politiques plus rassurantes pour les bailleurs potentiels**.

L'encadrement strict des loyers, projeté en 2013 et un temps cru applicable, ainsi que l'hypothèse d'une garantie universelle des loyers (GUL), à laquelle les bailleurs devaient obligatoirement participer financièrement, mais qui a finalement été rendue facultative (puis transformée en une garantie VISAL au périmètre restreint), sont en effet désormais caducs.

Ces constats n'en montrent globalement pas moins que, si le logement social s'est développé dans des proportions considérables, en conformité avec les intentions de l'État, on ne parvient pas pour autant à un équilibre général satisfaisant sur le marché du logement. Fondamentalement, on peut penser que cet état de fait résulte de la panne du mouvement résidentiel ascensionnel décrit dans la partie 1 (*supra*), la Cour des comptes constatant dans un rapport de 2017, malgré les initiatives évoquées plus haut, « la faiblesse de la rotation au sein du parc social », avec 13 ans d'ancienneté moyenne de l'occupation (contre 7 dans le parc privé). Les difficultés actuelles pour retrouver une croissance économique, entraînant celle du pouvoir d'achat, couplées au maintien à un niveau élevé des prix de l'immobilier, ne laissent pas entrevoir une solution rapide à ce blocage.

b. Des améliorations qualitatives apparues sur plusieurs décennies

Cette situation d'impasse apparente tend à masquer les acquis de la politique du logement, en termes d'améliorations qualitatives des logements.

La surface moyenne par personne des logements a en effet presque doublé en quarante ans, passant de 22 m² en 1970 à 42 m² aujourd'hui. La part des logements sans confort sanitaire a reculé de 16 % en 1984 à 4,0 % en 1996, 1,2 % en 2012 et 1,1 % en 2016, celles des logements surpeuplés (selon la définition de l'INSEE) a baissé de 17 % à 8,4 % entre 1984 et 2013.

Les Français sont donc globalement mieux logés, du moins ceux[1] qui échappent à la pénurie de logements.

1. Indiquons à leur sujet que 685 000 personnes en France n'ont pas de domicile personnel et que 85 000 vivent dans un camping ou un mobile home toute l'année (constats effectués par l'Observatoire des inégalités).

Entraînement

Synthèse

Les points-clefs à ne surtout pas oublier

- L'histoire française est marquée durablement par la pénurie de logements.
- Pour corriger celle-ci, l'État a mis en place un modèle résidentiel fondé sur l'ascension sociale et immobilière.
- Le blocage du fonctionnement de ce modèle expose le logement social à des tensions dont il n'existera pas de véritable dénouement à court terme.

Les mots-clefs à retenir

- DALO
- Aides à la personne
- Mixité sociale
- APL
- Pénurie
- PTZ
- Aides à la pierre
- Mobilité sociale
- Loi ELAN

Les sujets de concours possibles

- Pourquoi une politique du logement ?
- L'État a-t-il une part de responsabilité dans la crise du logement actuelle ?
- L'accès à la propriété devrait-il être un objectif fondamental des pouvoirs publics ?
- La situation du logement en France devrait-elle appeler une réponse radicale de l'État ?*

À l'oral, comment répondre en deux ou trois phrases aux questions les plus plausibles

Malgré environ 40 milliards d'euros d'aide publique annuelle attribuée à l'immobilier, on ne parvient plus guère à atteindre le rythme des 400 000 constructions nouvelles de logement par an ; à quoi attribuez-vous cet échec ?

Malgré l'influx de moyens financiers, l'État ne peut qu'orienter les investissements, dont la concrétisation demeure la responsabilité des offices d'HLM, entre autres. Malgré encore d'autres aides publiques aux paiements des loyers, les opérateurs du logement social peuvent estimer que le risque d'une solvabilisation insuffisante de la demande est trop fort pour justifier le pari sur la rentabilité de projets immobiliers neufs.

Quelle est l'utilité du DALO si les moyens concrets de le mettre en œuvre font défaut ?

L'utilité, malgré l'excès de législation parfois dénoncé par le Conseil d'État, consiste probablement à servir d'aiguillon aux pouvoirs publics, afin qu'ils se mobilisent toujours davantage pour donner le plus d'impact possible aux aides à la construction.

Conseils bibliographiques

- Jean-Claude Driant, *Les politiques du logement en France*, La Documentation française, 2015.
- « Le Compte du Logement 2021 » (téléchargeable sur le site du ministère du Logement).

12 Les politiques industrielles et de l'emploi

Paradoxalement, l'enjeu sans doute le plus important de l'époque contemporaine, la « bataille de l'emploi » tend à être obscurci par la forêt de dispositifs s'efforçant d'y répondre. Le présent chapitre se propose de clarifier ces derniers et de mettre dans une juste perspective les politiques qui les portent.

1 Enjeux et objectifs

Les politiques industrielles et de l'emploi peuvent être réunies par leur objectif commun consistant à développer la création d'emplois.

Elles se séparent bien sûr de multiples manières. Outre que ce ne sont pas les mêmes administrations ni les mêmes moyens et canaux de financements qui sont concernés (*cf.* 3), chacune de ces politiques a son histoire et poursuit ses propres finalités secondaires.

L'histoire de la politique industrielle est ancrée, plus que dans le soutien aux emplois, dans une volonté de modernité qui anime la seconde moitié de la présidence du général de Gaulle et le mandat de Georges Pompidou. Modernité nécessaire pour faire progresser une France trop rurale, à laquelle il manque de véritables champions industriels[1]. Cette forme de nationalisme économique se conçoit sur le terrain de l'honneur et du prestige, mais aussi sur celui de l'intérêt bien compris, dans un système monétaire international qui est encore celui de Bretton Woods et où la parité fixe du franc français doit être défendue. Or, le commerce international constitue une des principales sources de devises étrangères, dont la détention est nécessaire à la défense de la parité monétaire, et des exportations dynamiques permettent d'augmenter ce stock de devises, via des balances commerciales excédentaires.

La politique industrielle visait donc, encore dans les années soixante-dix, à poursuivre l'industrialisation d'une France toujours excessivement rurale et, surtout, à doter la France d'une industrie compétitive, capable de gagner des marchés à l'international. Beaucoup de grands groupes (Thomson-Brandt, Rhône-Poulenc, Roussel-Uclaf…) furent constitués à cette fin, à l'initiative ou avec le concours de l'État.

Ces principaux fleurons industriels sont ensuite nationalisés (et le resteront en moyenne une décennie) par le gouvernement de gauche, dans le cadre de l'« autre logique », visant à faire de l'industrie, désormais aux mains de la Nation, un terrain d'expérimentation sociale. Cette tentative tournant court, on en reste au statu quo du « ni, ni » (ni nationalisation, ni privatisation) selon la formule employée par François Mitterrand en 1988.

1. Ces champions industriels existèrent davantage en tant qu'ambition que comme réalité, témoins les déconvenues du « plan machine-outil » ou du « plan calcul » qui déboucha sur la constitution d'une entité : CII Honeywell Bull, puis Bull (devenue en 2014 filiale d'Atos), comptant aujourd'hui moins de 5 000 salariés et n'ayant jamais accédé au leadership mondial espéré.

Parallèlement, l'État se rend compte que le monde est devenu trop complexe pour que les pouvoirs publics puissent planifier des réussites industrielles. Du reste, les aides publiques tendent à tomber sous le coup des régulations favorables à la concurrence intracommunautaire que Bruxelles (l'Acte Unique étant adopté en 1986) s'attache à faire observer scrupuleusement. Le Premier ministre J.-P. Raffarin annonce dans son discours de politique générale de juillet 2002 que « l'État a vocation à se retirer du secteur concurrentiel sauf lorsque les intérêts stratégiques sont en jeu ». Vouloir gagner des devises à travers le commerce extérieur devient également moins prioritaire avec la perspective de la monnaie unique.

Des formulations d'une stratégie industrielle de l'État subsistent néanmoins. Inspirées successivement par des économistes ou de grands industriels jouant parfois, à leur corps défendant, le rôle de « gourou », ces stratégies peuvent être résumées ainsi :

- Au début des années 1980, l'économiste Christian Stoffaës[1] préconise pour la France une politique industrielle en trois points : se désengager des secteurs en difficulté (sidérurgie, textile...), se spécialiser (stratégie de « niches »), favoriser la structuration de filières en suscitant des solidarités entre toutes les entreprises (de l'extraction des matières premières à la fourniture d'accessoires, des donneurs d'ordres aux sous-traitants), concourant à la satisfaction d'une même famille de besoins domestiques ou industriels à travers la fabrication d'une gamme de produits.
- Au milieu des années 2000, Jean-Louis Beffa[2], président de Saint-Gobain, prône la réorientation du rôle des pouvoirs publics vers le soutien aux PME et à l'innovation technologique.
- En 2012, l'industriel et haut fonctionnaire Louis Gallois[3] recommande principalement un allégement des coûts salariaux[4] des entreprises, pour les rendre internationalement plus compétitives, dans le cadre d'une réactivation de la stratégie des filières.

1. Auteur en 1978 de *La grande menace industrielle*.
2. Auteur en 2005 du rapport « Pour une nouvelle politique industrielle » adressé au président de la République.
3. Ancien président de la SNCF et d'EADS, auteur en 2012 du rapport intitulé « Pacte pour la compétitivité de l'industrie française » remis au Premier ministre.
4. Grâce au remplacement de 20 milliards d'euros de charges patronales par une hausse de la TVA et de la CSG, proposition qui sera retenue sous une forme proche dans le cadre du pacte de responsabilité (*cf.* chapitre 3).

La stratégie des filières

Par le vocable de filières, il convient d'entendre des pratiques variées et souples de coopérations largement informelles, plutôt que des intégrations verticales ou horizontales rigides au sein d'un secteur d'activité.

Il ne s'agit pas, à travers la mise en place de filières, d'interdire aux entreprises de se faire concurrence entre elles (à l'instar du but visé par les comités d'organisation pendant la dernière guerre), mais d'inciter les industriels aux échanges de bonnes pratiques et de structurer celles-ci, afin notamment d'en faire profiter les PME et les ETI, grâce à des moyens fournis par l'État. Ces moyens consistaient initialement (en 2014) en l'existence d'un Conseil national de l'industrie et en l'animation de 34 plans sectoriels (les « 34 plans de la nouvelle France industrielle », dont 11 en lien avec la transition énergétique) s'appuyant sur les réflexions de 14 comités stratégiques.

Cet appareil a depuis été simplifié par la présidence Macron qui a remplacé les 34 plans par les « 10 solutions de la nouvelle France industrielle ».

Cependant, alors que l'État pilotait directement la première des stratégies rappelées ci-dessus, les deux suivantes ne déterminent qu'un cadre très général de l'influence le plus souvent indirecte des pouvoirs publics.

Des enjeux communs en matière de création d'emplois

En réalité, on en arrive dans les années 1990 à une politique industrielle dont l'ambition première est la sauvegarde et la promotion des emplois.

La politique de l'emploi proprement dite s'attache, quant à elle, non seulement à développer des programmes et des techniques créant des emplois supplémentaires (avec des méthodes qui diffèrent de celles de la politique industrielle), mais aussi à mieux pourvoir les emplois existants.

Il existe donc, malgré ces différences, une certaine convergence entre la politique industrielle et la politique de l'emploi, ce qui justifie de les aborder de façon groupée.

2 Contenus et évolutions

On abordera dans cette partie les politiques de l'emploi menées par le ministère chargé de l'Emploi et ses partenaires et, également, les orientations actuelles d'une politique industrielle axée sur les PME et l'innovation.

a. Politiques de l'emploi

L'évolution des explications du chômage

L'emploi résulterait des conditions macroéconomiques ...

L'emploi a, jusque dans les années 1990, été principalement considéré par les pouvoirs publics français comme une simple résultante de la politique économique. Celle-ci devait favoriser pour le pays une conjoncture de croissance du PIB, qui, à son tour, devait entraîner dans son sillage le développement de la création d'emplois. Les politiques « passives » en faveur de l'emploi (l'indemnisation du chômage à hauteur de 90 % du dernier salaire, par exemple, sous la présidence de V. Giscard d'Estaing) occupent le devant de la scène.

Sur le plan de la théorie économique, des interprétations simplificatrices de la courbe de Phillips[1] pesaient sur cette orientation des gouvernements consistant à favoriser un environnement d'aisance monétaire, légèrement ou franchement inflationniste selon les périodes, parce qu'« entre l'inflation et le chômage » la sagesse semblait commander de choisir une croissance inflationniste de l'économie.

Cependant, la théorie économique montrait aussi que l'accélération de l'inflation ne conduisait pas, autrement qu'à très court terme, à une diminution du chômage. La théorie du NAIRU[2] proposait l'idée selon laquelle il existe un chômage structurel contre lequel les politiques inflationnistes et les politiques macroéconomiques en général ne pouvaient avoir de résultats significatifs.

Sur le plan empirique, le cas de la France, en tout état de cause, mettait en échec le paradigme de l'action macroéconomique sur l'emploi. En effet, depuis quarante ans la croissance économique française est considérée comme « pauvre en emploi ». Les créations nettes d'emploi ne se déclenchaient dans les années soixante-dix et quatre-vingt qu'à partir d'un taux de croissance du PIB de 3 ou 4 %. Ce décalage tend à se résorber quelque peu depuis une vingtaine d'années, autour d'un niveau de 1 % à 2 % – vraisemblablement en raison de la tertiairisation de l'économie française[3], mais il subsiste néanmoins.

... puis des conditions microéconomiques

Devant l'échec des stratégies d'emploi privilégiant la croissance du PIB, les décideurs publics se sont tournés vers des approches davantage microéconomiques. Elles ont la particularité de se fonder sur le seul intérêt pécuniaire des acteurs, en évacuant du tableau les aspirations à l'emploi motivées par d'autres raisons : le besoin de sociabilité, l'intérêt pour le travail lui-même (l'amour du métier), la volonté d'être ou de se sentir utile…

Sur la base de ces postulats (c'est-à-dire, en somme, celui, plus ou moins, de *l'homo œconomicus* des économistes classiques du début du XIXe siècle), **deux théories expliquent le chômage persistant.**

Le modèle WS/PS (*wage setting/price setting*) explique les comportements lors des négociations salariales entre employeurs et représentants des salariés (syndicats). Ces derniers tentent d'obtenir par la négociation des niveaux de rémunération supérieurs à ce qu'ils seraient spontanément, en l'absence de négociations. Or, le niveau qui résulterait de l'ajustement spontané entre l'offre et la demande de travail est précisément (selon les économistes néoclassiques) celui qui réalise l'équilibre, c'est-à-dire le salaire d'équilibre, qui

1. Courbe établissant une relation de même sens entre la progression de l'inflation et la baisse du chômage.

2. *Non accelerating inflation rate of unemployement.*

3. La productivité du travail dans les services est en général moindre que dans l'industrie. Avec l'augmentation du nombre de salariés occupés dans le secteur tertiaire, la productivité moyenne baisse, donc il faut employer un plus grand nombre de salariés pour produire la même croissance économique ; ce qui rend la croissance plus riche en emplois.

permet (par définition) à tout demandeur d'emploi acceptant ce salaire d'être embauché, et par conséquent au chômage de se limiter à un niveau presque nul (chômage frictionnel[1]).

Les négociations parviennent ainsi parfois à fixer des salaires supérieurs au salaire d'équilibre, provoquant une offre de travail (de la part des salariés) supérieure à l'offre d'emploi (de la part des entreprises).

En quelque sorte, selon ce modèle, l'égoïsme de ceux qui ont déjà un emploi (et de leurs représentants à la table des négociations collectives) joue au détriment de ceux qui en sont privés. Suivant ce raisonnement et l'élargissant, Denis Olivennes, dans un célèbre article de 1994, évoque « la préférence française pour le chômage »[2].

Une autre illustration des théories néoclassiques de l'économie est donnée par **les théories du chômage volontaire**. Du point de vue de la rationalité économique étroitement entendue, si la différence entre la rémunération de l'activité est trop faible par rapport aux revenus d'inactivité (indemnisation par l'assurance chômage, augmentée de diverses aides : logement, transport, électricité...), l'individu concerné a intérêt à rester inemployé[3]. Il appartenait alors aux pouvoirs publics et aux partenaires sociaux gestionnaires de l'UNEDIC, en charge de l'indemnisation du chômage, de rendre le travail payant, pour reprendre le titre du célèbre rapport de l'OCDE « *Making work pay* » (1997), qui a fait entrer de plain-pied cette problématique de l'incitation au travail dans le débat public. Elle en avait été souvent exclue pour des raisons essentiellement morales ou idéologiques, à cause de la vision d'un demandeur d'emploi cynique et calculateur auquel elle renvoie. Un certain nombre de méthodes d'activation des dépenses en faveur de l'emploi, l'introduction de la prime pour l'emploi (PPE) en 2001, du RMA en 2003 et du RSA en 2008 (*cf.* chapitre 5) incarnent, en France, l'héritage de cette conception microéconomique de la problématique de l'emploi.

Enfin, succédant à ces analyses microéconomiques – ou plutôt les complétant, car elles se situent sur le même terrain – sont intervenues depuis les années 2000 **les théories de l'appariement** (ou théories du « *job search* »). Il s'agit, selon ces conceptions, de se focaliser, non plus sur l'intérêt plus ou moins grand du demandeur à trouver un emploi, mais sur ses méthodes de recherche. Il existe des offres d'emploi non pourvues (de 250 000 à 500 000 en 2010, selon le gouvernement ; 350 000 selon le ministre du Travail François Rebsamen en 2014, entre 200 000 et 330 000 en 2018 selon diverses estimations) d'une part, et des demandes d'emploi non satisfaites d'autre part. Selon les théories de l'appariement, c'est en raison de l'inefficience de la recherche d'emploi, à laquelle les organismes de placement tels que Pôle emploi doivent remédier, que le rapprochement entre ces demandes et ces offres ne s'effectue pas. Dans cette logique, la démarche essentielle pour les pouvoirs publics est d'améliorer l'accompagnement de la recherche d'emploi, par un suivi plus personnalisé des demandeurs, une meilleure réactivité aux offres émanant des entreprises, etc.

1. C'est la période incompressible entre deux emplois, les délais de la nouvelle prise de fonctions.
2. . « La préférence française pour le chômage », *Le Débat*, n° 82, p138-153.
3. D'où la notion de « trappe à inactivité ».

La flexsécurité

La flexsécurité[1] reprend les théories de l'incitation et celles de l'appariement. Elle vise à rendre plus flexible l'ajustement du niveau d'emploi par les entreprises, lors des licenciements comme des embauches.

Mais la flexsécurité ambitionne également de promouvoir la sécurité des parcours professionnels.

C'est le Danemark qui a véritablement illustré de façon convaincante (grâce notamment à la permanence d'un taux de chômage bas, de l'ordre de 5 %) l'efficacité de cette approche. À partir de 1994, la flexsécurité danoise, repose sur trois piliers :

- flexibilité de la réglementation du marché du travail ;
- générosité de l'indemnisation du chômage ;
- politiques actives de l'emploi (fort accompagnement de la recherche d'emploi par les centres de placement).

La France reprend à son compte certains enseignements de ce modèle. L'introduction en 2008 d'une obligation à la charge du demandeur d'emploi, d'accepter une « offre raisonnable d'emploi » correspond à une mesure forte, mais très critiquée, d'activation. La volonté d'augmenter les capacités d'accompagnement personnalisé au sein de Pôle emploi relève également d'une démarche de flexsécurité. En revanche, la loi du 16 juin 2013 relative à la sécurisation de l'emploi est abusivement qualifiée de dispositif de flexsécurité par certains de ses détracteurs situés à la gauche du parti socialiste. En effet, en contrepartie de nombreuses obligations ajoutées aux responsabilités du chef d'entreprise et au fonctionnement du conseil d'administration[2], la loi ne rend plus flexibles vis-à-vis des salariés que les modalités du recours à l'activité partielle (notamment comme alternative aux plans de licenciements en cas de difficultés conjoncturelles).

1. Orthographiée aussi flexisécurité ou flexicurité.

2. Par exemple la réintroduction de l'autorisation administrative de licenciement (sauf accord des organisations syndicales sur un plan de départs négocié) supprimée en 1986, l'attribution du droit de vote aux représentants du personnel au sein du conseil d'administration, l'élargissement du droit d'expertise pour le comité d'entreprise, la pénalisation financière des contrats de travail de courte durée…

L'évolution des stratégies de l'État

Dans le contexte des évolutions doctrinales qui viennent d'être présentées, l'État a promu plusieurs vagues de mesures.

Une première phase, principalement axée sur le ciblage de catégories de demandeurs d'emplois

On commence durant la seconde partie des années 1970, en complément du retour attendu de la croissance économique, à soutenir spécifiquement les publics qui souffrent le plus fortement du chômage. La méthode utilisée, et qui sera constamment confirmée par la suite, est celle des réductions de charges patronales, dont le moindre coût doit favoriser les embauches.

Bénéficient ainsi de ces exonérations les emplois créés (ou sauvegardés) dans le cadre des trois « pactes jeunes » entre 1977 et 1981.

Sont également renforcées les mesures d'allégement de charges en faveur de l'alternance : en plus du dispositif centenaire de l'apprentissage, sont créés en 1983 les contrats de qualification et les contrats d'adaptation.

L'attention se focalise à la fin de cette période sur les chômeurs de longue durée et les publics très éloignés de l'emploi à la suite de difficultés rencontrées dans la vie personnelle. Le CES (contrat emploi solidarité) est ainsi introduit en 1990.

Le bilan de cette stratégie de ciblage est mitigé. Si plusieurs centaines de milliers d'emplois bénéficient ainsi pour les employeurs d'une réduction du coût du travail, et que ces derniers donnent ainsi un certain succès à ces dispositifs, on ne peut non plus en ignorer deux **effets pervers** :

- les effets d'aubaine : l'employeur touche la prime à l'emploi mais il aurait de toute façon effectué l'embauche correspondante ;
- les effets de substitution : l'employeur modifie son projet de recrutement initial pour embaucher sur les postes aidés plutôt que sur les autres ; au total, sur le plan de la quantité des emplois, il s'agit donc d'un jeu à somme nulle, un simple phénomène de vases communicants.

Dans ces conditions, malgré les efforts des pouvoirs publics en faveur de certaines des catégories les plus touchées par le chômage, ce dernier continue d'afficher une progression[1]. On passe en effet, en 1993, la barre des trois millions de chômeurs puis celle des 3,2 millions en avril 2013, après avoir franchi le cap du premier million en 1975. En mars 2015, on atteint le chiffre record de 3,5 millions de demandeurs d'emplois, progression heureusement interrompue en 2016. On en comptait à la fin de décembre 2019 2,4 millions pour un taux de chômage de 8,1 %.

Une deuxième phase, à partir de 1993, privilégiant les mesures générales d'allégement des coûts salariaux

La loi du 17 juillet 1993 prévoit ainsi un allégement de cotisations patronales d'allocations familiales pour l'emploi de tout salarié rémunéré à un niveau proche du SMIC. Ces avantages sont bientôt complétés par d'autres allégements, si bien qu'en octobre 1996, les charges patronales sont réduites, outre les cotisations familiales, sur les cotisations vieillesse, maladie et accidents du travail correspondant aux salaires inférieurs à 1,3 SMIC.

Le passage obligatoire aux 35 heures, organisé par les lois Aubry I du 13 juin 1998 et Aubry II du 12 janvier 2000, est accompagné d'aides réduisant elles aussi les charges sociales, compensations conditionnées par la réalisation de 6 % d'embauches (Aubry I) pour pallier la baisse du temps du travail, puis sans cette condition (Aubry II).

1. Celle-ci est heureusement discontinue. Ainsi le chômage régresse-t-il entre 1987 et 1991, entre 1998 et 2002 et entre 2005 et 2008.

Pour unifier l'ensemble de ces allégements, la « ristourne Juppé » sur les bas salaires d'octobre 1996 et les « allégements 35 heures » sont fusionnés en 2003, avec un champ d'application portant sur tous les salaires inférieurs à 1,6 SMIC.

Indépendamment des aides ciblées sur les différentes populations de demandeurs d'emploi, on se trouve ainsi, dans la première partie des années 2000, dans une configuration où tous les bas salaires bénéficient de subventions publiques, censées améliorer la compétitivité internationale de nos industries de main-d'œuvre grâce à la baisse du coût du travail, mais aussi et surtout débloquer la situation de l'emploi en rendant l'embauche des salariés peu qualifiés plus attractive.

L'effet de ces allégements de charge a surtout été étudié à propos du passage aux 35 heures. Le rapport de Jean Pisani-Ferry[1], publié en 2000, présente un bilan des créations d'emploi qui auraient été permises dans ce cadre. Les estimations varient entre 100 000 et 800 000 emplois créés, le consensus se situant autour de 300 000[2].

Une troisième phase dans les années 2000, faisant feu de tout bois, accentuant les allégements de coûts sur les bas salaires et relançant le ciblage

Les années 2000 sont marquées par la multiplication des dispositifs de ciblage dont on a compté jusqu'à 70 espèces. Ils se différencient par des dosages légèrement différents entre :

- les durées (en général des CDD de deux ans) ;
- les possibilités de formation (très étendues dans le cadre des contrats en alternance) ;
- les exonérations sociales patronales (totales s'agissant des contrats d'apprentissage) ;
- les incitations fiscales ;
- les aides forfaitaires additionnelles (par exemple, le CIE peut bénéficier d'aides mensuelles versées à l'employeur et autorisées par le préfet de région, dans la limite de 47 % du SMIC).

Entre 2013 et 2015, malgré un nombre toujours important de dispositifs dû pour l'essentiel aux ramifications complexes des diverses possibilités d'exonérations dans les zones territoriales particulièrement aidées (ZRU[3], ZFU[4], ZRR[5]), l'ensemble s'est allégé par l'extinction des contrats CI-RMA (*cf.* chapitre 5) et des Contrats d'avenir[6]. En revanche, sont venus s'ajouter le **Contrat de génération** (qui est resté confidentiel et a été mis en extinction en 2017) – à travers lequel une entreprise de moins de 300 salariés pouvait percevoir un montant forfaitaire annuel de 4 000 euros pendant trois ans si elle embauchait un jeune de moins de 25 ans tout en maintenant l'emploi d'un « senior » de plus de 57 ans – et les **Emplois d'avenir** (qui ont connu un démarrage significatif, sans pour autant jamais dépasser 100 000 entrées annuelles) devant permettre à des jeunes de moins de 25 ans très faiblement qualifiés de trouver plus facilement un emploi (CDI ou CDD de trois ans au

1. Membre du Comité d'analyse économique, placé auprès du Premier ministre.
2. Entre 1997 et 2002, un autre moyen pour créer 350 000 emplois a été d'embaucher, essentiellement au sein du secteur public, le nombre équivalent de candidats dans le cadre des « emplois jeunes ».
3. Zone de redynamisation urbaine.
4. Zone franche urbaine.
5. Zone de revitalisation rurale.
6. Qui étaient destinés en priorité aux titulaires de minima sociaux.

maximum), en principe au sein du secteur public ou associatif non lucratif[1], dans le cadre d'une embauche sous forme de CAE (*cf. infra*), l'État prenant à sa charge la rémunération du jeune à concurrence de 75 % du SMIC.

En réalité, seul un petit nombre de ces dispositifs se signalent par leur succès en termes de taux d'utilisation ; par ailleurs les principaux dispositifs avaient été regroupés quelques années plut tôt, en 2010, recevant la dénomination commune de Contrat unique d'insertion (CUI).

Le **CUI du secteur marchand** (ex-contrat initiative emploi, utilisable par les entreprises privées et le secteur associatif) et le **CUI du secteur non marchand** (ex-contrat d'accompagnement à l'emploi, utilisable par les services publics administratifs) avaient enregistré, en 2013, respectivement 50 000 et 368 000 entrées mais connaissent depuis trois ans un fort recul (commencé en 2017 avec un niveau d'entrées respectivement de 28 000 et 203 000), consécutif à un changement de priorités gouvernementales (*cf.* 3). Plutôt destinés aux personnes entrées depuis longtemps dans l'âge adulte[2] et ayant entretenu des relations épisodiques avec le monde du travail faute de qualification et parfois aussi d'adéquation personnelle, ces contrats (surtout le CIE) permettent d'aboutir à une certaine insertion professionnelle. Cependant, un trop grand nombre de candidats à ces dispositifs, une fois le contrat terminé, revient à la « case départ » (surtout dans le cas des CAE), ce que le Gouvernement a très explicitement reconnu en 2017 (*cf. infra*).

Une simplification précédente avait concerné le contrat « jeunes en entreprises » dont l'originalité était d'être à durée indéterminée et de faire bénéficier l'employeur d'une aide forfaitaire (et non d'un allégement de charges au pro rata du salaire). Il était regroupé le 1er janvier 2008 avec le CIE qui lui aussi, sur une base optionnelle, peut se transformer en CDI.

Le succès le plus important, à la fois en termes de recours au dispositif par les entreprises et de débouchés durables pour les demandeurs d'emploi, est obtenu par les **contrats de travail en alternance (contrats d'apprentissage et contrats de professionnalisation[3])** qui concernent chaque année entre 450 000 et 500 000 postulants[4]. Une place plus importante que dans les autres contrats y est consacrée aux possibilités de formation. Par ailleurs, s'agissant de l'apprentissage, rendu encore plus attractif (à travers à la fois une rémunération plus élevée de l'apprenti et une plus grande autonomie permise au CFA) en 2018 par la loi pour la Liberté de choisir son avenir professionnel[5], la formule déroge à tous les autres dispositifs en ce qu'il ne constitue pas un contrat de salaire ordinaire mais une convention *sui generis* fondée sur la relation unique avec un maître d'apprentissage et un accord tripartite (CFA[6]-entreprise-apprenti).

1. Mais une possibilité dérogatoire existe en faveur du secteur privé marchand, sous réserve que l'emploi figure parmi une liste d'activités préalablement définie par les pouvoirs publics.
2. En 2017, seulement 20,7 % et 16,4 % des moins de 25 ans parmi les bénéficiaires, respectivement, du CIE et du CAE.
3. Les contrats de professionnalisation sont la dénomination, depuis 2005, des contrats de qualification notamment.
4. Dont 60 % sur les contrats d'apprentissage.
5. Loi du 5 septembre 2018.
6. Centre de formation d'apprentis.

Toutefois, ces dispositifs d'alternance ne sont utilisés en général que par les jeunes de moins de 26 ans[1]. Par ailleurs, malgré leur succès en matière d'accession à l'emploi (80 % des sortants du dispositif sont en poste deux ans après), ils se sont révélés (de façon d'ailleurs prévisible) très sensibles à la conjoncture économique. Ainsi en 2009, le nombre d'entrées dans ces dispositifs a chuté de 9 %, alors qu'il a augmenté de 7 % en 2011 dans un contexte (provisoire) de reprise économique générale et qu'il rechute en 2013 de 4 %. La progression de près de 10 % enregistrée en 2018 correspond quant à elle surtout à un effet de substitution découlant de la chute très importante du volume de la plupart des autres contrats aidés.

Au total, 1,1 million de personnes passaient, jusqu'en 2018, chaque année par des dispositifs particuliers d'emplois aidés (dont deux fois plus dans les emplois marchands et associatifs que dans les emplois publics), auxquels il fallait ajouter 800 000 demandeurs d'emploi en stages de formation. On assiste depuis, à la suite notamment de l'extinction des CAE (– 200 000 entrées annuelles dans ce dispositif) et des aides aux embauches de jeunes de moins de 26 ans en CDI (– 600 000 entrées annuelles)[2], à une contraction forte (d'environ la moitié) de ce public.

Le dispositif général d'allégement, quant à lui, se voit renforcé par la mise œuvre est du « pacte de responsabilité » de 2014 et le sera à nouveau par les mesures prises par le Gouvernement Philippe, aboutissant à l'effacement complet des cotisations patronales (sauf en matière d'accidents du travail et de maladies professionnelles) jusqu'à un niveau de salaire de 1,6 SMIC (*cf.* chapitre 3).

Une quatrième phase enfin, à partir de 2017, recentrant les efforts sur les allègements généraux de charge, explorant la voie d'une simplification du code du travail et s'efforçant à la lucidité sur l'efficacité du ciblage

À partir d'un constat chiffré posé par le Premier ministre[3], qualifiant les contrats aidés de **« trop coûteux » et « peu utiles »**, indiquant « vouloir une politique active de retour à l'emploi : baisse de charges qui fait diminuer le coût du travail notamment sur les bas salaires, retour à la croissance » et déplorant que « après un contrat aidé, le nombre de gens qui trouvent un contrat durable, c'est 25 %. 75 % après n'ont rien », la politique de l'emploi se redéploie dans deux directions, une ancienne et une nouvelle :

- Une remise à l'honneur de la thèse de la résorption du sous-emploi par des correctifs macro-économiques ou tout au moins macro-sectoriels ; on a vu au chapitre 3 comment les trois vagues récentes d'abaissement et/ou de suppressions des cotisations sociales (remplacement du CICE par une baisse équivalente des cotisations, remplacements de certains prélèvements sociaux par 1,7 point supplémentaire de CSG, suppression des dernières cotisations pesant sur la partie du salaire strictement supérieure au SMIC et inférieure à 1,6 SMIC), visaient à libérer la croissance des entreprises et la croissance économique générale, par une baisse du coût du travail devant stimuler la compétitivité et les exportations de l'industrie française.

1. À 100 % pour les contrats d'apprentissage (c'est une contrainte légale) et à 80 % pour les contrats de professionnalisation.
2. Cette formule apparue sous la présidence Hollande ayant cependant fait l'objet d'une relance en août 2020.
3. Sur la radio RMC le 24 août 2017.

- Une initiative nouvelle et audacieuse : la simplification du code du travail. Commencée il est vrai sous la présidence Hollande avec la loi El Khomri[1] de 2016, la simplification du code du travail connaît une forte accélération avec les ordonnances « Pénicaud » adoptées en septembre 2017. À travers des mesures telles la généralisation à toutes les parties du code d'une structuration ternaire (affectant initialement seulement une fraction de la partie 3, après la loi El Khomri) en termes d'« ordre public », « champ de la négociation collective », « dispositions supplétives » ; la fusion des instances représentatives du personnel (CE, CHSCT, délégation du personnel) dans un nouveau Comité social et économique (CSE) ; le plafonnement des indemnités prud'homales ; la généralisation, au-delà du domaine relatif au temps de travail traité dans la loi El Khomri, des accords locaux d'entreprise, le cas échéant avec la possibilité pour le chef d'entreprise de recourir à la consultation de l'ensemble du personnel (référendum) en cas d'impossibilité de conclure un accord avec les instances représentatives ; la facilitation du licenciement économique grâce au rétrécissement au seul champ national, du périmètre géographique d'appréciation de la santé économique de l'entreprise en difficulté, de bonnes performances obtenues à l'étranger par d'autres filiales ou d'autres divisions du groupe cessant d'être pertinentes ; à travers toutes ces mesures, un code du travail plus lisible et plus souple est supposé supprimer certains freins à l'embauche.

Quant au devenir des contrats aidés, le support juridique du CUI n'est pas supprimé mais son fonctionnement reposera désormais sur l'entrée du candidat à l'emploi dans le dispositif **PEC** (Parcours emploi compétences). Depuis janvier 2018 en effet, dans des conditions très restrictives, seules certaines entreprises présentant des garanties en termes de solidité de la formation apportée au candidat à l'emploi peuvent bénéficier, dans le cadre traditionnel du CUI-CAE, d'une aide. Celle-ci est en principe d'une durée de 12 mois et représente entre 30 et 60 % du SMIC brut, selon le taux fixé par le préfet de région.

b. La contribution de la politique industrielle

Le secteur public

L'État contrôle directement 90 entreprises. Avec leurs filiales, ce contrôle s'étend en réalité à environ 1 750 sociétés. À travers ses participations minoritaires au capital, l'État exerce une influence dans plusieurs centaines d'autres sociétés.

Il faut cependant garder une juste mesure de la présence de l'État. Elle ne concerne que 3 % de l'effectif salarié en France. De plus, cette présence est fortement concentrée sur trois entreprises : La Poste, SNCF et EDF, qui regroupent 86 % des emplois de l'ensemble des entreprises publiques (en tout 780 000 emplois).

En 1959, 50 % des investissements réalisés[2] en France l'étaient par l'État, proportion qui descend à 19 % en 2000. C'est surtout à partir de 1991 que l'investissement public chute. Il progressait en volume à un rythme de 3,7 % par an entre 1969 et 1991, puis de 1,3 % seulement entre 1991 et 2000. La valeur ajoutée générée par le secteur public n'a cessé parallèlement de décliner. Encore de 25 % en 1985, cette valeur ajoutée tombe à 6 % de l'ensemble de l'économie en 2007 et reste à ce niveau faible depuis.

1. Loi du 8 août 2016, relative au travail, à la modernisation du dialogue social et à la sécurisation des parcours professionnels.
2. *Cf.* Jean-Jacques Carré, Paul Dubois, Edmond Malinvaud, *La croissance française*, 1972.

En réalité, l'État considère aujourd'hui que les PME constituent les principaux gisements d'emploi. Suffisamment nombreuses, avec 135 000 d'entre elles, pour mailler les territoires (leur densité étant toutefois très inférieure à la moyenne communautaire de 40 pour 1 000 habitants), la délocalisation des emplois hors de France leur est souvent moins accessible que pour les grands groupes qui disposent de la taille critique pour investir à travers le monde. Leur taille plus réduite leur permet par ailleurs une meilleure réactivité à l'innovation. C'est la raison pour laquelle l'État cherche à favoriser le développement de ce segment de notre appareil industriel. Il y parvient notamment à travers des institutions de financement et d'accompagnement (*cf.* **3**) et à travers le développement des pôles de compétitivité, qui ont une forte vocation à servir « d'incubateurs » aux PME.

Les pôles de compétitivité

Institués par la loi de finances pour 2005, les pôles de compétitivité consistent dans « le regroupement, sur un même territoire, d'entreprises, d'établissements d'enseignement supérieur et d'organismes de recherche publics ou privés qui ont vocation à travailler en synergie pour mettre en œuvre des projets de développement économique pour l'innovation ».

En soi, l'idée de synergies économiques territoriales n'est pas nouvelle. Avant toute labellisation officielle, le Technopôle de Saclay, par exemple, réunissait, dans un rayon d'une dizaine de kilomètres, grandes écoles (Polytechnique, Supélec), entreprises de haute technologie et recherche (avec le Sychrotron Soleil, l'un des principaux au monde).

En 2015, on comptait encore les 71 pôles originels (par exemple, DREAM, consacré à l'optimisation des ressources aquatiques ; ou TEAM, voué à la valorisation des déchets) fédérant 9 000 chercheurs autour de 1 200 projets, grâce à environ 1,5 milliard de fonds publics investis entre 2009 et 2011 et encore 1 milliard entre 2012 et 2014 (et ensuite une moyenne de 500 millions d'euros par an jusqu'à aujourd'hui). Le FUI (Fonds unique interministériel, succédant pour cette mission à une direction du ministère de l'Industrie, la DGCIS[1], et géré depuis 2009 par Oséo) avait vocation à cofinancer ces projets, qui bénéficiaient également d'une partie des 35 milliards d'euros collectés par le Grand Emprunt (emprunt national émis en février 2010) ainsi que des « Investissements d'avenir » décidés sous la présidence Hollande[2] pour l'horizon 2030. La Caisse des dépôts et consignations[3] (détenue par l'État), à travers sa filiale CDC-entreprises, contribue également à financer les projets développés au sein des pôles.

Ces derniers avaient connu en 2013 **une nouvelle phase d'activité** marquée par un accompagnement[4] spécifique des PME en leur sein. Au niveau sectoriel, les projets concernent tout

---

1. Direction générale de la compétitivité, de l'industrie et des services.
2. Aux 35 milliards d'euros de la première tranche (financée par le Grand emprunt de 2010) de ces investissements, se sont ajoutés en 2013 12 milliards de nouveaux investissements. Cette deuxième tranche comprend des projets beaucoup plus variés (santé, biotechnologies...) que la première, essentiellement consacrée au numérique et à l'enseignement supérieur. Une troisième tranche (le Grand plan d'investissement 2018-2022) porte sur 57 milliards d'euros. Une quatrième tranche, courant jusqu'en 2030 se recoupe avec le plan France Relance 2030 et ses 30 milliards d'euros consacrés à la compétitivité industrielle, notamment dans les domaines de l'espace, des technologies vertes et de la transformation numérique des PME et TPE (Voir aussi le chapitre 3).
3. Au total la CDC investit chaque année environ 160 milliards d'euros dans l'économie marchande.
4. Par le biais de « l'accès au financement privé, l'internationalisation, l'accompagnement des PME et l'anticipation des besoins en compétences », selon un communiqué du gouvernement du 9 janvier 2013.

particulièrement les métiers des technologies de l'information et de la communication, de l'énergie et de l'environnement, du transport, ainsi que des biomatériaux et biotechnologies. Le plan dit de **« troisième phase** » couvrant les pôles de compétitivité entre 2013 et 2018 ajoute un nouvel objectif conditionnant la poursuite du financement public : l'orientation des débouchés scientifiques et technologiques vers la création la plus rapide possible d'emplois. Ces objectifs figurent désormais dans un « contrat de performance individualisé » associé à chaque pôle. Cependant, la démonstration d'un effet significatif sur l'emploi ne parvient toujours pas à être apportée clairement et la « **quatrième phase »** qui s'ouvre en 2019 (jusqu'en 2022) voit un **resserrement du dispositif sur 58 pôles**, issus de regroupements entre les 71 initiaux.

Outre la prise en compte des appels à l'efficacité et des injonctions assez cruelles, fréquemment adressées aux pôles, de passer de « l'usine à projets » à « l'usine à produits », ce resserrement répond en partie aux préoccupations dont faisait état le rapport du CESE[1] de 2017 sur les pôles de compétitivité. Cette institution déplorait en effet l'insuffisance des coopérations inter-pôles, l'absence de méthodologies communes d'évaluation, le « saupoudrage » excessif du financement ainsi que le manque de clarté juridique des partenariats autour de la propriété intellectuelle des découvertes et des brevets.

Les autres mesures offensives

Diverses mesures de simplification et d'incitation ont été récemment introduites par deux initiatives, la loi PACTE[2] de 2019 et le plan ETI lancé par le ministre de l'Économie Bruno Le Maire en octobre 2017. La philosophie de ces programmes s'inspire des conclusions d'une étude réalisée par l'Union européenne (et reprise par le Conseil d'État en 2016[3]), selon laquelle une réduction de 25 % des charges administratives pesant sur les entreprises provoquerait une croissance de 0,8 point du PIB (la seule loi PACTE mentionnant dans ses hypothèses d'impact une augmentation du PIB de 0,4 point d'ici 2025).

La **loi PACTE** opère entre autres la simplification des seuils de droit social et fiscal applicables aux PME, la réduction des frais de liquidation judiciaire, la baisse du coût de la création en ligne d'une entreprise, la suppression d'un prélèvement (le forfait social) effectué dans le cadre des accords d'intéressement conclus par les entreprises de moins de 250 salariés, la facilitation de la transmission d'entreprises…

Le **plan ETI** visant à susciter à terme la création de 4 000 ETI supplémentaires s'appuie sur la réforme de la fiscalité des entreprises (*cf.* chapitre 3), l'accès, dans le cadre du Grand plan d'investissement (*cf.* chapitre 3), à un « fonds de rupture » doté de 10 milliards d'euros et la possibilité de se prévaloir du nouveau label « La french fab » pour les entreprises susceptibles de jouer un rôle de vitrine de l'innovation.

1. Rapport du Conseil économique, social et environnemental, « Quelle politique pour les pôles de compétitivité ? », 2017

2. Loi relative au plan d'action pour la croissance et la transformation des entreprises du 22 mai 2019.

3. Étude annuelle du Conseil d'État intitulée « Simplification et qualité du droit ».

3 Moyens financiers et organisationnels

Alors que l'État se poste en première ligne dans la lutte contre le chômage (à travers l'établissement public Pôle emploi par exemple), il a jusqu'à une date récente opéré la démarche inverse en matière de politique industrielle. Il tendait en effet depuis les années 2000 à conduire cette politique en créant des structures intermédiaires entre les entreprises et lui, avant un retour en 2012 à des interventions plus directes, dans le cadre de la stratégie du « redressement productif ».

a. Ces quinze dernières années, l'État a préféré en général conduire la politique industrielle à travers des structures *ad hoc*

Depuis 2003 l'État a délégué à l'Agence des participations de l'État (APE) la gestion de ses 60 milliards d'euros de participations industrielles (soit environ 10 % de la capitalisation boursière du CAC 40). Cette structure est protectrice de l'État, qui se trouvait, dans le passé, fragilisé par les risques inhérents à la direction d'entreprises et à ses échecs – comme il l'avait été, par exemple dans les années 1990, lorsque le Crédit Lyonnais s'était fourvoyé dans l'industrie cinématographique, y essuyant de fortes pertes.

Par ailleurs, l'État anime le partenariat avec les entreprises innovantes et dynamiques du tissu industriel, par le truchement de structures spécialisées, qu'il détient :

- **Oséo** (aujourd'hui absorbée par Bpifrance, *cf. infra*), établissement public industriel et commercial issu en 2005 d'un rapprochement entre l'ANVAR[1], la BDPME[2] et la Sofaris, réunissait les compétences du banquier, de l'expert en innovation et du fournisseur de crédits à l'exportation, pour accompagner les PME dans leur croissance.
- Autre opérateur de l'État désormais rattaché à Bpifrance, le **FSI** (Fonds stratégique d'investissement), créé en décembre 2008 entre la CDC et l'État, réalisait une stratégie diversifiée d'investissements de portefeuille. En 2009 le FSI avait pris des participations (pour un total de 800 millions d'euros) dans 21 entreprises[3], et en 2012 dans 37 entreprises pour 1,5 milliard d'euros. Il cofinançait aussi le fond de biotechnologies INNOBIO et se montrait présent également dans le capital de 2 000 PME (par exemple Dailymotion) pour un total de 8,4 milliards d'euros. Le FSI pouvait intervenir dans un objet exclusif de rentabilité, afin de valoriser les actifs de l'État, contrairement à la CDC, davantage contrainte de prendre en compte des impératifs d'intérêt général[4]. Cependant le FSI devait s'efforcer de se comporter en investisseur stable, partenaire loyal de l'industrie française.
- À partir de 2013, la **Banque publique d'investissement** (Bpifrance) créée en regroupant notamment Oséo, les interventions du FSI pour les PME et CDC-Entreprises, fournit un soutien supplémentaire aux PME, grâce en particulier à une capacité d'intervention additionnelle de 30 milliards d'euros, obtenue via l'épargne qui se porte sur les Livrets de développement durables. En 2018, Bpifrance a investi 19 milliards d'euros et a apporté sa garantie bancaire pour 9 milliards d'euros auprès de 80 000 entreprises.

1. Agence nationale pour la valorisation de la recherche.
2. Banque de développement des PME.
3. Dont certains géants de l'industrie et des services (TECHNIP, VALEO…)
4. Ce qui explique que l'État ait préféré créer l'organisme spécifique qu'est le FSI.

Enfin depuis 2014, des structures gouvernementales administrent directement certaines situations d'entreprises en crise. Des commissaires au redressement productif (CRP) nommés dans chaque région française[1], rebaptisés en 2017 **commissaires aux restructurations et à la prévention des difficultés des entreprises** déploient les bons offices de l'État afin de susciter des repreneurs ou des financements susceptibles d'aider des entreprises menacées de fermeture. Le bilan de ces représentants de l'État se chiffre annuellement à 2000 dossiers traités portant sur 300 000 emplois, 90 % de solutions positives trouvées et 2/3 des emplois sauvés.

Par ailleurs, le CIRI (Comité interministériel de restructuration industrielle), fondé en 1982 et compétent pour les entreprises de plus de 400 salariés[2], a vu son activité augmenter fortement, ayant presque quadruplé depuis 2010 (par rapport au niveau antérieur à 2008) le nombre de salariés concernés par le sort des entreprises dont il étudie les dossiers, qui se montent ces dernières années à une quarantaine par an, avec 60 000 ou 70 000 salariés à la clé et 40 000 à 50 000 emplois préservés après intervention. L'activité du CIRI est centrée, comme celle des CRP, sur la médiation et la pédagogie des solutions de financement plutôt que sur l'attribution d'aides financières directes.

Localement, les DIRECCTE[3] ont vocation à relayer et aiguiller les flux d'investissements, les aides européennes (notamment celles du FSE[4]), et à monter des projets d'appui avec les collectivités territoriales. Par exemple, la DIRECCTE d'Aquitaine a créé en 2010 une structure de coopération *ad hoc* (le CRIDEM) avec les représentants de l'Union des industries minières et métallurgiques et le conseil régional, structure destinée à aider les PMI à s'adapter à la conjoncture et à mettre en place des stratégies de sortie de crise. 40 entreprises locales ont bénéficié du diagnostic du CRIDEM, qu'elles ne paient qu'à hauteur de 20 %, le reste étant pris en charge par les promoteurs du projet. Cet exemple modeste montre **le rôle de facilitateur** plus que de « faiseur » assumé aujourd'hui par l'État et ses services déconcentrés.

b. Au contraire, l'État s'est nettement engagé en première ligne dans la lutte contre le chômage

Le **Pôle emploi** est un établissement public à caractère administratif en charge de l'emploi en France. Créé le 19 décembre 2008, il est issu de la fusion entre l'ANPE (organisme placeur) et les Assedic (organismes payeurs de l'indemnité de chômage)[5]. Par ce rapprochement sous l'égide d'un établissement public, l'État peut intervenir pour établir un lien plus direct entre les efforts de recherche d'emploi déployés par le bénéficiaire et les indemnités d'assurance chômage qu'il perçoit. Chaque conseiller de Pôle emploi suit, en principe, au maximum 30 demandeurs d'emploi. Les 930 antennes locales de Pôle emploi ont commencé à introduire le « profilage » des candidats à l'emploi, technique dont beaucoup de pays (États-Unis, Pays-Bas, Danemark…) font usage depuis plusieurs années, mais ce

1. En tout 22 commissaires désignés depuis 2014 dans les textes officiels comme « l'équipe de France du sauvetage industriel ».
2. Alors que les CRP peuvent intervenir sous le seuil des 400 salariés.
3. Direction régionale des entreprises, de la concurrence, de la consommation, du travail et de l'emploi
4. Fonds social européen. Il est depuis 2015 piloté par les régions.
5. Ce même type de rapprochement a créé, en 1995, les Job Center au Royaume-Uni.

développement, confirmé en 2018 par le plan Intelligence emploi actuellement en cours de déploiement à Pôle emploi, pourrait être ralenti par le RGPD[1] qui, à travers ses articles 4 et 22, tend à la limitation draconienne de la technique du profilage.

Avant cette emprise croissante de l'État, l'Unédic (instance de tutelle des Assedic, dépendante des partenaires sociaux) avait pourtant déjà exercé une **vigilance accrue dans l'indemnisation du chômage** et, par ailleurs, l'évolution même des conditions de celle-ci depuis une trentaine d'années tendait à exercer une certaine pression sur l'intensité de la recherche d'emploi.

En effet, une réforme intervenue en 1992 prévoyait la dégressivité de l'indemnisation (création de l'AUD – allocation unique dégressive), le renforcement des contrôles et rappelait la nécessité pour le demandeur d'emploi d'administrer la preuve de sa recherche.

En 2000, la dégressivité était abandonnée au profit de la création du PARE (plan d'aide au retour à l'emploi), qui introduisait une logique de contractualisation entre le demandeur d'emploi et son Assedic. Cependant en 2002, en raison du déficit de l'Unédic, la durée d'indemnisation était diminuée de 30 à 23 mois, et les conditions d'entrée étaient durcies (au moins six mois de cotisations sont nécessaires au cours des 22 derniers mois[2]).

Depuis 2005, le régime des sanctions était également renforcé : en cas d'absence d'acte positif et répété de recherche d'emploi, l'intéressé pouvait subir une réduction de son allocation de 20 % pour une durée de 2 à 6 mois.

Sous l'effet de l'impulsion de l'État, à travers la loi du 1er août 2008 relative aux « droits et devoirs des demandeurs d'emploi », il existe désormais une obligation d'accepter une « **offre raisonnable d'emploi** » après 3 mois d'indemnisation du chômage. Sont considérées comme « offres raisonnables » les emplois compatibles avec les qualifications et compétences professionnelles du candidat à l'emploi, et rémunérés au moins 95 % de son précédent salaire. Après 6 mois d'indemnisation chômage, une offre d'emploi rémunérée à au moins 85 % de cet ancien salaire, et entraînant un trajet domicile-travail d'une heure ou de 30 kilomètres aller maximum est considérée comme raisonnable.

La réforme de l'indemnisation du chômage intervenue à l'été 2019[3] et conduite par l'État après l'échec des négociations (au premier trimestre de la même année) dans le cadre de l'Unédic durcit un certain nombre de ces paramètres. Ainsi l'offre raisonnable d'emploi n'est plus obligée d'être en rapport avec le salaire antérieurement perçu. Pour percevoir les indemnités de chômage, la période de travail exigée passe de 4 mois travaillés sur 28 mois à 6 mois sur 24 mois. Enfin, l'indemnisation des salariés touchant plus de 4 500 euros bruts par mois subit une baisse de 30 % à partir du 7e mois d'indemnisation, sauf si les intéressés ont plus de 57 ans.

Par ailleurs l'État et l'Unédic n'interviennent pas seuls. Financées par les collectivités locales, les 440 missions locales pour l'insertion professionnelle et sociale des jeunes (couramment appelées **missions locales**) créées en 1982, sont chargées d'aider les jeunes à résoudre l'ensemble des problèmes que pose leur insertion professionnelle et sociale. Elles

1. Règlement général sur la protection des données, adopté par l'Union européenne en 2016.
2. Elles sont assouplies toutefois en 2009 : il suffit désormais d'avoir cotisé 4 mois au cours des 28 derniers mois pour bénéficier de l'assurance chômage.
3. *Cf.* notamment deux décrets du 28 juillet 2019.

contribuent à l'animation de programmes d'insertion[1] tels que TRACE[2] ou CIVIS[3] qui lui a succédé en 2004, puis PACEA (*cf.* chapitre 5) en 2017.

Au total, les administrations publiques ont consacré en 2017 45 milliards aux dépenses « passives » en faveur de l'emploi (indemnisation du chômage) et 15 milliards aux dépenses « actives », soit en tout 60 milliards d'euros. La part dans le PIB de dépenses actives est supérieure en France à la moyenne communautaire, et n'est dépassée nettement que par le Danemark et la Suède.

À partir de 2018 ces statistiques refléteront probablement le virage pris par le Gouvernement pour faire baisser les dépenses tant actives (contrats aidés) que passives (indemnisation du chômage) sur le marché du travail.

4 Bilan et perspectives

a. Une politique de l'emploi qui peine à obtenir des résultats

Il est impossible de présenter la politique de l'emploi sous l'angle de la réussite. Depuis plus de 30 ans, le taux de chômage n'est jamais descendu en dessous de 7,5 %. Il est impossible de tirer une valeur prédictive de l'embellie intervenue au dernier trimestre de 2019 (8,1 %). Les performances françaises en matière de chômage des jeunes[4] et d'inactivité des seniors[5] restent parmi les moins flatteuses de l'Union européenne. Les femmes font meilleure figure dans ces statistiques, sans pour autant afficher les taux d'emplois les plus hauts.

Certes la France, malgré un chômage aggravé, a traversé les trois années de crise économique intense (entre 2008 et 2010), dans des conditions moins dramatiques que ses voisins. Selon Eurostat en effet, entre 2008 et 2010, le nombre de demandeurs d'emploi a certes crû de 33 % en France, mais également de 43 % dans la zone euro, et de plus de 50 % au Royaume-Uni. Néanmoins, c'est peut-être moins notre système de retour à l'emploi qui serait performant dans sa globalité, que l'effet d'une seule mesure prise en décembre 2008 : la suppression des charges pour les nouveaux emplois créés dans les TPE (très petites entreprises) aurait conduit à 1,2 million d'embauches.

Depuis lors, jusqu'à la crise du coronavirus, le retour à la croissance des économies s'est traduit presque partout par un fort abaissement du chômage (l'Allemagne et le Royaume-Uni enregistrant moins de 5 %, voire moins de 4 % de demandeurs d'emplois), sauf précisément en France, dont le taux n'est guère dépassé en Europe que par la Grèce, l'Italie et l'Espagne.

Il semble que Pôle emploi ait peiné à mettre en place une véritable **politique d'activation**. Ainsi, en juillet 2011, le Sénat, évaluant le fonctionnement de Pôle emploi, relevait

1. Qui ne sont pas des emplois aidés mais les parcours permettant d'y accéder.
2. Le programme comprenait un bilan de compétences, une remise à niveau, une inscription dans des cycles qualifiants ou à des stages en entreprise…
3. Ce programme ajoute au programme Trace une allocation financière ouverte au jeune.
4. Le taux français, autour de 22 % est de 15 points supérieur au taux allemand et de 5,5 points supérieur à la moyenne de l'Union européenne.
5. Dans la tranche des 55-64 ans, le taux de d'emploi, autour de 55 % est de 18 points inférieur au taux allemand et de 6 points inférieur à la moyenne de l'Union européenne.

une dégradation de la qualité de l'accompagnement des demandeurs d'emploi. Le Conseil économique, social et environnemental recommandait, en juin 2011, une plus grande personnalisation du suivi. Enfin, dans un rapport de 2010, l'Inspection générale des finances remarquait qu'« à l'été 2010, le Service public de l'emploi (SPE) français apparaît moins doté en effectifs que les SPE allemand et britannique, notamment en matière d'accompagnement des demandeurs d'emploi ».

Aujourd'hui, la situation de l'organisme apparaît largement inchangée. La pénurie d'effectifs n'a pas été enrayée, l'efficacité chiffrée de l'accompagnement demeure discutée (seulement 55 % des inscrits connaissaient avant les confinements un retour à un emploi durable au bout de 18 mois) et s'est ajouté à ces facteurs de préoccupation le développement de partenariats avec des officines de placement privées, dans des conditions qualifiées par le rapport Viry[1] de « grande opacité ».

Cette situation est d'autant plus dommageable que le **coût du travail** n'est sans doute en France pas un facteur aussi pénalisant qu'on a pu l'imaginer. Certes, d'après des statistiques fournies par l'OCDE en 2014, les cotisations patronales représentaient en France 11,3 % du PIB, soit plus de deux fois la moyenne des pays développés, alors qu'elles ne s'élevaient respectivement qu'à 6,7 % et 3,8 % des PIB allemand et britannique. Cependant, les allègements de charge faveur des bas salaires étant particulièrement importants dans notre pays, une étude de la direction générale du trésor parue en 2012 indiquait que « considérées conjointement, les cotisations sociales (employeurs et salariés) pèsent moins sur le coût du travail en France qu'en Allemagne pour le premier quintile de distribution des salaires (les 25 % de salaires les plus faibles)... Il n'y a pas de désavantage univoque en France ».

b. Une politique industrielle qui pourrait gagner le pari des PME

Les mérites de la politique industrielle en France sont connus : on lui doit des réussites industrielles et commerciales telles que l'Airbus et le TGV, pour le développement desquels l'État a joué un rôle moteur. C'est du reste précisément sur certaines catégories des biens d'équipement (notamment les satellites, les produits navals, Airbus, et plus globalement la rubrique « fabrication de matériels de transport » de nos comptes extérieurs) que le commerce extérieur français a continué d'enregistrer des excédents, sur un tableau général de forts déficits de la balance commerciale depuis 15 ans (60 milliards d'euros par an en moyenne depuis 2011).

Il n'en reste pas moins que le tissu industriel français, notamment celui des PME, demeure fragile. Les grosses PME – habituellement qualifiées d'entreprises de taille intermédiaire (ETI) – sont proportionnellement deux fois moins nombreuses en France qu'en Allemagne, selon le rapport Gallois, cet écart s'étant maintenu depuis (Frédéric Coirier, co-président du Mouvement des entreprises de taille intermédiaire évoquait à la fin de 2017 « près de près de 5 000 ETI en France contre 13 000 en Allemagne »).

L'environnement très favorable créé par l'État à l'intention des PME innovantes ces quinze dernières années pourrait à long terme néanmoins changer cette donne. Si 200 000 emplois marchands ont été crées en 2018 (et sans doute autant en 2019), il existe tout de même peu de chances que la France puisse revenir sur les 750 000 emplois industriels perdus entre

1. Rapport du député Stéphane Viry paru en février 2019.

2005 et 2015. La philosophie de certaines mesures de type défensif, comme la loi Florange[1] ou le décret Alstom[2] reconnaît d'ailleurs implicitement que l'objectif réaliste que peuvent désormais se proposer les pouvoirs publics consiste simplement à enrayer la marche vers une désindustrialisation encore plus marquée de notre pays.

1. Loi du 1er avril 2014, en partie invalidée par le Conseil constitutionnel en raison de ses dispositions prévoyant pour l'entreprise en voie de cessation d'activité une pénalité si elle ne recherchait pas un repreneur, objet principal du texte.
2. Décret du 15 mai 2014 donnant à l'État le pouvoir de s'opposer aux prises de contrôle étranger d'entreprises françaises dans les secteurs de l'énergie, des transports, de l'eau, des télécoms, et de la santé.

Entraînement

Synthèse

Les points-clefs à ne surtout pas oublier

- La lutte contre le chômage a mobilisé une très grande variété de dispositifs, aujourd'hui dominés par les politiques d'activation.
- La France ne s'engage pas totalement sur la voie de la flexsécurité, les méthodes d'accompagnement de la recherche d'emploi s'abstenant de mettre explicitement le demandeur d'emploi « sous pression » et le code du travail ne permettant pas une grande flexibilité
- La politique industrielle, après la fin de l'État-patron, s'effectue au plus proche du terrain et des PME, à travers une série de structures dépendant de l'État mais le protégeant d'erreurs d'appréciation éventuelles.

Les mots-clefs à retenir

- Flexsécurité
- Coût du travail
- Activation
- Appariement
- Dépenses passives
- Trappe à inactivité
- Mesures générales
- Alternance
- Mesures ciblées
- Contrats aidés
- Pôle emploi
- Redressement productif
- Politique industrielle

Les sujets de concours possibles

- L'État dispose-t-il d'une stratégie industrielle ?
- Le chômage en France : la faute de l'État ou de la conjoncture ?
- Les politiques de l'emploi en France sont-elles si éloignées de la flexsécurité ?
- Quel bilan pour les politiques de l'emploi en France ?

À l'oral, comment répondre en deux ou trois phrases aux questions les plus plausibles

Est-il vrai de dire, comme il y a quelques années un ancien président de la République, qu'« en matière de lutte contre le chômage, on a tout essayé, sauf ce qui marche » ?

Il est certainement exact de considérer qu'un très large éventail de remèdes a été appliqué, par les gouvernements successifs, au problème du chômage. D'un ciblage sur les jeunes sans expérience, ou sur les adultes sans qualification, aux politiques d'allégements généraux de charges sur les bas salaires, toute une gamme d'outils a été mise en œuvre, sans même parler des réformes organisationnelles telles que la fusion entre l'ANPE et les

Assedic. Aucune de ces solutions n'a eu certes des effets spectaculaires, mais aucune n'était non plus conçue pour surmonter la contradiction majeure de toute politique de l'emploi : comment rémunérer au SMIC des salariés dont la productivité marginale est inférieure au SMIC, sans recourir à la technique des emplois aidés (c'est-à-dire subventionnés) dont le financement est nécessairement prélevé sur l'économie française, c'est-à-dire au moins en partie sur la rentabilité et donc la capacité d'embauche des entreprises ?

Comment lutter contre le chômage des jeunes ?

Les dispositifs d'alternance en Allemagne, mais aussi en France, sont connus pour leur efficacité dans la perspective de rejoindre durablement l'emploi. Plusieurs secteurs sont en déficits de main-d'œuvre, la restauration, le bâtiment, et ce ne sont pas les besoins des employeurs qui paraissent faire obstacle au développement de l'alternance en France, mais plutôt une culture nationale où le travail manuel est dévalorisé. C'est donc, en amont même de l'alternance, à populariser les métiers manuels que pourraient s'attacher les pouvoirs publics, en partenariat avec les chambres des métiers.

Une campagne de communication de l'État en faveur du slogan « acheter français » est-elle vouée à l'échec ?

En termes économiques, l'injonction d'acheter français (à un tarif par hypothèse plus cher que celui des achats importés) s'analyse comme la mise en œuvre d'un impôt prélevé sur les consommateurs et destiné à subventionner des producteurs. Comme toute imposition, celle-ci entraînerait vraisemblablement des résistances, si bien qu'une campagne de communication risque de constituer un levier insuffisant pour faire évoluer significativement les comportements d'achat.

L'État peut-il sauver toutes les entreprises en difficulté ?

Ce n'est pas fondamentalement le rôle de l'État d'intervenir dans les aléas de la vie des entreprises. Il doit créer les conditions générales favorables à la création et au maintien des entreprises mais il doit respecter pour autant la liberté du commerce et le droit de la concurrence, c'est-à-dire ne pas fausser les conditions de l'essor et de déclin d'entreprises particulières. Cependant quand une situation spécifique crée des tensions anormales, il entre dans les attributions de l'État de désamorcer les conflits en se portant garant de solutions industrielles qui ne seraient pas intervenues sans lui.

Conseils bibliographiques

- Christine Erhel, *Les politiques de l'emploi*, PUF, « Que-sais-je ? », 2020.
- Yannick L'Horty, *Les nouvelles politiques de l'emploi*, La Découverte, « Repères », 2006.

13 La politique de l'éducation

Occupant la première place dans les dépenses de l'État, la politique de l'éducation est la garante du fonctionnement d'un vaste système éducatif, constitué de 12 millions d'élèves (dont 20 % dans l'enseignement privé), 54 000 écoles primaires, 7 000 collèges et 4 000 lycées, 900 000 enseignants… Ce chapitre s'attache notamment à décrire les variables de ce système que l'on présente volontiers en crise.

1 Enjeux et objectifs

a. Deux familles bien distinctes d'objectifs

En vertu de la législation en vigueur, l'Éducation nationale poursuit deux types d'objectifs.

La réalisation de certaines grandes valeurs

Le premier article législatif du code de l'éducation évoque ainsi la « contribution à l'égalité des chances », le « partage des valeurs républicaines », « l'exercice de la citoyenneté ».

Dans leur formulation, les grandes valeurs sont clairement inspirées des étapes fondatrices de l'École républicaine. En effet, dans les années 1880, l'École devait se porter aux côtés de la République et la servir en alliée fidèle, à travers ses enseignants, « les hussards noirs »[1], dans le combat pacifique qu'elle achevait de mener contre le retour encore possible de la monarchie[2].

Cependant, ce n'est ni par nostalgie, ni (évidemment !) pour prévenir la résurrection d'un roi de France, que ces expressions figurant dans le code de l'éducation (incantatoires selon certains, éloquentes pour d'autres) ont été employées par des lois sur l'éducation aussi récentes que celles de 1989 ou de 2005, que l'on examinera plus bas.

Si le législateur éprouve le besoin de rappeler ces valeurs, c'est qu'elles lui paraissent en péril, dans un monde en évolution rapide, où les élèves ne peuvent plus se contenter d'emprunter l'« ascenseur social » commode qu'était encore l'École en 1950 – l'École grâce à laquelle un grand-père agriculteur ou ouvrier voyait son fils devenir instituteur, puis son petit-fils professeur ou cadre supérieur. L'École contemporaine se doit de promouvoir tant des repères que des savoirs, car sans visibilité sur l'avenir, le « vivre ensemble » nécessite d'être constamment réinventé. Tâche herculéenne, dont l'Éducation nationale entend assumer sa part.

L'accomplissement d'objectifs chiffrés portant sur l'élévation du niveau d'instruction

Il s'agit (aux termes de l'annexe à la loi du 23 avril 2005) de « garantir que 100 % des élèves aient acquis au terme de leur formation scolaire un diplôme ou une qualification reconnue,

---

1. Il semble que l'on doive cette expression célèbre, désignant les instituteurs, à Charles Péguy.
2. Rappelons que la République fut adoptée, le 30 janvier 1875, à une voix près et que le comte de Chambord, héritier le plus plausible de la Couronne, ne décéda qu'en 1883.

assurer que 80 % d'une classe d'âge accèdent au niveau du baccalauréat, conduire 50 % de l'ensemble d'une classe d'âge à un diplôme de l'enseignement supérieur ». On verra que ces objectifs peinent à être atteints, et qu'il faut sans doute chercher les explications dans le modèle français lui-même.

b. Le bouleversement des enjeux

L'École est donc placée au cœur de difficultés d'intégration sociale qui la dépassent et dont elle n'a pas à porter la responsabilité, tout en entretenant des ambitions très élevées en matière de performances éducatives. Or on considère souvent que notre société traverse une véritable crise de la transmission, non seulement des savoirs scolaires, mais des valeurs humanistes en général (respect d'autrui, amour désintéressé de la connaissance, mise hors jeu de la violence physique).

C'est la position d'Anne-Marie Bardi et Dominique Borne, inspecteurs généraux de l'Éducation nationale et coordonnateurs de l'ouvrage *Où va l'École*[1], mais aussi d'une enseignante de « terrain » comme Mara Goyet[2] qui constate que, dans l'établissement scolaire d'aujourd'hui, « l'élève est un enfant comme un autre, et le prof un adulte comme un autre », et que, par conséquent, les seconds ont perdu leur légitimité traditionnelle à exercer une autorité qui permettait d'imposer la transmission du savoir, ou du moins de lui ouvrir la voie.

Au-delà de la recherche de la satisfaction de tel ou tel indicateur de performances, le principal enjeu actuel de l'École réside donc dans le simple maintien de sa capacité à transmettre, au plus grand nombre, un quelconque savoir. Ce qui devait aller de soi aux deux siècles précédents devient ainsi presque un défi monumental, vers lequel tous les efforts de la communauté éducative sont tendus depuis 30 ans.

2 Contenus et évolutions

a. L'achèvement problématique de l'unification du système éducatif

La date symboliquement retenue par la communauté scolaire comme par les commentateurs, pour témoigner de l'unité en marche du système éducatif est 1975, année de l'instauration du collège unique par la réforme « Haby »[3].

Il s'agit en effet de la réforme la plus fondamentale de l'École en France après la guerre. Elle concrétise la volonté de démocratisation à l'œuvre depuis 1945. En effet, le souffle de générosité présent à la Libération anime l'intention, manifestée par les pouvoirs publics, de faire bénéficier tous les élèves de modalités d'instruction aussi longues que celles qui profitaient jusqu'alors surtout aux milieux bourgeois. Ainsi en 1947, cette démocratisation de l'enseignement est le maître mot du Plan Langevin-Wallon, qui ne sera pas appliqué en raison de la rupture avec les communistes effectuée par le second gouvernement de Paul Ramadier, mais reste influent, ayant bénéficié d'un consensus au sein du Conseil national de la Résistance

1. La Documentation française, 2006.
2. *Cf. Collèges de France*, Fayard, 2003
3. René Haby fut ministre de l'Éducation nationale entre 1974 et 1978. La réforme n'entra en vigueur qu'à partir de 1977, mais la loi « Haby » date du 11 juillet 1975.

Puis la nécessité rejoint la générosité. Le baby-boom est très vite constaté. Il faudra dans une dizaine d'années accueillir un public de masse, conséquence de générations plus nombreuses de 40 %[1] par rapport à la fin des années trente. Les CES (collèges d'enseignement secondaire) sont construits partout dans le pays, au besoin dans des structures en préfabriqué et au rythme (selon la légende) d'« un par jour ». La population des collèges passe ainsi de 1,2 à 3 millions d'élèves entre 1959 et 1973.

En même temps, vis-à-vis de ces publics, on ne souhaite pas reproduire les disparités d'antan, caractérisées par la fréquentation, d'une part, des « petites classes » des lycées par les enfants de la bourgeoisie et, d'autre part, des écoles primaires supérieures[2] et des cours complémentaires[3] par la progéniture des familles ouvrières ou paysannes. Les CES reçoivent donc déjà la vocation de constituer une étape significative vers une scolarisation commune des jeunes de 11 à 16 ans. Ils y parviennent dans une certaine mesure en se substituant aux premiers cycles des lycées (qui peu à peu disparaissent) et en associant à cet enseignement classique, deux autres formes de scolarité :

- l'enseignement général court, préparatoire, pour la majorité des élèves, à l'enseignement technique, et qui se déroulait dans les CEG[4], créés en 1959 (en même temps que l'obligation scolaire à 16 ans – réforme dite « Berthoin »[5]), pour remplacer les cours complémentaires et les collèges modernes techniques[6] ;
- les classes pratiques de fin d'études primaires, dispensant un bagage minimal permettant de se diriger vers l'enseignement professionnel ou la vie active.

Trois filières bien distinctes

Il demeure donc au sein des CES, malgré une démarche unificatrice, trois filières bien distinctes :

- la filière I mettant en œuvre l'enseignement général devant préparer les élèves au lycée et à l'obtention du baccalauréat ;
- la filière II consacrée à l'enseignement technique, débouchant normalement sur l'obtention d'un brevet de technicien ;
- la filière III correspondant à l'enseignement professionnel, pouvant ouvrir dès 16 ans sur la vie active.

À la suite des événements de mai 1968, l'enseignement du latin est abandonné en 6e, au sein des CES. Une des différences entre les filières générale et technique disparaît, ce qui prépare une homogénéisation des programmes et des horaires de ces filières, dont la résorption définitive constituera quelques années plus tard l'objet du collège unique.

1. 600 000 naissances en 1939, 850 000 en 1947.
2. Les écoles primaires supérieures, conduisant au brevet élémentaire et au concours des écoles normales d'instituteurs, furent créées en 1833.
3. Créés en 1866 les cours complémentaires forment une annexe de l'école primaire, destinée à compléter l'instruction des écoliers par une formation secondaire légère.
4. Collèges d'enseignement général qui se substituent aux cours complémentaires.
5. Jean Berthoin fut plusieurs fois ministre de l'Éducation nationale entre 1954 et 1959.
6. Qui avaient remplacé, par une décision du régime de Vichy, les écoles primaires supérieures.

L'apport du collège unique

L'avènement en 1975 du collège unique consiste en effet à supprimer les filières I, II et III (dont les proportions parmi les élèves sont respectivement de 40 %, 40 % et 20 %), au profit d'un tronc commun en 6e et 5e ; sous réserve d'une place ménagée dans des classes spéciales aux élèves les plus en difficulté sur le plan de l'enseignement général.

Pourtant ce mouvement d'unification n'est pas véritablement achevé avec la réforme Haby. On avait voulu faire de celle-ci un aboutissement or rien n'est vraiment stabilisé. En effet plusieurs phénomènes se conjuguent pour réduire la portée de la réforme et récréer, derrière les apparences d'un enseignement commun à tous, la réalité de filières plus ou moins explicites.

L'échec scolaire

Il touchait, dans le système antérieur à 1975, une population scolaire très résiduelle, car les élèves peu à l'aise avec l'enseignement général trouvaient au moment de l'entrée en 6e des filières où ils pouvaient réussir. Mais il devient un paramètre structurel du collège unique, qui compte en permanence de 15 à 20 % d'élèves en situation de détresse scolaire, dans la plupart des cas en raison de l'inadéquation entre des programmes aux contenus généralistes, théoriques et abstraits, et leur situation. Notons au passage que cette réalité est repérée dès la fin des années 1970. En témoigne par exemple cette remarque de l'inspecteur général de l'Éducation nationale, Jean Binon, qui écrit dans un rapport sur « La Situation des collèges », paru en décembre 1980 : « 15 à 20 % des élèves issus de l'école primaire se trouvent dès la fin du CM2 en situation d'échec scolaire à peu près définitif ».

La perpétuation de filières officieuses

Les élèves les plus adaptés à l'enseignement général se retrouvent par accord tacite de la communauté éducative, au sein de « bonnes classes »[1], que rien ne distingue des autres en termes de programmes officiels, mais dont nul n'ignore en pratique que seul un petit nombre d'élèves en faisant partie seront orientés dans la suite de leur parcours vers les classes techniques ou professionnelles, tandis que la grande majorité obtiendra le baccalauréat général.

Du coup, victimes de l'échec scolaire ou relégués dans les classes « difficiles », une fraction significative des élèves adopte une position de repli sur soi, parfois agressive, parfois apathique, caractéristique de la situation de « vaincu » décrite par le sociologue François Dubet[2].

Ce mal-être scolaire est inégalement réparti sur le plan territorial. Il se montre particulièrement visible dans les zones urbaines où vivent les populations socialement, culturellement et économiquement les moins favorisées. Face à ces périmètres, où une forme de crise scolaire s'ajoute aux autres difficultés sociales et fait craindre la pérennité de ces dernières, les pouvoirs publics adoptent une stratégie volontariste en instituant les ZEP, en 1981, afin de « donner plus à ceux qui ont le moins ». Il s'agit, à l'époque, de 300 puis 900 zones géographiques d'éducation prioritaire, couvrant les 20 % d'élèves situés dans des zones défavorisées.

---

1. Notons que, au sein du lycée, les bonnes filières sont quasi officielles, avec la série C, puis S.
2. *Cf.* François Dubet, Olivier Galland et Éric Deschavanne, « Comprendre les jeunes », *Revue de philosophie et de sciences sociales*, n° 5, PUF, 2004, p285-288. Dubet donne cette description des « vaincus » : « ceux qui ont été aspirés par l'école de masse, puis qui en ont été exclus ou relégués dans les formations sans perspective ».

Une École à plusieurs vitesses ?

Du coup l'impression d'un système à plusieurs vitesses gagne encore du terrain. Les parents ambitieux ou simplement soucieux de l'avenir de leurs enfants, cherchent à les scolariser dans des établissements en dehors des ZEP, devenues rapidement symboles d'échec[1] et de stigmatisation, plus que du redressement espéré. Grâce à divers stratagèmes auxquels ont difficilement accès les publics les plus fragiles, les familles les plus aisées parviennent souvent à leurs fins, ce qui accentue encore les déséquilibres territoriaux et enferme les ZEP dans leurs difficultés.

Dans ces conditions, les pouvoirs publics prennent conscience qu'il faut soit aller plus loin, soit admettre au contraire purement et simplement l'échec du collège unique. Un temps très critiqué au sein de la majorité de gauche, au début du septennat de François Mitterrand (le rapport d'un expert, Louis Legrand[2], préconisait de sérieuses modifications, par la création notamment de « groupes de niveau » en français et en mathématiques), on préfère finalement consolider le collège unique en pratiquant une forme de fuite en avant : l'unification doit encore être renforcée, elle fera alors la preuve de son succès.

L'accès généralisé au baccalauréat, ambition exprimée en 1985 par le ministre de l'Éducation nationale, Jean-Pierre Chevènement (qui fixe au système éducatif l'objectif de mener 80 % d'une génération au niveau du baccalauréat, à l'horizon de l'an 2000), représente la voie principale de cette unification. La création d'un baccalauréat professionnel, également en 1985, permettant l'accès à l'université, fait entrer dans ce moule unique la filière de l'enseignement professionnel.

b. Un système aujourd'hui en crise

Avant même que ce processus d'unification de l'enseignement secondaire soit achevé, les pouvoirs publics prennent conscience de la crise du système éducatif.

Des lois solennelles

Deux lois solennelles rappellent la nécessité de ne laisser aucun élève au bord du chemin et reconnaissent du même coup implicitement que, une quinzaine d'années après sa mise en œuvre, la démocratisation de l'enseignement secondaire n'est pas entrée dans les faits.

Ainsi, la loi d'orientation du 10 juillet 1989 fait de l'École « la première priorité nationale », les élèves étant désormais promus à la place d'honneur, « au centre du système », selon une formule restée célèbre. Aucun élève ne doit quitter l'École sans qualification ou diplôme. La diversité des publics est reconnue, l'autonomie renforcée des établissements scolaires (EPLE[3]) doit y répondre, à travers le projet d'établissement, qui peut adapter la mise en œuvre des objectifs nationaux aux circonstances locales, essentiellement en aménageant le temps périscolaire (sorties culturelles, découverte et partenariats d'entreprises, horaires

1. Il s'agit bien de symboles. Dans les faits, l'indicateur de « valeur ajoutée des lycées » mis au point à partir de 1994 par le ministère de l'Éducation nationale montre bien que ce sont majoritairement les lycées implantés dans des territoires défavorisés qui affichent la valeur ajoutée la plus élevée, en amenant jusqu'au baccalauréat une proportion importante de lycéens qui ne disposaient pourtant pas des mêmes acquis à la fin du collège, que les élèves des grands lycées parisiens.
2. Professeur de sciences de l'éducation à l'université.
3. Établissement public local d'enseignement.

d'ouverture plus amples du centre de documentation…). La loi d'orientation entérine l'objectif de 80 % d'une classe d'âge atteignant le niveau du baccalauréat.

À cette fin, elle divise le parcours scolaire en cycles : les **redoublements** ou les orientations hors de l'enseignement général ne deviennent possibles qu'au terme d'un cycle, non à l'intérieur de celui-ci. Ainsi, par exemple, l'orientation d'un élève vers l'enseignement professionnel, permise avant 1989 en fin de cinquième, ne peut plus intervenir dans la majorité des cas qu'en fin de troisième, conformément à la vocation même du collège unique qui, ainsi renforcé, va continuer à produire les effets pervers évoqués *supra*.

Un second texte important, la loi du 23 avril 2005, « d'orientation et de programme pour l'avenir de l'École » se révèle nécessaire pour tenter de corriger ces effets. Donner davantage de souplesse aux établissements pour prévenir l'échec scolaire, comme l'avait fait la loi de 1989, ne semble pas suffire. La réforme organisationnelle ne doit en effet pas conduire à négliger les contenus. Il faut veiller à ce qu'ils soient accessibles au plus grand nombre sans renoncer pour autant à l'exigence académique. Le principe d'un **socle commun** de connaissances et de compétences est ainsi arrêté. Le savoir doit prendre la place de l'élève, au centre du système.

Socle commun et personnalisation de l'enseignement

S'approprier ce socle commun implique « la maîtrise de la langue française[1] ; la maîtrise des principaux éléments de mathématiques ; une culture humaniste et scientifique permettant le libre exercice de la citoyenneté ; la pratique d'au moins une langue vivante étrangère ; la maîtrise des techniques usuelles de l'information et de la communication ».

Simultanément à cette promotion d'un savoir de première nécessité, se développent de nombreuses formules de soutien personnalisé. Cette synthèse délicate entre l'uniformisation (des connaissances) et l'individualisation (des méthodes de connaissances) ne paraît pas pour le moment conduire à un écartèlement des pratiques enseignantes entre le respect de normes disciplinaires[2] générales et la prise en compte particulière de chaque élève. Cependant, ce grand nombre de mécanismes d'aide contribue sans doute à un certain émiettement du système. Pour citer quelques exemples de ces dispositifs d'aide :

- Les programmes personnalisés de réussite éducative (PPRE) : 7 % des élèves et 30 000 enseignants ont participé à cette démarche en 2008. Elle consiste à différencier la pédagogie, au sein ou en dehors des heures de classe, vis-à-vis des élèves dont un diagnostic des difficultés scolaire montre qu'ils risquent de ne pas parvenir à maîtriser le « socle commun » de connaissances.
- Les réseaux d'aides spécialisées aux élèves en difficulté (RASED) : il s'agit d'un réseau d'environ 10 000 enseignants spécialisés que les établissements peuvent solliciter pour apporter une aide supplémentaire aux élèves concernés.

1. Cette maîtrise suppose que « au terme de la scolarité obligatoire, tout élève devra être capable de : lire à haute voix, de façon expressive, un texte en prose ou en vers ; analyser les éléments grammaticaux d'une phrase afin d'en éclairer le sens ; dégager l'idée essentielle d'un texte lu ou entendu ; manifester sa compréhension de textes variés, qu'ils soient documentaires ou littéraires ; comprendre un énoncé, une consigne ; lire des œuvres littéraires intégrales, notamment classiques, et rendre compte de sa lecture ».
2. Au sens, donné à ce mot dans la communauté éducative, de disciplines enseignées (géographie, mathématiques…) et non de l'application d'une règle de sévérité.

- Les « deux heures d'aide personnalisées » : ce dispositif permet de dégager deux heures par semaine pour apporter une aide à environ 15 % des élèves des écoles primaires.
- Les dispositifs relais : il s'agit de plus de 400 classes ou ateliers relais accueillant provisoirement des élèves, surtout collégiens, en cours de déscolarisation.
- L'« accompagnement éducatif » concerne par exemple l'aide aux devoirs apportée jusqu'à huit heures par semaine aux écoliers et collégiens qui le souhaitent.

Hésitations et expérimentations autour de la cohabitation problématique entre l'élève et le savoir dans les années 2010

Au cours des années 2010 l'équilibre entre les deux formules qui se sont succédé (l'élève, puis le savoir, au centre du système) se déplace manifestement dans la direction du bien-être de l'élève. Ce dernier doit désormais avant tout être courtisé par toute la hiérarchie des adultes, de ses professeurs jusqu'aux plus hautes autorités administratives et ministérielles, afin qu'il ne soit pas tenté de rejeter l'institution scolaire, quitte à ce que, si la cause du rejet est un savoir trop exigeant ou trop austère, celui-ci se voie simplifié et désacralisé.

Il est facile de constater que la quasi-totalité des initiatives récentes de la politique de l'éducation vont dans ce sens. Elles ont pour fondement juridique la loi Peillon sur la refondation de l'École du 8 juillet 2013. Il convient toutefois de distinguer les mesures d'affichage égalitariste de celles ayant une portée plus profonde :

- Mesures d'affichage égalitariste :
  - le projet de suppression de la notation, confié en juillet 2014 par Benoît Hamon, alors ministre de l'Éducation nationale, à un comité de 30 experts[1], mais retiré le 21 janvier 2015 par le Président Hollande qui déclare : « L'École doit évaluer. L'École doit continuer à noter » ;
  - la suppression des classes d'excellence (classes de latinistes et classes bi-langues) dissoutes au sein de la formule nouvelle des EPI (enseignements pratiques interdisciplinaires, qui proposent à la place les cours optionnels de « langues et cultures de l'Antiquité » et de « langues et cultures étrangères ») ;
  - la suppression quasi-totale du redoublement par le décret du 18 novembre 2014 qui limite le recours à celui-ci aux situations rares marquées par « une période importante de rupture des apprentissages scolaires » ;
  - la proclamation d'une politique de « lutte contre l'ennui des élèves » formulée le 4 décembre 2013 dans un courrier du ministre de l'Éducation nationale Vincent Peillon au président du Conseil supérieur des programmes, ce qui conduit un enseignant du site neoprofs.org à remarquer, sur un mode désapprobateur, que : « Le nouveau collège doit devenir un lieu de vie dépourvu de toute ambition intellectuelle » ;
  - la réduction du périmètre des programmes à celui du seul socle commun (*cf. supra*), ce qui a déclenché, notamment pour l'histoire-géographie, de nombreuses réactions hostiles d'enseignants et d'hommes politiques, les guerres italiennes de la Renaissance ou la guerre de Cent Ans, par exemple, se voyant considérablement amputées (notamment par la disparition des manuels et programmes de personnages légendaires de l'Histoire de France, comme les chevaliers Bayard et du Guesclin) ;

1. Présidé par l'astrophysicien Étienne Klein.

  - enfin, l'introduction en 2015 d'une dose massive de contrôle continu dans le cadre de l'examen national du brevet des collèges.
- Mesures plus ambitieuses (réforme des collèges, réforme des cycles, lutte contre le décrochage scolaire) :
  - la **réforme des collèges** poursuit un triple objectif : introduire plus de modularité en permettant à chaque collégien de définir son parcours (dans certaines limites : six des huit enseignements pratiques interdisciplinaires – les divers modules – doivent avoir été suivis au terme du cycle) ; augmenter l'attractivité de l'enseignement en proposant des cours interdisciplinaires : un même cours pourra aborder, autour de l'invention de la machine à vapeur par exemple, l'angle historique avec l'étude de la révolution industrielle, l'angle littéraire avec la rédaction « ludique » d'un carnet de bord de l'invention et, naturellement, l'angle scientifique, sur la base des interventions respectives des professeurs d'histoire, de français et de sciences ; enfin, intégrer l'accompagnement personnalisé (*cf. supra*), dispensé auparavant souvent après les heures de classe, pleinement dans la journée d'enseignement. Ces objectifs sont accomplis à travers une double division : celle entre enseignements obligatoires et enseignements complémentaires, eux-mêmes scindés entre l'accompagnement individuel et les enseignements pratiques interdisciplinaires (EPI).
  - la **réforme des cycles**. Le décret du 24 juillet 2013 a organisé, après le cycle de l'école maternelle, les neuf niveaux de l'école élémentaire et du collège en trois cycles d'une durée de trois ans chacun : le cycle des apprentissages fondamentaux (CP, CE1, CE2) (nouveau), le cycle de consolidation (CM1, CM2, 6e), en remplacement du « cycle d'adaptation » couvrant seulement la 6e et le cycle des approfondissements (5e, 4e, 3e), en remplacement du « cycle central » couvrant seulement la 4e et du « cycle d'orientation » couvrant la 3e. Il s'agissait en particulier de favoriser l'articulation école-collège, avec des possibilités améliorées de détection en amont des cas difficiles par un conseil de cycle qui, pour le cycle de consolidation, comprend des professeurs des écoles et des professeurs de collège.
  - la **lutte contre le décrochage scolaire** est renforcée, sur le fondement d'un droit au retour en formation initiale inscrit dans la loi Peillon, grâce à une multiplication des PSAD (plateformes de suivi et d'appui aux décrocheurs), apparues en 2011 (et dont la gouvernance a été transférée depuis 2014 du préfet au président de région) et aujourd'hui au nombre de 380. Ces PSAD, chargées de coordonner les acteurs de l'éducation et de la formation (lycées, missions locales…) pour réinscrire le jeune en difficulté dans un processus éducatif, peuvent désormais être sollicitées par ce dernier au moyen d'un « numéro vert ». L'objectif ayant été, en cohérence avec la politique européenne de lutte contre le décrochage (stratégie Europe 2020), fixé à moins de 10 % d'élèves décrocheurs, il est atteint et même dépassé à partir de 2016, pour tendre vers 7 % aujourd'hui, ce qui fait passer le nombre de cas sous la barre des 100 000 décrocheurs annuels
- Enfin, alors que la volonté réformatrice des pouvoirs publics a longtemps été accaparée par les solutions à apporter aux contradictions du collège unique, elle se tourne désormais vers l'école primaire. Deux mesures sont adoptées :
  - la réforme des rythmes scolaires : adoptée en 2013 (loi Peillon) et généralisée à la rentrée de 2014, cette réforme renoue avec la semaine de 4,5 jours antérieure à 2008, mais avec la différence que les cours importants ont obligatoirement lieu le matin, les plages

horaires de l'après-midi étant structurées par un PEDT (projet éducatif territorial, de contenu péri-scolaire) piloté par les communes et les intercommunalités et pour lequel celles-ci reçoivent 50 euros par élève, versés par l'État et les caisses d'allocations familiales. Le principe de cette réforme est de se conformer à certaines hypothèses de chronobiologie de l'enfant et de mettre fin à une anomalie française, les écoliers français détenant le record du nombre de jours d'école le plus faible des 34 pays de l'OCDE : 144 jours sur 365, contre 187 jours en moyenne.

– la préscolarisation avant 3 ans : pour lutter contre les inégalités scolaires socialement déterminées, la décision est prise en 2013, de créer 100 000 places supplémentaires en quatre ans dans les écoles maternelles afin d'y accueillir davantage d'enfants âgés de moins de trois ans. Le taux de préscolarisation n'a fait en effet que chuter depuis 2000 (35 % en 2000, 25 % en 2005, 11 % en 2012), pour des raisons en partie liées à la crise économique et à la multiplication du nombre de ménages dont les deux parents ne travaillent pas. L'objectif fixé pour ce taux de pré-scolarisation était de 30 % ; il ne redécollera cependant jamais au-dessus de 11 %.

Retour à une conception plus consensuelle de l'acte éducatif, fait pour transmettre un savoir par l'effort, non pour distraire les élèves par une présentation ludique des enseignements

Le ministre de l'Éducation nationale Jean-Michel Blanquer a écarté ou vidé de leur substance un grand nombre des legs du quinquennat précédent.

Ainsi la semaine de 4,5 jours dans le primaire et les EPI dans le secondaire deviennent optionnels (*cf.* arrêté du 16 juin 2017), les classes d'excellences sont restaurées, le redoublement (*cf.* décret du 20 février 2018) redevient possible si le programme d'accompagnement individuel mis en place par le collège « n'a pas permis de pallier les difficultés importantes d'apprentissage rencontrées par l'élève ».

Le ministre maintient en revanche la distinction entre les enseignements obligatoires et complémentaires, la structuration de l'éducation prioritaire en REP et REP+ (*cf. infra*), ainsi que la priorité donnée à l'école primaire, mettant en place l'obligation de scolarisation à trois ans (au lieu de six), cette dernière mesure étant surtout de portée symbolique dans la mesure où plus de 95 % des enfants de 3 ans bénéficient de fait déjà de cette scolarisation.

Surtout, il adopte une ligne doctrinale nouvelle, marquée par une forme de retour à la tradition du « lire, écrire, compter »[1], dont l'instrument privilégié est le dédoublement progressif des classes, avec l'objectif d'atteindre 11 000 classes de CP et CE1 situées en REP et REP+, dédoublées à la rentrée 2019, en redéployant les effectifs sur la base, d'une part, des 60 000 (en réalité 54 000) recrutements d'enseignants réalisés sous la présidence Hollande, dont la moitié environ dans l'enseignement primaire et, d'autre part, du programme « Plus de maîtres que de classes » de 2013[2].

Cette ligne doctrinale recentrée sur le savoir doit cependant coexister avec la **réforme du baccalauréat**, voulue pourtant par le même ministre, mais qui paraît renouer avec les facilités de l'égalitarisme. Cette réforme introduit le contrôle continu pour 40 % des coefficients et valorise un « grand oral » où les critères scolaires traditionnels ne joueront qu'un faible rôle, voire aucun.

1. Le ministre ayant ajouté « et respecter autrui ».
2. Circulaire de décembre 2012.

3 Moyens financiers et organisationnels

a. Des moyens insuffisants ?

Sur un plan quantitatif

Les moyens accordés à l'enseignement scolaire ont essuyé, parmi toutes les actions de l'État, sans doute les plus vives critiques quant à leur insuffisance supposée, de la part des principaux syndicats enseignants.

Globalement les moyens n'ont certes pas diminué (le budget, de 53 milliards d'euros par an pour 2020, se maintient entre 2,1 et 2,2 % du PIB depuis vingt ans) et, par ailleurs, la taille du public à accueillir à l'École a fortement baissé : 500 000 élèves de moins qu'il y a 30 ans[1]. Rapportées au nombre d'élèves, ces dépenses se situent dans la moyenne des pays développés. Plus précisément, La France se situait en 2006, par rapport à la moyenne de l'OCDE, à un niveau de dépenses annuelles par élève inférieur de 5 % pour l'école maternelle et de 15 % pour l'école primaire, mais supérieur de 10 % pour le collège et de 26 % pour le lycée. On assiste aujourd'hui à un léger rééquilibrage (*cf. infra*).

Il n'en demeure pas moins que localement, le manque de personnel a pu se faire ressentir et explique la virulence de certaines attaques contre les gouvernants en place (quels qu'ils soient).

Dans son rapport[2] de mai 2010, la Cour des comptes constate la réalité de ces mésajustements locaux et en fournit l'explication globale : un maintien d'une centralisation excessive de la gestion du système.

Certes :

- les professeurs des écoles relèvent d'un recrutement organisé essentiellement à l'échelon académique ;
- depuis 1983, les décisions relatives aux bâtiments et aux frais de fonctionnement, et depuis 2005, aux personnels TOS[3], relèvent des collectivités territoriales, départements pour les collèges et régions pour les lycées.

Cependant, le mode de répartition des personnels repose encore majoritairement sur un processus centralisé dans lequel les enseignants sont affectés, par le ministère dans les académies, puis par les recteurs au sein des établissements, en fonction d'une clé qui privilégie le nombre d'élèves présents localement, plutôt que l'intensité des difficultés à résoudre – malgré les moyens supplémentaires alloués aux réseaux d'éducation prioritaires et des critères de répartition plus fins entre territoires à partir de 2015[4].

1. *Cf.* la publication de l'INSEE, « Données sociales 2006 », p116 -126.
2. Intitulé « L'Éducation nationale face à l'objectif de la réussite de tous les élèves ».
3. Techniciens, ouvriers, agents de service.
4. Ces nouveaux critères sont « plus fins et objectifs ; ils prennent mieux en compte la difficulté sociale des publics scolaires. Alors que les moyens étaient auparavant alloués en ne distinguant que 4 types de profils académiques (académies rurales, urbaines, contrastées ou ultramarines), le nouveau modèle distinguera 15 profils qui croisent critères sociaux et territoriaux (de l'académie jusqu'au quartier). Cela permettra de prendre en compte la très grande hétérogénéité au sein d'une académie, d'un département, voire d'une commune»

Certes, en moyenne, il y a 5 élèves par classe de moins en REP+ (4 en REP) par rapport aux autres collèges. Cet encadrement accru, déployé directement au bénéfice des élèves, ne représente pas toutefois la totalité du surcoût (plus de 1,7 milliard d'euros par an en 2017 selon la Cour des comptes) de l'éducation prioritaire, qui prévoit également des avantages destinés à fidéliser les enseignants sur ces zones : primes spécifiques (après un doublement du montant des primes des enseignants affectés en REP+ sous la présidence Hollande, ceux-ci ont bénéficié entre 2017 et 2020 d'une augmentation de 3 000 euros de ces compléments de rémunération) et allégement d'horaires notamment.

Au sein des anciennes ZEP, 7 % des élèves bénéficiaient de dispositifs particuliers dans le cadre des « Réseaux ambition réussite », grâce auxquels un collège et les écoles primaires voisines sont mises en réseau pour fluidifier le passage vers l'enseignement secondaire des élèves concernés, cette étape délicate pouvant constituer un facteur de « décrochage » scolaire.

À partir de 2013, la désignation ZEP est abandonnée au profit des REP : réseaux d'éducation prioritaire[1]. Les réseaux ambition réussite deviennent, à quelques ajustements près, les 102 réseaux éducation prioritaire plus (REP+) déployés en septembre 2014. Depuis la rentrée 2016, il existe 1 095 de ces réseaux dont 364 Rep+ et 731 Rep, qui scolarisent 18 % des écoliers, 20 % des collégiens et 2 % des lycéens. Par ailleurs, le cinquième environ des 60 000 enseignants supplémentaires recrutés durant le quinquennat de François Hollande ont été affectés dans des zones en difficulté scolaire.

Sur un plan qualitatif

Qualitativement, ce processus d'ajustement se traduit par deux phénomènes :

- les enseignants les plus expérimentés, qui ont rang de priorité[2] dans le choix de l'affectation, tendent à préférer les établissements sans publics scolaires difficiles, alors que leur expérience pourrait contribuer à l'amélioration de la relation pédagogique avec ces publics ;
- les nouveaux enseignants sont fréquemment affectés dans des établissements sensibles ou comme titulaires sur des zones de remplacement (TZR[3]), c'est-à-dire face à des situations nécessitant le plus d'expérience pour pallier leurs inconvénients au profit de la réussite des élèves.

b. Un pilotage des moyens efficace ?

La question des moyens de l'Éducation nationale soulève deux autres interrogations ou difficultés, évoquées par la Cour des comptes dans le rapport précité.

Le coût total d'un établissement est difficile à établir en raison de la juxtaposition des financements provenant de l'État et de la collectivité territoriale d'implantation[4]. Il est dès lors

---

1. Parallèlement les critères d'appartenance d'un territoire à l'éducation prioritaire sont simplifiés. Ils sont désormais au nombre de quatre : part d'élèves dont les parents appartiennent aux catégories socioprofessionnelles défavorisées ; nombre d'élèves boursiers ; part des élèves résidant en zone urbaine sensible ; part des élèves entrant en sixième avec au moins un an de retard.
2. En dehors de l'ancienneté, le critère le plus déterminant est constitué par la situation familiale.
3. L'enseignant enchaîne alors des remplacements, de quelques mois à un an, à l'intérieur de sa zone de titularisation.
4. Globalement les dépenses d'éducation ne sont assurées qu'à environ 60 % par l'État (charges de personnel, principalement), le complément étant fourni par les collectivités locales et les parents d'élèves.

malaisé de raisonner en termes d'efficience (puisqu'on ne sait pas quelle quantité totale de moyens a produit tel ou tel résultat), et la tentation est grande de se rabattre sur une logique simple (mais inflationniste) d'augmentation de la dépense à chaque fois qu'un problème se présente.

Par ailleurs, en passant du coût d'un établissement à celui de l'ensemble du système éducatif, on peut se demander si l'école primaire en France est suffisamment financée, eu égard à sa situation dans les pays voisins. Les données de l'OCDE montrent en effet que la France est « le pays où l'écart de coût entre l'enseignement primaire et l'enseignement secondaire est le plus élevé »[1]. Le dédoublement actuel des classes dans les réseaux prioritaires et le maintien des certains PEDT (*cf. supra*) tend à rééquilibrer la dépense publique en faveur du primaire, mais dans des proportions faibles (3 % tout au plus).

Or le primaire joue un rôle fondamental pour une évolution positive des résultats au long du parcours scolaire. Comme l'exprimait le Haut Conseil de l'éducation[2], « les difficultés, identifiées dès le début de la scolarité, s'aggravent avec le temps » si l'on n'y remédie pas immédiatement.

On relèvera enfin qu'une rationalisation du pilotage des moyens avait été envisagée, à la suite du rapport (2018) de l'historien et conseiller d'État François Weil, dans le cadre d'une première rédaction de la loi Blanquer. Ne devaient subsister qu'une dizaine de rectorats, pour tenir compte des nouvelles « super-régions » françaises (*cf.* chapitres 1 et 2), et devait s'engager une politique de mutualisation des moyens et de redéploiement des services académiques, pour plus d'efficacité. Mais devant notamment une manifestation d'enseignants de Toulouse opposés à ces changements, le Gouvernement a préféré repousser pour un temps l'horizon de cette réforme, qui a finalement été retravaillée pour aboutir aux reconfigurations présentées au chapitre 1.

4 Bilan et perspectives

a. Des critiques faciles à porter

Les difficultés que l'on a présentées dans les parties précédentes se traduisent sur le plan statistique. Ainsi, l'impression d'un système qui peine à accomplir les objectifs qu'il s'est lui-même fixés est étayée par les éléments suivants.

L'absence de maîtrise de la lecture[3] pour environ 20 % des jeunes de 15 ans incarne presque à elle seule l'échec du système éducatif tel que peuvent le révéler les statistiques. Il est à peine besoin de souligner que cette lacune bloque tous les autres apprentissages, voués à rester, pour cette proportion d'un cinquième des élèves, à un stade rudimentaire. Elle représente aussi un handicap pour leur insertion professionnelle et leur vie de citoyen.

Si ce qui permet à la société d'exister, c'est-à-dire la maîtrise orale et écrite d'une langue commune, fait défaut dans des proportions inquiétantes, on ne sera pas surpris que des

1. *Cf.* la page 41 du rapport de la Cour des comptes précité.
2. Le Haut Conseil de l'éducation était un organisme consultatif qui avait remplacé en 2005 le Conseil national des programmes et le Haut Conseil de l'évaluation de l'École. Il est à son tour remplacé par le Conseil supérieur des programmes en 2013.
3. Inclut le fait d'ânonner un texte sans en comprendre le sens.

composantes moins immédiatement intuitives du programme scolaire (les mathématiques, l'histoire, la géographie) ne soient pas non plus acquises par les élèves, tant à la fin de l'école primaire que du collège, dans des proportions encore beaucoup plus élevées, entre 70 et 75 %, indique la Cour des comptes.

Ces résultats donnent d'autant plus à réfléchir que les comparaisons internationales ne se font pas nécessairement en faveur de la France. Notre pays occupe au sein de ces palmarès une position moyenne[1], les excellents résultats obtenus pas les meilleurs élèves français (supérieurs aux résultats des meilleurs élèves finlandais, sud-coréens, néerlandais ou japonais, dont les pays figurent en tête de classement), compensant les performances des plus faibles, mais ne rééquilibrant pas des résultats globalement en dégradation. L'enquête générale PISA publiée en 2013 révèle en effet qu'alors que la moyenne des élèves de l'OCDE voyait leur score s'améliorer de 1,6 point entre 2000 et 2012 en compréhension écrite, les élèves français voyaient le leur se dégrader de 3,7 points. En mathématiques, les résultats, tout aussi défavorables à la France sont respectivement de –07 et –5,7 points. Une enquête partielle portant principalement sur les enseignements de sciences naturelles était publiée en 2016 et une enquête portant principalement sur la compréhension écrite en 2019. Ces deux études partielles enregistrent une **stabilisation des résultats de la France, autour de la 20e place du classement**. Cette place est confirmée à travers les derniers résultats qui montrent :

- en lecture et compréhension, que l'écart avec la moyenne de l'OCDE qui, en 2002 était légèrement favorable à la France, a totalement fondu depuis ;
- en mathématiques, que la France accompagne l'amélioration globale intervenue au sein de l'OCDE, mais perd là aussi, à partir de 2015, son écart positif ;
- en sciences, que la France parvient simplement à maintenir son léger écart positif avec l'OCDE.

Cette place est confirmée en 2020 à travers les dernières tendances.

L'effet des inégalités sociales explique sans doute une partie de la contre-performance des moins bons élèves français. Au sein de l'OCDE, la France présente l'une des plus fortes corrélations entre le milieu social d'origine et les résultats scolaires. La dernière enquête générale PISA révèle que depuis 2002, le poids de l'origine sociale sur les performances des élèves français de 15 ans a augmenté de 33 %. De plus, ce poids est plus fort en France que dans tous les pays de l'OCDE : 1,7 fois plus qu'en Finlande, 1,4 fois plus qu'au Royaume-Uni, 1,3 fois plus qu'en Allemagne. Les derniers résultats parus en 2020 n'indiquent cependant pas une nouvelle aggravation de ce diagnostic.

Notons également que 78 % des élèves dont les parents appartiennent aux catégories socio-professionnelles dites supérieures obtiennent un baccalauréat général, et que ce pourcentage descend à 18 % pour les élèves d'origine sociale défavorisée. Pour autant, ce constat ne dédouane pas le système éducatif de la conclusion, déjà embryonnaire dans les premières années de fonctionnement du collège unique, que ce système paraît inadapté à l'élévation du niveau des élèves les plus en difficulté.

On vérifie ce triste verdict sur d'autres paramètres essentiels. Ainsi un peu moins de 500 000 jeunes actuellement âgés entre 18 et 24 ans ont quitté le système éducatif sans diplômes ni

1. Mais malheureusement en léger recul entre les enquêtes PISA de 2003 et 2006. Les résultats des enquêtes PISA de 2012 et 2018 sont à peine plus favorables à la France.

qualifications, ce qui est considérable même si cet indicateur affiche une amélioration sensible depuis 2010 (620 000 jeunes à l'époque).

b. Des résultats de fond méritoires, dans le contexte difficile de l'École de masse

À travers ces remarques, il ne faudrait surtout pas se représenter l'École en coupable et les élèves en victimes de leur propre scolarité. L'institution scolaire n'a pas agi depuis 40 ans dans un esprit d'irresponsabilité qui aurait pu être fautif. Bien au contraire, elle a multiplié **les réformes, les initiatives et les projets** au service de son public, sans compter le dévouement individuel souvent irréprochable de ses enseignants.

À l'inverse, si certains élèves sont, d'une certaine façon, lésés par un système qui intègre imparfaitement leurs besoins, d'autres s'assument et se réalisent dans le rejet du système scolaire, et l'on aurait alors mauvaise grâce à reprocher à l'École une main tant de fois tendue et encore plus souvent repoussée par ceux qui font de l'absentéisme ou du chahut permanent un passeport pour le mode d'existence qu'ils veulent adopter.

D'ailleurs, l'École peut se targuer d'être parvenue à **l'élévation générale du niveau d'instruction** à laquelle elle s'était attelée à la Libération. Cette élévation est notamment démontrée par les résultats des tests effectués lors des journées d'appel pour le service militaire : entre 1948 et 1974, le score moyen de ces évaluations progresse de 25 % ; entre 1981 et 1995, les progrès (+ 15 %) demeurent importants. Ces scores s'appuient notamment sur la généralisation de l'accès au baccalauréat. En 1950, seulement 5 % d'une classe d'âge atteint le niveau de cet examen ; c'est déjà 21 % en 1970, puis 66 % en 1995, sans que cette proportion ait beaucoup évolué jusqu'en 2009. Depuis sept ans en revanche, en raison de l'expansion de la filière professionnelle (Bac Pro), la proportion s'est rapidement élevée vers les 80 % d'une classe d'âge, chiffre dépassé en 2019.

Dans une publication de 2009[1], l'OCDE montre que, de façon générale, la France a atteint un niveau d'éducation satisfaisant eu égard à la situation de pays comparables : 69 % des Français âgés de 25 à 64 ans atteignent ou dépassent le deuxième cycle de l'enseignement secondaire, soit presque la moyenne de l'OCDE (70 %) et de l'Union européenne (71 %).

Autre tendance *a priori* favorable, la **diminution du redoublement est notable** : alors qu'en 1975, environ 40 % des enfants de 11 ans avaient redoublé au moins une fois, c'est moitié moins vingt ans plus tard. Plus récemment une enquête de l'OCDE parue en 2016 révèle entre 1993 et 2014 une division par deux du taux de redoublement (de 50 % à 25 %) des élèves ayant atteint la classe de troisième. Cependant, à 15 ans, c'était encore au début des années 2010 40 % des élèves français qui avaient un passé de redoublants, dix fois plus, proportionnellement, que les élèves des pays recourant le moins au redoublement (Finlande, Suède, Japon). En France, la baisse de la fréquence du redoublement, qui se poursuit aujourd'hui de façon quelque peu artificielle (les mécanismes juridiques protégeant l'élève du redoublement), doit être saluée au moins en raison du fait que cet accroc au parcours scolaire est caractéristique d'inégalités sociales marquées : les enfants de demandeurs d'emploi affichaient au début des années 2010 bien plus souvent un retard à l'école primaire (34,1 %) que les enfants de cadres (4,4 %). Sur toute la scolarité, l'enquête de l'OCDE précitée

1. Regards sur l'éducation 2009 : Les indicateurs de l'OCDE.

indique qu'un enfant dont le père est demandeur d'emploi a deux fois plus de chance d'être concerné par le redoublement que si son père exerçait un emploi à plein temps.

Enfin, l'objectif d'une division par deux des écarts liés aux inégalités sociales, affirmé sous la présidence Hollande et confirmé sous la présidence actuelle, est en passe d'être atteint sur certains critères (bien que le rapport de la Cour des comptes sur l'éducation prioritaire paru en 2018 souligne un écart global nettement supérieur à 20 % entre les résultats des élèves en réseaux prioritaires et les autres). Ainsi l'écart entre les zones REP+ et les zones de droit commun est de 10,5 % (6 % en remplaçant REP+ par REP) s'agissant de la réussite au diplôme national du brevet. Les chiffres sont respectivement de 10 % et de 7 % s'agissant de la maîtrise de l'expression orale et écrite en fin de troisième.

c. Les pistes d'avenir : davantage de stratégies actives ?

Les enseignements des enquêtes PISA[1] permettent d'isoler une **pluralité de facteurs contribuant à la réussite des élèves**, et donc du système éducatif :

- soutien individuel systématique des élèves en difficulté ;
- hétérogénéité des niveaux des élèves au sein de la classe ;
- faible recours au redoublement ;
- concentration du financement sur l'école primaire.

En quelque sorte, ces paramètres dessinent notre modèle du collège unique, dans lequel on développerait l'individualisation des soutiens, freinerait encore les redoublements et accorderait davantage d'attention à la scolarité des moins de 11 ans.

De ces stratégies actives à la **discrimination positive,** il y a un pas qui pour l'instant n'est pas significativement franchi. Si on peut en effet considérer que l'initiative de l'Institut d'études politiques de Paris, consistant à créer en 2001, en faveur des élèves les plus méritants provenant de réseaux d'éducation prioritaire (100 par an en moyenne, 165 en 2019), une filière d'accès à cet établissement sans concours et sur la base d'un entretien individuel, représente une forme d'entorse au principe d'égalité devant les concours et examens, les autres formules (CPES[2] du lycée Henri IV, classes préparatoires intégrées de l'ENA[3] et des IRA[4]...) préservent au contraire ce principe, en mettant les candidats concernés dans les meilleures conditions pour affronter les épreuves qui les attendent.

L'autre interrogation concernant ces stratégies actives consiste en leur capacité à séduire un corps enseignant qui semble gagné par une **crise des vocations**. Celle-ci s'est notamment manifestée en 2010, le nombre de candidats aux différents concours d'enseignement enregistrant une baisse significative (50 % pour les professeurs des écoles[5], 45 % pour l'ensemble des Capes[6]), d'ailleurs à l'œuvre depuis 2006 pour certaines matières comme les mathématiques et la physique. À la rentrée 2012, ce sont 706 emplois titulaires d'enseignants

1. Programme international pour le suivi des acquis des élèves (PISA), conduit par l'OCDE.
2. Classes préparatoires aux études supérieures.
3. École nationale d'administration.
4. Instituts régionaux d'administration.
5. Deux fois moins de places offertes au concours il est vrai. Mais cela n'a pas toujours dissuadé des candidats motivés.
6. Certificat d'aptitude au professorat de l'enseignement du second degré.

du secondaire qui sont restés vacants, soit 15 % des postes à pourvoir, faute d'un nombre suffisant de candidats au CAPES. Au concours du CAPES de 2018 plus de 4 candidats sur 10 présents aux épreuves ont été reçus en mathématiques et près de 6 candidats sur 10 en lettres modernes. À la rentrée 2019, moins de la moitié des emplois ont pu être pourvus en lettres classiques (on compte seulement 65 reçus pour 145 postes). En allemand seulement 150 postes l'ont été sur 250 offerts, en mathématiques seulement 972 sur 1 200 offerts. La rentrée 2020 ne déroge pas à ces constats : les ratios « candidats présents/postes offerts » sont légèrement supérieurs à 50 %, dans les deux disciplines, mathématiques et lettres modernes, qui totalisent les effectifs enseignants les plus nombreux.

Autrement dit, le phénomène s'est perpétué par-delà la réforme/suppression des IUFM et la « mastérisation » de l'accès aux fonctions d'enseignant, initiées en 2007. En relevant à Bac +4 le niveau d'accès au concours du CAPES, on pouvait en effet tarir ponctuellement le flux de candidats intéressés, mais non dégrader durablement l'attractivité de ce concours.

Une explication avancée en 2012, à la lumière d'une étude de l'OCDE classant la rémunération des enseignants français parmi les plus faibles des pays développés paraît également fragile, dans la mesure où une étude plus complète du même organisme, publiée en 2018 révélait que le **décalage défavorable à la France n'apparaissait qu'en début de carrière** et qu'à terme, les enseignants français étaient presque aussi bien rémunérés que leurs homologues américains et nettement mieux que les Suédois, et se situaient au-dessus de la moyenne de l'OCDE.

Par ailleurs, la renaissance en 2013 des IUFM, censées dispenser une formation plus axée sur la pratique concrète du métier, que les filières universitaires classiques, ne paraissent pas non plus avoir eu d'impact sur le déclenchement de vocations d'enseignants. Rebaptisés ESPE (écoles supérieures du professorat et de l'éducation), ces instituts connaissent une nouvelle transformation (ISPE[1]) dans le cadre de la loi Blanquer pour l'École de la confiance du 28 juillet 2019, qui prévoit de normaliser leur gouvernance (de multiples réalités organisationnelles pouvaient revêtir l'appellation ESPE) et donne au ministre le pouvoir de nomination de leur dirigeant.

Reste, pour expliquer la crise des vocations, l'explication fournie dès 2000 par l'inspecteur général honoraire Jean-Louis Obin : « L'incapacité des différents gouvernements à maîtriser la question de la vie scolaire et des comportements des élèves est une cause essentielle de la baisse des vocations à partir de 2000 ».

Les nominations des enseignants sur profil (plutôt qu'en fonction des droits au choix de l'établissement acquis sur la base de l'ancienneté ou la situation familiale), qui existent déjà dans certaines classes préparatoires aux grandes écoles, pourraient représenter une solution théoriquement séduisante, à la fois à ce problème des vocations déclinantes, et à celui de l'adéquation entre les besoins des élèves les plus en difficulté et les aptitudes des professeurs à y faire face. Mais la généralisation des nominations sur profil pourrait conduire aussi à une fragmentation supplémentaire du système éducatif, qui accueille déjà de nombreux dispositifs de soutien personnalisé et de pédagogie différenciée…

1. Instituts supérieurs du professorat et de l'éducation.

L'enseignement supérieur

L'enseignement supérieur public français et ses 100 000 enseignants et enseignants-chercheurs a toujours formé un système complexe et délicat, à la fois composite et traversé de contradictions. Les quelques changements d'envergure, tels que la reforme d'Edgar Faure, entreprise au lendemain de Mai 1968 pour transformer l'Université monolithique en une série de facultés décentralisées constituées de plusieurs centaines d'UER[1], n'ont pas suffi à altérer fondamentalement ce constat. En effet l'enseignement supérieur, hier comme aujourd'hui, se caractérise par :

- La coexistence entre un système sélectif – les grandes écoles dont un grand nombre remontent à la période monarchique et à l'ère napoléonienne – et un système non sélectif : l'Université.
- La responsabilité partielle de la recherche publique civile dont une grande partie (53 %) est réalisée au sein de 8 EPST[2] (les « Grands établissements » comme le CEA[3] et le CNRS[4] qui à eux deux seuls réalisent un tiers de cette recherche) et 12 EPIC[5], non rattachés au ministère de l'Enseignement supérieur.
- La situation, du coup, de l'Université parente pauvre de l'enseignement supérieur : elle ne parvient pas à attirer les meilleurs étudiants qui préfèrent une voie sélective et doit constamment affirmer sa légitimité en matière de recherche vis-à-vis des Grands établissements.
- La qualité variable de la coopération entre les composantes de ce système qui ne parvient pas toujours à surmonter les inconvénients du morcellement, notamment en termes de visibilité face à des pôles universitaires étrangers souvent plus importants et plus cohérents.

Ces caractéristiques structurelles se sont progressivement surchargées de défis apparus depuis une vingtaine d'années :

- **La massification**. Les étudiants n'ont jamais été aussi nombreux en France. L'essentiel de la croissance s'est effectué jusqu'en 1996. On comptait 1,3 million d'étudiants en 1985, 2,1 millions en 1997 et on en dénombre 2,7 millions aujourd'hui, soit un niveau record. Ces cinq dernières années en croissance très rapide (près de 2 % de croissance moyenne annuelle), quelques filières universitaires comme les langues et les sciences humaines et sociales (+10 %) et les STAPS (+14 %) ont pris le relais des formations en droit et en santé qui avaient connu le plus d'engouement entre 2004 et 2011 (respectivement +23 % et +29 % entre ces deux dates). Le facteur de progression, davantage dû depuis 2009 à une facilité d'accès croissante à l'Université (« facteur de scolarisation positif ») qu'à une démographie plus forte, dépend aujourd'hui surtout du renouveau des naissances à partir de 2000, avec des générations dépassant nettement 800 000 individus entre 2000 et 2013. Cependant la massification tient inévitablement, aussi, à ce que 55 % environ des jeunes d'une génération entrent dans l'enseignement supérieur, que ce soit immédiatement après leur baccalauréat ou un an après. Cet accès accru est lui-même attribuable à la généralisation du baccalauréat, obtenu en 2019 par 80 % d'une génération. La massification se lit dans ces données chiffrées mais elle s'est aussi et surtout vérifiée dans la « **crise du tirage au sort** » intervenue en février 2016, lorsque le Conseil d'État a annulé les décisions d'Universités ayant procédé au tirage au sort d'étudiants entre la première et la seconde année de master. La sélection entre M1 et M2 – solution tout autant décriée par les syndicats étudiants ! – a par conséquent été introduite, pour 40 % des filières universitaires en tension, par un décret du 25 mai 2016, relatif au diplôme national de master, changé à la marge (en fait confirmé par le Gouvernement actuel) par celui du 11 septembre 2017.

Cette massification s'accompagne d'un mal-être étudiant qui repose en outre sur les bases suivantes :

- **le logement et la santé**. Le logement dans la famille concerne 37 % des étudiants, ce qui pénalise leur indépendance, alors que 20 % seulement bénéficient d'une solution relativement bon marché (résidence universitaire ou colocation). Le renoncement à voir un médecin à cause des frais résiduels atteint 30 % des étudiants, même s'ils sont majoritaires (61 %) à avoir consulté un généraliste dans les six derniers mois. Le « plan étudiants » de 2018 (*cf. infra*) prévoit la construction de 60 000 logements étudiants (après, en 2014, la programmation de 40 0000 de ces logements), ainsi que la suppression de la cotisation de Sécurité sociale étudiante de 217 euros.
- **les moyens financiers**. Selon les années, entre 35 et 40 % des étudiants bénéficient d'une bourse. L'aide financière et sociale des pouvoirs publics a été multipliée par 1,7 en euros constants entre 1995 et 2012 et atteint aujourd'hui près de 6 milliards d'euros, bien que ne progressant plus d'une année à l'autre. Cet effort est important mais la France se situe très en dessous de la moyenne de l'OCDE lorsque l'on rapporte ces sommes à la totalité de la dépense publique consacrée à l'enseignement supérieur[6]. Toutefois, contrairement à beaucoup d'autres pays (particulièrement la Suède, l'Australie, le Royaume-Uni et le Japon), la France procède presque exclusivement par l'attribution de bourses d'études sur critères sociaux[7] plutôt que de proposer une gamme diversifiée d'aides financières incluant des prêts.
- **la hantise du chômage**. Bien que l'effet des études supérieures sur la diminution du risque de chômage soit avéré, près de 11 % des jeunes sortis de l'enseignement supérieur en 2007 sont au chômage en 2010. La comparaison avec le taux encore plus important de 27 % qui affecte la population n'ayant pas franchi le stade des études secondaires n'apporte qu'un réconfort tout relatif. De façon inquiétante l'« effet diplôme » paraît régresser ces dernières années, car les mêmes données pour ceux sortis de l'enseignement en 2013 (et donc avec un taux de chômage mesuré en 2016) sont respectivement de 12 % et de 21 %.

- **le risque de « décrochage » en cours d'études supérieures**, notamment avant l'obtention de la licence. En effet, seulement 28 % des étudiants (chiffre confirmé année après année) obtiennent leur licence en trois ans[8], ce qui signifie *a contrario* qu'une proportion importante de jeunes entre dans un processus de rupture avec l'enseignement supérieur peu de temps après l'obtention du baccalauréat. Les modifications successives du processus d'inscription et de son filtrage, les plateformes successives, Admission post-bac, décriée à cause de choix en partie effectués par des algorithmes opaques – c'était en tout cas le sens de la mise en demeure de la CNIL adressée en 2017 au ministre –, malgré un taux satisfaisant de près de 70 % des inscrits affectés sur leur premier choix, puis Parcoursup, qui renonce aux algorithmes au profit d'une procédure classiquement séquentielle – étude successive du dossier du candidat au sein d'un établissement puis d'un ou de plusieurs autres – et d'un choix « humain » effectué par une commission dans chaque établissement d'accueil, n'ont pas modifié ce taux de réussite en licence qui se maintient depuis 13 ans à ce niveau très bas.

- **Le maintien des inégalités sociales**. Elles ont tendance à reculer mais les écarts de réussite en fonction du milieu social d'origine demeurent importants. En effet, parmi les enfants de cadres ou professions intermédiaires, 76 % des 20-24 ans étudient ou ont étudié dans le supérieur, contre seulement 58 % des 45-49 ans ; parmi les enfants d'ouvriers ou d'employés c'est le cas de 48 % des 20-24 ans, contre 31 % des 45-49 ans. On assiste donc à une progression à travers le temps plus spectaculaire (doublement de la fréquence des études supérieures) des milieux sociaux modestes, mais qui ne suffit pas à rendre insignifiant l'écart de réussite avec les enfants des populations plus favorisées.

- **La concurrence internationale** qui met en relief certaines des insuffisances françaises. La France occupe une place perfectible dans les palmarès internationaux qui tentent de mesurer la contribution de chaque pays à la production scientifique mondiale. Ainsi le classement de Shanghai[9] de 2019, dans la continuité des éditions précédentes, plaçait-il la première université française à la 37e place (Université Paris Sud, future Paris Saclay), derrière beaucoup d'institutions américaines, japonaises et britanniques mais heureusement l'amélioration des formes juridiques de regroupement a changé cette position en 14e puis 13e en 2020 et 2021. La France, cinquième puissance mondiale par le PIB (derrière les États-Unis, la Chine, le Japon et l'Allemagne) se classe par ailleurs au 8e rang de la part mondiale de publications scientifiques (derrière les mêmes pays plus le Royaume-Uni, l'Inde et le Brésil), avec une nette spécialisation en mathématiques. La question lancinante qui se pose à propos de ces classements est de savoir si la France investit assez dans son enseignement supérieur. Elle y a consacré en 2017 1,5 % de son PIB, ce qui situe l'effort français exactement à la moyenne des pays de l'OCDE mais loin derrière les États-Unis (2,6 %), le Canada (2,3 %) et même le Royaume-Uni (2,0 %).

Face à ces défis, les réponses des pouvoirs publics sont de :

- **Financer plus généreusement l'enseignement supérieur**. La collectivité nationale a dépensé 33 milliards d'euros en 2019 en faveur de l'enseignement supérieur, l'État assurant la part essentielle du financement (70 %). Cette dépense a connu une forte croissance depuis 1980 : elle a été multipliée par 2,7 (en euros constants). En 2019, la dépense moyenne par étudiant a atteint 11 500 euros, en réduction sur les toutes dernières années mais en forte progression sur longue période (+34 % par rapport à 1980, en termes constants), ce qui lui permet de rejoindre le niveau de la dépense moyenne par lycéen. Une des étapes de cette augmentation du financement public a consisté dans le plan Université 2000, arrêté en 1990, grâce auquel huit universités nouvelles[10] ont été créées.
- **Renforcer des pôles de taille pertinente sur le plan international**[11]. Une vingtaine[12] de PRES (Pôles de recherche et d'enseignement supérieur) ont permis, depuis le démarrage timide de cette formule en 2006, de fédérer localement – éventuellement (et dans la plupart des cas réellement) sous une personne morale unique (identifiée comme un seul acteur par les classements mondiaux et donc bénéficiant de l'effet de taille essentiel à la visibilité internationale) – universités, grandes écoles et centres de recherche[13]. Le plan Campus, visant à partir de 2008 à faire émerger douze pôles universitaires d'excellence de niveau international, grâce à 5 milliards d'euros de financements consacrés surtout aux investissements immobiliers, a permis de fournir une incitation financière à l'accélération du rythme d'élaboration des PRES, parfois prisonniers de rivalités personnelles et des chocs de culture tenant aux enjeux représentés par l'accession à la présidence de ces structures. De plus 19 COMUE (Communautés d'universités et d'établissements) se sont substituées en 2014 aux PRES, leur donnant une armature juridique plus solide (la COMUE est obligatoirement dotée de la personnalité morale) ainsi que la possibilité de renforcer l'identité de ce regroupement par la collation des diplômes au nom de la COMUE. Pour renouveler et accentuer l'incitation aux regroupements d'établissements d'enseignement ou de recherche, l'ordonnance du 12 décembre 2018 définit « **l'établissement public expérimental** », formule extraordinairement souple de coopération, puisque l'intégralité du fonctionnement et des missions est défini par les membres du groupement à travers la réaction en commun des statuts. De plus, si ces membres ne le souhaitent pas, ils n'abandonnement pas leur personnalité morale. Enfin, toujours dans une perspective de visibilité internationale (et en particulier de compatibilité avec les critères du classement de Shangaï), la ministre de l'Enseignement supérieur, Frédérique Vidal a enjoint en 2019 aux

chercheurs des six principaux organismes français de recherche, de mentionner, en signant leurs articles scientifiques, la tutelle universitaire de rattachement de leur unité mixte de recherche. Ainsi leur contribution (le taux de présence dans les revues scientifiques comptant pour 20 % du score attribué par Shanghaï) sera correctement repérée par les auteurs du classement.

- Renforcer encore l'autonomie de chaque université par rapport aux administrations centrales, grâce à la loi LRU[14] les dotant d'un véritable patron, le Président d'université désormais désigné pour quatre ans renouvelables par le seul conseil d'administration[15], et réduisant à 25 % la part des crédits « fléchés » qui encadrent leurs choix stratégiques. Dans ce nouveau régime, progressivement adopté par les universités entre 2007 et 2013, la liberté de recrutement par le président d'université est accrue. L'enquête relative à l'origine des enseignants chercheurs recrutés en 2011 permet au niveau national de constater un taux de recrutement externe de 70 % pour les maîtres de conférences et de 46 % pour les professeurs d'université. Dans ce nouveau cadre, l'université Paris-Diderot a pu en 2010 s'attacher les services de George Smoot, prix Nobel de physique 2006. Afin de rémunérer ces « stars » qui favorisent leur attractivité internationale, les universités peuvent désormais s'appuyer sur des fondations de financement auxquelles peuvent largement participer les entreprises privées.
- **Améliorer les chances d'une réussite pour tous** notamment à travers un premier plan « Réussir en licence »[16] de 2007, prévoyant de consacrer 730 millions d'euros à une série d'initiatives pédagogiques (stage obligatoire dans le monde du travail, suivi du « Projet professionnel de l'étudiant », actions de spécialisation, orientation améliorée…) et un second plan (« le plan étudiant ») d'un milliard d'euros (dont la moitié consacrée aux améliorations pédagogiques et l'autre moitié consacrée à l'accompagnement social de l'étudiant), porté par la loi « Vidal » du 15 février 2018, qui accentue encore les dimensions **d'accompagnement et de parcours personnalisés**. En effet, le Projet professionnel de l'étudiant (rebaptisé « Contrat de réussite pédagogique ») s'ouvre à de nouvelles modalités, notamment la possibilité d'effectuer la licence en deux ou quatre ans, et le droit au changement d'orientation durant les premières semaines de l'année universitaire. Par ailleurs en terminale, deux semaines sont consacrées à l'information et la réflexion sur l'orientation du futur étudiant, un second professeur principal étant nommé pour être le référent-orientation de chaque classe de terminale.

1. Unité d'enseignement et de recherche.
2. Établissement public à caractère scientifique et technologique.
3. Commissariat à l'énergie atomique.
4. Centre national de la recherche scientifique.

5. Établissement public industriel et commercial.

6. 8 % contre 20 %. Il est vrai que la comptabilisation des aides au logement, s'ajoutant aux bourses d'études en France mais pas toujours au sein de l'OCDE peut provoquer une distorsion dans ces données.

7. La présidence Hollande avait mis fin aux bourses au mérite, au sens strict. Ne demeurent que les bourses sur critères sociaux, mais une majoration intervient si l'étudiant peut se prévaloir du critère du mérite.

8. Ce taux s'améliore (34 %) si l'on ne retient que les bacheliers généraux. Les taux sont catastrophiques pour les bacheliers technologiques (7 %) et professionnels (3 %).

9. Publié depuis 2003 par l'université de Jia Tong à Shanghai. Ce classement survalorise, selon certains, la taille de l'université et le nombre de prix Nobel qui en sont issus ou qui y enseignent, deux critères qui désavantagent les universités françaises.

10. Artois ; Littoral ; Bretagne Sud ; La Rochelle ; Évry ; Cergy ; Versailles-Saint-Quentin ; Marne-la-Vallée.

11. Noter également deux mesures prises en 2013 et 2014 favorisant l'ouverture internationale des universités : l'autorisation des enseignements en anglais et le programme FUN (plateforme internet France université numérique) qui a enregistré plus de 400 000 inscriptions à l'un des 53 MOOC (*massive on line open course*) proposés.

12. 26 en septembre 2012.

13. Par exemple le PRES de Grenoble regroupant les universités de Grenoble-I, Grenoble-II, Grenoble- III, l'Institut national polytechnique (INPG) et l'Institut d'études politiques de Grenoble.

14. Loi relative aux libertés et responsabilités des universités, promulguée le 10 août 2007.

15. Alors que dans le régime issu des lois « Faure » de 1968 et « Savary » de 1984, le président était nommé de surcroît par le conseil scientifique et le conseil des études et de la vie universitaire. Par ailleurs le conseil d'administration voit la part des enseignants chercheurs et des personnalités extérieures augmenter, au détriment des personnels administratifs et de la représentation syndicale. Depuis 2014, faisant quelque peu contrepoids au pouvoir du président du conseil d'administration, un conseil académique, au sein de chaque université, peut élire son propre président.

16. En 2014, il est décidé de remplacer par 52 mentions de licence générales les 1 800 diplômes existant pour ce niveau d'études.

Entraînement

Synthèse

Les points-clefs à ne surtout pas oublier

- La double contrainte imposant le modèle du collège unique : assurer l'accueil des générations nombreuses du baby-boom et établir un enseignement plus démocratique que dans la première moitié du xxe siècle.
- La montée de la problématique de l'échec scolaire, au gré de la progression de l'unification du système éducatif.
- Les bons résultats de l'École en termes d'élévation du niveau général d'instruction et de performances satisfaisantes pour les meilleurs élèves, selon les comparaisons internationales.

Les mots-clefs à retenir

- Collège unique
- Enquêtes PISA
- Échec scolaire
- Inégalités scolaires
- ZEP, REP, REP+
- Socle commun
- Aides personnalisées
- Discrimination positive
- Insertion professionnelle
- LRU / PRES/ COMUE

Les sujets de concours possibles

- L'expression « naufrage de l'Éducation nationale » est-elle excessive ?
- Que fait l'État pour lutter contre les inégalités scolaires ?
- L'École vous paraît-elle, comme l'affirmait une loi, la première priorité nationale ?
- Le système éducatif français : atout ou handicap pour les défis de notre temps ?

À l'oral, comment répondre en deux ou trois phrases aux questions les plus plausibles

Que pensez-vous de l'assouplissement de la carte scolaire, intervenu en 2007 ?

Cette réforme a sans doute le mérite de mettre fin à une hypocrisie, dans la mesure où la carte scolaire, très impopulaire, était de toute façon détournée. Mais cette mesure n'envoie pas le signal, souhaité par ailleurs, de mixité sociale, ce qui la rend quelque peu paradoxale.

Peu d'observateurs constatent le succès des ZEP/REP/REP+ : plutôt que de perfectionner le système de l'éducation prioritaire (comme par exemple en 2006 avec l'introduction des réseaux « ambition réussite » ou dans les années 2010 avec la simplification des critères définissant ces zones), ne vaudrait-il pas mieux revenir au droit commun pour tous les élèves ?

On peut au contraire penser qu'en l'absence d'aides spécifiques, les résultats scolaires des élèves domiciliés dans les zones les plus défavorisées économiquement seraient encore plus fragiles. Cependant, il est sans doute exact que labelliser des zones particulières conduit aussi à les stigmatiser et à y développer une forme de culture de l'échec. Les pouvoirs publics pourraient tenter d'améliorer l'image de ces zones en communiquant sur des exemples de réussite, comme ils l'ont fait à propos de l'expérience d'ouverture aux ZEP, menée par Sciences-Po Paris.

Est-il justifié de nommer des professeurs agrégés débutants dans des postes situés en zone sensible ?

Ce contraste peut en effet surprendre, mais une autre solution se heurterait au principe d'égalité entre tous les élèves, qui incarne l'orientation majeure du système éducatif depuis plus de 60 ans. Au regard de ce principe il est difficile de justifier que les élèves situés en réseaux d'éducation prioritaires ne puissent pas prétendre à des enseignements dispensés par les professeurs ayant réussi les concours les plus sélectifs.

Conseils bibliographiques

- *Le système éducatif et ses enjeux, Cahiers français*, n° 344, La Documentation française, 2008.
- « L'Éducation nationale face à l'objectif de la réussite de tous les élèves », Cour des comptes, mai 2010.
- « L'éducation prioritaire », Cour des comptes, 2018

14 La politique environnementale

La politique environnementale embrasse aujourd'hui en réalité une pluralité de politiques publiques : politique de l'énergie, des transports, de la biodiversité, de la lutte contre tous les risques de survenance d'événements catastrophiques et enfin politique de lutte contre la pollution au quotidien, qu'il s'agisse des émissions de gaz à effets de serre ou des autres rejets nuisibles dans l'atmosphère, les sols et les eaux.

En raison de cette diversité, on sera contraint dans les pages suivantes à restreindre le propos aux thèmes les plus ancrés dans l'actualité, c'est-à-dire pour l'essentiel à la **lutte contre le réchauffement climatique et à l'action en faveur de la biodiversité**.

1 Enjeux et objectifs

La politique de l'environnement se caractérise avant tout par le particularisme de ses enjeux. Dans le cas de la plupart des politiques publiques le caractère souhaitable de leurs objectifs est trivial et immédiatement intelligible : réduire le chômage ou la criminalité, améliorer la santé de la population, garantir les revenus à la retraite, favoriser l'accès de tous à la culture, supprimer le décrochage scolaire ou l'illétrisme…, la justification de ces objectifs est immédiate et intuitive. Par ailleurs l'horizon temporel des résultats de ces politiques est le court terme. Changer les limitations de vitesse sur les routes doit aboutir dans l'année à la baisse de la mortalité routière, pas trente ou quarante ans plus tard.

Au contraire la politique en faveur de l'environnement poursuit des objectifs à la fois lointains et sans justifications immédiatement perceptibles, et qui sont d'ailleurs souvent d'une **formulation complexe et technocratique**. Les enjeux de cette politique ne sont en effet simples qu'en apparence : lutter contre le réchauffement climatique car la montée de la température à la surface de notre planète entraînerait, entre autres conséquences funestes, la fonte des glaces de l'Antarctique, qui provoquerait la submersion des zones côtières, la disparition ou l'inhabitabilité de territoires entiers, des phénomènes migratoires massifs (animaux mais surtout humains) facteurs de bouleversements économiques et sociaux inédits et, comme nous n'y sommes aucunement préparés, considérés hautement indésirables…, ces enjeux en apparence aujourd'hui si banals et consensuels sont en réalité incertains et complexes. En effet la réalité même du réchauffement climatique est multiple et ambiguë. Notons par exemple que l'amplitude de la prévision du GIEC est considérable (*cf. infra*), ce qui traduit, entre autres, une extrême sensibilité des algorithmes mathématiques de prévision aux conditions initiales placées dans le modèle prédictif, et, autre sujet de perplexité, qu'une modification très légère de la trajectoire du Gulf Stream (ce courant marin étant une des causes majeures du caractère tempéré de l'Europe occidentale), écart qui pourrait être causé par exemple par la variation de la salinité des océans, elle-même due au réchauffement, pourrait se traduire *in fine* tout autant par un refroidissement que par un réchauffement de la planète.

Quant à la biodiversité, certains de ses enjeux relèvent des intérêts bien compris des Hommes en général. Ainsi, laisser se détériorer les barrières de corail autour de certaines îles du Pacifique qui abritent des populations traditionnelles, provoquera une érosion rapide des ressources côtières, à cause du déferlement des vagues rendu beaucoup plus violent par l'effacement de cette protection naturelle. Or ces populations pauvres se nourrissent de ces ressources ; la biodiversité est pour elles une condition de viabilité de leur économie.

De façon encore plus évidente la disparition d'insectes pollinisateurs tels que les abeilles pourrait entraîner la disparition de plus d'un tiers de la vie végétale et provoquer par là-même un bouleversement de notre alimentation, voire un tarissement massif, menaçant notre survie, de nos nutriments. Cependant la lutte, souvent populaire, en faveur de la sauvegarde de certaines espèces (le panda par exemple) dont il n'existe plus que quelques milliers ou même centaines de spécimens ne peut matériellement pas avoir de conséquences significatives sur la condition humaine – sauf en termes philosophiques de préservation pour elles-mêmes de la beauté et de la diversité du monde.

On comprend dès lors la difficulté pour les gouvernements de faire embrasser l'ensemble des objectifs de la biodiversité par des populations largement dominées par les préoccupations matérielles de confort d'existence et de bien-être alimentaire.

Tout comme pour la lutte contre le réchauffement climatique, ces objectifs sont marqués par l'incertitude (car lointains, complexes, éthiquement et philosophiquement discutables), ce qui les prive de puissance mobilisatrice, d'autant plus que leur caractère très majoritairement supranational les rend peu populaires (voire peu légitimes) auprès d'une large fraction des citoyens.

Procédant en effet des engagements internationaux de la France, ces objectifs paraissent descendre d'« en haut », d'instances considérées à tort ou à raison plus technocratiques que démocratiques… En tout cas il est de fait que **notre politique de l'environnement est, plus que la plupart des politiques publiques, déterminée par une législation extérieure**, dont l'importance quantitative est éloquente : les directives « IED » relative aux émissions industrielles, « Seveso III » concernant la prévention des accidents majeurs impliquant des substances dangereuses, la directive 2011/70 relative à la gestion du combustible usé et des déchets, la directive sur les énergies renouvelables de 2009, les réglementations « REACH », sur les produits chimiques, et « biocides », la directive « Nitrates » de 1991, la directive 2007/60/ relative aux risques d'inondations, la directive 2001/81 fixant des plafonds d'émission nationaux pour certains polluants atmosphériques, le règlement 1013/2006 sur les transferts de déchets, le règlement du 17 juillet 2000 sur l'attribution du label écologique, la directive 2007/60 relative à l'évaluation et la gestion des risques d'inondation, la directive cadre sur l'eau 2000/60 (*cf. infra*), la directive cadre 2008/98 relative au traitement des déchets, la réglementation Natura 2000 (directive 2009/147, ex-directive « oiseaux » de 1979 concernant la conservation des oiseaux sauvages, directive 92/43, dite « habitats » concernant la conservation des habitats naturels ainsi que de la faune et de la flore sauvages) ne sont que quelques-uns de ces textes européens qui s'imposent à la France.

En matière de transition énergétique la France s'est dotée d'objectifs congruents ou identiques à ceux posés par les normes supérieures, européennes ou internationales, mais aussi **d'objectifs spécifiques**, en général plus ambitieux que ces derniers. Ainsi, sont en vigueur à l'échelle de l'Union européenne, dans le cadre du paquet énergie climat 2030 adopté en 2014 (le premier paquet énergie climat remontant à 2008) et révisé en 2018, les trois objectifs chiffrés suivants pour 2030 :

- réduction des émissions de gaz à effet de serre d'au moins 40 %, par rapport aux niveaux de 1990 (seul objectif obligatoire) ;
- augmentation de la part des énergies renouvelables au-delà de 32 % ;
- amélioration de l'efficacité énergétique, c'est-à-dire réalisation d'économies d'énergie d'au moins 32,5 % (par rapport au niveau de 2012).

Ces objectifs s'imposent juridiquement (le premier) ou politiquement (les deux suivants) à la France qui a parfois retenu la même valeur numérique (pour les gaz à effets de serre), ou une valeur très voisine (33 % pour la part du renouvelable), ou une valeur compatible (atteindre un rythme annuel de baisse de l'intensité énergétique de 2,5 %[1] en 2030), et leur a adjoint deux autres objectifs : baisse de la consommation finale d'énergie de 50 % en 2050, il s'agit de l'ancien objectif baptisé « facteur 4 », rendu plus exigeant[2]et part du nucléaire dans la production d'électricité ramenée à 50 % en 2035 (contre 75 % aujourd'hui).

En matière de biodiversité, la France n'a pour ainsi dire pas d'objectifs propres, distincts de ceux mentionnés ou impliqués par les textes européens ou figurant dans quelques accords internationaux qu'elle a ratifiés (conventions de Berne de 1979, relative aux espèces à protéger[3], de Nagoya en 2010, relative aux ressources génétiques…). La spécificité de la politique française en la matière se situe davantage sur le plan des moyens et des techniques d'intervention (*cf. infra*).

2 Contenus et évolutions

a. La montée des préoccupations environnementalistes

La gestation des années soixante et soixante-dix

La fin des années 1960 marque l'inscription de la question de l'environnement sur l'agenda international. En 1968, l'Unesco organise une conférence sur la biosphère et prône un « développement écologiquement viable ». Le concept voisin, d'« éco-développement », apparaît à la même période. L'association de défense de l'environnement Greenpeace se crée en 1971, année qui voit également naître un ministère chargé de l'environnement[4] en France. L'année suivante, le club de Rome[5] fait paraître son rapport « Halte à la croissance », qui pronostique l'épuisement des réserves de pétrole en 1992 et de gaz en 1994.

Une série de catastrophes écologiques[6] maintient les thématiques environnementales parmi les priorités, mais la crise économique et la lutte contre le chômage constituent dans la plupart des pays les enjeux gouvernementaux majeurs.

1. Soit un peu plus que les 2,2 % qui résultent de l'annualisation de l'objectif européen de 32,5 %.
2. Avec une division par 6, au lieu de 4, par rapport au niveau de 1990.
3. Ainsi la France a élaboré 200 PNA (plans nationaux d'actions) destinés à sauvegarder les espèces menacées. Symétriquement elle dispose également de plans d'actions, mais moins nombreux contre les EEE (espèces exotiques envahissantes).
4. Son premier titulaire est le gaulliste Robert Poujade (décédé en 2020), ministre délégué auprès du Premier ministre, chargé de la protection de la nature et de l'environnement.
5. Groupe de réflexion formé à la fin des années 1960 et rassemblant experts, industriels, fonctionnaires d'une cinquantaine de pays.
6. Entre autres : les émanations toxiques de l'usine de Seveso (1976), le naufrage de l'Amoco-Cadiz (1978), le grave incident affectant la centrale nucléaire de Three Mile Island (1979).

La consécration de la notion de développement durable

La définition la plus communément adoptée du développement durable figure dans le « rapport Brundtland »[1], paru en 1987 sous l'égide des Nations unies. Une vision très complète du développement durable y est développée, liant les sphères économiques sociale et environnementale. Il s'agit d'un « **développement qui répond aux besoins du présent sans compromettre la capacité des générations futures à répondre aux leurs**... Au sens le plus large le développement soutenable vise à favoriser un état d'harmonie entre les êtres humains et entre l'homme et la nature ».

Les réflexions sur « l'état d'harmonie entre les êtres humains » sont depuis passées quelque peu au second plan au profit de l'ambition plus réaliste du développement humain, tel qu'il apparaît, entre autres, en 1990, dans le cadre du PNUD[2], avec la mise au point d'un indice associant indicateurs de richesse, de santé (mortalité infantile, espérance de vie) et d'éducation (taux de scolarisation en primaire et taux d'alphabétisation des adultes). Et surtout, **le développement durable a peu à peu été ramené à une politique relativement conventionnelle** de protection de l'environnement, selon la conception que pouvaient en avoir les courants les moins fondamentalistes de l'écologie (écologistes « *Realos* » en Allemagne et « *shallow* » dans le monde anglo-saxon), c'est-à-dire les courants qui acceptent l'idée d'une croissance économique et qui souhaitent simplement que celle-ci soit respectueuse de la nature.

Ce retour à des ambitions plus conventionnelles, d'une part, renoue avec des préoccupations qui avaient précédé l'apparition du concept de développement durable, et, d'autre part, ne signifie pas que les efforts de préservation de l'environnement aient subi un coup d'arrêt. Tout au contraire, la promotion du développement durable a engendré des programmes considérables qui n'auraient pas existé sans ce concept.

La période récente

La lutte contre le réchauffement climatique, objectif prépondérant

C'est finalement en 1992, sous l'impulsion de la communauté internationale, que le sommet de Rio consacre véritablement la portée opérationnelle du développement durable. Trois questions donnent lieu à des conventions internationales : le changement climatique, la biodiversité et lutte contre la désertification.

Néanmoins, les priorités environnementales doivent être réaffirmées en 2000 dans l'enceinte de l'ONU, à travers les « Objectifs du millénaire »[3], après avoir déjà été posées par l'« Agenda 21 » au sortir de la conférence de Rio, agenda dont les 27 principes[4] avaient pourtant été adoptés par la France et 172 autres États.

Durant la décennie 1990, notre pays développe déjà quelques projets majeurs sous la bannière du développement durable, concernant la préservation de l'eau (à Lille et Lorient), la limitation du bruit (à Angers), la réhabilitation des friches industrielles (à Valenciennes) et le développement durable entre peu à peu dans la vie économique. La loi « NRE » (nouvelles

1. Gro Brundland est une femme politique norvégienne qui a été ministre dans son pays et directrice générale de l'Organisation mondiale de la santé entre 1998 et 2003.
2. Programme des Nations unies pour le développement.
3. Par exemple, la division par deux d'ici 2015 du nombre d'individus sans accès à l'eau potable.
4. Par exemple le droit pour les êtres humains « à une vie saine et productive, en harmonie avec la nature ».

régulations économiques) du 15 mai 2001 oblige les entreprises cotées en Bourse à inclure dans leur rapport annuel un chapitre sur les « conséquences sociales et environnementales de leur activité ». Les principales entreprises adhèrent par ailleurs aux normes ISO 14 000 (management environnemental), et certaines ont souscrit à partir de 2000 au Global Compact[1]de l'ONU.

À partir de 1997 et la conférence internationale de Kyoto, cependant, une seule problématique tend à éclipser toutes les autres : le réchauffement climatique. 38 pays (dont la France) s'engagent à réduire leurs émissions de gaz à effet de serre avant 2012, de 5,2 % par rapport au niveau de 1990 (pour les pays européens, l'objectif est plus exigeant, imposant une réduction de 8 %). La France et la plupart des pays de l'Union européenne respecteront cet engagement.

Or, le début des années 2000 se montre décevant du point de vue de l'ancrage de ce nouveau combat prioritaire pour le climat. Le sommet de Johannesburg, en 2002, ne parvient pas à mobiliser les gouvernements sur des objectifs nouveaux, comme était parvenu à le faire le sommet de Rio dix ans plus tôt. Il est vrai qu'en 2001, les États-Unis prennent la décision de ne pas ratifier le protocole de Kyoto, ni, en compagnie de nombreux pays qui s'abstiendront également de signer, en 2012, l'« Amendement de Doha » prolongeant ce dernier sur la période 2013/2020 pour une nouvelle réduction de 18 % (toujours par rapport au niveau de 1990) des émissions de gaz à effet de serre.

C'est après ces années de flottement que la **21e conférence internationale sur climat**, qui se tenait sur le site de l'aéroport du Bourget en décembre 2015 et laissait envisager une implication beaucoup plus effective des États-Unis et de la Chine, allait opérer de manière décisive une remobilisation générale.

Une référence mobilisatrice mais faiblement contraignante : les accords de Paris (COP 21)[2] et leurs suites

La COP 21 s'est légitimement imposée comme une référence incontestée par le public et promue avec une sincérité au moins apparente par l'immense majorité des États, car la méthode même – non autoritaire – par laquelle elle est parvenue à produire un accord marquait ure **rupture opportune avec le passé**.

En effet, au lieu, comme on avait cherché à le faire lors de sommets précédents, en 2009 à Copenhague notamment, de pousser les participants à entériner des objectifs fixés à l'avance par des collèges d'experts internationaux, l'approche adoptée pour la COP 21 consiste à partir des « **contributions nationales librement déterminées** » par les États et à les transformer en engagements, dont la somme forme la base de l'accord de Paris. Cet accord paraît donc d'autant plus solide qu'il est construit à partir de la base, c'est-à-dire la situation réelle de chaque pays. S'il abandonne le paradigme antérieur, imposé notamment à Kyoto, des « responsabilités différenciées » créant des obligations de décarbonisation de l'économie plus lourdes pour les pays riches que pour les pays pauvres, il offre par compensation à ces derniers l'accès à un **fonds annuel d'adaptation** (en réalité de solidarité) de 100 milliards de dollars à compter, en théorie, de 2020,

1. Qui prévoit le respect d'une dizaine de principes, autour des droits de l'Homme, du droit du travail, de la défense de l'environnement et de la lutte contre la corruption.
2. 21e conférence des parties à la convention cadre des Nations unies sur les changements climatiques, signée lors du sommet de la Terre à Rio en 1992.

mais en pratique, après les négociations intervenues lors de la COP 26 de Glasgow, en 2022 ou 2023. Toutefois cette robustesse apparente de l'accord de Paris dissimule bien des incertitudes. Sont en effet également entérinées les clauses et caractéristiques suivantes :

- un mécanisme de révision discrétionnaire des engagements nationaux : une première fois en 2020 et ensuite tous les cinq ans ;
- l'absence de sanctions intégrées à l'accord, en cas de violation de celui-ci, contrairement au mécanisme de Kyoto qui prévoyait un durcissement automatique des objectifs pour les pays ne parvenant pas à les réaliser dans le délai imparti ;
- et surtout une contradiction entre, d'une part, l'objectif, recherché et proclamé, de limiter la hausse de la température moyenne à la surface de la Terre à 1,5 et, au pire, 2 degrés de plus que le niveau atteint durant l'ère industrielle (fin du XIXe siècle) et, d'autre part, l'addition des engagements volontaires des 195 pays signataires, qui affiche un résultat de +3 degrés (le niveau actuel étant déjà de +1 degré).

De plus les COP suivantes sont marquées par une série d'échecs ou de déceptions, même si elles font progresser la rédaction du corps des quelque 300 règles détaillées (**Rule book**) nécessaires à l'application du traité de Paris. La Cop 22 (en 2016 à Marrakech) connaît le retour des tensions entre pays riches et pauvres car les seconds ne parviennent pas à faire adopter lors de ce sommet une mesure de déblocage anticipé du fonds d'adaptation (*cf. supra*) en leur faveur. La COP 23 (en 2017 à Bonn) présente un bilan très mince, se bornant à réaffirmer les engagements pris lors de la COP 21. La COP 24 (en 2018 à Katowice) enregistre les intentions des États-Unis de se retirer des accords de Paris (retrait qui sera notifié officiellement en novembre 2019, puis annulé en janvier 2021 par le président Biden tout juste élu) et échoue à résoudre les **désaccords affectant l'article 6** de l'accord de Paris, certains États (Brésil, Australie notamment) souhaitant interpréter les paragraphes en cause (contre la lettre et l'esprit) comme autorisant le double comptage des quotités d'émissions de gaz à effets de serre (une même quotité pouvant alors à la fois être mise au crédit du pays qui la cède sur le marché des droits à polluer - *cf. infra* - et du pays qui en fait l'acquisition), dans le but d'augmenter artificiellement la mesure des efforts de décarbonisation desdits États. La COP 25 (en 2019 à Madrid) continue à buter sur cette pierre d'achoppement, malgré le nouveau climat d'urgence provoqué par le **rapport spécial du GIEC** publié en octobre 2018 et annonçant que l'horizon de l'atteinte de la neutralité carbone au niveau mondial doit être avancé de 2100 à 2050 (ce que les États entérinent à Madrid), si les gouvernants veulent maintenir le réchauffement dans sa limite maximale prévue de 2 degrés à la fin du siècle (*cf. infra*). Si la COP 26 (en 2021 à Glasgow) parvient enfin à dépasser cette pierre d'achoppement que constitue l'interprétation de l'article 6 précité, en optant finalement pour le rejet du double comptage, les nouvelles contributions volontaires nationalement déterminées ne permettent qu'une amélioration modeste de l'effort global : – 0,3 degrés seulement, plaçant la trajectoire sur une tendance à + 2,3 degrés en 2100 au lieu de + 2,6 avant cette COP.

Les prévisions du GIEC

Selon les prévisions effectuées en 2007 par le GIEC (groupe intergouvernemental d'experts sur l'évolution du climat assemblé en 1988 par l'ONU), la température augmentera en moyenne de + 1,8 à 4,5 degrés en 2100, dans un contexte où 100 millions de personnes vivent à moins d'un mètre au-dessus du niveau de la mer. Renouvelées en 2014, ces prévisions (désormais comprises entre + 0,3 et 4,8) faisaient état d'une augmentation de la température moyenne d'ores et déjà quasiment inévitable de 2 degrés, et cela encore à condition de réduire les émissions mondiales nettes entre 40 % et 70 % d'ici 2050 et de les ramener à un niveau « proche de zéro » (« neutralité carbone », intégrant la déduction du carbone émis mais capturé au moyen de la technologie ou des ressources végétales), d'ici à 2100, puis, le GIEC révisant cette échéance en 2018, d'ici 2050. Le premier volume du 6e rapport du GIEC paraît enfin en septembre 2021. Encore plus pessimiste que ses devanciers, il avance de 10 ans (de 2040 à 2030) la date prévisionnelle de dépassement du seuil de 1,5° d'augmentation du réchauffement de la planète.

Un instrument à l'efficacité compromise par une gestion imprudente : le système européen des quotas d'émission de gaz à effet de serre (SEQE), tentative de création d'un marché des droits à polluer

L'Union européenne, dans le cadre d'un marché des droits à polluer, alloue en 2005 des quotas d'émission à des milliers sites industriels, de production d'énergie et d'activités aéronautiques (7 000 initialement, 12 000 aujourd'hui, dont 200 situés en France), qui représentent 45 % des émissions de gaz à effet de serre dans l'Union européenne. Mais, trop largement attribués (et gratuitement jusqu'en 2012), ces quotas font s'effondrer le marché de ces droits, cotés à Paris par la société Powernext, marché qui restera le plus souvent insuffisamment actif pour que les droits à polluer – rarement négociés à plus de 10 euros par tonne de CO_2 – atteignent un montant financier dissuasif pour les industries polluantes, qui serait, selon un rapport[1] publié en 2018 par l'OCDE, de l'ordre de 30 euros, sans parler même du niveau de 100 euros nécessaire pour rentabiliser pour les industriels l'équipement en technologie de capture et de stockage du carbone.

Les phases 3 et 4 du déploiement du SEQE doivent cependant mettre fin à la gratuité (aujourd'hui résiduelle) de l'attribution annuelle des quotas par l'Union européenne et parvenir à une diminution des quotas en circulation (de 21 % entre 2005 et 2020 et de 43 % avant 2030), dont doit découler la hausse espérée des prix sur le marché.

b. La politique française du développement durable

Cette politique consiste essentiellement, dans le respect des engagements internationaux relatifs à la biodiversité et à la prévention de l'effet de serre, et de la réglementation de

1. Intitulé « Effective carbone rates ».

l'Union européenne, à mettre en œuvre les décisions prises dans le cadre du **Grenelle de l'environnement**. Ce vaste forum s'est tenu entre juillet et octobre 2007, regroupant une multitude d'acteurs (cinq collèges : État, ONG, collectivités locales, syndicats et entreprises) organisés en six groupes de travail. Ce Grenelle ciblait prioritairement trois thématiques structurantes : le changement climatique, la biodiversité et l'effet de l'environnement sur la santé.

Il en est résulté 268 engagements mis en œuvre par 34 comités opérationnels. Le dispositif législatif correspondant consiste principalement en deux lois : Grenelle I du 3 août 2009, et Grenelle II du 12 juillet 2010, ce dernier texte ayant consisté en une série de mesures complémentaires et très techniques (par exemple, l'autorisation pour les constructions de dépasser de 30 % les coefficients d'occupation des sols, si les bâtiments concernés sont particulièrement performants en matière énergétique).

Parmi ces mesures on peut distinguer entre :

La longue gestation de la mesure phare : la mise en place d'une taxe carbone

Le projet d'instauration d'une taxe carbone consistait à décourager les émissions polluantes (de dioxyde de carbone) en faisant payer les agents économiques responsables de ces pollutions à proportion de leurs volumes d'émissions. Une loi est adoptée par le Parlement à cet effet, le 18 décembre 2009. Toutefois le Conseil constitutionnel censure cette mesure, notamment au regard du fait que des émissions de dioxyde de carbone d'origine industrielle, hors carburant, auraient été totalement exonérées de la contribution carbone, celle-ci portant essentiellement sur les carburants et les produits de chauffage, fortement utilisés par les particuliers, ce qui créait une rupture de l'égalité devant les charges publiques.

Cependant au 1er avril 2014 une **contribution climat-énergie** (CCE) est créée (pénalisant notamment la consommation du fioul domestique et du charbon) et, pour minimiser les risques juridiques de rupture de l'égalité devant l'impôt, elle a habilement été intégrée à une taxe existante[1], la TICPE, à raison de 7 € (aujourd'hui 44,60 €[2]) par tonne de CO_2. Il convient de relever que, pas plus que le projet de taxe carbone initial, cette CCE n'est assise sur les quantités de rejets aériens de gaz à effet de serre. Elle dissuade indirectement cette pollution en frappant les consommations énergétiques fossiles (en volume et non en valeur).

Enfin, avec l'instauration de cette CCE, le niveau de la fiscalité environnementale française, qui ne représentait que 4,2 % des prélèvements obligatoires, s'est, avec une valeur de 4,75 % aujourd'hui, légèrement rapproché des 6,3 % atteints par la moyenne européenne. La structure de la fiscalité environnementale française (environ 50 milliards d'euros par an) reste cependant atypique au sein de l'Union européenne, les taxes sur les pollutions émises restant assez faibles (moins de 3 milliards d'euros de recettes annuelles) dans notre pays, qui privilégie une stratégie plus indirecte de dissuasion des causes de ces pollutions.

1. On parle alors de « verdir la fiscalité ».
2. Au lieu des 56 euros prévus par la programmation financière du Gouvernement, remise en cause par l'action des Gilets jaunes. La progression du taux de la CEE, prévu à 100 euros pour 2030 au plus tard, est très incertaine, dans ce contexte.

L'adaptation des mesures déjà existantes

Parmi ces mesures, on peut noter les suivantes :

- Mise à jour de l'obligation de réalisation d'économies d'énergie imposée aux vendeurs d'électricité, de gaz, de fioul domestique, de pétrole liquéfié, au moyen des certificats d'économie d'énergie dont la création remonte à 2005.
- Perfectionnement de **l'étiquette énergie :** elle classe de A à G les équipements en fonction de leur performance énergétique et existe déjà depuis de nombreuses années pour les appareils électroménagers et les ampoules électriques. Elle évolue depuis janvier 2010 vers une forme A+++, A++, A+, A à G.
- Poursuite de la réduction de l'éclairage des rues et des bureaux.
- Poursuite de l'amélioration de la performance des chargeurs.
- Engagement de nouvelles vagues d'audits énergétiques et d'accessibilité des bâtiments de l'État.

La mise en œuvre d'initiatives nouvelles

Pour prendre quelques exemples :

- Mise en œuvre du **crédit d'impôt « développement durable** » (puis crédit d'impôt transition énergétique, *cf. infra*) qui soutient notamment l'acquisition par les particuliers d'équipements d'énergie renouvelable : chauffe-eau solaire, pompe à chaleur, panneaux photovoltaïques.
- Adoption d'un **objectif de 23 % d'énergies renouvelables** dans la consommation finale d'énergie, d'ici 2020 ; niveau porté à 33 % de la consommation d'ici 2030, sachant qu'elle était de 13,1 % en 2011 (*cf. supra* pour le niveau actuel de ces objectifs).
- Retrait des **ampoules à incandescence** en 2009.
- Limitation de **l'état de veille des appareils** domestiques (télévision, enregistreurs…) à une puissance de 1 Watt en 2010.
- **Affichage du contenu CO2** et d'autres impacts environnementaux sur les produits de grande consommation.
- Signature en 2009 de deux conventions de prêts de 1,5 milliard d'euros avec la Caisse des Dépôts et Consignations pour aider les collectivités à **mettre aux normes leurs stations d'épuration.**
- Adoption, en 2009, d'un **Plan national santé environnement** (qui sera suivi de trois autres plans) comportant 58 mesures concrètes (avec pour axe principal la réduction des expositions aux particules fines dans l'air ambiant et aux substances telles que le mercure, le benzène, l'arsenic) ; prolongé aujourd'hui par un plan ciblant les dangers des perturbateurs endocriniens.
- Réalisation d'une grande campagne de communication pour la **réduction des déchets** (automne 2009) ; le gouvernement affiche en 2014 l'ambition d'une diminution de moitié des déchets mis en décharge à l'horizon 2025 (objectif également repris dans la loi Royal du 17 août 2015, relative à « la transition énergétique pour la croissance verte », *cf. infra*).
- Établissement d'instructions données aux acheteurs publics pour qu'ils rendent leurs **achats plus éco-responsables** (*cf.* la circulaire « État exemplaire » du Premier ministre, en date du 3 décembre 2008).

Mise en œuvre en 2010 d'un **fonds correspondant à un « bonus-malus » entre administrations** (les plus éco-responsables bénéficiant d'un ré-abondement de leur budget de fonctionnement, partiellement prélevé sur les budgets des administrations les moins éco-responsables).

La loi Royal de 2015 (*cf. supra*) **accentue ces efforts**, en matière notamment :

- **D'économies d'énergie** avec, outre la valorisation des déchets (jusqu'à 70 % de ceux du bâtiment rendus réutilisables avant 2020) et l'appui à la création de territoires à énergie positive[1], un nouvel élan donné aux certificats d'économie d'énergie (CEE) et une politique très ambitieuse du bâtiment :
  - les CEE, qui existent depuis 2005, sont acquis par les fournisseurs d'énergie (EDF, ENGIE, TOTAL…) dès lors qu'ils accompagnent leurs prestations habituelles par l'installation ou la préconisation de solutions d'économies d'énergie chez leurs clients (meilleure isolation d'un bâtiment par exemple). Ils peuvent alors s'acquitter au moyen de ces certificats des pénalités financières qu'ils subissent s'ils ne parviennent pas à réaliser le programme d'économies d'énergie qui leur est assigné par l'État, ou vendre ces certificats sur le marché s'ils dépassent les objectifs dudit programme. Ce mécanisme incitatif s'est amplifié à chaque nouvelle phase de son déploiement : + 30 % de CEE attribués durant la troisième phase (2015-2017), doublement prévu pour la quatrième (2018-2020) ;
  - l'amélioration de la performance énergétique des bâtiments repose sur plusieurs mesures. Les exigences inscrites dans le code de l'urbanisme en termes d'aspect extérieur du bâtiment ou d'emprise au sol sont assouplies (en rendant possible, par exemple, le rehaussement des toitures pour y incorporer du matériau isolant) pour inciter à la rénovation de 500 000 bâtiments entre 2015 et 2017, incluant la mise à jour de l'isolation thermique. Sont rendus obligatoires la réalisation d'une isolation par l'extérieur lors d'un ravalement de façade, d'une isolation de la toiture ou des combles lors de la réfection de celle-ci et enfin des travaux d'amélioration de l'isolation lors de l'aménagement de nouvelles pièces, non destinées initialement à l'habitation.
- **De la promotion des énergies renouvelables, notamment à travers le « complément de rémunération »** qui permet aux petits producteurs d'électricité qui se lancent sur le marché du renouvelable (éolien et photovoltaïque notamment) de profiter des mêmes conditions que celles octroyées par EDF aux producteurs plus importants qui bénéficient de contrats de long terme comportant des engagements stables de fourniture d'électricité.
- De la détermination et la mise en œuvre d'une « **stratégie bas carbone** » et la définition de ses instruments (budgets carbone, PPE…). Cette stratégie marque une avancée dans la lutte contre le réchauffement climatique en ce qu'elle ne se contente plus de proclamer une intention vertueuse ou de réaffirmer nos engagements européens et internationaux en la matière, mais vise à donner concrètement des **plafonds indicatifs de consommation d'énergie fossile** (responsable des émissions de gaz carbonique) à tous les secteurs de l'économie. Ces plafonds sont inscrits dans des budgets carbone (un budget par sous-secteur économique) fixés pour cinq ans[2] par décret. Ces budgets s'inscrivent eux-mêmes dans une évolution pluriannuelle baptisée programmation pluriannuelle de l'énergie

1. Un objectif de deux cents projets de territoires à énergie positive ayant été fixé pour 2017.
2. Pour trois ans pour les tout premiers budgets carbone (2016-2018).

(PPE, qui couvre actuellement la période 2019-2028), également adoptée par décret et comportant par ailleurs les prévisions de développement de l'énergie renouvelable.

De même **la loi pour « la reconquête de la biodiversité » du 8 août 2016** renforce la politique existante en durcissant par exemple les pénalités pour les infractions environnementales et en améliorant la cohérence du pilotage par l'instauration d'une (éphémère, *cf. infra*) Agence française de la biodiversité qui fusionne notamment l'ONEMA (l'office national de l'eau et des milieux aquatiques) et l'établissement public des Parcs nationaux.

Par ailleurs elle consacre deux principes de portée au moins autant philosophique que normative :

- Le principe de **solidarité écologique**, affirmant la solidarité entre toutes les espèces vivantes occupant notre planète et impliquant la prise en compte systématique des conséquences dommageables sur ces dernières des actions humaines, sans que des législations particulières doivent à chaque fois le rappeler et même si elles ne le font pas.
- **Le principe ERC** « éviter-réduire-compenser », qui signifie que par défaut, là encore sans nécessité d'une législation spécifique, les entreprises et les administrations doivent s'attacher à éviter les émissions polluantes, en réduire le volume lorsque celles-ci sont inhérentes à l'activité, et en prévoir la compensation à travers des actions de dépollution réalisées par ailleurs, de façon à ce que le bilan total soit le plus neutre possible.

Enfin elle offre au Législateur l'occasion de ratifier le **protocole de Nagoya** sur les ressources génétiques (*cf. supra*), obligeant à indemniser les communautés traditionnelles dont la connaissance empirique des effets bénéfiques (médicinaux en particulier) de certaines plantes de leur environnement était jusqu'alors utilisée par les chercheurs d'autres parties du monde, en vue de la synthèse de molécules et la mise au point de principes actifs pharmaceutiques générateurs de profits importants.

Les ajustements opérés par la présidence Macron

Bien qu'un plan Biodiversité datant de juillet 2018[1] soit mis en œuvre (dans la continuité de la loi Royal, ce plan préconise notamment de nouvelles mesures techniques pour la préservation des milieux humides et la réduction des déchets plastiques maritimes et littoraux, ainsi que le remplacement de l'AFB par l'Office français de la biodiversité[2]), **l'essentiel de ces ajustements se focalise sur la transition énergétique** et, plus précisément, sur **l'accompagnement des plus défavorisés** dans cette mutation (prolongeant ainsi et reprenant à son compte les concepts de « précarité énergétique », « fracture énergétique » et de « passoires énergétiques » apparus durant les débats préparant la loi Royal de 2015 pour signaler l'insuffisance de moyens financiers des ménages les plus modestes devant l'impératif de migration vers une énergie décarbonée, ainsi que les caractéristiques thermiques de leurs logements, souvent mal isolés, faute, là encore, de moyens financiers).

1. La future stratégie nationale pour la biodiversité 2021-2030, qui a fait l'objet en 2021 d'une consultation nationale en cours d'exploitation, ne devrait pas marquer de rupture.
2. L'Office français de la biodiversité (OFB) est issu du rapprochement de l'Agence française pour la biodiversité (AFB) et de l'Office national de la chasse et de la faune sauvage (ONCFS). Ce nouvel établissement, qui regroupera plus de 2600 agents, « aura pour mission d'assurer la surveillance, la préservation, la gestion et la restauration de la biodiversité terrestre, aquatique et marine, ainsi que la gestion équilibrée et durable de l'eau ».

Ainsi on relèvera surtout :

- **Le doublement de la prime à la conversion** des véhicules introduite en 2015 (ex-« prime à la casse » apparue dès 1994) pour les ménages non imposables, qui pourront donc plus facilement acquérir une voiture électrique, ou à moteur hybride, ou émettant moins de 130 grammes de CO2/km, en remplacement d'un véhicule diesel immatriculé avant 2006 (ou essence immatriculé avant 1997). Un bonus de 6 000 euros continue parallèlement d'être offert à tous les Français sur l'achat d'un véhicule électrique.
- **L'introduction du « chèque énergie** » (d'un montant moyen de 200 euros) remplaçant les tarifs sociaux de l'électricité et du gaz et utilisable non seulement pour régler les factures de toutes les formes d'énergie domestique (gaz, électricité, bois, fioul), mais également pour financer des travaux de rénovation énergétique.
- **La transformation du crédit d'impôts** pour la transition énergique – un des principaux piliers (crée sous une forme voisine en 2005) du système d'incitation vers une énergie propre – en prime versée dès l'achèvement des travaux d'isolation thermique, ou d'amélioration du rendement de l'installation de chauffage existante, ou de rénovation énergétique complète. Cette aide payée plus rapidement devrait élargir le recours au dispositif, qui jusque-là profitait surtout aux ménages les plus aisés (80 % des utilisateurs disposant d'un revenu supérieur au revenu médian).

Un net durcissement s'opère toutefois en 2020 avec l'installation d'une convention citoyenne pour le climat (composée de 150 individus choisis pour être représentatifs des 67 millions de Français) qui va inspirer la rédaction de 149 propositions, banales pour certaines, mais très radicales pour d'autres (**crime d'écocide**, suppression à terme de la maison individuelle et de la voiture individuelle). Une loi dite « climat et résilience » en résulte en août 2021 qui, malgré de nombreux recours à l'expérimentation et la reprise de dispositions pour l'essentiel déjà existantes (cf. par exemple au titre IV « sols et sous-sols »), multiplie la répression par des sanctions pénales en lieu et place des incitations. Le crime d'écocide, ramené certes au statut de délit (et assorti d'une peine de 10 années d'emprisonnement) y figure en bonne place, malgré les objections du Conseil d'État, relatives à son caractère à la fois disproportionné et redondant avec la pénalisation déjà existante des mêmes délits dans notre droit.

3 Moyens financiers et organisationnels

a. Principales spécificités communes à l'ensemble de la politique envionementale

Pour une politique publique aussi fondamentale que celle examinée dans ce chapitre, il peut être paradoxal de constater que son budget (13 milliards d'euros pour la mission « écologie, développement et mobilité durables » de la loi de finances) ne fait pas partie des cinq premiers de l'État. Sa place budgétaire n'est en fait que la 7e, derrière l'éducation, la défense, la recherche, la solidarité, le logement, la sécurité intérieure…

L'explication de cette apparente contradiction réside essentiellement dans le fait qu'il s'agit d'un domaine où l'État recourt largement à des opérateurs extérieurs (*cf.* chapitre 2) de très grande taille (EDF et la SNCF, entre autres, avec respectivement leurs 155 000 et 140 000 salariés…) et ne rémunère sur son budget propre que 39 000 agents. Cette **sollicitation d'acteurs extérieurs à l'Éta**t tient elle-même, outre des raisons historiques, à la technicité considérables des questions en jeu. Ces personnels chimistes, biologistes, économistes, météorologues, mathématiciens, etc. se situent logiquement en périphérie du cœur de la fonction publique de l'État, qui remplit essentiellement une fonction généraliste, et se recrutent en revanche aisément chez des opérateurs spécialisés.

Outre cette particularité, l'autre originalité des moyens dont dispose la politique de l'environnement est la fiscalité environnementale. **Celle-ci n'a pas en effet pour but premier la création de recettes** alimentant les caisses de l'État. Contrairement à la plupart des taxes qui visent à générer du revenu pour la puissance publique, celles en rapport avec l'environnement visent à dissuader les « mauvais » comportements, à l'instar d'autres taxes pigouviennes[1] sur le tabac ou l'alcool.

b. Les particularités de l'organisation de la gestion de la biodiversité

En matière de biodiversité, l'organisation repose (outre la distinction classique entre les fonctions de conception et d'orientation de l'administration centrale et les fonctions de mise en œuvre dévolues aux échelons territoriaux) sur un zonage plus ou moins hiérarchisé. On peut le décrire de la manière suivante, en allant de la zone la moins contraignante sur le plan des règles de protection de l'environnement à la zone la plus contraignante :

- **La trame verte et bleue (TVB)** délimite l'ensemble des continuités écologiques sur un territoire (dont l'échelle peut être un continent entier). Ce concept fondamental de **continuité écologique**, qui s'est imposé dans les années 1990 dans les milieux associatifs et universitaires et a été introduit en 2009 dans la législation française (loi Grenelle I, *cf. supra*), sert à labelliser les milieux naturels au sein desquels les espèces peuvent se déplacer sans obstacles et discontinuités, passant par exemple d'une zone verte (forêt…) où elles se nourrissent à une zone bleue (étang…) où elles se reproduisent. La TVB, aujourd'hui portée par les SCRE (schémas régionaux de cohérence écologique[2]) adoptés par les autorités régionales (préfet et président du conseil régional), s'est progressivement institutionnalisée à partir d'initiatives locales associatives apparues dans les années 1990. Celles-ci sont en effet prises en compte dans le cadre du Grenelle de l'environnement qui leur donne, entre 2009 et la fin de 2010, le COMOP TVB (comité opérationnel, confié à un sénateur), pour les orienter et les fédérer, ce COMOP rejoignant le cœur de l'État en 2011 sous la forme du CNTVB (comité national) rattaché au ministère de l'Environnement. Parallèlement la gouvernance internationale du réseau des TVB quittait le giron du Conseil de l'Europe qui avait orchestré les premiers accords (notamment celui de Sofia, en 1995, relatif au réseau de la « Stratégie paneuropéenne de la diversité biologique et paysagère ») pour voir son pilotage assuré à partir de 2017 par l'Union européenne, renforçant du même coup les instruments juridiques de contrainte, capables de garantir une mise en œuvre effective de la TVB. Celle-ci est ainsi passée en moins de trente ans d'une position floue d'objet de spéculations voire de rêveries écologistes à un **véritable statut d'obligation administrative stricte**. Pour concrétiser cette obligation administrative de mise en œuvre de la TVB et permettre dans son périmètre la réglementation draconienne des activités nuisibles à l'environnement, les documents d'urbanisme et d'aménagement de l'espace de niveau infra-régional

1. Du nom de l'économiste britannique Arthur Pigou (1887-1959).
2. Ils sont intégrés aux SRADDET (*cf.* chapitre 1).

(SCOT[1], PLU[2]...) doivent « prendre en compte » (selon les termes mêmes inscrits dans le code de l'environnement) le SCRE, ce qui ne signifie, entre ces documents et le SCRE, ni un rapport de conformité, ni même de compatibilité, mais impose, avec des conditions d'exigence moindres, de ne déroger aux orientations de SCRE que sur la base de justifications raisonnables. Ainsi, bien qu'il puisse arriver que les caractéristiques d'une TVB en vigueur à travers le SCRE soient incompatibles avec le développement de nouvelles zones commerciales (par exemple), l'ouverture d'une ZAC[3] par une commune de la région n'est pas strictement impossible si celle-ci peut en justifier le bien-fondé.

- **Le réseau de sites Natura 2000**, couvrant 13 % du territoire métropolitain, comprennent une série d'activités prohibées ou limitées (en particulier celles impliquant une pollution de l'air et de l'eau) et le mécanisme de cette protection est notamment assuré par le fait que le SCOT (de niveau intercommunal), qui récapitule la liste et le périmètre de ces sites, s'impose aux documents communaux d'urbanisme (les PLU notamment), qui doivent lui être « compatibles ». Les intérêts d'un site Natura 2000 sont par ailleurs représentés par la structure porteuse du projet environnemental. Il s'agit en général d'une association, d'une ou plusieurs collectivités territoriales, d'un parc naturel régional..., qui veillent à faire observer des règles strictes de maintien et, le cas échéant, de restauration du milieu naturel et de l'équilibre numérique des espèces dans des proportions très surveillées. Les agriculteurs et autres propriétaires privés présents sur le site sont invités à souscrire à la charte Natura 2000.
- **Les 11 parcs nationaux[4] (la Vanoise, le Mercantour...) et les 54 parcs naturels régionaux** connaissent à la fois une fréquentation touristique importante et une faible activité commerciale très étroitement encadrée. L'activité économique est totalement subordonnée à la préservation d'une certaine idée rousseauiste de la nature, qui est recréée par les promoteurs du parc à l'image de ce qu'aurait pu être le milieu naturel si l'Homme n'était pas apparu sur Terre. La vocation touristique de ces parcs est totalement conforme à cette pédagogie de la Nature, à l'instar du rôle des musées d'arts plastiques, chargés de faire connaître l'état de la culture et de la conception de l'art aux siècles passés. Les promoteurs en question sont, pour les parcs nationaux, les établissements publics administratifs qui en assurent la gestion et, pour les parcs naturels régionaux, plusieurs collectivités (*a minima* la région et les communes) locales regroupées dans un syndicat mixte, qui peut également inclure des acteurs socioprofessionnels (Chambres consulaires...) et des établissements publics.
- **Les 165 réserves naturelles nationales et les 177 réserves naturelles régionales** sont exclusivement consacrées à la préservation de la faune et de la flore qui présentent souvent dans ces zones des caractéristiques rares ou remarquables. Nulle présence humaine (en dehors de la présence des personnels nécessaires ; vétérinaires et autres scientifiques ou techniciens) et *a fortiori* nulle activité économique n'y sont admises. Les structures porteuses de ces réserves sont des collectivités territoriales pour les premières et peuvent être des associations, des collectivités locales ou des établissements publics administratifs pour les secondes. La stratégie des aires protégées françaises (SNAP) prévoit pour 2030 la protection de 30 % du territoire national.

1. Schéma de cohérence territoriale.
2. Plan local d'urbanisme.
3. Zone d'aménagement concerté.
4. Le dernier parc est constitué par : « les forêts de Champagne et de Bourgogne ».

4 Bilan et perspectives

a. Des résultats en matière de lutte contre le réchauffement climatique qui commencent à être visibles mais supposent encore des progressions considérables pour tendre vers la trajectoire énergétique programmée

S'agissant de la transition énergétique, l'émission des gaz à effets de serre par la France a reculé de 17 % entre 1990 et 2014 et, même si elle est en reprise légère (+ 2 % entre 2014 et 2017, augmentation heureusement annulée en grande partie par la reprise de la baisse en 2018), la politique de maîtrise est à l'œuvre. On attendait de celle-ci à très court terme une baisse significative (– 13% entre 2017 et 2020, selon le projet de loi de finances pour 2020) des émissions par habitant.

La part du renouvelable dans notre consommation d'énergie (y compris la combustion des déchets et l'électricité hydraulique) se situe à la moyenne de l'Union européenne et est même un peu supérieure au niveau allemand, même si elle reste très inférieure à celle caractérisant les pays nordiques (notamment la Suède où la moitié de la consommation d'énergie vient du renouvelable) et de l'Autriche.

Cependant le rythme de progression du renouvelable est faible dans notre pays, puisqu'elle représentait 7,2 % de la consommation d'énergie en 1990 et seulement 11,3 % en 2017 en dépit d'une mobilisation générale illustrée par des plans (*cf. supra*) et des campagnes de communication.

Dans le détail, entre 2005 et 2017, la croissance du renouvelable est principalement due au développement de la biomasse solide (mais pas de l'ensemble biomasse et déchets), des pompes à chaleur (multiplication par 10), de l'éolien (multiplication par 20), des carburants renouvelables (multiplication par 5), du solaire photovoltaïque (multiplication par 400), le reste (énergie marémotrice, géothermie, solaire thermique, biogaz) n'atteignant pas encore des niveaux significatifs.

Autrement dit les plus fortes progressions appartiennent aux énergies étroitement dépendantes de conditions météorologiques (ensoleillement, fréquence et intensité des phénomènes venteux) à l'égard desquelles la France au climat tempéré n'est pas dans une position géographique exceptionnellement privilégiée. Se pose également à l'égard de ces sources intermittentes d'énergie le problème très délicat du stockage de l'électricité qu'elles produisent (*cf. infra*).

En prenant plus de recul **on peut tout de même constater la très forte restructuration du bilan énergétique de la France**. En effet, au cours de la période 1973-2017, la part du charbon (et des autres combustibles minéraux solides) est descendue de 15 % à 4 %, celle du pétrole de 68 % à 29 %, alors que la part du gaz était multipliée par 2 (de 7 % à 16 %), et celle de l'électricité (sa part d'origine nucléaire atteignant 75 %) par 10 (de 4 % à 43 %). L'ensemble composé des énergies thermiques (c'est-à-dire hors électricité) renouvelables et des déchets voit sa part progresser de 5 à 8 % et subit donc l'évolution la moins spectaculaire sur longue période, malgré un frémissement à la hausse, de 0,3 point, observé en 2018. **Ce qui domine dans cette vision rétrospective est bien évidemment la montée de l'énergie nucléaire bien plus que celle des énergies renouvelables.**

En matière d'économies d'énergie, parallèlement, les résultats sont probants, mais les objectifs fixés sont très ambitieux

Certes, la France est globalement de plus en plus performante quant à l'utilisation rationnelle et économe de l'énergie, ce dont atteste notre « indice d'intensité énergétique finale » (traduisant l'importance de la consommation en énergie pour un niveau de PIB donné) qui passe de près de 150 en 1970 à 100 en 1990 et moins de 85 en 2009, soit une baisse annuelle moyenne de 2,1 %. Pour l'avenir la France a cependant prévu un rythme annuel de baisse de 2,3 %, plus exigeant donc que le rythme historique, alors même qu'on peut penser que les mesures d'économie les plus simples et les plus efficaces ont été mises en œuvre en premier et qu'il reste donc, pour l'avenir, seulement des mesures moins performantes et/ou moins faciles à imposer.

b. Des difficultés concentrées dans quelques secteurs

Certains terrains de l'action environnementale enregistrent chroniquement des contre-performances, pour des raisons, sans doute structurelles, mais très variées (habitudes sociales, technicité et lourdeur des plans à instaurer, raisons scientifiques…). Il s'agit essentiellement des domaines suivants :

Transports

Malgré un volontarisme très tôt engagé, puisque la fixation de bornes au développement du transport routier est apparue dès la loi LOTI (loi d'orientation du transport intérieur) du 30 décembre 1982, qui prévoit des « schémas cohérents de déplacement », ce que l'on appelle le « **report modal** », c'est-à-dire le report des transports routiers consommateurs d'énergie carbonée (essence, diesel, autres hydrocarbures) vers d'autres modes de déplacement (fluvial et surtout ferroviaire) recourant à une énergie « propre » (électricité d'origine nucléaire ou renouvelable), bute sur un obstacle qui paraît tout autant infranchissable aujourd'hui que trente ans plus tôt.

Cet obstacle **est l'attrait exercé par le transport par véhicule automobile**, plus efficace pour la « logistique du dernier kilomètre » et globalement moins cher sur des distances inférieures à 1 500 km (et peut-être aussi incarnant mieux que les autres modes de transport l'idée de liberté humaine).

Cette barrière au report modal a toujours résisté malgré une réglementation constante et pressante : LOADDT (loi d'orientation pour l'aménagement et le développement durable du territoire) du 25 juin 1999 qui institue, les « schémas multimodaux de services collectifs » (mis en place en 2002), développement du Réseau transeuropéen de transport (RTE-T), à compter de 1996, qui implique lui aussi d'augmenter la part des modes de transport les plus respectueux de l'environnement, plan de relance du report modal par le Gouvernement français en 2009…

Si le transport par véhicules personnels tend à régresser légèrement depuis 2003[1] (mais reste à un très haut niveau, à 83 % des transports de voyageurs hors avions et bateaux en 2013, 81,6 % en 2019), **le fret routier ne cesse de progresser** (peut-être paradoxalement

1. Ce qui est partiellement explicable par la forte progression du transport routier collectif (cars, autobus) même si celui-ci sur des volumes (km × voyageurs) de 15 fois inférieurs à ceux assurés au moyen des véhicules individuels.

encouragé par le développement du ferroutage). Il passe en effet de 71 % en 1990 à 85 % en 2013 de l'ensemble des transports de marchandises, alors que le mode ferroviaire décline, de 19 % à 9 % entre ces mêmes dates et, malgré une légère reprise depuis 2010, reste au même ordre de grandeur (9,3 % en 2019).

La loi du 24/12/2019 d'orientation des mobilités utilise l'opportunité offerte par les technologies numériques (intelligence artificielle, big data..., *cf.* chapitre 3) pour encourager l'effacement de la distinction entre transports individuels et collectifs, au moyen notamment de nouveaux services de covoiturage et d'autopartage. Cette loi prévoit par ailleurs la fin de la vente des voitures à moteur atmosphérique (essence, diesel...) pour 2040.

État biologique et chimique des eaux de surface

La directive cadre sur l'eau (DCE, *cf. supra*) a fixé de longue date un objectif de 66 % des eaux de surface (lacs, étangs, fleuves, rivières...) en bon état écologique. Cet objectif n'a pas pu être atteint pour 2015, échéance initialement prévue par cette directive et a été reporté à 2021, voire 2027 pour certains cours d'eau. Cependant les résultats acquis sont encore loin de ce niveau : 44 % des masses d'eau concernées étaient en bon état en 2019 (41 % en 2015). Ce retard est le fait d'actions administratives parfois insuffisamment énergiques mais semble surtout tenir à la difficulté scientifique de maîtriser des écosystèmes particulièrement complexes.

Plans de protection des risques d'inondation

Le pourcentage de la population habitant en zone inondable protégée par un plan de prévention du risque inondation (en principe obligatoire depuis 1995, accompagné par les services de l'État, mais d'initiative municipale) n'atteignait que 59 % en 2016, date à laquelle cet indicateur a été retiré du projet annuel de performances associé à la loi de finances. Le dispositif VIGICRUES de l'État, qui s'est révélé efficace (notamment lors des crues de l'hiver 2017/2018, des intempéries du printemps 2018, des crues de l'Aude à l'automne 2018), permet de **réorienter la logique de prévention vers la surveillance et la prévision** plutôt que l'endiguement et les travaux hydrauliques. Il n'en reste pas moins que la protection de la population française n'est pas optimale.

c. Les perspectives liées à une évolution technologique pour l'instant inaboutie

De très nombreuses initiatives à base de technologie existent pour esquisser des solutions permettant d'éviter un réchauffement planétaire. Il s'agit notamment du blanchiment des nuages, dotés de propriétés réfléchissantes par aspersion de gouttelettes d'eau de mer, de la reproduction artificielle du phytoplancton (« piégeant » le CO2) par déversement de quantités massives de limaille de fer au fond des océans, de la brumisation de sulfates dans l'atmosphère (car on a constaté que les éruptions volcaniques diminuaient l'effet de serre), voire l'installation de miroirs dans l'espace pour renvoyer dans le cosmos une fraction de l'énergie solaire...

Ces projets de géo-ingénierie, plus ou moins aboutis, ont fait l'objet d'un moratoire lors de l'adoption du protocole de Nagoya (ajout à la Convention sur la diversité biologique de 1992), en 2010, moratoire confirmé plusieurs fois depuis, notamment à la conférence d'Hyderabad en 2012. Il semble néanmoins que le projet de blanchiment des nuages

SCOPEX (qui serait en partie fiancé par le fondateur de Microsoft Bill Gates) se poursuive, dans des conditions semble-t-il peu transparentes…

Sans doute plus réaliste que ces projets avant-gardistes, **l'électrolyse de l'hydrogène** contenu dans l'eau (développée notamment dans le cadre du projet MYRTE[1]) grâce à l'électricité tirée des énergies propres intermittentes (photovoltaïque, éolienne) permet de conserver celles-ci sous la forme de « piles » à hydrogène, ce gaz non carboné étant ensuite brûlé, au moment des pics de consommation électrique, dans des centrales thermiques. Cependant le rendement énergétique de ces procédés est aujourd'hui encore très faible, inférieur à 20 %, ce qui signifie une perte de plus de 80 % de l'électricité générée par exemple par une éolienne, si elle n'est pas immédiatement introduite dans le réseau EDF. Il est à noter que le plan France relance 2030, doté de 30 milliards d'euros pour la transition écologique, ne consacre pas davantage de moyens (2 milliards d'euros) au développement de cette filière hydrogène, qu'au secteur beaucoup plus classique de la valorisation des déchets.

Enfin il existe toute une gamme de procédés naturels permettant la **neutralisation du carbone**, au moyen notamment de la multiplication de la végétation à proximité des points d'émission, mais aussi série de procédés artificiels validés par l'Agence internationale de l'énergie dans le cadre de la démarche CTS (capture, transport, stockage géologique). Certaines de ces innovations potentielles aggraveront par ailleurs le principal paradoxe touchant la gestion de l'énergie renouvelable. Elles contribueront en effet à créer les conditions d'un coût marginal nul pour celle-ci. Or il sera tenant pour les producteurs d'énergies traditionnelles de cesser d'entretenir leurs équipements pour tenter de se rapprocher le plus possible de ce coût zéro, afin de rester compétitifs. Ce sera une des fonctions essentielles des pouvoirs publics de veiller à ce que cette situation n'aboutisse pas à relancer de fait les émissions de gaz à effets de serre, qui sont aussi combattues par la modernisation constante des technologies utilisées par les modes de production traditionnels.

L'énergie nucléaire en France

La catastrophe nucléaire de Fukushima, en mars 2011, a provoqué une vague internationale de doute quant à la pertinence ultime de ce mode d'exploitation énergétique. Cette remise en question s'est fondée certes sur des réactions émotionnelles bien compréhensibles et sans doute justifiables, mais aussi sur des choix publics se voulant rationnels. Compte tenu d'un bilan coûts/risques/avantages, l'Allemagne – à travers sa décision de fermeture provisoire (puis définitive) de 7 des 17 centrales entrées en service avant 1980 – a ainsi encore accentué chez elle la logique de sortie du nucléaire à l'œuvre depuis 1986 et l'implosion du réacteur de Tchernobyl.

1. Mission hYdrogène Renouvelable pour l'inTégration au réseau Électrique, animée par des chercheurs de l'Université de Corse.

S'agissant de la France, il convient de s'interroger sur la compatibilité d'une telle stratégie de sortie du nucléaire avec les choix traditionnels de notre pays en faveur d'une indépendance énergétique maximale. Plus généralement, la catastrophe de Fukushima change-t-elle quelque chose à la politique d'indépendance énergétique de la France ?

Une tradition d'indépendance nationale très fortement ancrée, fonde le développement de la filière nucléaire

À l'époque contemporaine, la politique d'indépendance énergétique (but poursuivi par la plupart des gouvernants dans l'histoire ; *cf.* par exemple les enjeux représentés par le charbon de la Ruhr dans les confits franco-allemands du XXe siècle) s'est affichée en France plus clairement encore que dans nombre d'autres États, à travers les décisions prises par le général de Gaulle de doter le pays d'une filière de production de l'énergie nucléaire. La catastrophe de Fukushima, ni les accidents nucléaires précédents n'ont bouleversé cette tradition qui repose sur des bases déjà anciennes.

En effet dès 1946, le CEA (Commissariat à l'énergie atomique) fut institué et la première pile atomique française (Zoé) entra en fonctionnement deux ans plus tard. La première application est militaire, la première bombe atomique explosant le 13 février 1960 sur le site algérien de Reggane. Les utilisations civiles suivent : entre 1966 et 1971, six réacteurs EDF sont mis en service, sur les sites de Chinon, de Saint-Laurent-des-Eaux et de Bugey. À la fin de cette période, le nucléaire fournit 5 % de l'électricité produite en France.

Soulignons par ailleurs que le nucléaire correspond en France à un élément notable du patrimoine politique et scientifique national. Outre la position d'indépendance internationale souhaitée et promue par le général de Gaulle, les noms de Pierre et Marie Curie (identifiant le thorium et le polonium, ce qui leur vaudra le prix Nobel de physique en 1903), de Henri Becquerel, d'Irène et Frédéric Joliot-Curie (prix Nobel 1935) sont des objets de fierté nationale pour la plupart des Français.

Il faut cependant admettre que tous les opérateurs de notre filière nucléaire – c'est-à-dire les cinq acteurs spécialisés (dont une autorité administrative indépendante, l'ASN[1]), que sont Areva pour les étapes en aval (obtention de l'uranium fissile et construction des réacteurs) et en amont (gestion des déchets) de la production électrique ; EDF pour l'exploitation des centrales et la production d'électricité ; le Commissariat à l'énergie atomique pour la recherche fondamentale en matière nucléaire et l'IRSN[2] pour la maîtrise des techniques limitant le risque nucléaire et en assurant la prévention – ne peuvent pas porter et traduire au même degré les ambitions d'indépendance nationale.

1. Autorité de sûreté nucléaire.
2. Institut de radioprotection et de sûreté nucléaire.

À cet égard, l'approvisionnement de la filière, en particulier en uranium (effectué actuellement auprès du Canada, du Kazakhstan et du Niger[1], et à terme de la Namibie, de la Centrafrique, de la Mongolie, de la Jordanie, ou de l'Afrique du Sud) ne présente pas une sécurité absolue, au regard de la fragilité politique et sociale de certains de ces États. (On pense par exemple au Niger où sept salariés d'Areva furent enlevés en 2009, dans le contexte d'une rébellion touarègue quasi-permanente, de tensions aux frontières endémiques avec le Mali et d'un système politique qui semble avoir rompu depuis 2011 avec une époque de coups d'États, mais où la stabilité démocratique est fragile ; ou encore au Kazakhstan dont la solidité politique est suspendue à la poursuite du régime autoritaire de Nursultan Nazarbaïev, officiellement retiré en 2019 après 29 ans au pouvoir, mais qui continue d'exercer une influence déterminante.)

Le processus de réorientation déclenché par l'accident de Fukushima et conforté par la victoire électorale de François Hollande

Au lendemain de la catastrophe de Fukushima, l'audit de la sécurité de nos 58 centrales nucléaires, entreprise sous l'égide de l'ASN entre avril 2011 et janvier 2012, a conclu à la sûreté fondamentale de ces installations mais aussi qu'il conviendrait de procéder à des investissements de sécurisation additionnelle pour un montant de 10 milliards d'euros, à la charge d'EDF. Cette contrainte pèse sur le bilan économique du recours à l'énergie nucléaire et améliore comparativement la rentabilité des énergies renouvelables.

La fermeture de notre plus ancienne centrale, à Fessenheim, était également décidée pour 2016 au plus tôt. Ses deux réacteurs ont finalement été arrêtés en 2020. L'EPR de Flamanville, dont la livraison avait été initialement prévue pour 2012, doit, de reports en reports, entrer en activité en 2023.

Un rapport de 2011 de l'Office parlementaire d'évaluation des choix scientifiques et technologiques estimait cependant que même à l'horizon de 2050 les centrales nucléaires françaises devront encore fournir de 50 à 60 % de l'électricité consommée dans notre pays (selon le scénario dit de « trajectoire raisonnée »). Il apparaissait ainsi que l'horizon fixé sous la Présidence Hollande à 2025 pour faire descendre cette proportion de 75 à 50 % était peu réaliste. Cet horizon est aujourd'hui repoussé à 2035 par la loi du 8 novembre 2019, relative à l'énergie et au climat.

Le risque nucléaire

Lors de l'accident nucléaire le plus sérieux survenu en France (le 13 mars 1980, la centrale nucléaire de Saint-Laurent, dans le Loir-et-Cher, connaît un dysfonctionnement qui conduit à la fusion de deux éléments combustibles d'un des réacteurs, en raison notamment de phénomènes de corrosion ayant affecté une

1. Qui assure 32 % de l'approvisionnement français en uraniumx.

plaque de maintien), n'a pas dépassé le niveau 4 sur l'échelle internationale INES de gravité des incidents nucléaires, les accidents de Three Mile Island, Tchernobyl et Fukushima étant notés respectivement 5, 7 et 7.

Par ailleurs, depuis 1969 les réacteurs nucléaires construits en France sont des réacteurs à eau pressurisée (REP) exploitant principalement la licence américaine Westinghouse et correspondant à des procédés technologiques différents de ceux utilisés tant à Tchernobyl qu'à Fukushima. Le réacteur EPR en voie d'achèvement à Flamanville constitue une évolution de ce procédé technologique fondé sur la séparation entre la vapeur d'eau issue de la chaleur créée par la fission nucléaire et la vapeur (résultant d'une deuxième cuve) entraînant le mouvement des turbines productrices de l'électricité, qui ne sont donc pas en contact direct avec les molécules radioactives.

Or les réacteurs à eau bouillante (REB) en service à Fukushima étaient caractérisés par un procédé de construction plus simple, n'offrant pas de barrière entre les turbines et les éléments radioactifs. La centrale de Tchernobyl était encore différente, par son absence d'enceinte de confinement et l'utilisation de graphite pour modérer la réaction, matériau qui pouvait précisément produire l'effet contraire d'exacerbation en cas de circonstances défavorables.

La solution nucléaire française apparaît donc loin d'être condamnée par les deux grandes catastrophes ayant affecté cette filière. Ce sont les déchets radioactifs, traité et confinés à la Hague, mais représentant un risque en raison de leur très longue durée de vie qui motivent pour une bonne par le rééquilibrage programmé entre les solutions nucléaire et renouvelable. Il convient enfin de noter qu'en octobre 2021, dans le cadre de sa présentation du plan France 2030, le président de la République a annoncé l'investissement d'un milliard d'euros dans le développement de petits réacteurs modulaires (PRM), relativement peu coûteux et plus réactifs aux variations de la consommation d'électricité.

Entraînement

Synthèse

Les points-clefs à ne surtout pas oublier

- La radicalité des objectifs quantitatifs, très (trop ?) exigeants de la lutte contre le réchauffement climatique.
- Le développement durable, tellement ramifié par un nombre important de mesures qu'il est devenu aujourd'hui indissociable de la culture de l'État.
- L'emprise des normes internationales et européennes sur la politique environnementale nationale

Les mots-clefs à retenir

- Neutralité carbone
- Géo-ingénierie
- Stratégie bas carbone
- Biodiversité
- Normes supranationales
- Grenelle de l'environnement
- Zonage environnemental
- Fiscalité incitative

Les sujets de concours possibles

- Existe-t-il de « nouvelles frontières » à conquérir pour la politique du développement durable ?
- Comment le Gouvernement peut-il convaincre les citoyens d'adhérer à des objectifs fixés pour la fin du siècle ?

À l'oral, comment répondre en deux ou trois phrases aux questions les plus plausibles

Alors qu'aujourd'hui 85 % de l'énergie mondiale est produite à partir d'hydrocarbures, ne pensez-vous pas que le combat pour une énergie propre et une croissance verte est perdu d'avance ?

Sur le plan mondial, la transition énergétique est certes à certains égards utopique car les pays émergeants peuvent être tentés d'utiliser les énergies les moins coûteuses sur le plan des investissement initiaux, c'est-à-dire les énergies carbonées, malgré le fonds d'adaptation instauré par la COP 21. En ce qui concerne la France, le défi à relever est exigeant mais peut-être pas hors de portée. Il s'agit en effet à la fois de trouver une alternative crédible au nucléaire alors qu'un réacteur atomique de puissance moyenne produit davantage d'électricité que la gigantesque usine marémotrice de la Rance, une des trois plus grandes du monde ; et de poursuivre et même d'amplifier la réalisation d'économies d'énergie à l'œuvre depuis 1974. Beaucoup dépendra finalement du comportement de chaque Français et de sa capacité à opérer des choix écologiquement responsables.

Un Gouvernement dominé par des préoccupations écologiques est-il concevable ?

On peut en douter dans la France actuelle, dans la mesure où cela reviendrait à constater le triomphe de l'écologie politique, tradition peu implantée dans notre pays et qui promeut une contestation globale de l'ordre social, afin de décentrer l'Homme et de subordonner son existence collective à la priorité absolue donnée au respect de la nature. Toutefois l'écologie tend à devenir une véritable dimension transversale de l'action gouvernementale et on peut penser que cette orientation se renforcera encore.

Conseils bibliographiques

- Sylvie Brunel, *Le développement durable*, PUF, « Que sais-je ? », 2018.

15 Pour être fin prêt le jour du « grand oral »

En matière de concours, la tradition française est celle de la souveraineté du jury. Toutes les questions peuvent donc être posées au candidat à l'occasion du grand oral, sous réserve, naturellement, du respect de la loi et de la décence... Cela étant admis, il ne faut pas en déduire pour autant que toutes les questions, des plus saugrenues aux plus sérieuses, auraient la même probabilité de se voir formulées. Les questions de pure culture générale littéraire, philosophique, artistique ou historique sont en particulier aujourd'hui très improbables en raison du discours public (membres du Gouvernement, experts, présidents de jurys...) les proscrivant comme liées à une origine sociale privilégiée.

En réalité, on peut classer les questions les plus plausibles en quatre groupes :

- les questions visant à vérifier les **connaissances** du candidat sur des sujets que nul ne devrait ignorer, compte tenu des thématiques du débat public dans la France d'aujourd'hui ;
- les questions relatives aux capacités du candidat à faire preuve d'un certain **bon sens citoyen** : il s'agit souvent de questions d'ordre éthique pour lesquelles il n'existe pas de « bonnes réponses », simplement des réponses plus ou moins compatibles avec une attitude citoyenne qui est souvent valorisée (à juste titre !) par les membres du jury ;
- les questions qui concernent la bonne compréhension par le candidat de la notion de **service public** et du rôle qu'il est appelé à y jouer ;
- enfin, des **mises en situation**, par lesquelles le jury tente de se forger une idée de la manière dont le candidat pourrait être amené à se comporter face à un dilemme professionnel, un supérieur hiérarchique, un problème nouveau et inattendu...

1 Questions « Connaissances »

On a l'impression que les crimes commis par les récidivistes se multiplient. D'après vous, l'État fait-il bien son travail à cet égard ?

Il est vrai que l'actualité est parfois riche d'exemples de cette nature. Cependant, si on raisonne sur les chiffres globaux, on doit constater que le taux de récidive est en réalité assez faible en matière criminelle, de l'ordre de 7 ou 8 %, ce qui est bien sûr encore trop, en particulier du point de vue des victimes. Sans qu'on doive mettre un gendarme derrière chaque citoyen, l'État a sans doute les moyens de réduire encore le risque de récidive, en particulier en améliorant les dispositifs de préparation à la sortie de prison, qui peuvent être efficaces s'agissant au moins des crimes crapuleux.

Qu'appelle-t-on le droit d'ingérence ?

Il s'agit d'une modalité d'intervention extérieure dans les affaires intérieures d'un État, modalité reconnue comme légitime depuis 1988 par la communauté internationale en vertu de plusieurs résolutions de l'Assemblée générale et du Conseil de sécurité de l'ONU. L'ONU peut faire jouer le droit d'ingérence notamment en cas d'imminence d'une catastrophe humanitaire, que celle-ci soit le fait de forces naturelles ou d'agissements de groupes humains.

Existe-t-il des pistes d'amélioration de la fiscalité des personnes physiques en France ?

Il semble qu'il y ait un consensus, d'une part, sur l'existence d'un nombre excessif de niches fiscales, ce qui aboutit à rendre l'impôt sur les personnes physiques moins progressif qu'il n'y paraît ; d'autre part, sur une concentration trop forte de cet impôt sur un petit nombre de contribuables. Un impôt à taux réduit et à assiette élargie pourrait avoir l'avantage d'être à la fois plus équitable et moins pesant pour les contribuables.

Quelles ont été d'après vous les applications les plus utiles du principe de précaution ?

On peut penser à un certain nombre d'exemples de cette application : la suspension pendant 5 jours du trafic aérien à cause du nuage de cendres provoqué par l'éruption d'un volcan islandais, l'ordre de démanteler une antenne relais dans la région parisienne, l'arrêt des campagnes de vaccination contre l'hépatite B. Il faut reconnaître que ces mesures ont sans doute été facilitées par l'existence constitutionnelle d'un principe de précaution, mais que ce principe crée ses propres difficultés[1] et que le principe classique de prévention[2] aurait peut-être pu trouver à s'appliquer dans ces exemples avec une efficacité équivalente.

Le G20 vous paraît-il jouer un rôle utile ?

Depuis 2008 et jusqu'à l'élection de D. Trump, le G20 au niveau des chefs d'États et de gouvernement peut se prévaloir d'un vrai bilan. Le point le plus important est peut-être la réaffirmation solennelle du refus du protectionnisme, ce qui écarte un facteur de ressemblance entre la situation actuelle et la crise de 1929. Néanmoins la coopération au sein du G20 ne va pas sans tensions importantes, générées par exemple par la politique de change de la Chine.

La question prioritaire de constitutionnalité favorise-t-elle les batailles de procédure ?

Si l'on considère la rapidité avec laquelle on assiste depuis 2008 au dépôt de nombreuses QPC, cette possibilité de saisir le Conseil constitutionnel va devenir à brève échéance un élément à part entière de la procédure contentieuse, avec des utilisations abusives toujours possibles. Dans un État de droit comme la France, les règles de forme de la justice visent avant tout à protéger les accusés, pour préserver la présomption d'innocence. Les batailles de procédure me paraissent la contrepartie inévitable de cette liberté.

Est-il normal que l'agriculture soit subventionnée en France ?

On peut distinguer deux plans. Du point de vue des règles de fonctionnement du secteur agricole au sein de l'Union européenne, il est conforme à celles-ci que les agriculteurs perçoivent des subventions, de plus en plus selon une logique forfaitaire plutôt qu'en termes d'aides directes à la production (en fonction des quantités produites). D'un point de vue

1. L'office parlementaire d'évaluation des choix scientifiques et technologiques relève, en octobre 2009, le fait que l'État utilise le principe de précaution pour gérer divers rapports sociaux, plutôt que des risques objectifs, et surtout que les juridictions tendent à exiger des industriels que ce soient eux qui prouvent le risque zéro (dans une logique d'inversion de la charge de la preuve), ce qui est virtuellement impossible et contribue à freiner l'innovation.

2. Le principe de précaution est inscrit dans la Constitution depuis 2005, mais, depuis 1996, il existe une procédure de mise en œuvre d'un principe de prévention, correspondant à la prise en charge de risques avérés, et non (comme dans le cas du principe de précaution) à une incertitude sur l'existence d'un risque.

plus général et sur le long terme, on peut s'interroger sur la pertinence de ces subventions qui, si elles sont la contrepartie des aléas notamment climatiques auxquels l'agriculture est confrontée, ne paraissent pas contribuer à rendre ce secteur économiquement sain.

Comment définissez-vous la mondialisation ?

En m'appuyant sur un expert tel que Philippe Moreau-Defarges, je définirai la mondialisation par l'ensemble des accélérations suivantes : du flux des hommes ; de celui des biens et services ; de l'argent ; de l'information.

Quel pourrait être l'intérêt d'inscrire la loi de 1905 sur la laïcité dans la Constitution ?

La Constitution comporte déjà des éléments de protection de la laïcité (*cf.* article 1). Y inscrire les précisions supplémentaires qu'apporte la loi de 1905 jouerait à la fois un rôle symbolique de renforcement des orientations laïques de la République et un rôle pratique de consolidation des garanties juridiques données à ces principes. Cependant la loi de 1905, en vertu de son ancienneté, a sans doute acquis une autorité propre qui courrait le risque d'être compromise dans une bataille politique autour d'une éventuelle constitutionnalisation.

Qu'est-ce qu'un emploi fonctionnel ?

Les emplois fonctionnels sont des fonctions, en général supérieures, déconnectées du système de la carrière se déroulant au sein des corps de la fonction publique. En particulier, les emplois fonctionnels comportent une rémunération spécifique qui se substitue pour les titulaires de ces fonctions au traitement qu'ils percevraient dans leurs corps.

Y a-t-il matière à réformer le statut du chef de l'État ?

Je ne sais pas s'il faut aller jusqu'à la réforme, mais il est sûr que certains éléments du statut sont moins consensuels que d'autres : le droit de grâce (malgré la réforme de 2008[1]), l'immunité pénale (malgré la réforme de 2007[2]), les sièges réservés au conseil constitutionnel en faveur des anciens présidents de la République, cette dernière disposition ayant d'ailleurs depuis 2013 fait l'objet de projets de révision de la Constitution.

Qu'entend-on par la sécurisation des parcours professionnels ?

Ce vocable renvoie notamment aux outils législatifs (2002 : VAE, 2004 : formation tout au long de la vie) mis en place dans l'objectif de permettre aux salariés de maintenir en permanence leurs compétences à niveau et conformes aux besoins du marché. Les bilans de compétences et le coaching au moment de la recherche d'emploi contribuent aussi à cette tentative de sécurisation.

L'État peut-il sauver les entreprises en difficulté ?

Ce n'est pas fondamentalement le rôle de l'État d'intervenir dans les aléas de la vie des entreprises. Il doit créer les conditions générales favorables à la création et au maintien des entreprises mais il doit respecter pour autant la liberté du commerce et le droit de la concurrence, c'est-à-dire ne pas fausser les conditions de l'essor et de déclin d'entreprises particulières. Cependant quand une situation spécifique crée des tensions anormales, il entre dans les attributions de l'État de désamorcer les conflits en se portant garant de solutions

1. Suppression de la grâce collective par la révision de la Constitution du 2008.
2. *Cf.* la révision constitutionnelle du 23 février 2007.

industrielles qui ne seraient pas intervenues sans lui, dans le respect du régime communautaire des aides d'État, qui ne lui laisse cependant pas de grandes marges de manœuvre.

Pouvez-vous décrire le mécanisme de la TVA sociale, régulièrement présenté comme une technique « indolore » de création de ressources fiscales ?

Le mécanisme de la TVA sociale consiste à substituer à des cotisations sociales le montant équivalent prélevé sous forme de TVA. En première analyse ce ne sont pas les mêmes agents économiques qui paient les deux formes de contribution. Les entreprises s'acquittent des cotisations sociales et les ménages de la TVA. Mais beaucoup d'économistes pensent qu'en dernier ressort ce sont de toute façon les ménages qui subissent en réalité les deux prélèvements, même si une partie en proviendrait des biens importés (mais qui seraient alors plus chers pour les Français).

2 Questions « Bon sens citoyen »

Vaut-il mieux des journalistes ou de simples particuliers pour interroger le chef de l'État ?

Du point de vue de l'efficacité de la communication du président de la République chaque formule a ses avantages. Les journalistes ont peut-être plus de facilité à définir des problématiques en termes généraux, ce qui tend à mettre mieux en valeur la fonction présidentielle. Mais les Français s'identifient peut-être davantage à leurs compatriotes ordinaires qui posent les questions. Du coup ils sont davantage réceptifs au message présidentiel. Comme citoyen(ne), j'avoue préférer la première/la seconde formule.

Est-ce que la laïcité en France vous paraît en train d'évoluer ?

La France dispose d'une tradition laïque plus que centenaire, puisqu'elle remonte à 1905. Ces dernières années de nouveaux textes[1] ont cherché à limiter les manifestations ostensibles de l'expression religieuse dans l'espace public. Ces orientations me paraissent plus une confirmation des principes de séparation adoptés en 1905, qu'une véritable évolution débouchant sur une nouvelle laïcité.

Que pensez-vous de l'orientation récente tendant à donner davantage de place aux citoyens dans la préparation des politiques publiques ?

Une proposition de loi adoptée par les députés[2] prévoyait en effet il y a quelques années qu'un débat public incluant de nombreux citoyens soit organisé avant chaque réforme touchant la bioéthique. Il y a quelques années, une convention citoyenne pour le climat a été installée par l'exécutif. On peut s'en réjouir même si les institutions représentatives de la République visent déjà en temps normal à donner corps au débat citoyen. Une écoute supplémentaire offerte à l'expression du point de vue de l'homme de la rue peut constituer une précaution légitime lorsque sont en cause des enjeux qui renvoient à l'existence même de chacun, de ses organes, de son patrimoine génétique, de ses convictions éthiques (ou religieuses) et de son avenir sur Terre.

1. *Cf.* la loi du 15 mars 2004 prohibant la manifestation ostensible de signes d'appartenance religieuse dans les écoles, les collèges et les lycées publics, et la loi du 11 octobre 2010 interdisant la dissimulation du visage dans l'espace public, bien que cette dernière loi se fonde explicitement, non sur la laïcité, mais sur des considérations relatives à la dignité de la femme et la sécurité publique.
2. Le 16 février 2010.

Existe-t-il un risque de voir la démocratie faussée par les sondages ?

La France a été jusqu'à la loi du 19 février 2002 un des rares pays à interdire la publication de sondages dans les jours précédant une consultation électorale. Aujourd'hui, l'interdiction prend effet la veille de la consultation. La mesure est peu efficace en raison de la possibilité, notamment, de se procurer ces informations par Internet et également du fait que les sondages ont eu largement le temps d'influencer, le cas échéant, les électeurs durant l'essentiel de la période de campagne. Je crois que la démocratie se fonde en dernière analyse sur la capacité d'autonomie intellectuelle des électeurs. Si cette condition est remplie, les sondages constituent simplement une source d'influence parmi beaucoup d'autres et qui n'est, pas plus que ces autres sources, menaçante pour la démocratie.

Le mouvement des « gilets jaunes » vous fait-il penser à celui de Mai 68 ?

Certes la composante tenant au déclenchement brutal et à une certaine spontanéité des premières initiatives des participants est commune aux deux phénomènes, mais ce sont surtout les différences qui sont frappantes : contexte de croissance économique, forte prévalence de la question des universités dans les revendications, contagion, certes ponctuelle, au monde de l'industrie sous forme de grève générale, unité de temps et de lieu d'une part ; absence de ces éléments d'autre part.

Faut-il mettre les élites en accusation ?

Les élites ont sans doute un certain devoir d'exemplarité, mais en l'absence de ces qualités morales elles conservent des protections garanties par notre régime de droits de l'homme et de libertés publiques, qui ont vocation à les préserver de toute persécution. De plus les élites peuvent difficilement être considérées comme une catégorie homogène. Celles qui servent l'État ne peuvent en général pas être caractérisées par un comportement extravagant méritant l'opprobre public. Des exceptions régulières (deux affaires de fraude fiscale majeure durant ces cinq ou six dernières années, dont une sanctionnée par neuf années d'emprisonnement, touchant des « ténors » de la vie politique, ainsi que de nombreux cas de conflits d'intérêts) ne modifient pas ce constat général, mais elles expliquent la tentation de la mise en accusation systématique.

Les révolutions du « Printemps arabe » ont-elles été comparables à la Révolution française ?

La Révolution française est marquée par au moins deux caractéristiques : l'existence de plusieurs pics de violence, le premier n'étant pas le plus important, et l'exécution du souverain et des principaux (sinon tous) dignitaires du régime déchu. Rien ne permet pour l'instant d'affirmer que les pays auteurs du Printemps arabe suivront cette trajectoire.

Vous sentez-vous l'âme d'un lanceur d'alertes ?

Tout le monde peut être confronté un jour à une irrégularité. La signaler est alors une obligation dont je m'acquitterai. Depuis dix ans les lanceurs d'alerte en matière de lutte contre la fraude fiscale sont d'ailleurs reconnus et protégés d'un licenciement ou de discrimination dans leur emploi et disposent, en cas de procédure de sanction à leur encontre, de l'inversion de la charge de la preuve en leur faveur. Il en va de même, depuis l'entrée en vigueur en 2016 de la loi Lebranchu[1], à travers toute la fonction publique et pour tout type d'actes répréhensibles.

1. Loi du 21 avril 2016 relative à la déontologie et aux droits et obligations des fonctionnaires.

Une campagne communication de l'État en faveur du slogan « acheter français » est-elle vouée à l'échec ?

En termes économiques, l'injonction d'acheter français s'analyse comme la mise en œuvre d'un impôt prélevé sur les consommateurs de produits français plus chers et destiné à subventionner les producteurs desdits produits. Comme toute imposition, celle-ci entraînerait vraisemblablement des résistances, si bien qu'une campagne de communication risque de constituer un levier insuffisant pour faire évoluer significativement les comportements d'achat.

Vous paraît-il possible de considérer, comme le faisait une secrétaire d'État dans le contexte du mouvement « me too », qu'il faut à la fois maintenir la présomption d'innocence de la personne désignée comme agresseur sexuel et établir une présomption de véracité de la parole accusatrice ?

Cette position de la secrétaire d'État a probablement son utilité sans le registre de la communication mais elle me paraît dévier quelque peu de notre tradition juridique. Celle-ci donne en effet la primauté à la présomption d'innocence, qui est un principe sacré sans lequel le système judiciaire d'aucun État de droit ne peut fonctionner. Et ce principe de non-culpabilité sans jugement est manifestement incompatible avec la promotion de la thèse de la partie plaignante au rang de vérité présumée. Il faut espérer que ces contradictions entre le respect dû à l'expression d'une souffrance et à la formulation d'une accusation, d'une part, et à la préservation des droits à la défense de l'accusé, d'autre part, seront résolues à brève échéance par le progrès des techniques d'identification, par l'ADN notamment.

Que vous inspire la suppression de l'ENA ?

Il est toujours nécessaire de faire évoluer les institutions. Faut-il pour autant les supprimer, a fortiori lorsqu'elles ont paru pendant des décennies rendre les services qu'on attendait d'elles ? L'ENA a acquis à son corps défendant un statut de bouc émissaire chargé d'expliquer, par sa seule existence, plus ou moins tous les dysfonctionnements de l'État et même beaucoup d'insuffisances inévitables et facilement justifiables. Il faudra bien demain comme aujourd'hui un système de sélection et de formation des futurs hauts fonctionnaires et ce système risque de présenter nombre de points communs avec l'ENA, dont la suppression devient du coup problématique et arbitraire. Cependant si l'on est prêt à soutenir que la haute fonction publique doit être à l'image de la population au sens large, comme on serait prêt à soutenir que les talents particuliers d'un chirurgien ou d'un pilote d'avion devraient être alignés sur ceux de l'individu moyen, alors incontestablement l'ENA, pas plus qu'aucune autre grande école, ne pouvait accomplir cette tâche.

Pensez-vous qu'il faille restaurer Notre-Dame à l'identique ?

Je ne suis pas un(e) spécialiste d'architecture et je ferai abstraction de mon goût personnel, mais il me semble que s'écarter, pour des éléments notables du patrimoine, d'une restauration à l'identique nécessite des raisons particulières, comme le prévoit du reste la Charte internationale de Venise de 1964. Ceci d'autant plus que la flèche détruite de Viollet-le-Duc, même si elle était tardive, faisait incontestablement corps, esthétiquement et psychologiquement, avec la cathédrale, laquelle avait de plus été inscrite avec cette flèche au patrimoine mondial de l'Unesco en 1991. Des raisons impérieuses d'innover ne me paraissent pas évidentes, même si je reconnais bien évidemment que l'idée d'un geste architectural ancré dans le XXIe siècle a sa légitimité.

3 Questions « Sens du service public »

En quoi la fonction d'attaché permet-elle particulièrement de servir l'intérêt général ?

L'attaché, comme tout autre fonctionnaire de l'État, a vocation à servir l'intérêt général, c'est-à-dire l'ensemble des politiques qui ont été désignées comme exprimant cet intérêt public par le processus démocratique. L'attaché a peut-être un rôle spécifique à jouer en ce sens qu'il se situe au croisement des orientations stratégiques et des contraintes techniques déterminant les politiques publiques. Par sa position, il peut apporter son éclairage particulier sur la mise en œuvre de l'intérêt général.

Dans un contexte où la France apparaît de plus en plus dépendante de l'Union européenne, avez-vous songé à présenter les concours des institutions communautaires ?

Non. Je me suis en effet intéressé(e) à ces concours mais pas au point d'envisager de les préparer. Même si les politiques publiques françaises s'inscrivent en effet de plus en plus dans un cadre européen, il existe encore de nombreuses politiques nationales : politique de l'emploi, de la santé, de la solidarité, du logement, politiques de maintien de l'ordre et de la justice, tous ces domaines n'ont pas été communautarisés. De plus, même si l'Union européenne définit un cadre contraignant, il s'agit d'une contrainte librement consentie par la France. Les autorités françaises doivent donc continuer, même dans les champs communautarisés, à formuler une position qui soit celle de la France et qui puisse ensuite alimenter les procédures de décision communautaires.

Cela vous démotiverait-il d'être nommé(e) à la sortie de l'IRA dans un service non régalien ?

Non, cela ne serait pas de nature à me démotiver, car la distinction régalien/non régalien n'est pas forcément essentielle pour l'intérêt du poste. Les fonctions régaliennes peuvent avoir une technicité particulière, mais je crois que l'État insiste beaucoup aujourd'hui sur des qualités telles que la capacité d'initiative ou la facilité à travailler en équipe, qui peuvent s'illustrer tant dans un contexte régalien que dans d'autres manifestations du service public.

Quels sont les échecs de l'État aujourd'hui ?

Les échecs les plus graves sont sans doute ceux qui engagent l'avenir. Ainsi on peut se poser la question de savoir si les pouvoirs publics ont su gérer suffisamment bien la massification de l'enseignement secondaire. L'Éducation nationale semble en effet se caractériser depuis plus de 25 ans par des mouvements de balancier entre le fait de « mettre le savoir au centre du système » (donner la priorité à quelques connaissances minimales), « mettre l'élève au centre du système » (lui permettre de choisir de nombreuses options, censées l'épanouir, au détriment éventuel de la solidité des connaissances de base), « mettre la communauté éducative au centre du système » (augmenter le nombre de professeurs, dédoubler les classes, spécialiser certains enseignants dans le rattrapage individuel ou en petits groupes), augmenter les autres moyens humains (surveillants…). Il n'y a là peut-être pas la continuité nécessaire.

Trouvez-vous normal de remplacer les principaux hauts fonctionnaires lors des changements de majorité politique ?

Cette réalité (du remplacement) est en léger déclin mais reste est paradoxale dans la mesure où la neutralité entre dans les obligations des fonctionnaires et que les hauts fonctionnaires sont même soumis à un devoir de réserve renforcé (*cf.* en 1953 l'arrêt Teissier du Conseil d'État). On peut toutefois la comprendre en remarquant que, d'une part, il s'agit d'« emplois supérieurs à la discrétion du gouvernement » et, d'autre part, que le pouvoir peut légitimement estimer mieux parvenir à travailler avec des cadres qu'il connaît déjà.

Un fonctionnaire peut-il s'indigner ?

Un fonctionnaire peut bien sûr s'indigner mais il doit donner à son indignation une expression mesurée, car il est soumis à un devoir de réserve. Aux termes du droit en vigueur (c'est-à-dire la jurisprudence du Conseil d'État telle qu'elle a été formulée en particulier par l'arrêt Teissier de 1953), ce devoir est d'autant plus rigoureux que le fonctionnaire occupe une position élevée dans la hiérarchie administrative.

Face à la crise de la dette publique, une baisse des rémunérations des fonctionnaires serait-elle acceptable ?

Jusqu'à présent, la solution aux difficultés financières (endettement, déficit budgétaire), de la France a passé par des solutions (gel des dépenses de l'État, augmentations de certains impôts) qui évitent de toucher au pouvoir d'achat des fonctionnaires, même si la valeur du point d'indice servant à déterminer une partie de leur traitement n'a quasiment pas été revalorisée. S'il fallait aller plus loin, il me semblerait normal que les fonctionnaires prennent leur juste part, dans des conditions d'équité appropriées, de l'effort collectif nécessaire.

Quel ministère ou secteur de l'activité de l'État mériterait-il de bénéficier de davantage de ressources budgétaires ?

Je pense que le … est particulièrement stratégique pour l'action gouvernementale car…

De plus, c'est un secteur qui va engager ces prochaines années un volume significatif de dépenses nouvelles, correspondant à telles ou telles réformes (dire lesquelles). Ressources qui, compte tenu de la crise des finances publiques, ont forcément été mesurées avec parcimonie. C'est donc là qu'il y aurait peut-être lieu de se donner davantage de marge de manœuvre budgétaire.

Vous avez entendu parler d'un décret de 2012[1] interdisant de dépasser, au sein des entreprises publiques, un écart de rémunération de 1 à 20 entre le plus petit salaire et celui du dirigeant de la structure. Quel devrait être cet écart entre, par exemple, un chef de bureau en administration centrale, et son collaborateur le moins gradé ?

J'avoue que j'aurai du mal à formuler une réponse dans la mesure où ce sujet me paraît essentiellement à la fois de nature très politique et très technique. Très politique car il revient aux autorités politiques élues de mesurer, dans chaque contexte social donné, l'acceptabilité de tel ou tel écart de rémunération dans le secteur public. Très technique car cet écart dépend aussi du contenu précis des postes en cause, et cette détermination du poids des postes, en fonction de la vocation de chacun des corps, relève normalement du dialogue social entre la DGAFP[2] et les organisations syndicales de la fonction publique

1. Décret du 26 juillet 2012 relatif au contrôle de l'État sur les rémunérations des dirigeants d'entreprises publiques.
2. Direction générale de l'administration et de la fonction publique.

4 Questions « Mises en situation »

Vous êtes affecté au ministère de l'Économie, on vous demande de préparer un argumentaire contre la sortie de l'euro. Cet argumentaire est contraire à vos convictions. Que faites-vous ?

Un fonctionnaire est avant tout un serviteur neutre de l'État, soumis à l'obligation hiérarchique. C'est donc sans états d'âme que j'effectuerai le travail demandé. Cela ne me poserait pas de difficultés particulières, on peut être opposé à l'euro, ce qui n'est d'ailleurs pas mon cas, et en même temps être capable de comprendre et d'intégrer les arguments favorables à la monnaie unique.

Vous êtes affecté à une fonction dans le cadre de la lutte contre les violences faites aux femmes. On vous demande des propositions. Lesquelles avanceriez-vous ?

Comme pour toute violence, les solutions passent à la fois par la prévention et la répression. On peut penser à une série d'améliorations à apporter : meilleure sensibilisation à ce problème dans le cadre scolaire, facilitation de l'accès au droit pour les victimes, accompagnement de leur réinsertion professionnelle et de leur relogement.

Vous êtes attaché d'administration au ministère de l'Intérieur et vous vous attendez à devoir travailler sur le cumul des mandats électoraux. Quelles considérations vous paraissent-elles centrales pour éclairer cette question ?

Tout d'abord, je crois qu'il faut garder à l'esprit les interdictions actuelles, qu'aucun camp politique n'envisage sérieusement de lever dans leur totalité. Un élu ne peut cumuler plusieurs mandats électifs nationaux ou européens. Il ne peut non plus cumuler ces derniers avec des fonctions gouvernementales. Enfin il ne peut (depuis 2017) pas davantage cumuler le mandat de député ou de sénateur avec l'exercice d'un pouvoir exécutif local (maire, président de conseil général…). Ensuite il y a sans doute lieu de retravailler l'argumentaire sur la suppression des députés-maires ou sénateurs-maires. Des voix se sont fait entendre ces dernières années pour regretter les synergies qui pouvaient exister entre ces deux mandats, et, à l'heure où le président de République évoque la nécessaire réduction de la coupure entre le pouvoir et les réalités locales, il paraît opportun de revisiter cette question.

Vous êtes affecté au ministère de l'Économie et plusieurs bureaux souhaitent vous recruter, l'un chargé de la politique de la concurrence, l'autre de politique industrielle, le troisième du budget de la Sécurité sociale. Quel choix effectuez-vous et pourquoi ?

Concurrence : intérêt pour les questions juridiques, enjeu pour le citoyen d'un bon fonctionnement de la concurrence, enjeu pour la France d'avoir de bons rapports communautaires.

Politique industrielle : facteur de compétitivité de la France, intérêt pour l'innovation, intérêt pour les techniques de financement, des PME en particulier, pour la question de l'emploi, première priorité nationale.

Budget de la Sécurité sociale : enjeux financiers majeurs, équivalents à ceux du budget de l'État, donc possibilité de créer des marges de manœuvre pour les finances publiques.

Un de vos collaborateurs donne régulièrement sur son blog son point de vue sur l'administration. Que faites-vous ?

Il n'y a rien de particulier à faire, tant qu'il n'y a pas de faute avérée, c'est-à-dire pas de manquement au devoir de réserve (les propos tenus sur le blog ne mettent pas l'administration en difficulté) ou à un éventuel secret professionnel. On se situe jusqu'à plus ample information en principe dans le domaine de la liberté d'expression protégée par la Constitution.

Conseils pour certaines mises en situation

Lorsque les mises en situation ne sont pas en réalité des prétextes à la vérification des connaissances du candidat mais font véritablement appel à sa réflexion et son sens de l'initiative, il y a souvent avantage à **structurer la réponse sous forme de plan d'action**. Les exemples ci-dessous illustrent cette technique. Le premier réflexe, celui de décliner ce plan d'action en trois phases couvrant le court terme immédiat, le moyen puis long terme, n'est souvent pas le mieux adapté à l'exercice. En fait, il n'est pas demandé au candidat de fournir la réponse, mais de présenter la manière dont il pourrait s'organiser pour trouver une réponse.

Presque toujours, que le candidat soit (dans le scénario fourni par le jury) chef ou non, il a des moyens et des ressources à sa disposition. Comment ces moyens peuvent-ils être correctement articulés ? Il s'agit dans beaucoup de situations de penser au travail en équipe. Cela veut dire en particulier solliciter des expertises. Très souvent en effet c'est la notion d'information qui est en jeu. Presque toujours la question est délicate précisément car le candidat ne dispose pas de toute l'information pertinente. Il s'agit donc de la vérifier, la transmettre, l'obtenir, la communiquer, la valoriser, la confirmer, la réfuter, la simplifier, l'enrichir…

Votre chef vient d'être informé d'un préavis de grève affectant son service. En période de surcharge d'activité cet événement le préoccupe. Il vous dit qu'on peut sûrement faire prévaloir les nécessités du service pour empêcher cette grève. Que lui répondez-vous ?

Plan d'action : 1. Donner raison à votre chef sur le plan de ses pouvoirs d'encadrer l'exercice du droit de grève (arrêt Dehaene 1950) 2. Rappeler l'équilibre entre deux principes à valeur constitutionnelle : le droit de grève et la continuité du service public. 3. Organiser une expertise juridique pour évaluer comment l'équilibre pourrait être aménagé dans le cas présent.

Vous êtes attaché(e) d'administration au ministère de… Vous recevez un appel téléphonique d'un conseiller technique du ministre. Il vous demande en urgence (avant la fin de l'après-midi) des informations (analyses statistiques, budgétaires, juridiques…) dont vous êtes le producteur habituel. Que vous ayez été destinataire de ce coup de fil vous surprend quelque peu, mais c'est une période de congés et votre hiérarchie n'est pas au complet. Que faites-vous ?

Plan d'action : 1. Contacter votre hiérarchie 2. À défaut fournir l'information en précisant qu'un mail complémentaire suivra et en mettant votre hiérarchie en copie 3. Adopter une attitude de vigilance sur la question car d'autres sollicitations ne manqueront très probablement pas de survenir.

Chef de bureau dans une préfecture, vous avez dû vous absenter pendant deux mois. À votre retour vous vous apercevez assez vite que le secrétaire général de la préfecture a pris l'habitude de travailler avec votre adjoint sur la plupart des dossiers. Que faites-vous ?

Plan d'action : 1. S'assurer que vous êtes bien en copie des flux relatifs au passé récent. 2. Maintenir le *statu quo* 3. Réaffirmer la hiérarchie normale à l'occasion des nouveaux dossiers.

Index

D

E

F

N

O

P

Q

Notes

83451 - (I) - OSB 80° - 280 - BPA - LGT

Imprimerie CHIRAT - 42540 Saint-Just-la-Pendue

Dépôt légal : mars 2022

Imprimé en France